Gerald Bühring

Lebensstufen

aus psychologischer Perspektive

vta

Impressum

Die Deutsche Nationalbibliothek verzeichnet diese Publikation in der Deutschen Nationalbibliographie; detaillierte bibliographische Daten sind im Internet über http://dnb.dnb.de abrufbar.

1. Auflage Dezember 2019

Email: verlagta@gmail.com; www.verlag-ta.de

Druck und Vertrieb: Books on Demand GmbH
In de Tarpen 42, 22848 Norderstedt

Gesetzt aus der Athelas serif und der Gill sans serif light.

Umschlaggestaltung: deblik Berlin, unter Verwendung des Aquarells „Blaue Stufen“ von Klaus Hinkel (Frigiliana/Südspanien). Mit freundlicher Genehmigung des Malers.

ISBN 978-3-946130-26-0

Inhaltsverzeichnis

1. Hermann Hesses Stufengedicht

Stufen

Wie jede Blüte welkt und jede Jugend
Dem Alter weicht, blüht jede Lebensstufe,
Blüht jede Weisheit auch und jede Tugend
Zu ihrer Zeit und darf nicht ewig dauern.
Es muß das Herz bei jedem Lebensrufe
Bereit zum Abschied sein und Neubeginne,
Um sich in Tapferkeit und ohne Trauern
In andre, neue Bindungen zu geben.
Und jedem Anfang wohnt ein Zauber inne,
Der uns beschützt und der uns hilft zu leben.

Wir wollen heiter Raum um Raum durchschreiten,
An keinem wie an einer Heimat hängen,
Der Weltgeist will nicht fesseln uns und engen,
Er will uns Stuf´ um Stufe heben, weiten.
Kaum sind wir heimisch einem Lebenskreise
Und traulich eingewohnt, so droht Erschlaffen,
Nur wer bereit zu Aufbruch ist und Reise,
Mag lähmender Gewöhnung sich entraffen.

Es wird vielleicht auch noch die Todesstunde
uns neuen Räumen jung entgegensenden,
Des Lebens Ruf an uns wird niemals enden...
Wohlan denn, Herz, nimm Abschied und gesunde!

2. Warum schreibe ich eine Autobiografie?

Warum eigentlich eine Lebensbeschreibung? Menschen schreiben ihre Memoiren aus ganz unterschiedlichen Gründen. Die einen wollen auf diesem Weg ihre Kinder und Kindeskinder belehren wie etwa Charles Darwin (1809-1882), die anderen, weil sie wie Franz Schoenberner (1892-1970) von Freunden dazu ermutigt wurden und eine dritte Gruppe aus purem Geltungsstreben. Ich selbst begann meine Autobiografie zu meinem 70. Geburtstag weder aus dem einen noch dem anderen Grunde, sondern zum tieferen Verständnis meiner selbst – als eine kleine Selbstanalyse. Wenn sie dem interessierten Leser trotzdem von Nutzen sein sollte, um so besser. Jedenfalls sind mir Biografien und Autobiografien insofern hilfreich gewesen, als sie das „Lebenswerk" eines Menschen transparenter werden ließen. So verrät etwa Darwins Lebensbeschreibung *Mein Leben* und *Reise eines Naturforschers* etwas über seine große Begeisterungsfähigkeit, Sammelleidenschaft, Beobachtungsgabe und sein zielgerichtetes Denkvermögen. Im Vergleich dazu deutet mein unwissenschaftliches und breit angelegtes Leben auf ein buntes Interessenspektrum hin, weshalb es mir nie vergönnt war, meine Pyramidenspitze so hoch wie möglich in den Himmel zu spitzen, sondern immer auf dem Boden der durchschnittlichen Realität zu verbleiben.

3. Der menschliche Lebenslauf

Ein langes, durchdachtes Leben
ist eine große Erfahrung.
Romain Rolland

Die Kunst einer Lebensbeschreibung

Auf der Basis empirischen Datenmaterials konzipierte Charlotte Bühler (1893-1974) eine fünfphasige Lebenslaufkurve und kam zu folgenden Ergebnissen:

> Es gibt erstens eine der biologischen parallele Expansions- und Restriktionskurve auch im sozialen Leben des Individuums. In Beruf, Familienleben, Freundeskreis usw. gibt es zunächst Ausbreitung, Zuwachs, Unternehmenslust, Aufstieg; dann eine gewisse Stabilitätsperiode und nach ihrer Einschränkung Verlust, Zurückziehen, Abstieg. Es gibt zweitens irgendwelche Faktoren, die eine exakte Korrelation der beiden Kurven verhindern, womöglich überhaupt eine entgegengesetzte oder ganz andere Tendenz andeuten (Ch. Bühler 1933, S. 22).

Auf der Suche nach solchen determinierenden Faktoren entdeckte sie den Einfluss der Erfahrung und des Geistes, die eine abnehmende Leistungsfähigkeit zu kompensieren vermögen. Allerdings machte noch eine weitere Variable ihren Einfluss geltend, die „Bestimmung“ nämlich, die sich jedes Individuum im Rahmen seiner eigenen Wertewelt gibt. Wer dies jedoch versäumt, wird dereinst wahrscheinlich seinem vertanen und unerfüllten Leben nachtrauern. Denn menschliches Leben erschöpft sich Ch. Bühler zufolge nicht im bloßen „Dasein“, sondern indiziert immer auch ein „Für-Etwas-Dasein“. Indem sich der Mensch aber für irgendeine Sache aufgabenmäßig betätigt, löst er sich in gewisser Weise von seiner biologischen Abwärtskurve und expandiert bis ans Ende seines Lebens. Eine Bestimmung im Leben zu finden, hängt eng mit dem Gelingen des Lebens zusammen. Wenn aber das Leben gelingen soll, so müssen drei Bedingungen erfüllt sein: Ansprüche und Gegebenheiten müssen miteinander harmonieren, Bedürfnis- und Aufgabentendenzen müssen sich im Gleichgewicht befinden und der Wechsel von der bedürfnis- zur aufgabenmäßigen Betätigung muss richtig vollzogen sein. Andernfalls besteht die Gefahr der Einseitigkeit und Unzufriedenheit. Der psychologisch erforschte Lebenslauf taugt jedoch wenig, wenn man ihn nicht mit lebendigen Methaphern auszufüllen vermag. Aber sein Leben in Worte fassen ist schwer. Trotzdem sollte man es versuchen. Diese Ansicht vertrat jedenfalls Friedrich Hebbel (1813-1863), als er am 5. Januar 1836 in sein Tagebuch schrieb:

> Ich halte es für die größte Pflicht eines Menschen, der überhaupt schreibt, daß er Materialien zu seiner Biographie liefere. Hat er keine geistigen Entdeckungen gemacht und keine fremden Länder erobert,

> so hat er doch gewiß auf mannigfache Weise geirrt, und seine Irrtümer sind der Menschheit ebenso wichtig, wie des größten Mannes Wahrheiten (Hebbel 2017, S. 16).

Auf diese Weise meine Autobiografie rechtfertigend, begann ich über einen längeren Zeitraum hinweg mein Leben zu reflektieren und zu beschreiben. Wohl wissend, dass es nicht einfach sein würde, „Tatsache und Fiktion, umgemodelte Erinnerung und Vergangenheit auseinanderzuhalten" (Blom 2005, S. 230). Auf der Suche nach einem passenden literarischen Rahmen, kam mir sowohl eine romanhafte als auch eine narrative Darstellung in den Sinn. Beide Literaturformen verwerfend, favorisierte ich stattdessen eine psychologisch gedeutete Lebensgeschichte, unter Verwendung von Selbstbeobachtungen, Ortsbegehungen, Tagebuchnotizen, Fotos, Zeitzeugenberichten und psychologischer Fachliteratur. Mittels dieses Arbeitsmaterials förderte ich Erfreuliches und weniger Erfreuliches zutage. Und immer wieder und immer öfters kam ich meinen „Motivationen hinter den Gefühlen, Gedanken und Verhaltensweisen" auf die Schliche, ohne freilich die Gesamtstruktur und -dynamik meiner Persönlichkeit völlig erfasst und verstanden zu haben (vgl. Horney 1974, S. 114/142). Bedenkend, dass Vollkommenheit in unserer Welt nicht zu haben sei, war ich´s jedoch zufrieden.

Zwischen Vergangenheit und Gegenwart

> Das Wiederauftauchen längst vergessener Zeiten hatte etwas Gespensterhaftes, alle jene Erlebnisse erschienen mir wie eine unwirkliche Wirklichkeit, ich selbst mir wie ein ganz Fremder und doch Vertrauter. Menschen, die mir die Nächsten waren und die alle längst verstorben oder verschollen sind, wurden in der vollsten Gegenwart ihres Alltags, ihrer großen und kleinen Sorgen, Leiden und Freuden wieder lebendig. Eigene Unannehmlichkeiten, Schwächen und Dummheiten wurden doch, trotz aller Distanz, als irgendwie noch zu mir gehörig empfunden, ebenso wie die Freuden, die Hoffnungen, die guten Vorsätze. Infolgedessen war ich tagelang in einer sonderbaren Stimmung; ich lebte in zwei Welten, die nicht zueinander paßten, und fühlte mich in zwei Iche zerrissen, die doch zueinander strebten (W. Stern 1925, S. 5).

Ähnlich merkwürdige Gefühle durchströmten auch mich auf meiner Forschungsreise in die Vergangenheit. Häufig wurden durch meine Erinnerungen Wut und Scham, Freud und Leid und andere Affekte wachgerufen. Während William Stern (1871-1938) jedoch nur die Anfänge seiner Reifezeit reflektierte, studierte ich meinen Lebenslauf bis zum 75. Lebensjahr.

Erinnerungen können sehr emotional und sogar schmerzhaft sein. Manche Menschen wollen deshalb nichts mit ihrer Vergangenheit zu schaffen haben. Wozu? Sie ist vorbei! Nicht zu ändern! Stimmt! Wer aber seine Vergangenheit verdrängt, wird nicht wissen wer er wirklich ist. So lehnte es zum Beispiel Carola Sterns (1925-2006) Ehemann strikt ab, seine Inhaftierungen während der Nazi- und DDR-Zeit zu erinnern.

> Irgendwann hat er diesen Teil seiner Vergangenheit fest verschnürt in einer Ecke seines seelischen Haushalts abgestellt, um nie mehr daran zu rühren. Als sie ihn wieder einmal drängt, darüber nachzudenken, wie dies und das gewesen sei, fährt er sie an: „Denk doch mal nach! Denk doch mal nach! Du fragst wie die Gestapo! Du kommst mir wie die Stasi vor!" (C. Stern 1989, S. 181).

Vergegenwärtigte Erinnerungen können weh tun! Umso wichtiger ist es deshalb, sie zu analysieren, sie gegebenenfalls neu zu bewerten und aus ihnen zu lernen. Anderenfalls läuft man sein Leben lang mit einer „chronischen Affektinkontinenz" herum und weint oder wütet bei geringfügigen Anlässen.

Lebensphilosophische Betrachtungen

Als geschichtliche Wesen verstehen wir uns rückblickend. Bei dem Versuch meine bisherigen „Lebensräume" noch einmal zu durchschreiten, geriet ich deshalb unweigerlich auf lebensphilosophisches Terrain und las zu meinem Entzücken bei Wilhelm Dilthey (1833-1911):

> Die Selbstbiographie ist die höchste und am meisten instruktive Form, in welcher uns das Verstehen des Lebens entgegentritt. Hier ist ein Lebenslauf das Äußere, sinnlich Erscheinende, von welchem aus das Verstehen zu dem vorandringt, was diesen Lebenslauf innerhalb eines bestimmten Milieus hervorgebracht hat. Und zwar ist der, welcher diesen Lebenslauf versteht, identisch mit dem, der ihn hervorgebracht hat. Hieraus ergibt sich eine besondere Intimität des Verstehens. Derselbe Mensch, der den Zusammenhang in der Geschichte seines Lebens sucht, hat in all dem, was er als Werte seines Lebens gefühlt, als Zwe-

> cke desselben realisiert, als Lebensplan entworfen hat, was er rückblickend als seine Entwicklung, vorwärtsblickend als die Gestaltung seines Lebens und dessen höchstes Gut erfaßt hat – in alledem hat er schon einen Zusammenhang seines Lebens unter verschiedenen Gesichtspunkten gebildet, der nun jetzt ausgesprochen werden soll (Dilthey 1942, S. 199f.).

Wollte ich mich also nicht nur beschreiben, sondern auch verstehen, so musste ich hermeneutische Methoden anwenden. Zum einen war zu akzeptieren, dass sich Erkenntnisfragen nicht von einem „archimedischen Punkt" her aufrollen lassen (vgl. Bollnow 1981, S. 17). Selbst wenn man so tut als ob man von vorn beginnt, wie zum Beispiel René Descartes (1596-1650) „cogito ergo sum", so ist doch ein gewisses Vorverständnis immer schon vorhanden. Zum anderen durfte ich mich nicht in belanglosen Details verlieren, sondern musste den „Bezug zum Ganzen" im Auge behalten: Beobachtungen, Gedanken, Emotionen, Bedürfnisse, Triebstrukturen und Willensäußerungen. Weiterhin lehrte mich der hermeneutische Ansatz, dass man den Gegenstand der Untersuchung von verschiedenen Standpunkten aus beleuchten sollte. Um sein Leben in all seinen Facetten begreifen zu können, bedarf es also eines umfassenden Verständnisses für die historischen, sozialen, familiären und charakterlichen Faktizitäten.

> Denn dieses scheint die Hauptaufgabe der Biografie zu sein, den Menschen in seinen Zeitverhältnissen darzustellen und zu zeigen, inwiefern ihm das Ganze widerstrebt, inwiefern es ihn begünstigt, wie er sich eine Menschenansicht daraus gebildet und wie er sie, wenn er Künstler, Dichter, Schriftsteller ist, wieder nach außen spiegelt (Goethe 1979, S. 7).

Überhaupt meint Johann Wolfgang von Goethe (1749-1832): „Der Mensch kennt nur sich selbst, insofern er die Welt kennt ... Jeder neue Gegenstand wohl beschaut, schließt ein neues Organ in uns auf" (l.c. Safranski 2013, S. 369). Diesen vielfältigen Aufgaben gerecht zu werden ist gewiss nicht leicht, selbst für einen psychologisch und geschichtlich interessierten sowie kosmopolitischen Zeitgenossen nicht. Am schwierigsten jedoch schien die Aufgabe, als Kläger, Richter und Anwalt bei der Untersuchung meines Lebens zu fungieren. Denn infolge der Befangenheit meiner Person gegenüber, neigte ich zu einem vorgefassten Interpretationsschema, welches dahin tendierte, mich ins rechte Licht rücken zu wollen. Nur indem ich mit allen mir zur Verfügung stehenden Mitteln dagegen prozessierte, gelang es manchmal, auch die dunklen Seiten meines Lebens auszuleuchten und zuzulassen.

Wer bin ich?

Ist es nicht unheimlich? Ständig sterben und erneuern sich unsere Zellen und Organe! Biologisch betrachtet, bin ich heute ein vollkommen anderer Mensch als der, der ich früher war. Aber nicht nur der Organismus unterliegt ständig dem Wandel, sondern auch die psychische Persönlichkeit. Umso erstaunlicher ist es deshalb, dass wir trotz dieser „psychosomatischen Metamorphose" nicht dissoziieren. Zu verdanken haben wir das dem „Wunder der Identität". Ab dem ersten Lebensjahr wissen wir nämlich: „Ich bin Ich und Du bist Du." Obwohl sich also Leib und Seele, Inneres und Äußeres ständig und unbemerkt verwandeln, sind wir bis zum Ende unserer Tage im Geiste immer dieselben Menschen.

Ein anderes Wunder ist die „Selbsterkenntnis". Schließlich ist es nicht leicht seine tieferen Lebensschichten zu verstehen! Zwar glauben wir uns genau zu kennen, „intus et incute", innerlich bis unter die Haut, wie Jean-Jacques Rousseau (1712-1778) von sich in seinen *Confessions* behauptet. Doch scheint er die Rechnung ohne „vanitas vanitatum" (alles ist eitel) gemacht zu haben. Hingegen war er dreist genug, seine intimsten Erlebnisse der kritischen Öffentlichkeit preiszugeben:

> Ich habe nichts Schlimmes verschwiegen, nichts Gutes hinzugefügt, und wenn es mir manchmal begegnete, da ich einen bedeutungslosen Zierrat verwandte, so geschah es nur, um eine Lücke zu füllen, die mir die mangelnde Erinnerung verursachte (Rousseau 1978, S. 9).

Ob ich mich so vor anderen dermaßen entblößen würde? Ich weiß es nicht! Es schien mir schon riskant genug, die vielen kognitiven und affektiven Hindernisse beiseite zu räumen, um in die Kellergewölbe meiner Seele hinabsteigen zu können. Nachdem jedoch diese schwierige Arbeit getan war, staunte ich nicht schlecht, was sich da alles im Laufe der Jahre abgelagert hatte. Ähnlich scheint es William Stern ergangen zu sein, als er sich nach 40 Jahren, während des Lesens seiner Jugendtagebücher, an den Selbstmord eines ihm nahe stehenden Mitschülers erinnern musste. Um die verschütteten Elemente seines gewesenen Seins an die Oberfläche zu spülen, genügt es jedoch nicht nur biografisches Tagebuchmaterial zu sichten. Es bedarf auch der aktiven Auseinandersetzung mit seinen aufsteigenden Erinnerungen.

Selbst wenn Autobiografen aufrichtig sein möchten, verschweigen sie oft mehr als sie offenbaren. So finden sich zum Beispiel „Episoden des Scheiterns und der Demütigung ... ziemlich selten in den Biografien der Schöpfer der modernen Psychotherapie (Evans 1996, S. 30, l.c. Siebenhüner 2015, S. 246). Der Gründe gibt es viele. Einen davon nennt Goethe in Faust I: „Das Beste, was du wissen kannst, darfst du den Buben doch nicht sagen" (Goethe o.J., S. 62). Wenn wir alles Erlebte und Gedachte hinausposaunen wollten, wie würden wir dastehen? Aber auch sich selbst gegenüber scheut man sich, die Wahrheit einzugestehen, wie uns Friedrich Nietzsche (1844-1900) lehrt:

> „Das habe ich getan", sagt mein Gedächtnis.
> „Das kann ich nicht getan haben" – sagt mein Stolz und bleibt unerbittlich.
> Endlich – gibt das Gedächtnis nach (Nietzsche 1976, S. 78).

Stellt man nämlich sein gut gehütetes „Ich-Ideal" in Frage, kommt dies einem existenziellen Erdrutsch gleich. Um dieser drohenden Schmach zu entgehen, werden all jene Informationen ignoriert, selektiert, geschönt, verzerrt und verdrängt, welche es nachhaltig beschädigen könnten. Indes scheint der Phrenologe Franz Josef Gall (1758-1828) einen Königsweg zur „Lebenswahrheit" gefunden zu haben, wenn er uns empfiehlt:

> Wollt ihr den Charakter eines Menschen ausspähen ohne Gefahr zu laufen, einen Fehler zu begehen, selbst wenn jener Mensch informiert und auf der Hut ist? Dann lasst ihn über seine Kindheit und frühe Jugend sprechen, lasst ihn seine Schulbubenstreiche erzählen, lasst ihn berichten, wie er sich seinen Eltern, seinen Brüdern, Schwestern und Schulkameraden gegenüber verhalten hat. Lasst ihn erzählen von seiner Untreue, seinem Wettbewerbsstreben, von seinen Freundschaften mit anderen Kindern, seinen Feindschaften, wie er gespielt hat und so weiter. Selten wird jemand glauben, es sei der Mühe wert, diese Dinge geheim zu halten. Er wird nicht erkennen, dass er es mit einem Menschen zu tun hat, der sehr gut weiß, dass die wichtigsten Charakterzüge dauerhaft sind, und dass nur die Gegenstände des Interesses mit dem Alter und der sozialen Stellung wechseln (l.c. Ellenberger 1985, S. 858).

Dem könnte man an sich zustimmen, ständen dem nicht die löchrigen Erinnerungen der Kindheit im Wege. Obgleich unser so genanntes „Großhirn" spätestens vom vierten Lebensjahr an speicherfähig ist, erinnern wir nur relativ wenige Ereignisse. Selbst relevantes Material und zeitliche Zusammenhänge scheinen dem Bewusstsein häufig entrückt zu sein. So erinnerte sich etwa der Individualpsychologe Alfred Adler (1870-1937) in allen Einzelheiten an eine Mutprobe:

> Meine Erinnerung sagte mir, dass ich auf dem Weg in die Volksschule über einen Friedhof gehen musste. Da hatte ich nun jedesmal Furcht und sah es mit großem Missbehagen, wie die anderen Kinder harmlos den Friedhofsweg gingen, während ich ängstlich und mit Grauen Schritt vor Schritt setzte. Abgesehen von der Unerträglichkeit der Angst quälte mich der Gedanke, an Mut den anderen nachzustehen. Eines Tages fasste ich den Entschluss, dieser Todesangst ein Ende zu machen. Als Mittel wählte ich wieder die Abhärtung. (Todesnähe!). Ich blieb eine Strecke hinter den anderen Kindern zurück, legte meine Schultasche an der Friedhofsmauer auf die Erde und lief wohl ein dutzendmal über den Friedhof hin und zurück, bis ich dachte, der Furcht Herr geworden zu sein. Später glaube ich den Weg ohne Angst gegangen zu sein (Adler 1930, S. 121).

Dreißig Jahre später musste er zu seinem Erstaunen feststellen, dass sich überhaupt kein Friedhof auf seinem Schulweg befunden hatte. Desgleichen irrte der Entwicklungspsychologe Jean Piaget (1896-1980), als er glaubte, in seiner Kindheit eine beinahe geglückte Entführung erlebt zu haben, ganz zu schweigen von den ungenauen Zeitangaben des „wahrheitsliebenden" Rousseau. Tatsächlich ist es manchmal nicht leicht zwischen eigenen Erinnerungen und Erinnerungen naher Bezugspersonen zu unterscheiden. Auf den ersten Seiten von *Dichtung und Wahrheit* bemerkt deshalb Goethe: „Wenn man sich erinnern will, was uns in der frühesten Zeit der Kindheit begegnet ist, so kommt man oft in den Fall, dasjenige, was wir von andern gehört, mit dem zu verwechseln, was wir wirklich aus eigner anschauender Erfahrung besitzen" (Goethe o.J., S. 10). Wir müssen also vorsichtig sein und nicht alles glauben was wir erinnern. Indes geht es auf der Suche nach uns selbst nicht nur um Wahrhaftigkeit, sondern auch um Kreativität. Denn die retrospektive Betrachtung und Bearbeitung der eigenen Biografie aus zeitlich, örtlich und disziplinär unterschiedlichen Perspektiven, führt zwangsläufig zu einer Neugestaltung der Persönlichkeit.

Noch ein Wort zum Unterschied von psychologischen und nicht-psychologischen Lebensbeschreibungen. Aus meiner Sicht scheinen keine gravierenden Unterschiede zu bestehen. Jeder Autobiograf kehrt so gut wie der andere seine Meriten heraus, akzentuiert seine Stärken und verschweigt seine Schwächen. „Ein Mensch, der mit größerem psychologischen Wissen ausgerüstet ist, könnte nur subtiler in seinen Versuchen sein, seine Handlungen und Motivationen zu rechtfertigen und zu beschönigen" (Horney 1974, S. 223). Doch selbst wenn er seine Minderwertigkeitsgefühle, sein Geltungsstreben, seine Beziehungsprobleme und seine Konfliktsituationen thematisiert, werden sie meistens nicht reflektiert. Das gilt besonders für das „geheime Liebesleben", welches völlig tabu zu sein scheint. Was wäre jedoch ein Leben ohne befriedigende Sexualität? Abgesehen davon, dass es kein Leben gäbe, wäre es nicht bedauernswert? Tatsächlich wirken manche Autobiografen wie asexuelle Wesen. Andererseits enthüllen sie zum Beispiel in ihren Romanfiguren – wie etwa Klaus Mann (1906-1949) – ihre intimsten Gedanken und Erlebnisse. Desgleichen scheuen Philosophen und Tiefenpsychologen davor zurück, ihr Sexualleben preiszugeben. So schildert Friedrich Nietzsche in *Ecce Homo* (1978) akribisch den Einfluss von Klima, Ernährung und Erholung für das leibliche und geistige Wohl, verliert jedoch kein einziges Wort über seine sexuellen Bedürfnisse. Allenfalls gestehen sie eine verheimlichte Onaniephase (vgl. Köpke 2017, S. 49). Freilich können rückhaltlose Offenbarungen auch ziemlich riskant sein – der bösen Buben wegen. Wer es dennoch tut, muss damit rechnen, herabgewürdigt zu werden, wie etwa Jean-Jacques Rousseau und Tilman Moser (1938*). Andererseits würden dieselben Leute nur zu gern in den Schlafzimmern ihrer lieben Kollegen Mäuschen spielen. Sogar die Geburtsstätte der Psychoanalyse bleibt uns verschlossen. Denn selbst Sigmund Freud (1856-1939) schlägt uns bei dieser heiklen Thematik buchstäblich die Schlafzimmertür vor der Nase zu. Zwar findet man in seiner *Selbstdarstellung* (1925) allerlei Wissenswertes über die Sexualität, aber eben nichts über seine Sexualität. Indes kann man sie anonymisiert aus seiner *Traumdeutung* (1900) herauslesen. Wie gesagt: menschlich selbstverständlich verständlich! Schließlich wurde er seiner aufklärerischen Lehre wegen schon genug von prüden Menschen angefeindet. Wie ich es selbst mit meinen Bettgeschichten halte? Nun, man wird sehen!

Zusammenfassend sei bemerkt: Trotz berechtigter Vorbehalte gegenüber Biografien und Autobiografien besteht meines Erachtens kein Grund, dieses Genre in Bausch und Bogen zu verdammen, wie Freud es in einem Brief an Arnold Zweig (1887-1968) tat: „Wer Biograph wird, verpflichtet sich zur Lüge, zur Verheimlichung, Heuchelei, Schönfärberei und selbst zur Verhehlung seines Unverständnisses, denn die biografische Wahrheit ist nicht zu haben, und wenn man sie hätte, nicht zu gebrauchen“ (l.c. Rath 1998, S. 286). Vielmehr sollte man der abenteuerlichen „Reise nach Innen“ eines Menschen einige Aufmerksamkeit zollen und seinen daraus resultierenden Erfahrungen.

4. Der Apfel fällt nicht weit vom Stamm

Einst haben die Kerls auf den Bäumen gehockt,
behaart und mit böser Visage.
Dann hat man sie aus dem Urwald gelockt ...
Erich Kästner

Meine Vorfahren kamen aus Afrika

Meine sehr weit entfernten Urahnen durchstreiften vor einigen Jahrmillionen jagend und sammelnd die weiten Savannen des großen Rift Valleys in Afrika. Aus unbekannten Gründen ihr afrikanisches Paradies verlassend, breiteten sie sich über die ganze Erde aus und gelangten vor etwa 600.000 Jahren unter anderem auch nach Franken. Wegen mehrerer Eiszeiten gingen viele von ihnen zugrunde. So ist es denn kein Wunder, dass die Überlebenden nach der letzten Kaltzeit vor etwa 10 000 Jahren einen neuen Besiedlungsversuch starteten und während der Jungsteinzeit vor 5500 Jahren den fränkischen Boden zu kultivieren begannen. Sie wurden Bauern und von Generation zu Generation leider auch immer unfreier. Schuld daran trug das mittelalterliche Lehnswesen, welches meine armen Vorfahren zu untertänigen „Lehnsmännern“ machte. Und so hießen sie denn allesamt auch Lehnsmann bzw. Lehmann, jedenfalls mütterlicherseits. Getreulich Gottes alttestamentarisches Gebot befolgend, arbeiteten sie Tag für Tag im Schweiße ihres Angesichts auf fremder Scholle. Nur an Sonn- und Feiertagen durften sie ihrem himmlischen Herrgott und ausbeutenden Lehnsherr für die große Lebensmüh' singend und betend danken. Doch nicht nur die Fronarbeit machte ihnen das Leben unerträglich, auch ihre bäurischen Sitten und Gebräuche trugen dazu bei. Infolge des damaligen Erbfolgerechts zum Beispiel erbte nämlich der älteste Sohn des Bauern den Hof, indes die jüngeren Söhne leer ausgingen. Diese und andere Gründe mögen im 15. Jahrhundert dazu geführt haben, die heimatlichen Felder und Wälder zu verlassen. Beladen mit allerlei Habseligkeiten zogen ihre ächzenden und rumpelnden Ochsenkarren nach Nordosten und gelangten nach vielen beschwerlichen Tagesmärschen ins Nordböhmische. Weil auch dort keines Bleibens war, wanderten sie auf der so genannten „Kärrnerstraße“ weiter über Halle tief ins sächsische Vogtland hinein. Jedenfalls scheinen mündliche Überlieferungen und Hugo Wiechels (1847-1916) Forschungen über *Die ältesten Wege in Sachsen* (1901) diese Route zu bestätigen. Obwohl auch im Vogtland einem „Vogt“ untertan, und zwar einem von Trützschler aus Falkenstein, fühlten sich meine Urahnen anscheinend freier als unter der Knechtschaft ihrer früheren Lehnsherren. Denn sie blieben!

Von Großvätern und Großmüttern

Während sich die Genealogie meiner fränkischen Vorfahren mütterlicherseits nur vage rekonstruieren lässt, kann die Existenz ihrer vogtländischen Nachfahren sogar urkundlich nachgewiesen werden. Sowohl Kirchenbücher als auch so genannte „Ariernachweise" der Nazizeit machen dies möglich. Demzufolge übernahm um 1600 das Geschlecht der Hüttners eine wahrscheinlich bereits im 12. Jahrhundert erbaute Geigenmühle zwischen Poppengrün und Werda. Abgesehen von einer zwischenzeitlichen Verpachtung, blieb die historische Mühle bis zu ihrem „verkohlten Ende" in deren Besitz. Wie das „Falkensteiner Tagblatt" nämlich meldete, brannte die Geigenmühle am 18. Februar 1900 gegen Mitternacht bis auf die Grundmauern nieder. Anschließend wurde das gesamte Gelände von der Stadt Plauen aufgekauft und 1909 nach dem Bau einer Talsperre geflutet (vgl. Gemeindeverwaltung Werda 1996, S. 61). Die letzten Besitzer Franz Edmund und Christiane Emilie Hüttner waren jedoch nicht nur handwerkliche Müllersleute, sondern auch künstlerische Zuckerbäcker. Gebacken wurden farbige Zuckermännle und Zuckerweible, welche noch heute als vogtländische Spezialität in alle Welt vertrieben werden. Deren Tochter Ernestine Emilie Hüttner (1856-1920) heiratete den Gutsbesitzer Hermann Tunger (1851-1927). Bemerkenswert an dieser Verbindung ist, dass sie neben anderen Kindern auch meine Großmutter mütterlicherseits Milda Tunger (1878-1960) zeugten. Milda lernte weder Bäuerin noch Zuckerbäckerin. Vielmehr wurde sie eine einfache Wirtschaftsgehilfin. Den ziemlich weiten Weg zu ihrer Arbeitsstelle in Schöneck sei sie sommers wie winters gegangen, und zwar ohne Unterhosen, um beim Wasser lassen keine Zeit zu verlieren. Wie praktisch!

Am 23. April 1899 heiratete sie Gustav Lehmann (1877-1961), dessen weitläufige Verwandtschaft sich aus Landwirten und Webermeistern rekrutierte. Als „Begüterte" gehörten einige zu den so genannten „Neunzehnern", welche im Dorf das Sagen hatten. Sein Urgroßvater Carl Friedrich Lehmann zum Beispiel bewirtschaftete zusammen mit seiner Frau Christiane Friederike den größten Bauernhof in Werda bei Oelsnitz. Sie vererbten den Hof ihrem ältesten Sohn Johann Gottlieb Lehmann (1839-1913) und dieser wiederum dem ältesten Sohn Reinhard Lehmann, weswegen sich seine Brüder und Schwestern buchstäblich vom Acker machen mussten. So waren halt die Zeiten. Auch mein Großvater musste sich anderweitig umsehen. Musikalisch begabt, wählte er den Beruf des Geigenbauers, den er im zwanzig Kilometer entfernten Schöneck erlernte und ein paar Jahre ausübte. Heute gehört das 707 Meter hoch gelegene Städtchen, zusammen mit Klingental, Markneukirchen und Erlbach, zum „vogtländischen Musikwinkel". Nebenher verdiente er sich ein paar Wilhelminische Mark mit fideler Wirtshausmusik. Obschon der Noten unkundig, spielte er an Wochenenden und Feiertagen mit Geige oder Tuba zum Tanz auf.

Unzufrieden mit der evangelisch-lutherischen Staatskirche, konvertierten Gustav und Milda zur „Bischöflichen Methodistenkirche". Ein pietistisches Leben wollten sie fortan führen und nannten es: „Christentum im Ernst". Martin Luthers (1483-1546) Phrase „Sola fide" – Allein durch den Glauben! – genügte ihnen nicht mehr. Konsequenterweise durfte mein Großvater keine Tanzmusik mehr machen, kein Bier mehr trinken und keine Karten mehr spielen. Denn diese und andere irdische Vergnügungen waren strenggläubigen Pietisten verboten. Nicht verboten war hingegen das unverhütete Kinderkriegen. Weshalb ihm seine Ehefrau einen Sprössling nach dem anderen gebar. Weil sie es nicht erwarten konnten, wurde das erste Kind 1899 unehelich geboren. Insgesamt zeugten sie acht Söhne und fünf Töchter, von denen zwei bereits im Säuglingsalter starben. Milda schien diese prägnanten und mortalen Strapazen wie das Amen in der Kirche hingenommen zu haben. Nicht so ihr Ehemann. Schon nach den ersten Geburten belasteten die Familienkosten sein Budget über Gebühr, weswegen er den Geigenbau an den Nagel hängen musste. Stattdessen erlernte er den stupideren aber einträglicheren Beruf des Lohnstickers und machte sich anschließend selbstständig. Zu diesem Zweck kaufte er drei Stickmaschinen, welche er von seinen beiden Söhnen Willi und Max und seinem Schwager Bruno Ludwig bedienen ließ. Produziert wurden für den mittelständischen Unternehmer Martin Mutschmann (1879-1947) hochwertige „Plauener Spitzen". Ein paar Jahre florierte der kleine Familienbetrieb, dann machten die weltweit grassierende Rezession in den Jahren 1912 bis 1913 und der Erste Weltkrieg 1914 bis 1918 der Textilbranche ein Ende. 1914 zog mein Großvater in den Krieg und kämpfte in Rumänien für Kaiser und Vaterland. Nach dem Krieg verdingte er sich als Straßenarbeiter, kam erneut auf die Beine und erwarb drei Jacquardwebstühle auf Kredit. Erfunden von dem Franzosen Joseph-Marie Jacquard (1752-1834), konnten diese modernen Webstühle mittels einer digitalen Lochkartentechnik ganz unterschiedliche Muster von beliebiger Komplexität herstellen, beispielsweise farbig gemusterte Brokatborde auf schwarzem Grund. Während das Einrichten der Webstühle den älteren Söhnen oblag, mussten die jüngeren Töchter leere Spulen aufstecken, gerissene Fäden knüpfen und anderes mehr erledigen. Auch meine damals dreizehn Jahre alte Mutter musste als Spulerin mitarbeiten. Offenbar scherte sich im industriellen Zeitalter kein Mensch um die Folgen schwerer Kinderarbeit, wie übrigens späterhin auch in den Entwicklungsländern nicht.

Aufgrund der großen Weltwirtschaftskrise im Jahre 1929 war es auch mit dieser Fabrikation aus und vorbei, da Mutschmann in Konkurs ging. Ob meinem Großvater dessen Biografie bekannt war, weiß ich nicht. Jedenfalls sprach er nie darüber. Mutschmann hatte bereits 1907 die Plauener Spitzenfabrik „Mutschmann & Eisentraut" und später weitere Regionalunternehmen gegründet, zu denen auch die kleine Fabrik meines Großvaters gehörte. Insgesamt beschäftigte er damals etwa 500 Arbeiter. Mutschmann war jedoch nicht nur ein gewiefter Textilunternehmer, sondern auch ein Erzfaschist. Von Anfang an gehörte er der NSDAP an und fiel durch seine Beziehungen zu Adolf Hitler (1889-1945) bald wieder auf die Füße. 1930 wurde er Abgeordneter im deutschen Reichstag, 1933 zum Reichsstatthalter und 1935 zum Ministerpräsidenten von Sachsen ernannt. Man sagt ihm nach, dass er Juden und Marxisten drangsaliert und bekämpft habe. Nach dem Zusammenbruch des Deutschen Reiches floh er vor der Roten Armee, wurde jedoch am 16. Mai 1945 gefasst und nach Moskau verschleppt. Im Gefängnis Lubjanka wurde er von einem Militärgericht zum Tode verurteilt und am 14. Februar 1947 standrechtlich erschossen.[1] Soweit die Akte Mutschmann.

Nach der Wirtschaftspleite hatten meine Großeltern genug von der Spitzenfabrikation. Stattdessen widmeten sie sich ihren Ziegen und Hühnern, Äckern und einem Obstgarten. Sie produzierten Milch, Butter, Käse und Eier sowie Getreide, Kartoffeln, Obst und Gemüse. Fleisch lieferte ihnen das Kleinvieh und Trinkwasser ein hauseigener Brunnen. Holz zum Kochen und Heizen kam aus dem Wald. Und natürlich wurden auch alle Reparaturen am Haus selbst bewerkstelligt. Im Zeitalter der Supermärkte kann man sich diese Art der Selbstversorgung kaum mehr vorstellen. Am 21. Juli 1964 schlug der Blitz in das altehrwürdige Anwesen ein und entfachte einen verheerenden Dachstuhlbrand. Menschen kamen zum Glück nicht zu Schaden; auch meine

[1] Verfügbar unter: http: // de. wikipedia. org/wiki/Martin_Mutschmann [10.06.2019].

Großeltern nicht; denn sie waren bereits „unter der Erde" – nicht ohne zuvor noch ihre Diamanthochzeit gefeiert zu haben.

Als meines Großvaters ältester Bruder Reinhard Lehmann im Alter von 72 Jahren starb, hinterließ er eine trauernde Witwe namens Auguste und einen einzigen Sohn. Weil sich jedoch Erich nicht für die Landwirtschaft interessierte, wie es seine Sohnespflicht gewesen wäre, sich stattdessen wie Stendhals (1783-1843) Julien Sorel in *Rot und Schwarz* mit Literatur und Musik beschäftigte, wuchs seiner Mutter die große Bauernwirtschaft über den schon ergrauten Kopf. In ihrer Not engagierte sie einen jungen Knecht, welcher eines Tages aus Falkenstein daherkam. Obwohl studierter Rechtsanwaltsgehilfe, also ein Schreiberling, machte Herbert Meinelt seine Sache recht gut. Er lernte schnell und arbeitete fleißig. Zur Belohnung wurden ihm „formlos" der Hof und alle Ländereien überschrieben. So viel Formlosigkeit machte ihn in den Augen der Gesetzeshüter verdächtig! Man vermutete Erbschleicherei und verurteilte ihn zu einer längeren Gefängnisstrafe. Auch Erich erklärte sich möglicherweise mit der Entscheidung seiner Mutter, einem wildfremden Menschen sein Erbteil zu überlassen, nicht einverstanden und erhängte sich um die Mittagszeit im Heuschober. Nachdem Herbert seine Strafe abgesessen hatte und ihm keiner den Hof mehr streitig machen konnte, konnte er nun sorgenfrei seine Felder bestellen. Nur fehlte ihm noch eine tüchtige Bäuerin. Die fand er im Hause meiner Großeltern mütterlicherseits. Er hielt um ihre tüchtige Hand an und trug sie über die Schwelle seines eigenen Hofes. Erna ließ sich´s aus Liebe gern gefallen. Als dann Hitler an die Macht kam, avancierte Herbert vorübergehend zum Standesbeamten des Gemeindeamtes zu Werda. Seiner angesehenen Stellung wegen sei meine Tante regelrecht ausgeflippt. Meiner Mutter zufolge sei Tante Erna mit erhobenem Arm und „Sieg Heil! Sieg Heil!" rufend, im Dorf herumlaufen. Als ich sie später kennenlernte, hatte sie jedoch ihre nationalsozialistischen Allüren überwunden und war – unfreiwillig – eine dem Kommunismus dienende Bauersfrau geworden. Verhielten sich nicht die meisten Deutschen so? Offensichtlich! Wieso konnte Konrad Adenauer (1876-1967) dennoch dreist behaupten, dass die Mehrheit des deutschen Volkes gegen Hitler gewesen wäre? Schier unbegreiflich!

Zurück zu meinem Großvater. Der war ein autoritärer Charakter und Dickschädel obendrein. Gewöhnlich verdrosch er seine Söhne und Töchter mit selbst gefertigten Reisigbesen und beschimpfte sie fürchterlich. Während der Mahlzeiten blickte er wie der Vater im „Struwwelpeter" stumm und finster auf dem Tisch herum. Wer es wagte, zu emsig nach den Heringshappen in der trüben Milchbrühe zu fischen, bekam seine eiserne Gabel schmerzhaft auf seinem Handrücken zu spüren. Ausgenommen seine jüngste Tochter, meine Mutter, hatten alle Kinder unter seiner züchtenden Knute zu leiden. Interpretieren lässt sich dessen widersprüchliches Verhalten vielleicht dahingehend, dass sie ihn – den Heimkehrer aus dem Ersten Weltkrieg – lange Zeit als Fremden behandelte. Versuchte er sich ihr zu nähern, wich sie ängstlich zurück und flüchtete in die schützenden Arme der Mutter. Diese ablehnende Haltung scheint meinen Großvater mächtig irritiert zu haben. Gefürchtet war der Despot jedoch nicht nur von seinen Kindern, sondern auch im ganzen Dorf. So habe er zum Beispiel jahrelang mit einem Nachbarn wegen eines angrenzenden Wiesengrundstücks in Fehde gelegen und den Finanzbeamten des Werdaer Gemeindeamtes mit erhobenem Spazierstock die Leviten gelesen, falls sie sich seinen Wünschen widersetzten. Die dunkelste Seite seines Wesens offenbarte er jedoch gegenüber einem Schwiegersohn. Statt meinem halbverhungerten und kranken Vater, aus tschechischer Gefangenschaft heimkehrend, vorübergehend Unterkunft und Nahrung zu gewähren, jagte er ihn mit der blanken Axt vom Hof. Ich mochte es kaum glauben, da mein Großvater mir gegenüber immer hat Milde walten lassen und mir sanftmütig aus der alten *Illustrirten Familienbibel* (1862) von Otto Delitsch (1821-1882) vorlas. Allerdings gehörte ich auch zu seinen Lieblingsenkeln.

Leider weiß ich von meinen Vorfahren väterlicherseits nur wenig zu berichten. Mein Großvater Paul Bühring war Zimmermann gewesen und mit meiner Großmutter Emma, einer geborenen Taubert, verheiratet. Sie hatten fünf Söhne und drei Töchter. In Falkenstein wohnten sie auf eigenem Grund und Boden in einer Doppelhaushälfte am Pfarrlehn 36 mit einem großen Gemüse- und Obstgarten. Weil mein Großvater auch Tabak anbaute und das Kraut des Hungers wegen im noch feuchten Zustand rauchte, sei er an einer Lungenentzündung erkrankt und relativ jung gestorben. Seine Töchter wurden Arbeiterinnen und seine Söhne wurden Handwerker. Erst die folgende Generation erzeugte eine Ausnahmeerscheinung, einen ziemlich gescheiten Cousin, namens Günter Bühring (1937-1917) – ein Sonderling -, der zum Mitarbeiter des Außenministeriums der DDR avancierte und zwischen 1984 und 1986 an den europäischen Verhandlungen für vertrauens- und sicherheitsbildende Maßnahmen in Stockholm beteiligt war.

Eltern unterm Hakenkreuz

Es wäre von einem Menschen wohl zu viel verlangt, wenn er immer die Konsequenzen seines Handelns bedenken würde. Zwar behauptet Jean-Jacques Rousseau von sich, dass seine Einbildungskraft während seiner Jugend vorwärts und im Alter rückwärts gerichtet gewesen sei (vgl. Rousseau 1978, S. 225). Wahrscheinlich erkennen die meisten Menschen jedoch erst im Nachhinein, was sie sich da eingebrockt haben – wenn überhaupt. Vorausdenken ist jedenfalls nicht jedermanns Sache. Meinem Vater erging es da nicht anders. Auch er lief blindlings ins nationalsozialistische Messer hinein.

Johannes Bühring wurde 1914 in Falkenstein im Vogtland geboren. Er besuchte die Volksschule und lernte Elektriker. Mit 18 Jahren kam er zum Reichsarbeitsdienst (RAD) und erledigte in Korneberg buchstäblich „Drecksarbeiten" für das Dritte Reich. Gemeint sind Erdarbeiten zur späteren Verteidigung des faschistisch verseuchten Vaterlandes. 1933 wurde er Soldat – freiwillig! Seine Rekrutenausbildung absolvierte er in Plauen bei der Infanterie. Ein abstruses Haarbüschel auf kahl rasiertem Hinterschädel war vorübergehend sein „emblematisches" Markenzeichen. Fotografien zeigen ihn uniformiert mit eiskaltem Stahlhelm, präsentiertem Gewehr und aufgepflanztem Bajonett. Als Individuum kaum identifizierbar. Nachdem er die militärische Grundausbildung beendet und seinen Treueeid auf das unmenschliche Regime geleistet hatte, durfte er sein schütteres Haupthaar wieder länger tragen. Zwischen 1934 und 1936 versetzte man ihn zur Luftkriegsschule (LKS 1) nach Dresden-Klotzsche. Die LKS 1 gehörte zu den dreizehn Luftwaffenschulen des Deutschen Reichs und wurde von 1936 bis 1942 von Generalmajor Oskar Kriegbaum (1889-1948) kommandiert. Seine Aufgabe als Unteroffizier in der „Technischen Kompanie" bestand darin, die Jagdflugzeuge zu warten und zu reparieren. Offenbar waren diese Arbeiten nicht ganz ungefährlich. Als er nämlich einmal einen reparierten Motor starten wollte, schlug ihm der eine Propellerflügel sein schwarzes Fliegerkäppi aus Drillichtuch mit aufgenähtem Luftwaffenadler vom Kopf und der zweite fast den ganzen rechten Arm ab. Als Bordelektriker musste er natürlich auch an den vorgeschriebenen Kontrollflügen teilnehmen. Solche Befehle befolgte er höchst ungern und zwar deswegen, weil die übermütigen Piloten in luftigen Höhen gewagte Loopings, Schrauben, Steig- und Sturzflüge bis zur Übelkeit vollführten. Weniger beeindruckend gestaltete sich indessen sein Aufstieg in der Wehrmachtshierarchie. Nach fast zwölf Dienstjahren avancierte er lediglich zum Oberfeldwebel.

Eine angenehme Abwechslung beim Kommiss bedeuteten die Olympischen Spiele in Berlin, welche 1936 auf dem Gelände des Reichssportfeldes ausgetragen wurden. Als Zuschauer beteiligt waren sowohl mein Vater als auch der 13-jährige Peter Gay (1923-2015) mit seinem Vater. Zu diesem zivilsportlichen Ereignis eingeladen hatten Adolf Hitler (1989-1945) und seine beiden „Volksverführer" Joseph Goebbels (1897-1945) und Hermann Göring (1893-1946). Sie erwarteten von den deutschen Athleten, dass die deutsche Nation und die internationale Community von der Überlegenheit der nordischen Rasse überzeugt werden würde. Peter Gay, welcher der Ehrentribüne fast gegenüber saß, schildert seine Eindrücke:

> Der gelegentliche Anblick Hitlers war eine widerliche Begleiterscheinung ... Als Göring erschien, wurde er mit Zurufen gefeiert: „Hermann! Hermann!" ... Die Atmosphäre war spannungsgeladen und ansteckend. Mehr als hunderttausend Sportbegeisterte waren auf einem Raum zusammengepfercht, der nur etwa achtzigtausend Zuschauer einigermaßen bequem aufnehmen konnte. In jedem aufregenden Augenblick sprangen sie auf – und es gab viele aufregende Augenblicke. Ein guter Zuschauer mußte einiges Geschick beweisen: Wegen der vielen Vorrunden, um schwächere Teilnehmer auszuscheiden, gab es immer mehrere Dinge gleichzeitig zu beobachten. Die Vorentscheidung im Weitsprung konnte mit der Endrunde im 1500-Meter-Lauf zusammenfallen (Gay 2000, S. 96).

Nachdem einige deutsche Athleten tatsächlich einige kleine Wettkampfsiege errungen hatten, machte der amerikanische Farbige Jesse Owens (1913-1980) den faschistischen Machthabern jedoch einen dicken Strich durch die Rechnung, als er souverän zwei Goldmedaillen im 100-Meter-Lauf und im Weitsprung gewann. Welche Bedeutung mein Vater den Olympischen Spielen im allgemeinen und dieser nationalen Blamage im Besonderen beimaß, weiß ich nicht. Überliefert ist lediglich, dass er seiner Verlobten eine olympische Anstecknadel verehrt und Hitler auf der Tribüne gesehen habe.

Wahrscheinlich interessierte sich mein Vater damals auch mehr für seine Verlobte. Wenn es der Militärdienst erlaubte, vertauschte er seinen schmierigen Overall gegen eine fesche Fliegeruniform und besuchte sie in Werda. Begegnet waren sie sich zuerst während der alljährlich stattfindenden methodistischen Jugendbundtreffen. Irma Lehmann (1915-2007) war ein hübsches Mädchen aus christlichem Hause. Sie hatte sowohl die Dorf- als auch die Berufsschule besucht. Ihr Abschlusszeugnis vom 15. März 1932 bescheinigt ihr gute schulische Leistungen und ein untadeliges Betragen. Obwohl sie eine begabte Turnerin und Sängerin war, musste sie als einfache Spulerin in der Stickmaschinenfabrik ihres Vaters arbeiten. Am 28. Oktober 1939 heirateten meine Eltern etwas überstürzt in der Werdaer Methodistenkirche. Da meine Schwester Isolde schon am 6. Oktober 1939 – also unehelich – geboren wurde, traute sich meine Mutter nicht „ganz in Weiß" zu heiraten. Indessen war die verzögerte Eheschließung nicht ihre Schuld. Schuld daran war vielmehr die reglementierende nationalsozialistische Militärbehörde, welche dem „braven Soldaten Bühring" erst nach dem 25. Lebensjahr den Bund der heiligen Ehe gestattete. Statt der obligatorischen Hochzeitsreise, welche möglicherweise wegen des verbrecherischen Überfalls auf Polen am 1. September 1939 ins Wasser fiel, zog meine Mutter nach Dresden-Neustadt in eine gemeinsame Wohnung in der Glacisstraße 1 – unweit von Erich Kästners (1899-1974) Königsbrücker Straße. Davon zeugt eine Porträt-Postkarte des Werdaer Methodistenpredigers und ehemaligen Südsee-Missionars Heinrich Paul Wenzel (ca. 1870*) vom 13.12.1939:

> Lieber Bruder Bühring! Hiermit möchte ich einen Besuch abstatten, wenn auch nur im Bilde. Zu den Advents-, Weihnachts- und Neujahrstagen wünsche ich Ihnen Gottes Segen. Wir beten für alle unsere Soldatenbrüder und hoffen, daß sie alle wohlbehalten zurückkehren in die Heimat, Familie und Gemeinde. Mit freundlichem Gruß Ihr Prediger Wenzel.

Nur langsam gewöhnte sich meine Mutter vom Lande an das städtische Leben. Ihrer dörflichen Wurzeln entrissen, versuchte sie so oft wie möglich unter Menschen zu kommen. Sonntags nahm sie an den methodistischen Gottesdiensten in der Wiener Straße teil und begriff nicht den Widerspruch zwischen Nationalsozialismus und Christentum. Stattdessen belog sie sich selbst: „Allen war es zur Gewohnheit geworden, sich selbst zu betrügen, weil dies eine Art menschlicher Voraussetzung zum Überleben geworden war" (Arendt zit. n. C. Stern 1989, S. 194). Am Nachmittag ging sie mit ihrer zweijährigen Tochter am Elbstrand, im Rosengarten, im Dresdner Zwinger oder auf der Brühlschen Terrasse spazieren. Engere Beziehungen zu den „Elbflorenzern" schien sie nicht geknüpft zu haben. Stattdessen saß sie häufig mit ihrem Töchterchen allein zu Hause. Erkannte der Ehemann die isolierte Situation seiner jungen Frau? Adolf Hitler jedenfalls, war am Wohlergehen meiner Mutter nur insofern interessiert, als er von deutschen Frauen arischen Blutes möglichst viele Kinder erwartete. Je mehr Nachwuchs, desto mehr Soldaten, desto mehr Kanonenfutter! Zu diesem Zweck warf SS-Reichsführer Heinrich Himmler (1900-1945) sogar alle sittlichen Bedenken über Bord und forderte seine geilen Schergen auf, „angesichts des deutschen Schicksalskampfes auch ohne Urkunde vom Standesamt ihre ´hochwertige Erbmasse zu vermehren´" (C. Stern 1989, S. 197). Dafür erhielten die vielmals Geschwängerten das „Ehrenkreuz der Deutschen Mutter" an ihre nährenden Brüste geheftet. Weil jedoch meine Mutter die nationalsozialistische Reichsnorm nicht erfüllte, bekam sie diese Auszeichnung für arische Fruchtbarkeit natürlich nicht verliehen. Zwei Kinder waren dem Führer zu wenig Engagement für seine kriegerischen Zwecke.

Geboren im Tulbinger Schloss

Bevor sich Mutter und Tochter in Dresden einigermaßen zu akklimatisieren vermochten, wurde mein Vater nach Österreich, welches 1938 „Heim ins Reich" berufen worden war, abkommandiert. Sein neuer Fliegerhorst (LKS 7) lag in Langenlebarn bei Tulln an der Donau und gehörte ebenfalls zu den dreizehn Luftkriegsschulen des Deutschen Reiches. Befehligt wurde der Fliegerhorst von dem Generalmajor Dietrich Volkmann (1897-1988). Wie es sich für Soldatenfrauen gehört, folgte ihm meine Mutter nach. Sie bezogen eine bescheidene Wohnung im Gesindehaus des Tulbinger Schlosses, welches mein erstes Zuhause werden sollte. Als ich 1998 vor dem eingerüsteten Gebäude stand, erfuhr ich, dass das Tulbinger Schloss aus einem einfachen Wirtschaftshof des Klosters Seitenstetten entstanden ist.

Dieses hatte schon bei seiner Gründung im Jahr 1109 ein Eigengut zu Tulping, von dem Edelfreien Udalchalch von Stille und Heft, als Dotation, erhalten. Als nach 1683 die Türkengefahr in Niederösterreich endgültig gebannt war, ließ Seitenstetten seinen bis dahin recht einfachen Hof zum Freihof Mönchshof ausbauen. Im zweiten Viertel des 18. Jahrhunderts ließ der auch ansonsten recht baufreudige Abt Paul de Vitsch das Herrenhaus repräsentativ ausgestalten. Als Abt Kolumban Zehetner 1826 den Edelhof versteigern ließ, erhielt der

Wiener Hofjuwelier Josef Wieser den Zuschlag. Die nächsten Eigentümer waren 1842 der kaiserliche Kämmerer August Freiherr von Thysebaert und danach der bürgerliche Schneidermeister Johann Kohaun aus Wien. 1861 gelangte das Gebäude an den Bankier Alois Männer, der es zum Schlösschen ausbauen ließ. Der Börsenkrach von 1871 brachte leider auch ihn in ernste finanzielle Schwierigkeiten, und so wurde es von Ignaz Pollack ersteigert, der es aber bereits 1879 an den Fürsten Georg Maurocordato verkaufte. Dieser vertrat die k. u. k. Monarchie als Diplomat in Paris und ließ in seiner Abwesenheit in Tulbing Rebhühner züchten. Maurocordado stellte das Schloss seiner Gattin Irene, einer geborenen Freiin von Sina, zur Verfügung und ließ es neu einrichten. Seine Frau konnte es jedoch krankheitshalber nicht beziehen. Nach 1894 hatte das Schloss häufig wechselnde Eigentümer. Darunter befand sich auch der Kammersänger Hubert Leuer, der mit der Opernsängerin Berta Kiurina verheiratet war.[2]

Im Jahre 1984 erwarb die Familie Haberler das Tulbinger Schloss und machte es zu dem was es heute ist: eine Reitsportanlage mit Café und Restaurant. Leider war von den jetzigen Schlossherren nichts über die Besitzer der Nazizeit in Erfahrung zu bringen. Vielmehr hüllten sich die Herrschaften in Stillschweigen, dem ich bei meinen Recherchen in Österreich des Öfteren begegnet bin. Meine Mutter hatte nämlich einen gewissen Herrn Peters erwähnt, über den ich Näheres zu erfahren wünschte. Großzügig sei er gewesen und zuvorkommend. So habe er Gelegenheitsarbeiten meiner Eltern mit Kartoffeln, Milch, Eiern und Weintrauben entlohnt. Eine große Wohltat in jenen mageren Zeiten. Außerdem ließ er mich in einem richtigen Schloss das Licht der Welt erblicken. Zwar fand meine Ankunft nur in einer unscheinbaren Gesindestube statt, aber immerhin!

Geboren wurde ich zur großen Freude meiner Eltern. Sich bei meiner Mutter und meiner Wenigkeit bedankend, schenkte ihr mein Vater einen roten Rosenstrauß und mir – etwas später – ein selbstgebautes rotes Tretauto mit dem Kennzeichen 2.6.1944. Weniger begeistert zeigte sich meine Schwester über den plärrenden Neuankömmling, wenngleich das keiner wahrhaben wollte. Doch ließ sie mich später nie im Unklaren darüber, dass ihr die oktroyierte Babysitterrolle und manches andere ziemlich lästig gewesen sei. Offenbar fühlte sie sich nach viereinhalb Jahren der Alleinherrschaft von mir entthront.

[2] Verfügbar unter: http: //www.burgen–austria. com/archive.php?id=954 [03.07.2019]

Nachdem meine Geburt problemlos über die Bühne gegangen war, ergaben sich gesundheitliche Komplikationen. Aufgrund der schlechten Zeiten konnte mich meine Mutter schon nach acht Wochen nicht mehr stillen. Deshalb sah sie sich gezwungen, Kuhmilch zu füttern. Obschon immer dieselbe Kuh für mich gemolken wurde, bekam ich den so genannten „Milchschorf". Eine ekelige Krankheit, welche mein glattes Babyface fürchterlich verunzierte. Glücklicherweise hielt mir keiner einen Spiegel vor. Als sich der allergische Hautausschlag immer weiter ausbreitete und chronische Schäden zu befürchten waren, brachte man mich in ein Wiener Krankenhaus. Nach ein paar Wochen war ich kuriert und konnte entlassen werden. Gerade rechtzeitig! Denn ein paar Tage später detonierte eine Bombe der Alliierten über der Kinderstation der Klinik. Zurück im Tulbinger Schloss, wurde ich am 24. September 1944 getauft. Weil es jedoch im katholischen Österreich an methodistischen Gemeinden mangelte, engagierten meine Eltern einen gewissen E.J. Mayer für dieses heilige Sakrament. Wie ich meinem Taufschein entnehme, handelte es sich bei dem Pfarrer um einen „Deutschen Christen". Die „Deutschen Christen" verstanden sich als eine rassistische und antisemitische Vereinigung innerhalb der protestantischen Kirche und nannten sich die „Sturmabteilung Jesu". Sie unterstützten die nationalsozialistische Parteipolitik und grüßten mit erhobener Hand. Sie schlossen sämtliche Christen jüdischer Provenienz aus der Kirche aus und reduzierten die Bibel auf das „Neue Testament". „Man erzählte damals eine Parabel, die oft wiederholt wurde: Ein Breslauer Pfarrer fordert zu Beginn seiner Sonntagspredigt alle Nichtarier auf, die Kirche zu verlassen; er wiederholt die Forderung dreimal, worauf die Gestalt am Kreuz verschwindet" (F. Stern 2007, S. 141).

Nicht nur Pastoren ließen sich in der „Reichskirche" gleichschalten, sondern auch Bischöfe, wie zum Beispiel der Landesbischof von Brandenburg Ludwig Müller (1883-1945). Heftigen Gegenwind bekamen die „Deutschen Christen" lediglich von Klerikern der „Bekennenden Kirche", welche sich im Mai 1934 gegen die totale Gleichschaltung und Entjudung zur Wehr setzten. Als armes Kriegskind war ich jedenfalls nicht in der Lage, wider diesen Nationalsozialisten im christlichen Gewande zu löcken. Und auch nicht gegen meine Namensgebung. Ohne gefragt zu werden, taufte man mich auf den uralten germanischen Namen „Gerald". Wäre es nach meinem Gustus gegangen, hätte ich mir nach Indianerart einen passenderen Vornamen zugelegt, „Schweifendes Auge" etwa oder „Grünender Zweig" oder „Lernender Büffel" und dergleichen mehr. Aber so wurde ich friedliebendes Menschlein als kriegerischer „Speerträger“ etikettiert.

Vaters tschechische Gefangenschaft

Schon lange vor meiner Ankunft auf dieser Welt mehrten sich die Zeichen, dass „der totale Krieg“ nicht gewonnen werden könne. Im eisigen Winter 1943 hatte die 6. Armee die Kesselschlacht bei Stalingrad verloren. Vom 25. Juli bis 22. Oktober 1943 hatten die Alliierten Berlin, Hamburg, Kassel und andere Städte mörderisch bombardiert. Und ab dem Frühjahr 1944 blieb auch Wien nicht mehr von den Langstreckenbombern verschont. Obwohl nun Österreich nicht mehr sicher war, schien sich mein Vater noch keine ernsthaften Sorgen um seine Familie gemacht zu haben. Selbst als am 6. Juni 1944, dem „D-Day“, die Amerikaner, Kanadier und Engländer in der Normandie landeten und die „Rote Armee“ immer weiter auf deutschen Boden vorrückte, schien er noch nicht an Evakuierung gedacht zu haben. Hatte er womöglich Angst, wegen Wehrzersetzung belangt zu werden? Nie wurde darüber gesprochen! Erst im Frühjahr 1945 durften wir Österreich verlassen. Während wir in einem verriegelten Waggon – keiner durfte unterwegs zusteigen oder aussteigen – von Wien über Prag und Dresden in die vogtländische Heimat fuhren, musste er bis zum bitteren Ende auf seinem Tullner Fliegerhorst ausharren. Wir befanden uns längst in Sicherheit, als die russische Armee von Budapest herkommend auf Wien vorstieß. Am 6. Mai 1945 wurde mein Vater und seine Kameraden von russischen Soldaten festgenommen, nachdem er unsinnigerweise noch einen Schuss aus seiner Pistole in die Luft abgefeuert hatte. Diese Dummheit hätte ihn das Leben kosten können! Denn schon die kritische Äußerung eines Tulbinger Schlossbewohners hatte genügt, um ihn auf den Friedhof zu befördern. Anschließend wurde die ganze Kompanie nach Brünn (Brno) in Marsch gesetzt. 130 Kilometer musste die zerlumpte Wehrmachtskolonne unter unsäglichen Strapazen marschieren, bewacht und traktiert von „Stalinschülern“. Wer schlapp machte, bekam deftige Prügel verabreicht. Angeblich soll diese rächende Eliteeinheit keine Gefangenen gemacht haben. Dem widerspricht jedoch, dass mein Vater nur halbtot den Tschechen übergeben worden ist. Die tschechischen Internierungslager in Brünn und Umgebung waren berüchtigt. Ihre verhassten Feinde waren sadistischen Quälereien ausgesetzt. Ärztliche Hilfe wurde häufig verweigert! Die Ernährung mangelhaft! Es kam zu tödlichen Epidemien! Überall grassierte

Ruhr und Krätze! Die Mehrzahl der Gefangenen litt an Hungerödemen! Viele Insassen starben! Während die niederen Chargen der Wehrmacht in tschechischen Lagern schwer für ihre Sünden büßen mussten, gelang es dem Kommandanten von Langenlebarn, sich in amerikanische Gefangenschaft zu flüchten, bereits 1947 entlassen zu werden und 1988 eines zivilen Todes zu sterben.

Zurück ins sächsische Vogtland

Vergleichsweise lebten wir drei heimatlosen Gesellen bei meinen Großeltern mütterlicherseits wie Gott in Frankreich. Morgens gab es Bauernbrot mit Ziegenbutter, mittags Ziegenquark und Kartoffeln und abends bekam ich ein großes Glas frische Ziegenmilch serviert. Da konnte man nicht meckern! Während der nächsten Monate gedieh ich prächtig. Offenbar wirkten die Ziegenprodukte wie ein Lebenselexier. Schon mit elf Monaten lief ich munter zwischen dem Kleinvieh herum, meinen Tanten hinterher und meiner Mutter auf und davon. Nur mit dem Einschlafen haperte es. Meiner an sich herzensguten Mutter die strapaziöse Umsiedelung übel nehmend, begann ich bereits in der ersten Nacht zu schreien. „Schreikinder" sind Nervensägen! Betroffene Eltern kennen das. Kaum, dass ein Kraut dagegen gewachsen ist. Meine Mutter versuchte es mit der Methode „schreien lassen und weghören", was lerntheoretisch vernünftig gewesen wäre. Lernen durch Ignorieren und Distinktion! Aber meine liebe Großmutter, welche meinte, es besser zu wissen, funkte ihr dazwischen und schimpfte sie Rabenmutter. Das konnte ihre brave Tochter nicht auf sich sitzen lassen. Folglich nahm sie mich allabendlich auf den Schoß. Was mich augenblicklich beruhigte. Lernen durch Reinforcement bzw. Verstärkung! Was zur Folge hatte, dass ich diese mütterliche Beruhigungspille nun allabendlich einforderte.

Im Oktober 1945 wurde mein Vater aus der Haft entlassen. Zum Glück! Sechs Monate tschechische Gefangenschaft hatten ihn schwer gekränkt und krank gemacht. Kahl rasierten Schädels, die Beine schrecklich gedunsen, an schmerzhafter Ruhr und Krätze leidend, machte er sich auf die Suche nach seiner verschollenen Familie und hoffte sie in Dresden zu finden. Stattdessen fand er nur eine leere Wohnung vor, die immerhin von den verheerenden Luftangriffen der Allierten zwischen dem 13. und 15. Februar 1945 verschont geblieben war. Nur eine einzige Brandbombe hatte einigen Schaden angerichtet. Nachbarn nannten ihm unseren derzeitigen Aufenthaltsort. Erschöpft schlug der Heimkehrer sich nach Werda durch, wo er von seinem Schwiegervater mit der Axt in der Hand empfangen wurde. Eine schöne Begrüßung! Aber noch mehr hungrige Mäuler wollte mein Großvater nicht stopfen und jagte seinen ausgemergelten Schwiegersohn mitleidlos von seinem Ziegenhof. Schwer angeschlagen schleppte sich mein Vater über die benachbarten Dörfer Kottengrün, Korna und Arnoldsgrün und bettelte sich hin und wieder ein paar Brotkrumen zusammen. Einige Wochen lebte er von der Hand in den Mund, bis er bei den „Falkensteiner Stadtwerken" eine Anstellung als Elektrozähler-Ableser fand.

Mitten im strengen Winter 1945/46 zogen wir unserem unterernährten Ernährer hinterher. Inzwischen hatte er im „Wasserhäusel", direkt an der Hauptstraße, neben meiner Grundschule in spe, eine ärmliche Parterrewohnung gefunden. Bestehend aus einem fensterlosen Schlafzimmer, kleinem Wohnzimmer und schimmligen Feuchtwänden. Passend zur neuen Ärmlichkeit ernährten wir uns von abgezählten Kartoffeln und Kohlblättern. So wenig gab es in der Nachkriegszeit zu essen, dass mein Vater die gesamte Aussteuer meiner Mutter verscherbeln musste. Während andere Hungerleider stahlen, schnorrten oder windige Schwarzmarktgeschäfte machten, unternahm er strapaziöse Hamsterkäufe bis nach Aschersleben, bettelnd von Bauer zu Bauer ziehend, nur um ein paar Grundnahrungsmittel zu ergattern.

Ein Apfel aus dem Garten meines Großvaters war da schon eine Köstlichkeit. So verführerisch schien der seltene Bissen, dass ich ihn ganz für mich beanspruchte, ohne freilich die Konsequenzen zu bedenken. Sich in meine hungernde Kinderseele nicht einfühlend, die noch nicht zwischen „Mein und Dein" sowie „Gut und Böse" zu unterscheiden vermochte, geriet meine Mutter außer sich vor Wut, als sie den gemeinen Mundraub entdeckte. Mehrmals schimpfte sie böse: „Welche Hand hat das getan? Welche Hand hat das getan?" Trotzig schwieg ich und schwieg! Strafend verbannte sie mich längere Zeit auf einen harten Stuhl! Bereut habe ich die damalige Tat sicherlich nur ihretwegen. Denn „das gescholtene Kind ´will wieder artig sein´, weil es die grollende Mutter begütigen oder auch die verhängte Strafe los sein will" (W. Stern 1925, S. 24). Von meiner schlimmen Tat und ihren schmerzhaften Folgen erfuhr ich allerdings erst später vom Hörensagen. Hingegen erinnere ich mich noch schwach an ein Bild, in dem mein Großvater ein „Kartoffelpuffer-Töpfchen" – ein weiterer Leckerbissen – auf den Fenstersims unserer ärmlichen Parterrewohnung stellt und danach sang- und klanglos entschwindet. Seither gehören Reibkuchen zu meinen Leib- und Magenspeisen.

Wer diese Reibekuchen verspeiste, weiß ich nicht mehr zu sagen. Mit den frühen Kindheitserinnerungen ist es nämlich so eine Sache. Sie können sein oder nicht sein! Fallen sie in ein Entwicklungsstadium, in welchem die Myelinreifung der Hirnnerven noch nicht abgeschlossen und infolgedessen der Kortex noch zu keiner bleibenden Datenspeicherung fähig ist, so werden sie schlichtweg nicht erinnert. Zudem wählt man aus einer Vielzahl möglicher Erlebnisse nur jene Eindrücke aus, welche einem relevant erscheinen (vgl. Adler 1979, S. 65). Insofern entstammen frühe Erinnerungen selten dem eigenen Erleben, sondern eher dem Hörensagen. Was aber schien mir so bedeutsam an den „gebackenen Klößen" meines Großvaters? Wahrscheinlich nicht die Speise an sich, sondern die meinem Vater zugedachte versöhnliche Geste des sonst so rabiaten Großvaters.

„Tadelt nie die Taten der Soldaten"?

Während seiner Militärzeit hatte sich mein Vater jegliche Kritik verbeten und in sein „Soldatenalbum" in kunstvollen Lettern geschrieben:

> Tadelt nie die Taten der Soldaten!
> Leute die da sterben müssen!
> Lasst sie lieben! Lasst sie küssen!
> Wer weiß wie bald sie sterben müssen!

Nach dem verlorenen Krieg schien er sich dann eines Besseren besonnen zu haben, da er mir meiner Mutter zufolge verboten habe, die militärische Laufbahn einzuschlagen. Sein Vermächtnis nach seinem frühen Tod übererfüllend, verweigerte ich nicht nur den Wehrdienst, sondern kritisierte obendrein seine faschistische und kriegerische Generation. Während dieser kritischen Auseinandersetzung mit dem Erbe unserer Väter kam es zu einem Eklat mit meiner Schwester. Vaters „weiße" Uniformhandschuhe – als Farbe der Unschuld – auf den Soldatenfotos anprangernd, verbat sie sich eine derartige Infamie. Unterstützt wurde sie von ihrem zweiten Ehemann, dessen Vater im Russlandfeldzug in brutaler Weise der Kopf abgeschlagen worden war. Nachdem mich meine damalige Lebensgefährtin zur Nachsicht in dererlei Dingen gemahnt hatte, da auch ihr verbeamteter Vater zum Schluss noch der NSDAP beigetreten wäre – scheinbar waren alle mehr oder weniger involviert gewesen – kam ich eine Weile schwer ins Grübeln und fragte mich: Wie gelingt es einem halbwegs normalen Menschen eine „schwarz-weiße Seele“ in seiner Brust zu tolerieren? Es gelingt ihm nicht! Im Gegenteil! Er trennt sie auf schizoide Art und Weise! Die Psychologen sprechen auch von Dissoziation, wenn inakzeptable Persönlichkeitsanteile abgespalten werden. Neben gesunden Empfindungen können in solchen Fällen durchaus auch Grausamkeiten ertragen und begangen werden. Der sibirische Bezirkskommandant in Lew Tolstois (1828-1910) Roman *Auferstehung* war solch ein schizoider Mensch: Tagsüber unerbittlich gegenüber seinen wehrlosen Gefangenen, abends ein zärtlicher Familienvater. Noch gewissenloser handelte Adolf Eichmann (1906-1962). Massenmörder und Familienvater in ein und derselben Person! Millionenfach hat er Juden vergasen lassen. Zu Hause sei er der liebste Mensch gewesen.

Nun war mein Vater keineswegs eine Ausgeburt des Teufels, beileibe nicht, sondern ein einfacher Bordmechaniker in einer technischen Kompanie und ein friedliebender Zivilist. Er hatte auch keine mörderischen Bombereinsätze nach London mitgeflogen wie sein christlicher Freund und Kriegskamerad. Woher ich das weiß? Erlauscht hatte ich diese kriegerische Geschichte bei einer Kaffee-Einladung, deren ganze Tragweite ich jedoch erst später erfasste, als ich Max Frischs (1911-1991) Tagebücher las:

> Über einem Städtchen, das wie unsere architektonischen Modelle anzusehen ist, entdecke ich unwillkürlich, daß ich durchaus imstande wäre, Bomben abzuwerfen: Es braucht nicht einmal eine vaterländische Wut, nicht einmal eine jahrelange Verhetzung; es genügt ein Bahnhöflein, eine Fabrik mit vielen Schloten, ein Dampferchen am Steg; es juckt einen, eine Reihe von schwarzen und braunen Fontänen hinzustreuen, und schon ist man weg; man sieht, wie sich das Dampferchen zur Seite legt, die Straße ist wie ein Ameisenhaufen, wenn man mit einem Zweiglein hineinsticht, und vielleicht sieht man auch noch die Schlote, wie sie gerade ins Knie brechen und in eine Staubwolke versinken; man sieht kein Blut, hört keine Röcheln, alles ganz sauber, alles aus einem ganz unmenschlichen Abstand, fast lustig. Nicht ohne eigene Gefahr; das meine ich nicht, daß es harmlos sei; ich denke auch an die weißen Wölkchen, die jetzt ringsum aufplatzen, eine Staffel von Jägern, die hinter uns auftauchen und größer werden mit jedem Atemzug, lautlos, dann das erste Splittern in einer Scheibe, ein Gejaul wie in

> den Scheibenständen, verfolgt von einem verspäteten und verwehten Geratter. Das alles inbegriffen! Ich meine nur den Unterschied, der darin besteht, ob ich Bomben streue auf ein solches Modell, das da unter den jagenden Wolken liegt, halb rührend, halb langweilig und kleinlich, oder ob ich ebenfalls dort unten stehe, mein Sackmesser öffne und auf einen Menschen zugehe, einen einzigen, dessen Gesicht ich sehen werde, beispielsweise auf einen Mann, der gerade Mist verzettelt, oder auf eine Frau, die strickt, oder auf ein Kind, dass barfuß in einem Tümpel steht und heult, weil ein papiernes Schifflein nicht mehr schwimmt. Das letzte kann ich mir nicht zutrauen. Beim ersteren, das ist der Unterschied, bin ich durchaus nicht sicher (Frisch 1983, S. 46).

Trotzdem! Sollte man die dunkle Seite seines Vaters hinnehmen, wie etwa Klaus Eichmann (1936*), der offenbar seinen Erzeuger gegen gerechtfertigte Anschuldigungen in Schutz nahm? (vgl. Anders 1988, S. 77). Ich selbst konnte es nicht, fragte mich jedoch allen Ernstes: „Wärst auch du – als junger Spund – unter jenen unseligen Verhältnissen: Arbeitslosigkeit, mangelnde Bildung und parteipolitische Indoktrination ein Mitläufer unter dem Hakenkreuz geworden?" Ohne eine Antwort darauf zu haben und meiner dünnen Zivilisationsschicht eingedenk, stimmte ich mich etwas milder und reduzierte meine scharfe Kritik auf das eisige Schweigen unserer „Wehrmachtsväter". Wenn sie wenigstens geredet hätten! Schämten sie sich ihrer Untaten? Jedenfalls schwiegen sie! Alle miteinander! Einfache Soldaten und Offiziere gleichermaßen! Auch Beate Niemann (1942*) beklagt das Schweigen ihres Vaters: „Ich fand von meinem Vater kein Wort des Bedauerns, des Schuldbewusstseins, geschweige denn der Reue. Ich habe so sehr danach gesucht. Es hätte mir das Leben erleichtert" (PNN vom 7.11.2014). Selbst Ernst Jünger (1895-1998) fehlte der Mut, seine schriftstellerischen Irrtümer während des Ersten Weltkrieges einzugestehen. Allerdings wollten sie es ja auch nicht so genau wissen! Sonst hätte Jünger vermutlich 1959 nicht so ohne weiteres das Große Bundesverdienstkreuz verliehen bekommen und es anderen Prominenten kaum gelingen können, jahrelang ihre SS-Vergangenheit vor der Öffentlichkeit zu kaschieren: Erich Strittmatter (1912-1994), Horst Tappert (1923-2008), Walter Jens (1923-2013), Günter Grass (1927-2015) und wie sie alle heißen. Auch sie lebten mit zwei Seelen in ihrer Brust! Wie mögen sie bloß damit fertig geworden sein? Hatten sie ihre Gräueltaten verdrängt? Und auch du mein lieber Vater! Eine Seele von einem Mensch, friedfertig, antiautoritär, pietistisch, zwar kein

Herz für Insekten wie Ernst Jünger, sondern für Hühner und Hasen, diente mit eisernem Schraubenschlüssel fast zwölf Jahre einem mörderischen System! Wusste er nicht, was er tat oder wollte er es nicht wissen? Offenbar litten fast alle Nachkriegsdeutschen an einer „kollektiven Amnesie". So sieht es auch Fritz Stern (1926-2016), wenn er schreibt: „Viele ältere Deutsche ... hatten ein verzerrtes, auf Selbsttäuschungen beruhendes und vor allem ihrer Entlastung dienendes Bild von der eigenen Vergangenheit" (F. Stern 2007, S. 268). Was unverständlicherweise dazu führte, dass ehemalige Nazis – Politiker, Richter, Professoren und Lehrer in der Bundesrepublik in Amt und Würden verblieben. Der so genannten „Rosenburg-Akte" von 2016 zufolge, befanden sich über 53% der Juristen in führenden Positionen. Und den vorbelasteten Politikern Heinrich Lübke (1894-1972) und Kurt Georg Kiesinger (1904-1988) gelang sogar der „unaufhaltsame Aufstieg" zum Bundespräsidenten resp. Bundeskanzler. Was für ein Skandal!

„Wie war es möglich, dass Millionen Menschen einen Mann und eine Bewegung, deren Niedertracht und Bösartigkeit so unverkennbar waren, als Erlösung empfinden konnten – und Hitler als einen Abgesandten der Vorsehung?" (F. Stern 2007, S. 543). Tröstlich vorzustellen wäre es, wenn sich mein Vater zumindest innerlich dem faschistischen System entzogen hätte. Doch weder er noch sonst jemand enthüllte die zugekleisterte Vergangenheit, sondern die rebellierenden Studenten der 68er Jahre. Sie waren diejenigen, welche dieser inhumanen Generation ihre „faschistische Krankengeschichte" unter die Nase rieben und für eine antifaschistische Bundesrepublik demonstrierten. Wie schwer nationalsozialistische Gesinnungen jedoch auszurotten sind, zeigen die wieder erstarkenden neofaschistischen Strömungen in unserem Lande. Zwar wehren sich besorgte Bürger mit rechtsstaatlichen Mitteln so gut sie können, anscheinend jedoch mit mehr oder minder großem Erfolg. Offenbar reichen Appelle und Gegendemonstrationen zur Bekämpfung des „rechten Übels" nicht aus, sondern bedürfen zusätzlich der „psychologischen Aufarbeitung". Wenngleich auch Bildung nicht vor Dummheit schützt, so könnte psychologische Ursachenforschung des Nationalismus, des Imperialismus, des Rassismus und des Antisemitismus – Elemente des Totalitarismus – vielleicht mehr zur Freilegung ihrer Wurzeln beitragen als es historische und politische Aufklärung allein vermögen. So erkannte zum Beispiel Hannah Arendt (1906-1975) während der Beobachtung des Eichmann-Prozesses die „Banalität des Bösen":

> Bei (Adolf, GB) Eichmann ... deutete nichts auf feste ideologische Überzeugungen ohne besondere böse Beweggründe hin; das einzig Bemerkenswerte ... war etwas rein Negatives: nicht Dummheit, sondern Gedankenlosigkeit. Er hatte sich niemals vorgestellt, was er eigentlich anstellte. Er war völlig unfähig, irgendeine Sache vom Gesichtspunkt eines anderen her zu sehen, beteuerte stattdessen immer nur, daß er keine Karriere bei der SS beabsichtigt hatte (Heuer 1987, S. 109).

Auch in Bernhard Schlinks (1944*) *Der Vorleser* scheint sich Hannah Schmitz keine Gedanken gemacht zu haben, als sie mit anderen Wächterinnen in einer Kirche 300 Frauen hat verbrennen lassen. Das Grauen der Menschheit zählt aufgrund von Gedankenlosigkeit und Dummheit nach Legionen.

> Deshalb bestand für Arendt die eigentliche Ursache für die moralische Katastrophe während des Naziregimes nicht in dem Einbruch der Kriminalität in den öffentlichen Raum oder dem Terror gegenüber dem einzelnen, sondern in der freiwilligen Gleichschaltung derer, die ansonsten zu keinem Verbrechen fähig waren (Heuer 1987, S. 110).

Unsere dünne „Zivilisationsschicht“, das sei immer wieder betont, bedeckt manchmal ungeahnte Abgründe. Sowohl der Erste Weltkrieg als auch der Zweite Weltkrieg haben gezeigt, dass sich an sich freundliche, hilfsbereite, christliche und gebildete Menschen von einem Moment auf den anderen in reißende Bestien verwandeln und über andere herfallen können.

5. Als ich noch ein kleiner Junge war

Wenn ich nicht besser bin,
so bin ich wenigstens anders.
Jean-Jacques Rousseau

Wie man wird, was man geworden ist

„Ich werde sein, der ich sein werde", heißt es im Alten Testament. Seit Olims Zeiten rätseln Juden und Christen an dieser obskuren Selbstcharakterisierung Gottes herum. Trotz ihrer Dürftigkeit enthält sie jedoch zwei relevante Existenziale, nämlich das „Werden" und das „Sein". Im alternierenden Werden und Gewordensein fließen innere und äußere Einflüsse beständig zusammen. Dispositionen und Potenzialitäten, Selbst- und Fremderziehung, Milieu und Kultur prägen unsere individuelle Persönlichkeit. Den Grad der Individualität entscheidet jedoch letzten Endes unsere schöpferische Kraft.

Aber wer weiß schon, welche inneren und äußeren Einflüsse in ihm schlummern? Landschaft, Sprache, Vorfahren und Brauchtum bestimmen unser Wachstum. Bevor wir „Ich" sagen können, sind wir längst schon indoktriniert. Gesellschaftlich akzeptierte Bedürfnisse und Interessen werden assimiliert und introjiziert. Ehe sich ein Kind z. B. für eine Konfession zu entscheiden vermag, ist es bereits auf die Religion seiner Eltern festgelegt. In meinem Fall war es die methodistische Heilslehre. Späterhin werden äußere Einflüsse vom Individuum zwar deutlicher registriert, sind aber unvermeidbar und – man höre und staune – sogar lebensnotwendig. Ins Positive gewendet spricht William Stern in seinem „personalistischen Introzeptionskonzept" nämlich von der „Ein-Ichung" fremder Werte. Die Aufnahme fremder Zwecke in den Selbstzweck setzt voraus, meint er, dass sich Ich und alle Nicht-Iche weder feindlich, dominierend, noch sonstwie beeinträchtigend gegenüberstehen, sondern in einer Beziehung des gegenseitigen Gebens und Nehmens, Steigerns und Ergänzens, Anerkennens und Verpflichtens miteinander oszillieren. Bezüglich der unterschiedenen drei Arten der Fremdzwecklichkeit gilt:

> Für die Hypertelie bedeutet sie, dass das Individuum nicht nur Teil ist vom übergeordneten Ganzen, sondern auch Teil hat an ihm; aus dem bloßen Verhältnis als Bruchstück und Nummer wird ein solches der Anteilnahme, aus der bloßen Hörigkeit eine Zugehörigkeit. – Für die Syntelie bedeutet sie, dass man nicht das Selbst preisgibt an den anderen, sondern das eigene Selbst bereichert durch den anderen; man fühlt nicht nur sich ein in ihn, sondern fühlt auch ihn in sich hinein. – Für die Ideotelie bedeutet sie, dass man die Herrschaft der Idee über das punktuelle Ich anerkennt, und eben durch dieses Anerkenntnis das eigene Ich zu einem höheren, einem Ich der selbstauferlegten Pflicht

> gestaltet. Das Ideal, das ich mir setze, ist keine Fessel fremder Sklaverei mehr, sondern trotz seines Ursprungs von oben oder außen, Objekt, meiner Tathandlung und damit Inhalt meiner eigenen Selbstzwecklichkeit (W. Stern 1918, S. 58).

Auf einen einfachen Nenner gebracht bedeuten Sterns Gedanken, dass wir uns unsere Mitmenschen kreativ zu Eigen machen sollen. Je intensiver der Prozess der Introzeption, umso reicher, aber auch umso widersprüchlicher unser Innenleben, welches sich zu einer „unitas multiplex“ bzw. „Vieleinheit“ vereinigt. Schon Goethe diagnostizierte „zwei Seelen in unserer Brust“. Doch sind es vermutlich weit mehr Seelen, welche sich in meiner Person etabliert haben. Schließlich trage ich nicht nur Anteile meiner Eltern und Lehrer in mir, sondern auch Anteile aller Bezugspersonen, mit denen ich mich zeitlebens identifiziert habe. Insofern bestehe ich aus einem emotiv-rationalen „Ich-Du-Wir-Konglomerat“.

Von derartigen komplexen Einsichten schienen meine christlichen und sozialistischen Erzieher indes meilenweit entfernt gewesen zu sein. Weder schätzten sie Kreativität noch Selbsterfahrung. Vielmehr versuchten sie meine Interessen zu forcieren, mein Neugierverhalten zu dämpfen und mich nach Lust und Laune zu manipulieren. Noch heute vermag ich nicht eindeutig zwischen wirklichen und traditionell verbrämten Gefühlen zu unterscheiden. Schätze mich wie Friedrich Schiller (1759-1805) zu klein und andere Menschen zu groß ein (vgl. Safranski 2013, S. 356). Zudem leide ich unter multiplen autoritären, sexuellen und kognitiven Hemmungen. Nichtsdestotrotz entwickelte ich einen oppositionellen Freiheitsdrang und ein Streben nach eigenständigen Leistungen. Ein Lateiner würde mein ständiges Rumoren mit dem Begriff des „tua res agitur“ (du musst selbst aktiv werden) umschreiben, welches verbunden ist mit einem stetig wachsenden und einem sich selbst bestätigenden Anspruchsniveau. Wie Jack Londons (1876-1916) *Martin Eden* beherrschte mich ein Leben lang eine heftige Neugier: „Er suchte Wissen, und dieser Wunsch war es, der ihn abenteuernd durch die Welt getrieben hatte“ (London 1978, S. 92). Was in unserer Gesellschaft nicht selbstverständlich ist! Denn später konnte ich häufig bei meiner kleinen Klientel beobachten: Je älter ein Kind, desto stumpfer im Geist! Eher selten erlebte ich staunende, fragende und vielseitig interessierte Jugendliche im Jugendhort Rischborn und im Kinder- und jugendpsychiatrischen Dienst. Meistens wirkten sie unflexibel und lernunwillig. Da hatte ich wohl noch einmal Glück gehabt!

Flüchten und Standhalten

Noch weitere Eigenarten begleiteten meinen Lebensweg. So gehört zu meinem Charakter ein primäres „Flüchten“ und sekundäres „Standhalten“. Schon als Kind entzog ich mich erfolgreich dem Stubenarrest meiner Mutter, rannte meinen sozialistischen Mitschülern auf und davon, verließ unerlaubt die DDR und entfloh dem tristen Berufsalltag durch Weiterbildung und Reisen. Wann immer möglich, versuchte ich auch zwischenmenschlichen Konflikten aus dem Wege zu gehen. Befand ich mich also immer auf der Flucht? So scheint es! Doch im Unterschied zu früher bin ich sesshafter geworden, reflektiere meine Fluchttendenzen und Affekte und finde nach einer gewissen Karenzzeit wieder zu mir zurück. Verblieben ist allerdings ein gewisses Harmoniebedürfnis: Partnerschaftskonflikte machen mich unglücklich. Gerichtliche Prozesse sind mir ein Gräuel. Auseinandersetzungen mit Autoritäten vermeide ich. Was verbergen sich für Motive hinter meinem Vermeidungsverhalten? Vor allem eine gewisse Selbstunsicherheit und unrealistische Wünsche, von allen geliebt werden zu wollen sowie begründete Ängste vor sozialer Ausgrenzung. Ostrazismus wäre unerträglich.

> Und je stärker das Bedürfnis ist, auch über den engsten privaten Kreis hinaus anerkannt, geschätzt, gemocht, geliebt zu werden, um so stärker auch die Angst vor Menschen ... Anstatt die Ursache des Unmuts bei den anderen zu vermuten, beziehe ich sie stets auf mich in meiner Suche nach Harmonie und Sympathie, in meinem Wunsch bewundert und geliebt zu werden (C. Stern 2001, S. 149).

Von solchen neurotischen Hemmungen versuchte ich mich zeit meines Leben frei zu machen und Deborah Feldmans (1986*) Appell zu beherzigen: „Wenn irgendwer jemals versuchen sollte, Dir vorzuschreiben, etwas zu sein, was Du nicht bist, dann hoffe ich, dass auch Du den Mut findest, lautstark dagegen anzugehen“ (Feldman 2017, S. 371). Ich hoffe immer noch!

Aller Anfang ist schwer

Trotzdem war ich kein Kind von Traurigkeit und auch nicht ängstlicher als andere Kinder. Ständig wetzte ich meine Strampelhöschen durch, planschte das Badewasser der Zinkwanne nach außen und pinkelte meiner Mutter ins Gesicht. Nachdem ich früh laufen gelernt hatte, zog es mich ständig nach draußen. Stubenarrest gehörte zu den schlimmsten Strafen, welche sich meine Eltern hatten ausdenken können. Einen ganzen Tag eingesperrt zu sein, war mir unvorstellbar. Meistens stahl ich mich heimlich vor die Haustür und von da aus auf und davon. Anschließend kehrte ich reumütig zu meiner Mutter zurück und schmatzte ihr einen versöhnlichen Kuss ab. Solch spitzbübischer Schmeichelei konnte sie selten widerstehen. Wenn ich unterwegs war, beschmutzte ich mir häufig Hände und Gesicht. Selbst in Gegenwart meiner Mutter. Ich wunderte mich! Sie wunderte sich! Es schien uns unerklärlich! Ging ich doch direkt neben ihr! Bis sie mich eines Tages genauer beobachtete wie ich gedankenlos an den Hauswänden entlangwischte. Alles musste ich anfassen und manipulieren. Wahrscheinlich auch meinen noch saft- und kraftlosen Schniepel.

Bescheinigt wurde mir eine kräftige Singstimme. Während einer Betriebsfeier in der Gasanstalt sang ich hingebungsvoll und zur Belustigung meiner sozialistischen Zuhörerschaft das bekannte Singspiel für Erwachsene:

Ein kleiner Matrose

Ein kleiner Matrose, umsegelte die Welt.
Er liebte ein Mädchen, das hatte gar kein Geld.
Das Mädchen musste sterben, und wer war schuld daran?
Der kleine Matrose in seinem Liebeswahn.

Ich war von mir begeistert und bekam auch ausreichend Applaus von Vaters Arbeitskollegen und ihren Frauen. Keine Anerkennung zollte man mir hingegen für mein – (vor-) lautes „Organ" während des Gottesdienstes, welches manchmal den Gesang der anderen Kirchgänger übertönte. Und das waren nicht wenige! Vielleicht hätte mir ein förderlicher Gesangsunterricht eine Karriere als Chorknabe ermöglicht. Wer weiß! Was ich damit sagen möchte ist, dass in manch einem Kinde ungeahnte Potenzialitäten schlummern, welche aufgrund von Unkenntnis oder Gleichgültigkeit seiner pädagogischen Bezugspersonen nicht zur Geltung kommen. Was sehr bedauerlich ist, wie Georg Kerschensteiner (1854-1932) in Bezug auf seine entdeckten Zeichentalente bemerkt. Stattdessen schickten mich meine Eltern im Alter von neun Jahren zu einem ältlichen Musiklehrer, der mir die C-Trompetentöne beibringen sollte. Leider stellte sich heraus, dass mir der nötige Ehrgeiz fehlte. Zwar spielte ich später in einem kleinen Posaunenchor die erste Trompete, doch über mittelmäßige Blasmusik kam ich nie hinaus. Ohne Notenblatt ging gar nichts. So sehr ich auch übte. Meine Schwester erwies sich in diesen Dingen als wesentlich begabter. Sie lernte Klavier und spielte in Wolfsburg sogar die Kirchenorgel.

Unter dem Einfluss der Erzieher wurde meine Stimme leiser und heiser. Mein Selbstvertrauen schmolz allmählich dahin, während meine Abhängigkeit von Autoritäten zunahm. Wenn ich etwas vorzutragen hatte, genierte ich mich und bekam Lampenfieber. Mein Herz schlug schneller. Meine Lippen trockneten aus. Dafür wurden meine Hände umso feuchter. Schuld daran waren Gebote und Verbote, Kränkungen und Bestrafungen. Konnte ich es wirklich keinem Recht machen? Oder war es nur so ein Gefühl? Ganz verstummte mein so genanntes „Kernselbst" indes doch nicht. Das wäre ja auch noch schöner gewesen! Vielmehr bahnte es sich dickköpfig seinen Weg vorwärts und aufwärts. Alfred Adler zufolge habe ich diese Aufwärtsbewegung gerade diesen Schwierigkeiten zu verdanken, welche meine Erzieher mir in die Wiege und in den Weg gelegt hatten, während z. B. Klaus Mann, dem alles leicht fiel, sein kurzes Leben hat teuer bezahlen müssen (vgl. Kesten 1980, S. 234). Wenn ich es also recht bedenke, so wohnt mir trotz dieser extrinsischen Hemmungen noch immer ein Streben nach Unabhängigkeit und Selbstständigkeit inne. War das gut so? Hätte ich nicht gegen meine Umwelt rebelliert, so würde ich es vermutlich noch schwerer im Leben gehabt haben! Wäre gar ein Duckmäuser geworden! Andererseits ist nach Karen Horney (1885-1952) eine damit einhergehende neurotische Tendenz nicht von der Hand zu weisen. Denn „jede Situation durch eigene Anstrengungen zu meistern, um jeden Preis von fremder Hilfe unabhängig zu sein" und „übermäßig stolz darauf sein", wie „tüchtig und selbstvertrauend" ich bin und niemals jemanden in Anspruch nehmen zu müssen, ist nicht nur idiotisch, sondern in höchstem Maße neurotisch (vgl. Horney 1974, S. 48). Auch Mahatma Gandhi (1869-1948), die „Große Seele",

> war der Ansicht, jeder Mensch müsse sein Leben so weit wie möglich in die eigene Hand nehmen. Seine Vorliebe für das Baumwollspinnen ... war nicht nur eine tägliche Übung der Selbstdisziplinierung, sondern auch Ausdruck der Überzeugung, alle Inder könnten ökonomisch autark sein, wenn sie dererlei Fertigkeiten beherrschten. Sein anhaltendes Interesse an Medizin, Gesundheit, Nahrung und Ernährung diente dem Versuch, zu ergründen, wie man ohne bedeutende materielle Res-

> sourcen überleben könne. Gandhi bestimmte nicht nur über die eigene medizinische Versorgung, sondern bestand auch darauf, bei der Behandlung seiner Angehörigen das letzte Wort zu haben. Er fühlte sich bestätigt, als sein Sohn ohne schulmedizinische Therapien eine Typhuserkrankung überstand. Doch seine eigensinnigen Vorstellungen von ärztlicher Versorgung hatten unnötiges Leiden für Familienmitglieder zur Folge, die er von der angemessenen Behandlung abhielt (Gardner 1996, S. 402).

Soweit verstieg ich mich in meinem Streben nach Autarkie zwar nicht, aber ähnlich wie Gandhi ertrug ich es schlecht, wenn man mir widersprach. Erst heute anerkenne ich die förderliche Unterstützung anderer und den Wert anderer Meinungen. Ermöglichen sie einem doch, einen Sachverhalt von einer anderen Seite aus zu betrachten als der seinigen. Als soziale Wesen sind wir immer auf fremde Hilfe angewiesen. Wir benötigen die Zuwendung unserer Mitmenschen, sonst gehen wir seelisch zugrunde. Trotzdem sollten wir uns emanzipieren und unseren Verstand gebrauchen und uns bemühen, vom „man selbst" zum „ich selbst" voranzuschreiten. Freilich ohne Garantie, den Status eines innegeleiteten Menschen in unserer entfremdeten Gesellschaft je erreichen zu können. Doch damit bin ich, lieber Leser, meiner reflektierten Lebensbeichte, die ich beinahe nicht erlebt hätte, weit voraus.

Krankheits- und Todeserfahrungen

Am 22. November 1946 lieferte man mich wegen unklarer Unterleibsbeschwerden ins Rodewischer Kreiskrankenhaus ein. Es war höchste Zeit! Die Diagnose lautete: Perforation des vereiterten Blinddarms! Eine Woche nach der Operation kam noch Scharlach hinzu, weswegen eine Verlegung auf die Mühlgrüner Isolierstation notwendig wurde. Hier lag ich nun, mutterseelenallein, mit hochrotem Kopf und todkrank. Die behandelnden Ärzte sollen mich bereits aufgegeben haben, als meine Mutter wie ein rettender Engel hinter der Trennscheibe auftauchte. Ich sehe ihr Gesicht noch vor mir: Stumm deutete sie auf ein eisernes Töpfchen in ihrer Hand. Die Schwester reichte es alsbald herein. Es enthielt Spiegeleier. Ich aß und genas! Die köstliche Eierspeise und der Anblick meiner Mutter stärkten meine Lebenskräfte. Gott sei Dank! Sie hatte mich nicht vergessen! Nach neun Krankenhauswochen – eine Ewigkeit für ein Kind – wurde ich im Januar 1947 entlassen. Meinetwegen hatten meine Eltern den schon nadelnden Weihnachtsbaum in unserer kleinen Wohnung stehen lassen. Es war gut gemeint. Aber er suggerierte mir nur ein trauriges Feiertagsgefühl. Obschon froh, wieder zu Hause zu sein, blies ich noch lange Trübsal. Von Antriebslosigkeit und Melancholie war die Rede. Erklären konnte man sich mein Verhalten nicht. Während ich diese Zeilen schreibe, interpretiere ich diese Symptome im Nachhinein als „anaklitische Depression". Nach René Spitz (1887-1974) trifft sie vor allem lebhafte Kinder, welche ihre nächsten Bezugspersonen lange entbehren mussten. Was auf mich zutraf! Inzwischen versuchen die Mediziner dieser psychischen Erkrankung entgegenzusteuern, indem sie so genanntes „Rooming in" arrangieren. Gemeint ist damit, dass nach der Geburt eines Kindes oder im Krankheitsfall, Mutter und Kind gemeinsam in einem Zimmer untergebracht und betreut werden.

Nach schwerer Krankheit kam der Tod. Zum Glück nicht zu mir, sondern tragischerweise zu einer achtjährigen Schulkameradin meiner Schwester. Der Klassenlehrer hatte mit seinen Schülern einen Ausflug zum Geheimnis umwitterten Vogtlandsee unternommen. Eine schwarze Perle von einem See inmitten eines dunklen Tannenwaldes. Noch ehe der Lehrer sich versah, sprang seine Schülerin in den See und gurgelte in einem der vielen Strudel. Leider konnte auch er nicht schwimmen. Trotzdem sprang er hinterher, sodass beide in die Tiefe sanken und ertranken. Natürlich berührte dieses Drama damals alle Gemüter und war Stadtgespräch. Wahrscheinlich nahm meine Mutter auch aus diesem Grunde an der Doppel-Beerdigung teil. Warum sie allerdings nicht meine Schwester, sondern mich kaum vierjährigen Knirps zur Leichenschau mitnahm, ist mir unerklärlich. Was mag sie sich nur dabei gedacht haben? Bleich und aufgedunsen lag die kleine Leiche hoch aufgebahrt inmitten weißer Blumenkissen. Süssliche Gerüche und dämmriges Licht mischten sich mit einer bedrückenden Atmosphäre. Tiefe emotionale Spuren hinterlassend, war es meine erste Begegnung mit dem unheimlichen Gesellen. Ein paar Jahre später kam er noch näher. Eine liebe Nachbarin war unheilbar an Krebs erkrankt – was man uns Kindern verheimlichte – und saß bei schönem Wetter in einem Rollstuhl auf der Terrasse, eingehüllt in eine Wolldecke. Nachdem sie sanft entschlafen war, griff auch mir der Sensenmann zur Schlafenszeit einige Male eiskalt an die Brust. Schon nahm er mir den Atem! „Hilfe! Hilfe! Hilf mir doch!" rief ich mit erstickender Stimme. Gerade noch rechtzeitig rettete mich meine Mutter aus seinen widerlichen Klauen. Es war kein Alptraum! Sondern ganz real! Ob sich meine damaligen Todesängste wirklich jenen frühen Begegnungen zuschreiben lassen, ist nicht ausgemacht. Sie könnten auch meinen traumatischen Krankenhausaufenthalten zugrunde liegen – Nachwirkungen der anaklitischen Depression. William Stern zufolge, kennen Kinder keine Todesängste (vgl. W. Stern 1925, S. 33). Wie man sieht, ist die Ansicht der früheren Entwicklungspsychologen inzwischen überholt.

Geschichten aus der Gasanstalt

Inzwischen waren wir in eine Werkswohnung der Falkensteiner Stadtwerke bzw. „Gasanstalt" umgezogen. Sie befand sich in einem einstöckigen geklinkerten Gebäude, welches noch eine kommunistische Familie beherbergte. Sie wohnte im Parterre, wir im Dachgeschoss. Ihre große Wohnung war gerade geschnitten. Mit Ausnahme des Wohnzimmers hatten unsere Schlaf- und Kinderzimmer sowie unsere Wohnküche schräge Wände. Dem aufmerksamen Leser mag aufgefallen sein, dass ich das Badezimmer nicht erwähne. Es gab kein Badezimmer. Gebadet wurde in einer Zinkwanne inmitten der Wohnküche und „ausgetreten" eine halbe Treppe tiefer auf einem Plumpsklo zwischen den Etagen. Im Winter war es buchstäblich „arschkalt" darauf zu sitzen, sodass man sich diesbezüglich nur auf das Nötigste beschränkte. Ein dunkles Kellerloch, ein Hühner- und ein Hasenstall, ergänzten unser bescheidenes Heim. Dafür verfügten wir über vier Feuerstellen: einen Kachelofen, einen großen Backherd, einen blechernen Kanonenofen und einen dreiflammigen Gasherd. Meistens wurde auf dem Gasherd gekocht. In Anbetracht der häufigen Gasabsperrungen war das nicht ungefährlich. Als ich zum Beispiel einmal den großen Topf mit Einweckgläsern überwachen sollte, strömte Leuchtgas aus den Brennerdüsen. Erst wurde mir blümerant zumute, dann schien sich mein Kopf ballonartig aufzublähen und schließlich mein Verstand zu vernebeln. Bevor ich jedoch das Bewusstsein verlor, schleppte ich mich instinktiv zum Küchenfenster und lehnte mich weit hinaus. Nach ein paar tiefen Atemzügen dämmerte es mir, was passiert sein könnte. Nase und Mund so dicht wie möglich zukneifend, eilte ich schnurstracks zum Gasherd zurück und drehte den Hahn zu.

Fast alle „Gasanstalt-Familien" waren Kommunisten. Weswegen wir Christen ein Doppelleben führen mussten. Regimekritische und prochristliche Reden außerhalb unserer vier Wände waren tabu. Trotzdem tappte ich hin und wieder in ein sozialistisches Fettnäpfchen hinein: Mein Vater hatte während der Nazizeit für 35 Reichsmark einen Radioapparat gekauft und in die Nachkriegszeit hinübergerettet. Plötzlich war er spurlos verschwunden! Keiner wusste angeblich wohin? Als ich eines Tages das gute Stück im Wohnzimmer meines Freundes entdeckte, platzte ich bass erstaunt heraus und natürlich auf vogtländisch: „Do isser ja!“ (Da ist er ja!). Was seine Eltern mit eisigem Schweigen quittierten. Verwirrt nach Hause eilend, berichtete ich von meinem sensationellen Fund. Statt lobender Worte, erntete ich jedoch ein striktes Redeverbot. Kein einziges Wort der Erklärung! Erst viele Jahre später erfuhr ich die wahre Geschichte. Während des Krieges lebten Walter Schäfer und mein Vater in konträren politischen Lagern. Jener diente dem verfolgten Kommunismus, dieser dem noch siegreichen Nationalsozialismus. Nach dem Krieg fand ein rigoroser Machtwechsel statt. Nun waren die Kommunisten am Drücker. Wollte mein geläuterter Vater einen einträglichen Job haben, so musste er bei den neuen Machthabern „Klinken putzen gehen“. Den bekam er von dem kommunistischen Direktor der Falkensteiner Stadtwerke, Walter Schäfer, indem er unseren teuren Radioapparat für einen alten Volksempfänger eintauschte. Der stand nun in unserer Wohnküche.

Allerdings tat diese unerfreuliche Geschichte meiner Freundschaft mit Volkmar keinen Abbruch. Gemeinsam durchstreiften wir das abwechslungsreiche Gelände der Städtischen Gasanstalt: Gärten, Schuppen, Werkstätten, Maschinenhäuser. Wir bestiegen den stählernen Gasometer, der uns „magnetisch“ anzog. Noch heute erinnere ich den grauwuchtigen Koloss von Falkenstein und seine Erstbesteigung. Unbeobachtet pirschten wir uns an das graue Ungetüm heran, umkletterten eine verschlossene Tür und stiegen vorsichtig die enge Wendeltreppe des Stahlgerüstes empor. Auf dem obersten Laufgang angekommen, blickten wir aus schwindelnder Höhe und mit gemischten Gefühlen auf unseren Abenteuerspielplatz hinunter. Nachdem wir wieder den sicheren Boden erreicht hatten, steckten wir unsere Nasen in das zum Gasometer gehörende Maschinenhaus. Aus dem Halbdunkel des Raumes schlug uns muffiger Gasgeruch entgegen. Hintergründig ein leises Summen der Maschinen, vordergründig ab und an ein heftiges Husten. Es stammte von Kindern mit schwerem Keuchhusten. Zusammen mit ihren Müttern saßen sie vereinzelt im Raum herum und inhalierten das heilende Gas-Luft-Gemisch. Lange verweilten wir nicht in diesem merkwürdigen „Sanatorium“. Zu bedrückend erschien uns die hüstelnde Atmosphäre. So nahmen wir bald Reißaus und schnappten im hellen Sonnenschein gierig nach frischer Luft.

Wochen später benötigte ich einen Schraubenschlüssel. Die alte Schmiede respektive Betriebswerkstatt in Begleitung meines Freundes betretend, musste ich nicht lange suchen. Das Werkzeug hing an einem Wandboard über der Werkbank. Weil ich jedoch mit meinen Händen nicht heranreichte, stieg ich auf eine abgestellte Autobatterie und bekam elektrischen Kontakt zum Metall. Plötzlich wurde mir schwarz vor Augen, und ich fiel, ich weiß nicht wie, scheinbar sanft zu Boden. Eine merkwürdige Dunkelheit bemächtigte sich meiner. Benommen und mit Grabesstimme, versuchte ich meinem herbeigeeilten Freund das seltsame Phänomen zu erklären, welches ich selbst nicht verstand. Zum Glück blieb ich unversehrt. Ein anderes Mal sprangen wir von den Flachdächern baufälliger Schuppen. Das war ein toller Spaß und eine Dummheit sondergleichen. Nachdem ich einige Male etwa drei Meter in die Tiefe gesprungen war, splitterte nämlich mein rechter Mittelfußknochen. Zu Hause humpelnd angekommen, rief meine Mutter sofort einen Notarzt herbei, der einen Krankenwagen rief, welcher mich nach Auerbach in die Klinik transportierte. Leider ging die Fußoperation schief. Eine Knocheneiterung machte weitere Eingriffe notwendig. Mein Vertrauen in das Krankenhauspersonal wurde schwer erschüttert. Allerdings weniger der Operationen wegen, sondern weil mich Schwester Storch – ihren tierischen Namen werde ich nie vergessen – angeblich zum Spielen abholte, aber im Operationssaal ablieferte. Womöglich noch gemeiner verhielt sich der Anästhesist. Mir eine Angst einflößende Äthermaske überstülpend, ließ er mich bis zur Bewusstlosigkeit zählen. Sobald ich schon beider Quälgeister ansichtig wurde, brüllte ich wie am Spieß. Offenbar hatten sie noch nichts von Iwan Pawlows (1849-1936) „Klassischer Konditionierung“ und von „Traumatisierung“ gehört. Was zur Folge hatte, dass ich mein Leben lang den Weißkitteln misstraute. „Schmerz und Angst haben ein gutes Gedächtnis“ (Kästner 1996, S. 70), heißt es. Wahrscheinlich versuchte ich mich deshalb zu einem leidlich mündigen Patienten auszubilden, gemäß dem Motto: Vertrauen ist gut, Kontrolle ist besser. Nur lässt sich dieser hohe Anspruch kaum durchhalten. Weder von der Operation noch vom Rücktransport ins Krankenzimmer bekam ich etwas mit. Erst in meinem Bett, inmitten anderer kleiner Patienten, dämmerte ich allmählich aus meiner Narkose. Nicht weniger fies als die Erwachsenen verhielten wir uns Kinder. Das heißt, wir sprangen in den Krankenbetten herum, bis sie durchbrachen, schrien aus unterschiedlichen Gründen und hänselten einen unschuldigen Jungen. Einfältig genug, ging der arme Kerl uns wilden Rackern auf den Leim. Wenn wir ihn zum Beispiel an der Saaldecke, unter dem Bett oder vor der Tür nach seiner Mutter suchen ließen, und er naiv nachschaute, schütteten wir uns aus vor Lachen.

Nach meiner Genesung schenkte mir mein handwerklich geschickter Vater einen selbst gebauten Roller. Gefertigt aus dünnen, blau lackierten Eisenrohren und zwei roten gummierten Rädern, bedeutete er mir eine Zeit lang das Glück dieser Erde. Noch heute bin ich ihm für dieses wunderbare Geschenk dankbar, weil ich der Meinung bin, dass selbst gefertigte Geschenke einen unschätzbaren emotionalen Wert darstellen, im Gegensatz zur unpersönlichen Kaufhausware, von der sich Kinder so leicht trennen wie von einem Paar alter Schuhe. Nichtsdestotrotz verlangte es mich irgendwann nach einem größeren fahrbaren Untersatz, den ich prompt zu meinem achten Geburtstag geschenkt bekam. Es war ein Prachtstück von einem DDR-Holzroller mit Vollgummireifen, bestens geeignet für größere Ausflüge. In der Stadt fuhr ich auf dem Trottoir, außerhalb auf der Straße. Der geringe Autoverkehr machte es möglich. Meistens begegnete ich nur LKWs und Bussen. Denn PKWs fuhren damals noch wenige auf den Straßen. Einmal machte ich mich auf den Weg ins weit entfernte Klingenthal, der Stadt der Musikinstrumente und Skispringer. Weil jedoch meine vogtländische Heimat ziemlich hügelig ist, ging mir schon hinter dem nächsten Dorf die Puste aus, sodass ich erschöpft umkehren musste. Nach einer längeren Verschnaufpause ging es in rasantem Tempo zurück nach Falkenstein hinunter.

Irgendwann machte mir rollern keinen Spaß mehr. Roller fahren schien mir eines großen Jungen unwürdig zu sein. Kinderkram! „Radfahren müsste man können", dachte ich und blickte ziemlich neidisch auf die fortgeschrittenen Fahrkünste meines Freundes. Ich brauchte nicht lange zu betteln. Großzügig überließ er mir sein altes Herrenrad mit Vollgummireifen und Blockbremse für eine Probefahrt. Da meine Beine noch zu kurz waren, stieg ich mit dem rechten Bein durch den Rahmen hindurch und setzte den Fuß auf die Pedale. Mit dem linken Bein stieß ich mich von einem mittelhohen Straßen-Begrenzungsstein ab und drehte vor meinem gespannt dreinschauenden Publikum ein paar unsichere Zirkusrunden. Das war ein tolles Gefühl! Halbhoch zu Ross auf einem Drahtesel! Trotz der etwas merkwürdigen Verrenkungen, welche ich vollführte. Freilich nahte irgendwann der Zeitpunkt, wo ich absteigen musste. Zu diesem Zweck steuerte ich den Begrenzungsstein an, verfehlte ihn knapp und vollführte eine schmerzhafte Bruchlandung in den Straßengraben. So lernte man damals Fahrrad fahren! Heute lernt man es mittels Kinderräder, Stützräder oder Laufräder weniger schmerzhaft und wesentlich leichter. Trotzdem war es nicht verkehrt, wenn man bedenkt, dass wir vor allem aus eigener Erfahrung fürs Leben lernen. Nur sollte man seinen Kopf möglichst immer oben behalten und nicht in den Graben stürzen. In einem frühen Artikel über das Erfahrungslernen habe ich einmal darauf hingewiesen, dass wir unseren Kindern viel zu häufig Schwierigkeiten abnehmen, was zur Folge hat, dass sie ihr Selbstvertrauen einbüßen und zu bequem werden. Übrigens haben die häufigen Klinikaufenthalte und die menschlichen Enttäuschungen mein „Urvertrauen" im Sinne Erik Eriksons (1902-1994) mehr erschüttert, als Stürze und andere Unfälle. Doch das ist eine andere Geschichte.

6. Sozialistische Erziehung

Ich habe mich selbst gesucht.
Heraklit

Du bist verrückt mein Kind

Weniger lustig gestaltete sich das Leben nach dem Krankenhausaufenthalt. Beide Elternteile waren berufstätig. Mein Vater arbeitete unter Tage bei der „Wismut", meine Mutter in der Textilfabrik der Thorey-Werke. Beide natürlich im Schichtdienst! Weswegen ich ganztags in einem sozialistischen Betriebskindergarten unterbracht werden musste. Wenn meine Mutter zur Frühschicht ging, zottelte ich unausgeschlafen an ihrer Hand die steile Thoreystraße bis zum traurigen Abzweig hinauf. Dort trennten sich unsere Wege. Sie bog zur Fabrik ab, während ich bis zum Kindergarten noch ein Stückchen zu laufen hatte. Der Kindergarten war in einer stattlich-staatlichen Villa – vermutlich konfisziert – mit großem Gartengrundstück untergebracht. Meistens wurde ich von meiner an sich ganz netten Erzieherin in Empfang genommen. Andere Eindrücke sind mir weniger erinnerlich geblieben: nur das gemeinsame Mittagessen im allgemeinen und die so genannten „Fleckspalken" im besonderen. Denn bei diesem „Schlangenfraß" aus einem Konglomerat aus Pansen und Kartoffeln drehte sich mir jedes Mal der Magen um. Wie ich das Zeugs verabscheute! Manchmal gelang es mir, den Speisesaal unbemerkt zu verlassen und die Spalken im WC zu entsorgen.

Unangenehm habe ich auch folgendes Erlebnis in Erinnerung. Als ich zum Beispiel einmal den aufgeschnappten Schlager, „Du bist verrückt mein Kind, kommst nach Berlin. Wo die Verrückten sind, da gehörst du hin ... ", vor mich hin trällerte, wurde ich von der sozialistischen Leiterin des Kindergartens sofort eines Besseren belehrt: „Du weißt wohl nicht", schimpfte sie, „dass in Berlin der Präsident der Deutschen Demokratischen Republik Wilhelm Pieck wohnt?" Ich wusste es wirklich nicht. Nun aber wusste ich es, merkte es mir und stimmte ein anderes Lied an: „Du kleine Fliege, wenn ich dich kriege, dann rupfe ich dir das linke Beinchen raus. Dann musst du hinken, auf einem Schinken ... ". Gegen diese verbale Tierquälerei hatte sie offenbar nichts einzuwenden! Indes schien ich mit meiner erklärungsfreudigen Erzieherin noch Glück gehabt zu haben. Denn Kurt Lewin (1890-1947) berichtet aus Nazizeiten, dass „die Lehrer einer führenden Ausbildungsstätte für Kindergärtner den Auftrag erhielten, einem Kinde niemals einen Befehl zu erklären, damit es zu blindem Gehorsam erzogen werde" (Marrow 1977, S. 119). Meine Erzieherin hingegen blieb mir – siehe oben – keine Erklärung schuldig.

Natürlich meinten es die Erzieherinnen gut mit uns naiven Gören. Schließlich waren wir die Hoffnungsträger des Sozialismus und mussten gründlich aufgeklärt werden. Dafür schien ihnen jedes pädagogische Mittel recht. Unter anderem auch eine Kurzreise nach Dresden und Rathen. Ich mag etwa sechs oder sieben Jahre alt gewesen sein. Es war meine erste Reise. Tränenden Auges und mit zwei DDR-Mark im Geldbeutel, verabschiedete ich mich von zu Hause. Nach einer längeren Bahnfahrt, der ich mich kaum mehr erinnere, erreichten wir die Elbmetropole und unternahmen noch am selbigen Tag eine luftige Fahrt mit der Pionierbahn durch die Stadt. Von wegen Stadt! Tausende von Spreng- und Brandbomben hatten Dresden am 13. Februar 1945 in Schutt und Asche gelegt. Ein barbarischer Vergeltungsschlag für Coventry! Rechts und links der Geleise nur Trümmer! Nichts als Trümmer! Ermüdet von der deprimierenden Sightseeingtour durch grausige Ruinenfelder, schliefen wir abends in der Turnhalle einer Schule. Auf blankes Stroh gebettet, versuchte ich einzuschlafen. Jedoch war mein Heimweh größer als meine Müdigkeit. Ich vermisste den mütterlichen Gute-Nacht-Kuss und mein kuscheliges Bett. Verzweifelt heulte ich mich in einen unruhigen Schlaf. Was für eine Memme ich doch war. Am Morgen vermisste ich auch noch mein Zwei-Mark-Stück. Offenbar war es mir gestohlen worden. Das war nicht die feine sozialistische Art. Nach einem dürftigen Frühstück mit Marmeladebemmen und Muckefuck machten wir einen Tagesausflug in die Sächsische Schweiz. Es war meine erste Fahrt mit einem Elbraddampfer. Von der Anlegestelle in Rathen wanderten wir einen Waldweg entlang. Auf eine großartige Felsenbühne schauend, erwarteten wir die angekündigte Aufführung. Vage erinnere ich mich einiger junger sowjetischer Pioniere in roten Halstüchern, welche „schauspielernd" dem Sozialismus zum Sieg verhelfen sollten. Indes berührte mich dieses ganze Theater herzlich wenig. Mir war ja so elend zumute. Ich wollte nach Hause zurück.

Ernst Thälmann, Sohn seiner Klasse

Dem sozialistischen Kindergarten folgte die sozialistische Grundschule von 1950 bis 1956. Offiziell hieß sie die „Erste Bürgerschule". Wir nannten sie der Einfachheit halber „Alte Schul". Eingeschult wurde ich mit fünfeinhalb Jahren, zusammen mit 17 Mädchen und 9 Jungen. Auf dem Foto zum Schulanfang sehe ich mich buchstäblich vor mir: Ausstaffiert mit einem dunkelblauen Anzug, echtem Lederranzen und einer bunten Zuckertüte schaue ich auf ein imaginäres Vögelchen des Fotografen. Wie viele Hoffnungen mögen meine Eltern damals in mich gesetzt haben? Anfangs mag ich sie auch erfüllt haben. Meine schulischen Leistungen waren gut bis sehr gut, und anständig betragen habe ich mich auch. Irgendwann wendete sich jedoch das Blatt. Außer in den Fächern Deutsch, Rechnen, Musik und Sport degradierte ich allmählich zur Mittelmäßigkeit. In meinem letzten DDR-Schulzeugnis steht geschrieben: „In Betragen ist zu bemängeln, daß Gerald zweimal mutwillig den Unterricht bei Fachlehrern störte. Auch Fleiß u. Aufmerksamkeit sind zu bessern. Seine Heftführung ist zu loben". Mit mangelnder Lernwilligkeit und Widerstand gegen sozialistische Staatsgewalt hatte das weniger zu tun. Pflichtschuldigst lernte ich meine politischen Lektionen. Die russische Sprache und die Rote Oktoberrevolution genauso wie den Spanischen Bürgerkrieg aus kommunistischer Sicht und die Helden des Sozialismus: Marx und Engels, Lenin und Stalin, Pieck und Grotewohl und wie sie alle hießen. Zwar verstand ich nichts vom östlichen Antifaschismus und westlichen Imperialismus, sang aber trotzdem begeistert und kräftig im Musikunterricht das Kampflied des heldenhaften Thälmann-Bataillons mit:

Spaniens Himmel
Spaniens Himmel breitet seine Sterne
über unsere Schützengräben aus,
der Morgen grüßt schon aus der Ferne,
bald geht es zu neuem Kampf hinaus.
Die Heimat ist weit und wir sind bereit,
zu kämpfen und siegen für dich.
Freiheit!

Während der Weimarer Republik und der nationalsozialistischen Herrschaft war Ernst Thälmann (1886-1944) ein kommunistischer Arbeiterführer gewesen. Seiner großen Bedeutung für die DDR-Funktionäre wegen, wurde sein Leben gleich zweimal verfilmt: als „Ernst Thälmann, Sohn seiner Klasse" (1953) und „Ernst Thälmann, Führer seiner Klasse" (1954). Seine Vorbildfunktion bekamen wir auf Anordnung unseres Schulleiters im Passage-Filmtheater vor Augen geführt. Merkwürdigerweise erlebte ich Thälmann nicht als Leinwandhelden, sondern ganz realistisch, ähnlich wie Rousseau, der zu der Person wurde, über deren Leben er gerade las (vgl. Rousseau 1978,

S. 13). Beeindruckt von seinem heroischen Mut und Kampfgeist, identifizierte ich mich mit diesem Übermenschen. Nachts träumte ich sogar von ihm. So ein Held wollte ich auch werden. Schuld daran war allerdings auch das Medium Film; denn es waren meine ersten Filme, die ich zu Gesicht bekam. Eigentlich waren uns Kinobesuche seitens der Eltern ja verboten! Filme standen auf dem pietistischen Index! Doch gegen die sozialistische Staatsmacht war ihr Gott machtlos! Einmal auf den Geschmack gekommen, sah ich in jener Zeit noch eine Filmreportage über das „Endspiel der Fußball-Weltmeisterschaft Deutschland gegen Ungarn". Zu verdanken hatte ich diesen Kinobesuch meinem Lieblingscousin. Wolfgang Käppel (1932-1996) hatte eine Zeit lang bei uns gewohnt, mir das Schachspiel beigebracht und mich zum Fußballer machen wollen. Er selbst spielte leidenschaftlich gern Fußball und trainierte die Falkensteiner Jugendmannschaft. In der kleinen Stadt war er deshalb bekannt wie ein bunter Hund. Noch nach seinem Tod wurde er im „Falkensteiner Anzeiger" als Falkensteiner Sportidol gefeiert. Wolfgang war nicht nur mein Freund, sondern auch mein Friseur. Sein Arbeitsplatz lag neben dem Luna-Kino. Um mir den Fußballsport schmackhaft zu machen, spendierte er mir eine Kinokarte für den oben genannten Fußballfilm. Was meine Eltern allerdings nicht wissen durften. Der großen Bedeutung dieses internationalen Fußballereignisses war ich mir damals sicherlich nicht bewusst. Diese bestand nicht nur darin, dass die gesamtdeutsche Mannschaft das Finale mit 3:2 gegen Ungarn gewann, sondern vor allem wegen des ersten deutschen Sieges nach den vielen Demütigungen seitens der Alliierten. Nun lebten die patriotischen Deutschen wieder auf und konnten neue Hoffnungen schöpfen. Sie waren wieder wer! Von einem anderen Standpunkt aus betrachtet waren die großen Sieger auch wieder Verlierer und zwar in gesundheitlicher Hinsicht. Wahrscheinlich aufgrund einer verunreinigten „Traubenzucker-Doping-Spritze" erkrankte über die Hälfte der Mannschaft an Hepatitis. Mindesten einer, wenn nicht sogar mehrere, starben an Leberzirrhose. Doch wollte das keiner wahrhaben! Offenbar sind wir und andere nicht nur im Fußball, sondern auch im Doping und Verschweigen manchmal Weltmeister.

Sozialistische Miterzieher

Kinder werden nicht nur von Eltern und Lehrern erzogen, sondern auch von Freunden und Klassenkameraden – der so genannten „Peergroup". Insofern beruhte mein Leistungsabfall in der Grundschule nicht nur auf einer christlichen und sozialistischen Doppelerziehung, sondern spiegelte auch meine prekäre Klassensituation wider. Irgendwann hatten mich nämlich meine Mitschüler auf dem Kieker. Schikanen unter Mitschülern sind ja weitverbreitet. Harry Stack Sullivan (1892-1949) zum Beispiel wurde seiner Altklugheit und seines forschen Auftretens wegen gehänselt. Was sie an mir auszusetzen hatten, weiß ich beileibe nicht. „Ich war doch so ein lieber Kerl!" Oder vielleicht doch nicht? Möglicherweise diente ich ihnen als Ventil, um ihren sozialistischen Schulfrust abzureagieren. Vielleicht hielten sie mich auch für einen Streber. Wer weiß schon, was in manchen „Kinderköpfen" so vor sich geht! Jedenfalls war ich ziemlich bestürzt, als mir mehrere Jungen plötzlich Klassenkeile androhten. Fast täglich lauerten sie mir nach dem Unterricht vor dem Schulgebäude auf. Freilich ohne Erfolg! Stets konnte ich meinen Häschern entwischen. Schließlich kannte ich die Schule in- und auswendig. Hatten wir doch ein paar Jahre nebenan im „Wasserhäusel" gewohnt. Doch eines Tages kam es, wie es kommen musste. Mehrere böse Buben stellten mir eine Falle. Der Lehrer hatte das Klassenzimmer eben verlassen, umringte mich eine glotzende Meute. Drohend erhoben sie ihre Fäuste. Worauf warteten sie? Da traf mich ein Faustschlag mitten ins Gesicht! Nicht von meinem schlimmsten „Klassenfeind"! Das wäre noch hingegangen! Nein! Von meinem besten Freund Rudi! Ich verstand die Welt nicht mehr! Warum heulte er plötzlich mit den Wölfen? Außerstande zurückzuschlagen – obwohl von kräftiger Statur – gab ich klein bei.

Schlagen war mir von jeher verhasst. Verprügelt zu werden noch mehr. Einem Menschen „die Fresse zu polieren", schien mir eines Menschen unwürdig. Selbst professionellen Boxkämpfen kann ich nichts abgewinnen. Als ich mich ein andermal heftig mit einem Jungen aus der Nachbarschaft stritt, zögerte ich zu lange und bekam einen Kinnhaken verpasst, der sich gewaschen hatte. Mit ausgerenktem Unterkiefer und schwer gedemütigt trat ich den Rückzug an. Zum Glück renkte sich die Kinnlade von selbst wieder ein, während der psychische Schmerz noch länger wütete.

> Dies erste Gefühl erlittener Gewalttätigkeit und Ungerechtigkeit blieb mir so tief in der Seele eingegraben, daß alle Vorstellungen, die sich daran knüpfen, mir meine erste Erregung wiedergeben, und dies Gefühl, das ursprünglich nur mich berührte, hat in sich solche Macht gewonnen, und sich so sehr von jedem persönlichen Interesse gelöst, daß mein Herz bei dem Anblick oder der Erzählung jeder ungerechten

Handlung, wen auch immer sie betreffe und wo immer sie verübt werde, aufflammt, als ob ich selbst unter ihr zu leiden hätte (Rousseau 1978, S. 24).

Dem ist außer einer psychologischen Erklärung nichts hinzuzufügen. Denn aus lerntheoretischer Sicht handelt es sich hierbei um eine frühe Schilderung der so genannten „Generalisierung" oder Verallgemeinerung eines Einzelerlebnisses.

Nachdem also alle meine „Klassenfeinde" ihr Mütchen an mir gekühlt hatten, verebbte die „Mobbingwelle" ebenso schnell wie sie gekommen war. Weshalb vermag ich nicht genau zu sagen. Eventuell trug die Intervention meiner Mutter beim Schulleiter dazu bei. Vielleicht spielte auch meine überraschende Nominierung für die „Auerbacher Kreismeisterschaften" im Sommer 1953 eine besänftigende Rolle. Trotz vieler Fußoperationen hatte ich es nämlich irgendwie geschafft, meine „Organminderwertigkeit" zu kompensieren, indem ich zum schnellsten Läufer der Schule avancierte. Aus diesem Grund wurde ich von unserem jungen Sportlehrer ausgewählt. Man lieh mir sogar Spikes, leider erst unmittelbar vor dem Wettkampf! Nie zuvor hatte ich Spikes gesehen, geschweige denn getragen. Ein „Einlaufen" der Schuhe war unmöglich und deshalb auch nicht verwunderlich, dass ich kaum über das große Mittelfeld hinaus kam. Das war zwar enttäuschend, aber bald vergessen. Wichtiger war es hingegen, die Achtung meiner Mitschüler zurückerobert zu haben.

Sogar eine Freundschaft mit Frieder bahnte sich an. Frieder war ein feiner Kerl, friedliebend, klein und schmächtig. Wir erlebten großartige Abenteuer miteinander. Vor allem in den Schulferien. Beliebt war zu jener Zeit das Falkensteiner Bahnhofsgelände. Dort gab es manches zu erkunden: Güterzüge, Rangierloks und Mehlkutscher. Stundenlang verluden die weiß gepuderten Kraftprotze zentnerschwere Mehlsäcke von den ankommenden Güterzügen über die Ladestation auf die bereitstehenden Lastkraftwagen. Interessiert waren wir jedoch weniger an deren Schwerstarbeit, als vielmehr an einer kostenlosen Mitfahrgelegenheit. Überraschenderweise entsprachen sie sofort unserer Bitte, allerdings unter der Bedingung, dass wir bei der Auslieferung der schweren Mehlsäcke mithalfen. Als Gegenleistung für diese Schufterei würden sie eine Mark pro Fuhre zahlen. Eine erfreuliche Finanzspritze für unsere leeren Kassen und ein großes Vergnügen obendrein! Es war kaum zu fassen! Mehrere Male kutschierten wir auf der LKW-Ladefläche, zwischen Säcken lagernd, ungesichert und durchgeschüttelt, nach Auerbach, Mühlgrün, Rodewisch, Lengefeld, Treuen und zurück. Für den Leser sind das sicherlich unbekannte Orte. Für meinen Freund und mich waren es jedoch abenteuerliche Ausflüge über Land und lehrreiche Heimatkunde auf vier Rädern. Selbst erlebt und selbst erfahren. Ansonsten explorierten wir das Bahnhofsgelände noch auf andere Weise. Auf den Bahnschienen ließen wir von den rangierenden Zügen kleine Alu-Münzen und große Steine platt fahren und geklautes Karbid explodieren. Oder wir wanderten am Stellwerk vorbei zum Lokschuppen um zuzusehen, wie die Rauch speienden Dampfloks in die gewünschte Position gedreht wurden und davonfuhren.

Nahebei befanden sich einige kreisrunde Löschteiche, denen die Lokführer tonnenweise Kühlwasser entnahmen. Wir nutzen im Winter die zugefrorenen Teiche für unsere Zwecke, nämlich für lustige Rutschpartien. Als wir uns wieder einmal in jener Gegend herumtrieben, konnten wir es nicht lassen, trotz des niedrigen Wasserstands und eines eisfreien Randstreifens, auf die dünne Eisfläche hinunterzuspringen. Nachdem wir eine Weile fidel auf dem Teich herumgeschlittert waren, versuchten wir wieder ans erhöhte Ufer zu gelangen. Mehrere Versuchsanläufe zeitigten keinen Erfolg. Verzweifelt und mit aller Kraft sprangen wir noch einmal. Sekundenlang sah es so aus, als würde es gelingen, dann folgte eine Landung im eiskalten Wasser. Vor Kälte bibbernd erklommen wir kriechend das steile Ufer und eilten schnurstracks an den heimischen Herd. Ich brach noch mehrmals ins Eis ein, doch kein Ereignis blieb mir so lebhaft in Erinnerung wie dieses winterliche Abenteuer.

Wenngleich auch die eine oder andere Aktion daneben ging, so waren es doch selbst initiierte und keine fremdbestimmten Unternehmungen.

> Einen Bergpfad ganz allein zu finden vermittelt ein größeres Kraftgefühl, als einen Weg zu nehmen, der einem gezeigt wird, obwohl die damit verbundene Arbeit und das Ergebnis die gleichen sind. Eine solche Leistung erweckt nicht nur berechtigten Stolz, sondern auch ein wohlbegründetes Gefühl des Vertrauens in die eigene Fähigkeit, mißliche Situationen zu meistern und sich ohne Leistung nicht verloren vorzukommen (Horney 1974, S. 26).

Insofern lernte ich schon ziemlich früh, für meine guten und bösen Taten selbst verantwortlich zu sein, statt sie anderen in die Schuhe zu schieben, was einfacher gewesen wäre.

Seid bereit! Immer bereit!

Dieses Kapitel ist so kurz wie meine Mitgliedschaft bei den „Jungen Pionieren“ (JP) der Deutschen Demokratischen Republik. Sechs lange Jahre besuchte ich die Falkensteiner Grundschule und nur einige Wochen die Veranstaltungen der „Jungen Pioniere“. Ein junger Mann von der „Freien Deutschen Jugend“ (FDJ) im blauen Hemd und gelbem Sonnenemblem am rechten Oberarm lehrte uns den obligatorischen Pioniergruß. „Seid bereit!“ rief er. „Immer bereit!“ brüllten wir. Danach sangen wir kommunistische Lieder, die ich bereits vom Musikunterricht her kannte: „Bau auf, bau auf, freie deutsche Jugend bau auf“, „Spaniens Himmel breitet seine Sterne“, „Brüder seht die Rote Fahne“ und andere. Letztere Melodie klang besonders vertraut. Woher nur? Ach ja! Wir sangen sie sonntags in der Kirche. Es handelt sich um ein altes pietistisches Heilslied. Eine sog. Kontrafaktur. Nur lautet der ursprüngliche Text:

> Brüder, seht die Bundesfahne in den Lüften wehn!
> Neubelebt sollt ihr die Rechte Gottes siegen sehn.
> Gott mit uns, sei unsre Losung! Vorwärts Gloria.
> Seht! Uns winkt die Lebenskrone! Mut, Halleluja.

Die übrige Zeit verbrachten wir mit Schrott sammeln für den armen Arbeiter- und Bauernstaat. Heute würde man das Kinderarbeit nennen. Für diesen gemeinnützigen Zweck wurde uns ein kleiner Handkarren zur Verfügung gestellt. Jeweils zwei bis drei „Junge Pioniere“ zogen damit stadtwärts und erbaten von spendenwilligen Bürgern möglichst wertvolles Altmetall. Mehr oder weniger voll beladen kehrten wir zur Schule zurück und warfen den gesammelten Schrott auf einen noch größeren Haufen. Ob wir mit unserer Kinderhände Arbeit den „Fünf-Jahres-Plan“ mit erfüllt haben, vermag ich nicht zu sagen; denn schon bald empfahl ich mich, noch bevor ich das blaue Halstuch mit Knoten der „Jungen Pioniere“ verliehen bekommen hatte.

Märsche und Aufmärsche

Nicht entziehen konnte man sich hingegen den pompösen Trauerfeierlichkeiten, anlässlich des Todes von Josef Stalin (1879-1953) am 5. März 1953. Kein Schüler hätte es gewagt den Aufmärschen unentschuldigt fernzubleiben. Eine Verweigerung wäre als Affront gegen unsere sozialistische Regierung und unseren großen „Roten Bruder“ gewertet worden. Also wurden alle Falkensteiner Schulklassen am 9. März mit einem Bus in die Kreisstadt Auerbach transportiert, wo auf dem Marktplatz bereits viele tausend Trauergäste versammelt waren. Verlegen nahmen wir gegenüber dem überlebensgroßen Porträt des Verblichenen Aufstellung. Was ich angesichts des plakativen Gesichts empfunden habe, ist mir nicht mehr erinnerlich. Sicherlich keine Trauer! Eher Ehrfurcht! Nach einer andächtigen Schweigeminute hielten verschiedene Parteigenossen der SED und Volksvertreter der Stadt und des Vogtlandes euphemistische Reden auf den „Generalsekretär der Kommunistischen Partei der Sowjetunion“. Warum man so viel Aufhebens um diesen Menschen machte, das erfuhr ich später und dachte im Nachhinein: Eigentlich hätte man damals Freudentränen weinen und das stalinistische Politbüro zum Teufel jagen sollen. Stattdessen lobte man den blutigen Gewaltherrscher über den grünen Klee. Erst die Geheimrede Nikita Chruschtschows (1894-1971) auf dem 20. Parteitag der KPdSU vom 25. Februar 1956 – kurz vor unserer Republikflucht – beendete die stalinistische Ära des Ostblocks.

Freiwillig nahm ich wiederum an den Märschen zum 1. Mai der Arbeiterklasse der Deutschen Demokratischen Republik teil. Wenngleich nur Grundschüler, Pionier und Schrottsammler, marschierte ich zusammen mit meinem Vater und einer roten Nelke im Knopfloch durch Falkensteins Kopfstein-Pflasterstraßen. Voran wehten rote Fahnen. Auf breit gespannten Transparenten standen in großen Lettern sozialistische Losungen geschrieben: „Es lebe der Sozialismus!“ „Es lebe die Deutsche Demokratische Republik!“ „Es lebe die Nationale Front!“ „Es lebe die Arbeiterklasse!“ Am Straßenrand schwangen Kinderhände rote Fähnchen. So schritten wir „Seit an Seit“ feierlich gestimmt bis zum Bahnhofsplatz. Nach einer abschließenden Kundgebung gingen dann alle auseinander. Froh über den zusätzlich freien Schul- oder Arbeitstag! Je nachdem.

Sehr gern kontaktierten wir auch die russischen Soldaten. Sie kamen aus der nahe gelegenen Kaserne und marschierten „Gewehr über“ zum Schießplatz am anderen Ende der Stadt. Obgleich sie fürchterlich nach Machorka stanken und Gewehre trugen, machten sie einen kinderfreundlichen Eindruck. Als meine Freundinnen Christine, Margitta und ich einmal die Soldaten in ihrer Kaserne am Rittergut in Dorfstadt besuchten, änderte sich jedoch unsere gute Meinung von den Russkis. Nach einer an sich netten Begrüßung und einem harmlosen Fangspiel, entwickelte es sich nämlich zu einer erotischen Hetzjagd. Sexuell ausgehungert, fokussierte einer der Soldaten immer mehr auf die zwölfjährige Margitta. Die unlauteren Absichten des brünstigen Russen durchschauend, rannte sie ängstlich auf und davon und wir hinter ihr her. So wurde sie zum Glück nicht das Opfer seiner sexuellen Begierde.

Den Schießplatz frequentierte nicht nur die sowjetische Besatzungsmacht, sondern auch die paramilitärische „Betriebskampftruppe" der Falkensteiner Textilfabrik „FALGARD". In dunkelblauen Skianzügen und Skimützen und ausgerüstet wie Biathlonsportler mit Gewehren, marschierte sie im Gleichschritt quer durch die Stadt und wir mit ihnen. Am Schießplatz angekommen, warfen sie sich auf den Boden und „ballerten" auf eine schwarze Zielscheibe am Ufer der „Weißen Göltzsch". Die Anlage war ungesichert! Frei zugänglich! Auch für uns Kinder! Wie eine Schießbude auf der Kirmes! Weder existierte ein Zaun noch ein Kugelfang. Ging ein Geschoss daneben – was nicht eben selten vorkam – so schlug es entweder in eine dicke Mauer oder den Hangwald hinter dem Bach ein. Ab und zu surrten Querschläger durch die Gegend. Todesfälle oder Schusswunden gab es während meiner Anwesenheit jedoch keine.

7. Facettenreiches Familienleben

Der Mensch ist nur da ganz Mensch, wo er spielt.

Frei nach Schiller

Spiele der Kinder

Inspiriert durch die faszinierenden Schießübungen der Erwachsenen, eröffneten wir selbst das Feuer auf diverse Ziele! Als Kriegsschauplatz wählten wir die nahe gelegene Müllkippe. Abschussvorrichtungen aus Holz bastelten wir selbst. Munition lieferten die Amerikaner. Während ihres schnellen Rückzugs aus dem Vogtland hatten die amerikanischen Soldaten nämlich kistenweise scharfe Munition in den beiden Dorfstädter Teichen entsorgt. Von findigen Jugendlichen der Umgebung aufgespürt und geborgen, verhökerten sie ihre Schätze teilweise auch an Kinder. Gefragt waren vor allem Gewehrpatronen. Anfangs verwendeten wir lediglich das Schwarzpulver. Zu diesem Zweck trennten wir vorsichtig Projektil und Hülse voneinander, schütteteten das Pulver auf einen Stein und zündeten es an. Eine zischend weißblaue Stichflamme ließ unsere leichtsinnigen Kinderherzen für ein paar Minuten höher schlagen. Mutiger geworden, erhöhten wir den Nervenkitzel um ein Vielfaches. Nun klemmten wir eine Dum-Dum-Patrone zwischen eine Astgabel, richteten sie auf eine Büchse oder Flasche aus und stellten eine brennende Kerze unter das Zündhütchen. Augenblicklich ertönte ein scharfer Knall, das Projektil schoss los, verfehlte aber meistens das angepeilte Ziel. Eine weitere Steigerung unserer gefährlichen Kriegsspiele schien kaum möglich. Da kam jemand auf die wahnwitzige Idee, eine Maschinengewehrsalve zu streuen. Zu diesem Zweck schütteten wir ein Säckchen voll kupferner Kleinkaliber-Patronen ins Feuer. Immerhin gingen wir diesmal in Deckung. Nichts passierte! Nur gespannte Erwartung! Dann knatterten die Bleikugeln nach allen Seiten durch die Luft. Es war ein Höllenlärm! Vorsichtshalber warteten wir nach dem letzten Peng-Peng-Peng noch einen Moment. Dann verließ ich als Erster den Schützengraben. Plötzlich knallte es noch einmal, und eine verspätete Patrone streifte siedendheiß meine rechte Wange. Beinahe hätte ich mich selbst erschossen! Kam jedoch mit dem Schrecken davon! Sachen machten wir aber auch! Unglaublich! Nie wieder spielte ich mit scharfen Patronen.

Noch in anderer Hinsicht spielten wir mit dem Feuer. Das dafür nötige Brennmaterial fanden wir auf den Aschehalden unterhalb des Lokomotivschuppens. Es erforderte einiges Geschick, die schwarzglänzenden Kohlebrocken zur Weißglut zu bringen. Nach dem langwierigen Zündvorgang begann zwischen uns kleinen Heizern ein ungewöhnlicher Wettbewerb dergestalt, dass derjenige gewinnen sollte, dessen Feuer – ohne nachgelegt zu haben –

am längsten brannte. Steinkohle ist ein sehr energiereiches Brennmaterial. Sie brannte nicht nur durch den Nachmittag, sondern die ganze Nacht hindurch. Schlechten Gewissens begab ich mich zu Bett und träumte von gewaltigen Feuersbrünsten. Was Sigmund Freud als „Bonne-Traum" beschreibt, erlebte ich als Flammentraum. Aus dem kleinen Feuer auf der Schutthalde erwuchs ein riesiger Brandherd. Niemand konnte sich diese Alpträume erklären. Ich schon! Schwieg aber wohlweislich! Am nächsten Morgen traf man sich auf dem geheimen Feuerplatz. Alle Feuerchen hatten die Nacht überlebt. Keiner hatte das Spiel mit dem Feuer gewonnen oder verloren. Noch immer lugten winzige Glutnester zwischen der verkohlten Steinkohle hervor. So weit ich mich erinnere, beendete ich diese unkontrollierte Zündelei, nachdem ich zufällig ein Wohnhaus in Flammen hatte aufgehen sehen. Der Dachstuhl brannte lichterloh. Dutzende von Feuerwehrleuten versuchten zu löschen, was nicht mehr zu retten war. Es war ein sensationelles Schauspiel und zugleich eine Warnung vor den Gefahren des Feuers.

Warum übt Feuer eine solche magische Anziehungskraft auf Kinder aus? Schon „Paulinchen" in Heinrich Hoffmanns (1809-1894) *Struwwelpeter* konnte das Zündeln nicht sein lassen und verbrannte jämmerlich. Auch C.G Jung (1875-1961) berichtet in seiner Autobiografie von seinem Spiel mit dem Feuer im Alter zwischen sieben und neun Jahren.

> In unserem Garten stand eine alte Mauer aus großen Steinblöcken, deren Zwischenräume interessante Höhlen bildeten. In diesen pflegte ich ein kleines Feuer zu unterhalten, wobei mir andere Kinder halfen – ein Feuer, das „immer" brennen und darum stets unterhalten werden mußte ... Niemand anderer durfte dieses Feuer besorgen als ich. Die anderen konnten in anderen Höhlen andere Feuer anzünden, aber diese Feuer waren profan und gingen mich nichts an. Mein Feuer allein war lebendig und hatte einen unverkennbaren „Beigeschmack von Heiligkeit". Das war damals für lange Zeit mein beliebtestes Spiel (Jung 1988, S. 26).

Während C.G. Jungs Kokelei eine gewisse Heiligkeit anhaftet, verursachten mir meine Kohlenfeuer höllische Alpträume.

Man wird sich fragen, was unsere Eltern von unseren gefährlichen Spielen hielten? Sie wussten nichts von alledem. Zudem hatten sie wenig Zeit, sich um uns zu kümmern. Fast alle Eltern waren berufstätig, viele arbeiteten sogar im

Schichtdienst. Meine Mutter stand nachts an der Zwirnmaschine und machte tagsüber den Haushalt: Reinemachen, Nähen, Einkaufen, Kochen, Backen und dergleichen. Einmal im Monat wurde ihr ein Waschtag gewährt. Weil die Wäsche jedoch in einem großen Zuber gekocht, auf der Leine oder Wiese getrocknet und von Hand gebügelt und gemangelt werden musste, dauerte der Waschvorgang fast drei Tage. Da blieb wenig Zeit für meine Schwester und mich übrig.

Indes bevorzugten wir nicht nur gefährliche Spiele. Wir konnten uns auch mit anderen Dingen beschäftigen. So schnitzten wir zum Beispiel Segelschiffe, Flöten, Peitschen, Schwerter, Blasrohre und Zwillen oder bauten uns aus alten Regenschirmspeichen und dünnem Kupferdraht prächtige Flitzbogen. Eigentlich hätten wir Bogenbauer diese Idee patentieren lassen müssen; denn sie übertrafen die gewöhnlichen Holzbogen bei weitem. Auch unsere Pfeile waren sehr originell. Bestückt mit eisernen Hülsen – vermutlich von einer detonierten Streubombe – durchschlugen sie problemlos jede x-beliebige Glasscheibe. Auch ein Baumhaus zimmerte ich mir. Ausgerüstet mit einigen Brettern, einem Hammer und Nägeln, erklomm ich neben unserem Garten einen kräftigen Baum und nagelte eine ziemlich abenteuerliche Behausung zusammen. Genau genommen glich mein Baumhaus einem Hochstand, von dem ich angestrengt nach „zweibeinigen Fressfeinden" Ausschau hielt, welche von Zeit zu Zeit unseren Garten heimsuchten.

Ähnlich wie Charles Darwin liebte ich einsame Wanderungen (vgl. Darwin 1993, S. 29). Ausstaffiert mit einem defekten Feuerwehrgürtel und einer stumpfen Feuerwehraxt – mein Tomahawk – durchstreifte ich unbekanntes Terrain. Große Brachflächen durchquerend, umgestürzte Bäume überkletternd und mächtige Dickichte umgehend, wanderte ich allein in Richtung „Westen", solange, bis mir mulmig zumute wurde, und ich es vorzog umzukehren. Niemals näherte ich mich der imaginären „Zonengrenze". Denn man munkelte, dass in dieser Gegend kriegerische Gestalten auf Sprungfedern ihr Unwesen treiben würden und bereits gesichtet worden sein sollten. Täglich erwarteten wir ihre Ankunft. Wer diese blöden Spukgeschichten in die Welt setzte? Keine Ahnung! Jedenfalls ängstigten mich diese Typen, so wie andere Kinder sich vor dem „schwarzen Mann" fürchten. Noch im Erwachsenenalter assoziierte ich den Beinprothesen tragenden Sprinter Oscar Pistorius (1986*) mit jener unheimlichen Kolportage aus Kinderzeiten.

Sehr gern ging ich auch mit meinen Eltern in die heimischen Wälder. Ergänzend zu unserer relativ vitaminarmen Ernährung, pflückten wir Schwarz- und Preißelbeeren und „Schwamme". Aus heutiger Sicht scheint es mir wie ein Wunder, dass wir die vielen Pilzgerichte überlebt haben. Denn der so genannte „Perlepilz", den wir bevorzugt sammelten, ist vom giftigen Pantherpilz kaum zu unterscheiden. Nun wir haben es alle überlebt.

Während meiner ontogenetischen Entwicklung als „Jäger und Sammler" sammelte ich vor allem Briefmarken und Münzen sowie Stammbuchbilder und kleine Fusselteppiche. Offenbar steckt allen Kindern diese Sammelleidenschaft in den Genen. Davon infiziert war auch der kleine Charles Darwin. Begeistert sammelte er „Muscheln, Siegel, Briefumschläge mit Frakturstempeln, Münzen und Mineralien" (Darwin 1993, S. 26). Aber auch Erwachsene umgeben sich mit allerlei Utensilien, wie zum Beispiel Streichholzschachteln, Aschenbecher, Bierdeckel. Ich selbst sammelte später gute Bücher und allerlei Erfahrungen. Während sich Kinder und Erwachsene lediglich ihrer wertvollen Sammlungen erfreuen, verwenden sie Natur- und Geisteswissenschaftler für kreative Forschungsprojekte und manchmal zu perspektivischen Veränderungen ihres Weltbildes.

Helene Deutsch (1884-1982) zufolge "scheinen Erinnerungen, die mit aktiver kindlicher Masturbation und sexueller Erregung zu tun haben, oft jahrelang in Vergessenheit zu geraten." Erst im hohen Alter erinnerte sie sich, „daß meine Freundinnen und ich während unserer ganzen frühen Kindheit leidenschaftlich gern über das Stiegengeländer unseres Hauses hinunterrutschten und dabei ernsthafte Verletzungen riskierten" (Deutsch 1994, S. 13). Die Psychoanalytikerin war damals etwa vier Jahre alt. Meine sexuellen Früherfahrungen datieren etwas später. Zuerst entdeckte ich an Wänden und Bäumen mysteriöse Zeichnungen. Sie variierten zwar ein wenig, doch immer waren es Dreiecke mit einem kurzen Mittelstrich, deren Sinn ich nicht zu entziffern vermochte. Meine Eltern zu fragen, traute ich mich nicht. Vielleicht ahnte ich, dass sie von schlimmen Kindern stammten. Ihre geheimnisvolle Symbolik zu enträtseln gelang mir erst mit sechs oder sieben Jahren, nachdem mein geschlechtlicher Forscherdrang geweckt worden war. Es geschah während eines harmlosen Doktorspiels mit meiner jüngeren Spielkameradin. Wir untersuchten uns gründlich, nahmen uns jedenfalls mehr Zeit als so mancher Arzt während seiner Sprechstunde. Die laienhafte Diagnose kam einer doppelten Offenbarung gleich. Zum einen ähnelte ihre kleine Muschi jenen ominösen

Strichzeichnungen, zum anderen unterschied sie sich deutlich von meinem hervorragenden Geschlechtsorgan. Leider bekam ich für lange Zeit dieses anatomische Wunder nicht mehr zu Gesicht, weder zu Hause noch anderswo. Nie schienen meine Eltern im Eva- bzw. Adamskostüm ins Bett zu gehen. Schleierhaft ist mir auch, wann und wo sie es miteinander „getrieben" haben. Jedenfalls nie in meiner Gegenwart. Das wüsste ich! Alle Menschen um mich herum hielten sich „streng bedeckt". Selbst Gespräche über Sexualität waren tabu! Nicht einmal die Fortpflanzung der harmlosen Bienen fand Erwähnung. Ganz zu schweigen von nackten Tatsachen.

„Warum werden Kinder nicht aufgeklärt?" fragte ich später. Denn ich war kein Einzelfall. Fürchten Eltern solche intime Fragen? Glauben sie bei der Aufklärung etwas falsch machen zu können? Andererseits traute ich mich nicht, meine Eltern zu befragen. Einerseits gab das die pietistische Familienatmosphäre nicht her, andererseits erlebte ich meine Eltern als geschlechtslos. Weder identifizierte ich sie als weiblich noch als männlich, sondern als Vater und Mutter. Später ahnte ich, dass auch sie unaufgeklärt und prüde erzogen worden waren und sexuell gehemmt gewesen sein müssen. Aber darüber gesprochen wurde nicht. Folglich fand meine sexuelle Erleuchtung erst während der Adoleszenz statt. Auf der Straße! Unter Kumpels! Hinter vorgehaltener Hand! Meinen Schniepel und erotische Fachliteratur in der Hand, las ich mit wachsender Erregung Dr. med. M. Rinards *Unter vier Augen* (1949) und George S. Longs *Die Liebesvereinigung in Wort und Bild* (1968). Verbotene Bücher, welche vor den Augen meiner Mutter verborgen werden mussten. Nicht verbergen musste ich indes ein kirchlich genehmigtes Aufklärungsbuch für Jungen und Mädchen. Aufgrund meiner negativen Erfahrungen und für methodistische Verhältnisse ein Novum, erlaubte ich mir nämlich, meine Jungschargruppe dezent aufzuklären, nicht ohne vorher die Erlaubnis der Eltern eingeholt zu haben. Sonst wäre ich womöglich wegen Verführung Minderjähriger belangt worden. Merkwürdigerweise hatten sie nichts gegen meine Aufklärungskampagne einzuwenden, schienen sogar froh darüber, dieser unangenehmen Pflicht enthoben worden zu sein. Leider kann ich mich nicht mehr erinnern, wie meine zehn- bis elfjährigen Jungscharler darauf reagierten. Offenbar nicht ungewöhnlich. Sonst würde ich meine junge Piniertat vielleicht besser im Gedächtnis behalten haben.

Überhaupt scheinen Kinder weniger gehemmt zu sein als Erwachsene. So scheuten wir uns nicht voreinander, unseren Winzling herauszuholen und die Bäume zu wässern. Im Gegenteil! Eine Zeit lang veranstalteten wir sogar spannende Wettbewerbe im Weitpinkeln. Dergleichen ist von Mädchen nicht bekannt. Wie sollte das auch gehen! Bei diesen Veranstaltungen waren die Größeren natürlich stets im Vorteil, während wir Kleineren zusehen mussten wie sie „den hohen Bogen raus hatten". Das war unfair und so ging auch diese Phase meiner Kindheit bald zu Ende. Noch längst nicht geschlechtsreif, erlebte ich den „Hammer" bei meinem Falkensteiner Cousin. Er war fünf Jahre älter und aufgeklärt. Einmal übernachtete ich bei ihm. Nachdem wir morgens aufgewacht waren, holte er seinen bemerkenswerten Pimmel hervor und begann ihn zu reiben. Interessiert beobachtete ich seine merkwürdigen Handbewegungen. Als er mich aufforderte ein Gleiches zu tun, folgte ich gehorsam seinen Anweisungen! Während sein Glied steifer und steifer wurde und schließlich ein paar weiße Tropfen absonderte, kaum der Mühe wert, hing das meinige noch immer schlaff herunter. In seinem posthum erschienenen Buch *Personal Psychopathology* (1972) schreibt Sullivan, „dass eine enge Freundschaft zwischen einem Achteinhalbjährigen und einem Pubertierenden fast unweigerlich zu einer genitalen homosexuellen Beziehung führt" (l.c. Siebenhüner 2015, S. 17). Beeinflusste dieses vorpubertäre Erlebnis meine sexuelle Entwicklung? Wohl nicht! Weder scheint mich das unsittliche Verhalten meines Cousins traumatisiert zu haben, noch wurde ich davon schwul. Nur habe ich es wohlweislich meinen Eltern verschwiegen. Erst im Jahre 2001 machte ich meiner alten Mutter davon Mitteilung. Statt sich über die Verführung ihres minderjährigen Sohnes zu empören, nahm sie es anscheinend gelassen zur Kenntnis und verhielt sich insofern wieder erwartungsgemäß. Siehe oben! Darüber spricht man nicht!

Wann die ersten Samentropfen flossen, weiß ich nicht mehr. Im Gegensatz zu dem Liedermacher Klaus Hoffmann (1951*):

> Es muß ein schöner Tag gewesen sein, denn das Sonnenlicht umarmte mich. Ich lag auf dem Sofa, vollkommen in meiner Welt versunken und spielte an meinem Schwänzchen. Es war, wie es niemals war, vielleicht hatte ich geschlafen. Nach ein paar Minuten strömte es weiß und klebrig aus mir heraus. Es kam alles derart unerwartet, dass ich vor Schreck aufsprang und mich in der Scheibe der Schrankwand so dastehen sah. Den Schwanz in der Hand aufgerichtet und total erregt. Wie Narziss im Spiegel eines Sees (Hoffmann 2012, S. 77).

In meinem Gedächtnis scheint das Erlebnis der „sexuellen Erweckung" deshalb keine Spuren hinterlassen zu haben, weil ich es seiner Sündhaftigkeit wegen von meiner christlichen Persönlichkeit abspalten und verdrängen musste. Erinnern kann ich mich hingegen an gelegentliche nächtliche Pollutionen, denn dafür konnte ich nichts.

Religiöse Bildung

Unsere gesamte Bibliothek bestand aus drei Klassikern und einer Bibel: *Tristan und Isolde* von Gottfried von Straßburg (ca. 1215†), *Die drei Musketiere* von Alexandre Dumas (1824-1895) und *Das Schweigen im Walde* von Ludwig Ganghofer (1855-1920). Wie diese drei Romane in den Besitz meiner Eltern gelangen konnten, ist mir schleierhaft. Sie entsprachen jedenfalls nicht ihrer pietistischen Gesinnung. Auch scheinen sie nie darin gelesen zu haben. Dafür lasen sie täglich ein frommes Kalenderblättchen und die Bibel. Vor jeder Mahlzeit wurde gebetet: „Komm Herr Jesus sei unser Gast und segne, was du uns bescheret hast" und zur Schlafenszeit: „Ich bin klein, mein Herz ist rein, soll niemand drin wohnen als Jesus allein" oder „Lieber Gott mach mich fromm, dass ich in den Himmel komm." Und weil wir besonders fromm sein wollten, gingen wir sonntags regelmäßig zur Kirche. Es war dies eine kleine Pilgerreise von einem Ende der Stadt zum anderen. Doch keiner beklagte sich! Wir kannten es nicht anders! Die Gottesdienste hielt zunächst Karl-Hans Pollmer (1911-1987). Pastor Pollmer hatte Theologie und Philosophie studiert und nebenberuflich mundartliche Lieder, Gedichte, Erzählungen und Laienspiele sowie Beiträge zur Heimatgeschichte publiziert. Im Jahre 1940 hatte er die Leitung der 1900 erbauten Zionskirche, jetzt Christuskirche, übernommen und 1951 routinemäßig an Pastor Johannes Körner übergeben. Das moderne Rotationsprinzip praktizierten die Methodisten also schon vor den „Grünen". Weder sollte ein Pastor auf seiner Kanzel Wurzeln schlagen dürfen, noch mit seiner Gemeinde allzu sehr „verbandelt" sein. Beide Geistliche waren während der „christlichen Eiszeit" in der DDR sehr bemüht, das Gemeindeleben nicht einfrieren zu lassen. So erinnere ich mich nicht nur an gut besuchte Gottesdienste, sondern genauso an eine emsige Laientätigkeit. Meine christlichen Brüder und Schwestern bliesen im Posaunenchor, zupften im Mandolinenchor und sangen im gemischten Chor. Auch meine musikalischen Eltern waren darin involviert. Mein Vater spielte Posaune und meine Mutter Mandoline, Mandola und Gitarre. Ihrer klangreinen Sopranstimme wegen fungierte sie manchmal als Solistin. Wenn ihr geliebtes Heilslied, „Das altrauhe Kreuz" (*The Old Rugged Cross*) des amerikanischen Evangelisten George Bennard (1873-1958) ertönte, ging es mir jedes Mal durch Mark und Bein. Insofern waren unsere Gottesdienste auch immer kleine Musikfestivals. Den Höhepunkt bildete indes ein Gastspiel des berühmten Dresdner Kreuzchores unter der Leitung des Komponisten Rudolf Mauersberger (1889-1971). Ergreifender Knabengesang erfüllte die Kirche. Andächtig lauschten wir der christlichen Botschaft. Leider erfuhr ich später, dass Professor Mauersberger NSDAP-Mitglied war und sein Knabenchor der Hitlerjugend angehörte. Fortan klang mir sein großer Name weniger sympathisch in den Ohren.

Während die erwachsenen Gemeindemitglieder nach dem Gottesdienst nach Hause gehen durften, mussten wir Kinder noch in der Sonntagsschule verbleiben. Das war ganz unterhaltsam! Unsere Sonntagsschullehrer Ernst Vogel und Emma Eden erzählten uns spannende Geschichten aus dem Alten und Neuen Testament. Sie berichteten von Adams und Evas Sündenfall, Kains gemeinem Brudermord, der großen Sintflut, Sodom und Gomorrha, Israels Flucht aus Ägypten und unglaublichen Abenteuern des Herrn Jesus von Nazareth. Als ich später diese biblischen Geschichten noch einmal las, fragte ich mich allen Ernstes: Haben unsere Sonntagsschullehrer uns Kindern da nicht zu viel zugemutet? Jedenfalls scheint mir die „Heilige Schrift" den alten Märchen, Mythen und Sagen in nichts nachzustehen: spannend, abenteuerlich, unglaublich und simpel. Lieber als die Sonntagsschule mochte ich das jährliche Kinderfest auf der grünen Gemeindewiese. Jung und Alt vergnügten sich beim Eierlaufen, Sackhüpfen und Topfschlagen. Hinterher verzehrten alle die süßen Gewinne in Form von bunten Zuckerstangen, sauren Drops und selbstgebackenem Kuchen. Es war ein „Heidenspaß". Keinen Spaß verstanden unsere Religionslehrer allerdings, wenn wir die zehn mosaischen Gebote missachteten. Wenn ich zum Beispiel den manchmal öden Katechismusunterricht bei Schwester Emma boykottierte, so wurde mein ungebührliches Benehmen sofort an die große Glocke gehängt. Sie kannte in dieser Hinsicht kein Pardon und scheute auch nicht davor zurück, meine Eltern zu benachrichtigen. Das war nicht nett von ihr, weil nun nochmals Ärger drohte. Zweimal für eine Sache bestraft zu werden, fand ich unpädagogisch und unchristlich. Schließlich steht im Neuen Testament, dass man sogar seine Feinde lieben solle.

Alle Jahre wieder feierten wir auch die weltbewegende Geburt des himmlischen Christkindes. Unschuldig lag es in einer prachtvoll geschnitzten Krippe, beschützt von Maria und Josef und umgeben von den Heiligen Drei Königen, Hirten, Schafen und Rindern. Nachdem Pastor Körner die Weihnachtsgeschichte verlesen hatte und der letzte Choral verklungen war, begaben sich große und kleine Schauspieler auf die Bühne und spielten eine fantastische Weihnachtsgeschichte. Einmal bekam auch ich eine Rolle angeboten. Ich sollte einen roten Zwerg spielen. Klein genug dafür war ich ja noch. Soweit ich mich erinnere, machte ich meine Sache leidlich gut. Mit einem grünen Tannenzweig in der Hand sprang ich nach vorn und krähte so laut ich konnte: „Und ich bin ein Zwerg!“ Anschließend gab es eine wirklich schöne Bescherung. Sie beinhaltete mein erstes Kinderbuch: *Klaus und seine Freunde* von Ann-Charlott Settgast (1921-1988) aus dem Jahre 1949. Meine Eltern wären nie auf den Gedanken gekommen, mir ein Buch zu schenken. Nunmehr bestand unsere Hausbibliothek schon aus fünf Büchern.

Mein religiöser Glaube steckte damals noch in den Kinderschuhen, sodass ich erst als Jugendlicher erfuhr, wer und was die Methodisten sind. Gegründet wurde diese pietistische Glaubensgemeinschaft von dem Engländer John Wesley (1703-1791). Beeinflusst von den sächsischen Herrnhutern, wollte er nach einer anderen „Methode“ als seine anglikanischen Brüder und Schwestern selig werden. Da seine Amtskollegen nichts von solchen theologischen Seitensprüngen wissen wollten, setzten sie ihn vor die Kirchentür. Folglich blieb dem armen Hirten nichts anderes übrig, als seinen gläubigen Schafen unter freiem Himmel zu predigen. Nachdem sich immer mehr Proselyten um ihn scharten, bauten sich die „Methodisten“ – wie sie sich von nun an nannten – 1739 in Bristol eine eigene Kirche. Um 1850 griff die methodistische Bewegung auch auf Amerika und Deutschland über und fand immer mehr Zuspruch. Irgendwann zählte man weltweit etwa 50 Millionen Mitglieder. Charakteristisch für die Methodisten war nicht nur ihre pietistische Heilslehre und ihr kreationistischer Glaube, sondern auch ihre politische und finanzielle Unabhängigkeit. Im Gegensatz zu den so genannten „Staatskirchen“ machten sie mit der Forderung des Apostel Paulus ernst: "Gebt dem Kaiser, was des Kaisers und Gott, was Gottes ist!" (Römerbrief 12-13). Vor allem aber lehrten die Methodisten ein Christentum im Ernst, Nächsten- und Feindesliebe inklusive! Was meine bekehrten Verwandten nicht davon abhielt in den Ersten bzw. Zweiten Weltkrieg zu ziehen.

Unser täglicher „DDR-Konsum"

Obgleich die Arbeiterklasse der DDR schwer schuften musste, konnte sie keine großen Sprünge machen. Ihr sauer verdientes Geld reichte allenfalls für einige Grundnahrungsmittel, einfache Kleidung, Heizmaterial und Mietzins. Wer höhere Ansprüche stellte, musste sich ein Gärtchen anlegen, Felder bestellen, Kleinvieh halten und schlitzohrig organisieren können. Wir selbst fütterten ein paar Hasen und Hühner, ernteten Kartoffeln, Äpfel und Johannisbeeren und sammelten Waldbeeren, Pilze, Lindenblüten und Huflattich. Erschwert wurde die Versorgung der Arbeiter und Bauern noch durch rationierte Grundnahrungsmittel. Aufgrund von Reparationskosten an die Sowjetunion, Misswirtschaft und Devisenmangel, standen Fleisch, Wurst, Fette, Zucker und Mehl sowie Kleidung nur in begrenzter Menge zur Verfügung. Um dennoch eine einigermaßen gerechte Verteilung zu gewährleisten, ließ Otto Grotewohl (1894-1964) Lebensmittel- und Kleiderkarten ausgeben. Nun konnte es aber durchaus passieren, dass dem Konsum- oder Fleischerladen die gewünschte Ware ausging, nachdem die Kunden stundenlang Schlange gestanden hatten. Die Geringverdiener mussten dann mit leeren Händen nach Hause gehen. Wer es sich aber leisten konnte, versuchte bei der „HO" sein Glück. In dieser markenfreien „Handelsorganisation" gab es nämlich köstliche Lebensmittel, die im Konsum nicht zu haben waren: echten Bohnenkaffee, Butter, Weizenmehl, strohige grüne Apfelsinen aus Kuba und sogar Schokolade. Bananen gab es meines Wissens damals noch nicht. Wir hingegen mussten Vorlieb nehmen mit Muckefuck, blauer Magermilch, halbfetter Margarine und Graubrot sowie der aus Haferflocken, Sojamehl, Braumalz und gehärtetem Pflanzenfett bestehenden „Vitalade". Schließlich war mein Vater nur ein Handwerker und kein Parteifunktionär!

Zu den Festtagen wurde geschlachtet. Meinem in manchen Dingen zart besaiteten Vater kostete das jedes Mal eine ziemliche Überwindung. Obschon er fast zwölf Jahre beim Kommiss gedient hatte, fiel es ihm schwer, seine lieben Viecher umzubringen. Als zum Beispiel unser stolzer Hahn geschlachtet werden sollte, musste er zweimal zuschlagen. Seinem Peiniger diese viehische Quälerei übelnehmend, flatterte das kopflose Federvieh auf und davon und ging erst nach etwa zwanzig Metern zu Boden. Es war ein grausiger Anblick – lieber Leser – den ich nie vergessen werde! Insofern waren mir die seltenen Fleischmahlzeiten ganz recht. Ich mochte das faserige Zeug ohnehin nicht.

Gern verzichtete ich auf jegliche Art von Braten, Gulasch und Rouladen. Zum Glück hatte meine Mutter ein Einsehen mit meinen vegetarischen Allüren. Statt mich zum Fleisch essen zu zwingen, damit ich groß und stark werde, bekam ich mittags ein Würstchen oder ein Setzei. Dafür bin ich ihr noch heute dankbar.

Weihnachten auf vogtländisch

Zur Weihnachtszeit machte ich allerdings eine Ausnahme. Da kannte auch ich keine Gnade mit unseren Stallhasen. Wenn man einem von ihnen das blutige Fell über die Ohren gezogen hatte und einige Tage am Fenster hat aushängen lassen, schien auch mir sein weißes Fleisch genießbar. Dazu gab es Kartoffelpuffer mit Rotkohl und Sauerkraut. All das und noch viel mehr verputzten wir am Heiligabend nach der Christmette. Denn zu einem traditionellen vogtländischen „Heiligomndessen" gehören neunerlei Speisen: Salat, Fleisch, Brühe, Klöße, Rotkohl, Sauerkraut, zweierlei Kompott und Stolle. Verwurzelt ist das so genannte „Neinerlei" in alten Glaubensvorstellungen und heidnisch-christlichen Bräuchen. Zum Beispiel sollen Fleischgerichte Glück bringen, Klöße das große Geld und Krautbeilagen ein nicht saures und Kompott ein versüßtes Leben garantieren, während der gewickelte Christstollen das gewickelte Christkind symbolisiert.

Die Tradition des Christstollens wurde besonders hochgehalten. Schon ab dem Sommer sammelte meine Mutter diverse Backzutaten, Sukkade, Mandeln, Vanillezucker und Rosinen. Solche Ingredienzen waren nämlich Mangelware in der DDR und kurz vor Weihnachten kaum zu haben. Wenngleich sie die süßen Köstlichkeiten versteckt aufbewahrte, entdeckte ich sie doch einmal in unserem Vorratsraum. In der irrigen Annahme, dass eine dosierte Rosinen-Entnahme niemand bemerken würde, naschte ich einmal täglich zwei bis drei Trockenfrüchte. Wie meine Eltern auf die leere Rosinentüte reagierten, weiß ich nicht mehr. Sicherlich nicht erfreut! War dann die Vorweihnachtszeit herangekommen, knetete meine Mutter mithilfe ihrer kräftigen Hände und meiner kleinen Naschhände einen schweren Hefeteig. Daraus formte sie acht riesige Stollen, welche auf meinen Schlitten gestapelt und zum Bäcker gefahren wurden. Fertig gebacken konnte man sie am selben Tag wieder abholen. Auf dem Rücktransport – es muss das letzte Weihnachtsfest vor unserer Flucht gewesen sein – zerbrach einer der acht Stollen in zwei Teile.

Meine Mutter erschrak! Denn sie war nicht nur gläubig, sondern auch abergläubisch, und ein zerbrochener Stollen bedeutete einen baldigen Todesfall. In Anbetracht unserer großen Verwandtschaft war das sogar ziemlich wahrscheinlich. In der Wohnküche wurden die Stollen mit zerlassener Butter eingestrichen und mit einer dicken Puderzuckerschicht überstäubt. Der riesige Stollenberg reichte höchstens bis Ende Januar. Dafür sorgten wir und die Verwandten.

Während unser Vater am Heiligabend nach dem Festschmaus ins Wohnzimmer entschwand, räumte die übrige Familie den Esstisch ab und spülte das schmutzige Geschirr. Eine gute Weile ließ der Entschwundene uns schmoren. Dann ertönte aus der wohl temperierten Wohnstube ein kräftiges Trompetensolo: „Stille Nacht, heilige Nacht". Nachdem der letzte Ton verklungen war, öffnete sich verheißungsvoll die Stubentür, und wir betraten ein festliches Wunderland. Aus einer Zimmerecke erstrahlte ein elektrisch beleuchteter Tannenbaum. Geschmückt mit einer Tannenbaumspitze, roten und silbernen Kugeln an schneeweiß gegipsten Zweigen und silbernem Lametta, war er ein Prachtstück von einem Weihnachtsbaum! In der gegenüberliegenden Ecke stand der hölzerne Drehturm. Angetrieben mit leuchtender Kerzenkraft, drehten sich auf drei Etagen geschnitzte Figuren der Lukasgeschichte. Von größerem Interesse war jedoch eine „Pico-Express-Modell-Eisenbahn". Eine andere Marke war im Arbeiter- und Bauernstaat nicht zu haben. Aber was machte das schon! Der Spielfreude meines Vaters und mir tat dies keinen Abbruch. Stundenlang drehten wir am Trafo, um den Zug mal schneller, mal langsamer durch die schwach erleuchteten Dörfer und grünen Landschaften zu steuern und zwischendurch am Bahnhof halten zu lassen. Imaginierte Männlein und Weiblein stiegen ein und aus. Schwere Güter wurden verladen. Das grünrunde Abfahrtssignal schnappte in die Höhe und schon startete der Zug zu seiner nächsten Runde. Derweil beschäftigte sich meine Schwester mit ihrer Puppenstube. Mädchenkram! Nichts für mich! Zu einem geschwisterlichen Spiel kam es indes beim Kaufmannsladen, der uns beiden zu Weihnachten geschenkt worden war. Das war eine feine Sache! In den Regalen standen miniaturisierte Schaupackungen mit den Aufschriften Persil, Fewa, Kathreiner und Fläschchen mit Zuckerperlen. Schubladen enthielten süße Leckereien, und auf dem Ladentisch stapelten sich kleine Lebkuchenbrote. Unser kleiner Kaufmannsladen schien besser sortiert als der kleinstädtische Konsum. Ein reger Geschäftsbetrieb nahm seinen Lauf, und manchmal entspann sich folgender Dialog zwischen Kunde und Verkäufer: „Guten Tag!“ „Guten Tag!“ „Ich hätte gern einen Laib Graubrot, ein Paket Fewa und ein halbes Pfund Butter.“ „Wie bitte? Butter gibt es nicht!“ „Na dann nehme ich halt ein halbes Pfund Margarine!“ „Haben wir leider auch nicht und kriegen wir vor Januar auch nicht mehr rein. Lieferschwierigkeiten, wissens se!“ „Griebenschmalz wird's auch tun. Was soll´s!“ Die gebackene und süße Ware wurde auf einer kleinen Waage genau abgewogen, in Minitüten gefüllt, gegen Spielgeld verkauft und baldmöglichst vernascht.

Den restlichen Abend verbrachten wir mit Hausmusik. Meine Schwester setzte sich ans Klavier, meine Mutter nahm die Klampfe oder Mandoline zur Hand, und alle sangen aus voller Kehle mundartliche und hochdeutsche Weihnachtslieder. Zum Beispiel: „Wenn es Raachermännel nabelt“, „Kan schinnern Baam gibs wie nen Vuglbärbaam“, „O Tannenbaum, o Tannenbaum“ und dergleichen mehr. Zu spät durfte es allerdings nicht werden, da wir am nächsten Morgen der Christmette wegen frühzeitig aufstehen mussten, ob es nun stürmte oder schneite. Denn die vogtländischen Winter sind hart. Manchmal mussten wir erst den Weg freiräumen, bevor wir zur Straße vordringen und bei klirrender Kälte das Haus verlassen konnten . Wenn jedoch auf dem Weg zur Kirche am anderen Ende der Stadt der gefrorene Schnee unter den Stiefeln knirschte, war alles nur halb so schlimm. Wir waren es im Mittelgebirge nicht anders gewöhnt. Kein Vergleich zu den milden Wintern später im Flachland.

Noch immer steckt mir die Weihnachtszeit der Kindheit in meinen alten Knochen. Inzwischen als sentimentaler Kinderkram entlarvt, ergreift mich um die Feiertage herum eine wehmütige Stimmung und lässt mich erst im Neuen Jahr wieder los. Eigentlich widerstrebt es mir Ungläubigen, das Christfest mitzufeiern. Wenn man schon am Ende des Kalenderjahres etwas feiern möchte, dann vielleicht die Sonnenwende am 21. Dezember aus Freude darüber, dass die Tage wieder länger werden. Aber gänzlich entziehen kann ich mich der kindischen Gefühlsduselei noch immer nicht.

Der Wismut sei Dank oder auch nicht

Unser wirtschaftlicher Aufschwung begann etwa 1953/54, als mein Vater von den Falkensteiner Stadtwerken zur „Wismut“ wechselte. Nun waren wir nicht mehr allein auf Lebensmittelkarten angewiesen, sondern bekamen aus einem

Wismut-Laden in der Schlossstraße zusätzlich Butter, Vollmilch, Schnaps und andere Köstlichkeiten. Als Gegenleistung verlangte die sowjetische Bergbaugesellschaft von ihren Betriebsangehörigen Schwerstarbeit und Schichtdienst sowie absolutes Stillschweigen und Loyalität. Wer sich verplauderte, musste mit Gefängnis rechnen, und wer Uranerz schmuggelte, wurde möglicherweise zum Tode verurteilt. Auch gegenüber seiner Familie hielt mein Vater seinen Arbeitsplatz streng geheim. Erst spätere Recherchen deuteten auf die Uranbergwerke bei Aue oder Schöneck hin. Hingegen scheint die Ausfuhr radioaktiv verseuchter Grubenhölzer und Quarzkristalle erlaubt gewesen zu sein. Denn ich erinnere mich noch deutlich der rötlich eingestaubten Balken und Bretter, welche von einem russischen LKW vor unserer Haustür abgeladen und in den Öfen verfeuert wurden sowie der bizarren und gefärbten Bergkristalle für meine Modelleisenbahn.

Auch eine sommerliche Ferienreise an die Ostsee hatten wir der „Wismut“ zu verdanken. Eigentlich nur der Erholung meiner Eltern dienend, profitierte auch ich davon. Weil in der kleinen „Privatpension Sonntag“ kein Bett für mich zur Verfügung stand, musste ich in der so genannten „Besucherritze“ schlafen. Das dürfte mir jedoch weniger ausgemacht haben als meinen Eltern. Es war ein unvergesslicher Urlaub! Am Strand baute ich Sandburgen, sammelte Muscheln und planschte im flachen Meerwasser. Leider konnte ich noch nicht schwimmen. Trotzdem wagte ich mich ins tiefe Wasser und schluckte mehr Salzwasser als ich vertragen konnte. Verzweifelte Schwimmstöße in Richtung Ufer halfen nicht weiter. Ich bekam keinen Grund unter die Füße! Meine Kräfte schwanden! Mehrfach signalisierte ich meinem Wasserball spielenden Vater „SOS – SOS – SOS!“ Nach einer kleinen Ewigkeit hatte er endlich meine prekäre Lage erfasst. Blitzschnell heranktaulend, fischte er mich aus dem Meer und warf mich über seine breiten Schultern. Am sicheren Ufer ließ er die Ostsee wieder aus mir herausströmen. Es war Rettung aus höchster Seenot!

Nicht selten unterbrachen sowjetische Düsenjäger die Ferienidylle. Donnernd jagten russische MIGs von Wolgast her kommend im Tiefflug über den Strand und schossen mit einer Bordkanone auf ein langes Rohr, das sie pfeifend hinter sich herzogen. Worüber ich mich heute aufregen würde, fand ich damals ungeheuer spannend. Und auch die anderen Badegäste schienen diese häufigen Kanonaden gelassen hingenommen zu haben. Einmal wanderten wir in Flugrichtung nach Zempin und näherten uns einem FKK-Strand. Einer der wenigen Freizügigkeiten des sozialistischen Systems. Im Sand lagen verstreut kleine Nackedeis herum. Zu gern hätte ich sie mit den Augen gezoomt. Doch bevor noch einige intime Details sichtbar wurden, machten meine Eltern schnurstracks kehrt. Als krönenden Abschluss unserer Urlaubsreise spendierten sie mir eine Bootsfahrt auf dem Achterwasser. Es war meine erste Seefahrt. Zudem ließ mich der kinderfreundliche Kapitän ans Ruder. Mein erstes großes Ferienerlebnis!

Nach all' diesen an sich schönen Erinnerungen macht sich eine gewisse Nüchternheit breit. Denn heute weiß ich, welch hohen Preis die Wismut-Bergleute für ihre Privilegien zu zahlen hatten. War dies meinem Vater bewusst? Über die gesundheitlichen Risiken seines Berufes als Lokführer und Elektromechaniker im Untertagebau scheint er jedenfalls nicht informiert gewesen zu sein. Sonst hätte mein Vater wohl kaum radioaktiv verstrahlte Grubenhölzer und Quarzkristalle mit nach Hause gebracht. Wie sich später herausstellte, wurden fast alle im Uranbergbau tätigen Kumpel krebskrank. Auch mein Vater wäre vermutlich erkrankt, wenn er nicht vorher verunglückt wäre. Hinzu kamen die rabiaten Enteignungen. Kein einziges Dorf war vor der ausbeuterischen „Wismut" sicher. Schließlich und endlich diente das Uranerz der Herstellung von Atombomben. Falls meinem Vater das bekannt gewesen wäre, hätte er seinen Job deshalb an den Nagel gehängt? Wahrscheinlich nicht! Wenn es um die eigene Existenz geht, drücken viele Menschen beide Augen zu und bedenken nicht die Konsequenzen. Problematisiert wird diese brisante Thematik in Romain Rollands (1866-1944) zartem Liebesroman *Pierre und Luce.* Luce´s Mutter arbeitet während des Ersten Weltkrieges in einer Munitionsfabrik und trägt somit zur Aufrechterhaltung des Krieges bei. Pierre fragt deshalb seine Geliebte, ob sie ein Gleiches tun würde:

> „Wenn ich Geld verdienen müsste, und etwas anderes gäbe es nicht? Aber sicher, ich würde es auf der Stelle tun!"
>
> „Luce, denkst du auch darüber nach, was man dort anstellt?"
>
> „Nein, darüber denke ich nicht nach."
>
> „Alles, was Menschen leiden und sterben lässt, was sie zerreißt, verbrennt, was Wesen wie dir und mir Schmerzen zufügt ... "
>
> Sie legt die Hand auf den Mund, zum Zeichen, dass er schweigen möge.

> „Ich weiß, ich weiß das alles, aber ich will nicht daran denken.“ (Rolland 2010, S. 43f.)

Nicht diese fürchterlichen Manifestationen verleideten meinem Vater die Arbeit im Untertagebau, sondern der Mangel an persönlicher Freiheit. Schließlich verbaten sich die Parteifunktionäre jegliche Kritik am sozialistischen Einheitssystem. Der Slogan „Brüder zur Sonne zur Freiheit, Brüder zum Lichte empor ... “ war nur eine politische Farce. Schon sein pietistisches Christentum und sein geringes Engagement für den Sieg des Sozialismus schien ihnen suspekt gewesen zu sein. Um meinen Vater gefügig zu machen, boten sie ihm parteipolitische Pöstchen an. Er lehnte ab und entzog sich schließlich den diziplinierenden Konsequenzen. Das heißt, er „haute ab“ – wie man in der DDR zu sagen pflegte, wenn sich jemand in den Westen absetzte – und begab sich in die Obhut des imperialistischen Klassenfeindes.

Der Sohn meiner Mutter

Schon als Knirps hatte ich um die Hand meiner Mutter angehalten. Wer darin einen ausgewachsenen „Ödipuskomplex“ vermutet, liegt freilich schief, da ich meines Wissens nie daran gedacht habe, meinen Erzeuger umzubringen. Sowohl mit ihm als auch ohne ihn blieben wir zeitlebens ein Herz und eine Seele. Kategorische Ablehnung habe ich nie erfahren. Immer konnte ich mich auf sie verlassen. Ja, ich gebe es zu! Ich mochte meine Mutter sehr. So sehr, dass ich ihr sogar freiwillig im Haushalt und bei der Heimarbeit half, nur um ihr nahe sein zu können. Nachdem sie nämlich die Fabrikarbeit gesundheitlich ruiniert hatte, erlaubte man ihr im Stücklohn zu arbeiten. Zu diesem Zweck mussten wir schwere Pakete nach Hause schleppen und Spitzenstoffe in Streifen zerlegen. Eine Heidenarbeit, aber irgendwie gemütlich. Auch als meine Mutter einmal krank daniederlag, rannte ich um ihr Leben durch die ganze Stadt nach einem Arzt. Ich mochte jedoch nicht nur sie, sondern auch ihre Koch- und Backkünste und ihren aus früheren Entbehrungen entsprungenen Vorsatz, immer ein Schüsselchen Bonbons für uns Kinder bereit zu halten. Daher rührt wahrscheinlich – ich muss es beichten – meine Vorliebe für Süßigkeiten. Insofern bin ich in gewissem Sinne ein Suchtcharakter. Wer mir meinen täglichen Kuchen vorenthält, bekommt es mit mir zu tun. Aber auch meinem Vater bin ich dankbar. Wäre er nicht gewesen, wer weiß, was aus mir geworden wäre. Wahrscheinlich ein Muttersöhnchen. Er lehrte mich nämlich ein rechter Junge zu werden. Das heißt, er brachte mir allerlei handwerkliche Fertigkeiten bei, verpflichtete mich zur Gartenarbeit und zur Versorgung unseres Kleinviehs. Sie wissen es bereits: eine Katze, ein paar Hasen und Hühner. Zudem prägte seine antiautoritäre Erziehung meinen androgynen Charakter. Denn wenn ich es recht bedenke, bin ich kein typischer Mann. Vielmehr bilden C.G. Jungs Anima und Animus eine recht akzeptable Einheit. Das hat zur Folge, dass ich nicht trinke, nicht rauche, gerne koche, meinen Haushalt selbst erledige und patriarchalische Allüren nicht ausstehen kann.

Während ich meiner Mutter ein Leben lang verbunden blieb, verstanden wir uns geistig und emotional immer weniger. Sie blieb die einfache, tüchtige und religiöse Frau, die sie immer war. Ich hingegen bildete mich weiter und schüttelte religiöse Vorstellungen sowie antiquierte Moralitäten von mir ab. Je stärker ich mich der familiären Konventionen entledigte, desto größer wurde die intellektuelle Distanz zwischen uns. Am Ende lagen unsere Meinungen über Ernährung, Religion, Politik und Bildung meilenweit auseinander.

> Es ist schmerzlich für mich, mit meinem heutigen Wissen auf jene Zeit zurückzublicken; heute weiß ich, wie wichtig die Kommunikation zwischen zwei Menschen ist, die sich nichts sehnlicher wünschen, als einander nahe zu sein, die aber aufgrund nicht verstandener emotionaler Kräfte immer weiter auseinander driften (Erikson Bloland 2007, S. 123).

Besonders deutlich spürte ich unser rational-emotives Missverhältnis im Sommer 1991 anlässlich meines Besuches in Wolfsburg, als meine Mutter fast so alt war wie ich es jetzt bin. Statt einfacher Gespräche – mehr erwartete ich schon damals nicht – bevorzugte sie leichte Fernsehkost. Um „Steffie und Boris" im Centre Court von Wimbledon sehen zu können, unterbrach sie sogar ihr Mittagsschläfchen. Wie in manchen Familien, stand ständig die Flimmerkiste zwischen uns. Andererseits konnte sie sich nicht zu einem gemeinsamen Spaziergang aufraffen. Es sei ihr zu anstrengend, sagte sie. Auf meine Nachfrage gab sie zu, außer Fernsehen habe sie keinerlei Interesse mehr an der Welt. Selbst der Haushalt überfordere sie. Auf dem Sofa liegend, klagte sie: „Mein Herz zappelt nur noch". Zum Glück zappelte ihr Herz noch sechzehn Jahre, bis sie nach schwerer Krankheit am Heiligabend in einem Harzburger Seniorenheim verstarb. Es betrübt mich sehr, ihr in den letzten Stunden nicht beigestanden zu haben. Während ich meine Trauerarbeit allein bewältigte, konnte sich Fritz Stern von dem englischen Psychoanalytiker John Bowlby (1907-1990) Trost und Rat holen:

> Er versuchte mir verständlich zu machen, daß der Verlust eines Elternteils oder eines Freundes mehr als nur seelische Qualen bereite – er stelle zugleich einen physischen Angriff dar, beeinträchtige den Körper, so als sei ein Bein oder ein Arm abgetrennt worden (F. Stern 2007, S. 356).

Ich verstand Bowlbys Erklärung nur zu gut. Bedeutet doch ein langes Zusammenleben auch ein inniges Zusammenwachsen zweier Menschen. Man muss den geliebten Menschen erst verloren haben, um zu wissen, welch kostbares Gut er gewesen ist (vgl. Narayan 2004, S. 126). Noch immer sehe ich ihre schmächtige Gestalt vor mir: die müde und steife, von Alter und Demenz und Parkinsonismus gezeichnete Gesichtsmimik und den zittrigen rechten Arm. Und ich frage mich: „Habe ich mein armes altes Mütterchen auch liebevoll genug behandelt?" Leise weine ich vor mich hin. Abschied nehmen ist schwer, auch noch in der Vorstellung!

Brüderchen und Schwesterchen

Im Märchen ist der jüngste Prinz auch immer der erfolgreichste. Während seine älteren Brüder eher sekundäre Rollen spielen, geht er mutig voran und kehrt nach vielen abenteuerlichen Prüfungen mit der Prinzessin seines Herzens ins Schloss zurück. Auch der Zweitgeborene fürchtet sich nicht vor unbekannten Gefahren. In der Absicht, sein älteres Geschwister zu überholen, rebelliert er offensiv gegen Autoritäten und Konventionen und verfügt über optimale Voraussetzungen, über seine Familie hinauszuwachsen. Soweit die individualpsychologische Theorie der Geschwisterposition. Indes nimmt sich die Realität manchmal etwas anders aus. Meine viereinhalb Jahre ältere Schwester war mir nämlich körperlich und geistig weit überlegen und obendrein eine ziemliche Plage. Mich bis zur Weißglut hänselnd, lachte sie sich halbtot über meine wütende Gegenwehr. Reizworte benutzte sie in abnehmender Sequenz: „Vagabund, Vaga und Va" sowie Umkehrungen meines Names „dlareg" (Gerald) und „gnirhüb" (Bühring). Es genügte schon eine vage Andeutung, und ich ging auf meine Schwester los! Aufgrund meiner heftigen Attacke rief mein feiges Schwesterlein ihre – in diesem Moment nicht meine – Mutter zu Hilfe, von der ich dann zu hören bekam: „Ein Mädchen schlägt man nicht! Ein Mädchen schlägt man nicht! Ein Mädchen ... !" Wiederholt begehrte ich gegen diese blöde Litanei auf, was mir wiederum angekreidet wurde, worauf ich noch bockiger reagierte. Schließlich bekam ich den Stempel des „Jähzornigen" aufgedrückt. Noch immer reagieren wir – mein Blutdruck und ich – sehr impulsiv auf ungerechte Vorhaltungen und Etikettierungen. Als mich meine Schwester in späteren Jahren einmal zu Unrecht beschimpfte und meine Mutter davon erfuhr, forderte sie mich zu mehr Rücksichtnahme gegenüber meiner Schwester auf. Schließlich müsse ein Psychologe doch in der Lage sein, sich mit seiner Schwester zu vertragen. Da war es wieder! Das alte Trauerspiel! Dieser trianguläre Konflikt aus Kinderzeiten! Kein Wunder! Er war familiensystemisch ja nie bearbeitet worden. Wie sollte er auch!

Dieser schwelende Geschwisterkonflikt wurde erst durch den Tod unserer Mutter im Jahre 2007 aufgelöst und teilweise von mir verstanden. Ungenügend auf meine Geburt vorbereitet, fühlte sich meine Schwester durch den Stammhalter entthront. Auch scheint sie als gesundes Geschwisterkind von meiner Mutter weniger beachtet worden zu sein als ich, der öfters krank war. Schließlich wurden mir – als Sohn – wahrscheinlich mehr Freiheiten eingeräumt als meiner Schwester.

Dafür war meine Schwester in der Schule unschlagbar. Nicht nur, dass sie mir vier Klassen voraus war, sie war mir auch leistungsmäßig überlegen, wenngleich manchmal mit mütterlicher Hilfe. Eigentlich hätte sie mit dem Abschlussprädikat „Sehr gut" von der Grundschule auf das Gymnasium wechseln können. Doch stand dem das sozialistische Selektionsprinzip entgegen, wonach Christen im Arbeiter- und Bauernstaat keiner Förderung würdig seien. Zwar behandelte man uns nicht gerade wie Staatsfeinde. Das nicht! Aber ideologisch waren wir den linken Funktionären ein Dorn im Auge. Stattdessen versuchte mein Vater meiner Schwester eine Ausbildung bei der „Wismut" zu vermitteln. Indes war auch dieser Weg versperrt. Obwohl der Sozialismus angeblich keinerlei Vetternwirtschaft kennt, wurde die Tochter eines SED-Bonzen bevorzugt. Nun blieb meiner Schwester nichts anderes übrig, als eine Lehre als Näherin in einer Auerbacher Lehrwerkstatt für Berufsbekleidung zu absolvieren.

Später im Leben wendete sich das geschwisterliche Blatt. Der große Altersabstand schrumpfte zur Bedeutungslosigkeit zusammen. Meine fleißige Schwester flüchtete sich in die Rolle der braven Hausfrau und Mutter. Während ich meine berufliche Ausbildung weiter vorantrieb. Warum sie ihre intellektuellen Fähigkeiten nicht weiter entwickelte, lässt sich schwer begreifen. Weder die völlig absurde These vom physiologischen Schwachsinn des Weibes eines Paul Möbius (1853-1907) noch die individualpsychologische Theorie der Geschwisterposition bieten eine plausible Erklärung. So einfach liegen die Dinge meines Erachtens nicht. Vielmehr sind folgende Gründe geltend zu machen:

1. Die kleinbürgerliche Gesinnung unserer Familie erlaubte keinen Blick in die Welt der großen Geister. Sie blieb auf die traditionelle Bibel beschränkt.

2. Fast alle Verwandten waren religiös. Religion rangierte vor Bildung.

3. Erstrebt wurde eine handwerkliche oder hausfrauliche Ausbildung, welche die Familie miternährt. Lediglich zwei Cousins besuchten die Ingenieurschule und einer die Universität.

4. Emanzipatorische Strebungen existierten praktisch nicht. Keine einzige Frau in unserer weitläufigen Verwandtschaft besuchte m.W. eine weiterführende Schule.

5. Vor allem aber scheinen mangelndes Selbstvertrauen und viele Enttäuschungen eine berufliche Expansion verhindert zu haben.

Worauf ich mit diesen fünf Argumenten hinaus möchte, ist, dass sich menschliches Verhalten nicht allein durch eine psychologische Theorie erklären lässt, sondern viele anthropologische und soziale Faktoren und Valenzen unsere Entwicklung fördern und hemmen. Vor allem sind rigide Vorstellungen von Religion und Sozialismus einer weltoffenen Allgemeinbildung abträglich.

8. Republikflucht

Wo man Gefahren nicht besiegen kann,
ist Flucht der Sieg.
Johann Gottfried Seume

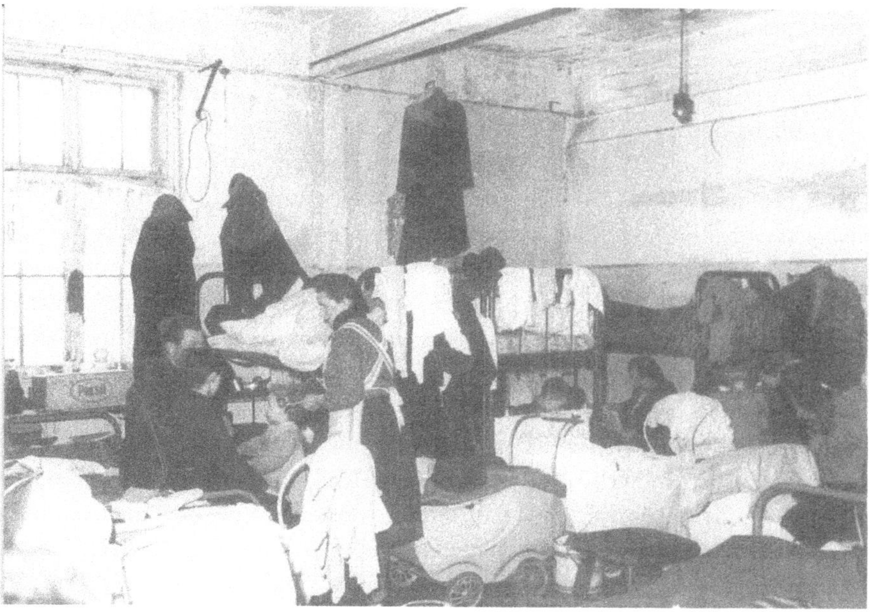

Der grüne Volkspolizist

Wer sich dem DDR-System bedingungslos anpasste, hatte nichts zu befürchten. Ärger bekamen nur Dissidenten, diejenigen Bürger, welche offen ihre antisozialistische Meinung zum Ausdruck brachten oder dem sozialistischen Arbeiterparadies den Rücken kehrten. Dann mussten sie mit allem rechnen! Sogar mit Gefängnis! Sicherheitshalber wurde deshalb unseres Vaters riskanter Fluchtplan geheim gehalten. Denn schon die Vorbereitung zur Republikflucht war strafbar. So erfuhren wir Kinder erst im Nachhinein von seinem gewagten Unternehmen. Eine günstige Gelegenheit bot sich meinem Vater anlässlich eines Posaunenfestes im fränkischen Vogtland. Posaunenfeste waren nicht ungewöhnlich. Der Falkensteiner Posauenchor hatte schon öfters in anderen Kirchengemeinden gastiert. Und zwischen dem östlichen Falkenstein und dem westlichen Naila bestanden ohnehin patenschaftliche Beziehungen. Stammten doch die ersten Methodistenprediger von dort. Eine ganze Woche verstrich. Sonntags gingen wir zur Kirche. Der Posaunenchor spielte wie üblich. Nur einer fehlte! Mein lieber Vater! Der war „drüben" geblieben! Abgehauen! Nach etwa zwei Wochen sandte er ein kurzes Lebenszeichen – ich weiß nicht wie und durch wen – aus Wolfsburg und bat uns, baldmöglichst nachzukommen. Das war leichter gesagt als getan, da inzwischen die Staatsorgane der Deutschen Demokratischen Republik Wind von seiner Flucht bekommen und einen grünen Volkspolizisten vor unserer Haustür postiert hatte. Wie sollten wir da unbemerkt wegkommen? Schier unmöglich! Eine List musste ersonnen, der Posten bestochen oder ausgetrickst werden. Die beste Idee hatte meine Mutter. Mit unserem kleinen Handwagen notwendige Wäschetransporte zur städtischen Wäscherei vortäuschend, schmuggelte sie unter die Bügelwäsche jedes Mal ein paar Habseligkeiten und deponierte sie bei ihrer Schwiegermutter. Mehrere Wochen dauerten diese heiklen Fluchtvorbereitungen. Schließlich konnte man nicht täglich Wäsche wegbringen. Das wäre auch dem dümmsten Volkspolizisten aufgefallen. Währenddessen verschlechterten sich meine schulischen Leistungen und der Ton meines Klassenlehrers. Mich kümmerte das herzlich wenig. Wozu noch büffeln? Bald würde mir die sozialistische Schule gestohlen bleiben können! Falls jedoch unsere Flucht missglücken sollte ... ? Nicht auszudenken ... !

Nach der Wende ergab eine Anfrage bei der Stasi-Unterlagenbehörde meinerseits, dass über unsere Familie keine Eintragungen vorlägen. Sollten die

DDR-Funktionäre und der VoPo-Posten keine Meldung über unser antisozialistisches Verhalten und unsere Republikflucht gemacht haben? Was für eine elende Schlamperei!

Bei Nacht und Nebel

In der Karwoche 1956 stahlen wir uns so unauffällig wie möglich aus dem Haus. Der grüne VoPo schöpfte keinen Verdacht. Eine halbe Stunde später saßen wir im Kreise unserer Großmutter, Tanten und Onkels und warteten auf den Einbruch der Nacht. Gegen zwei Uhr morgens fuhr eine dunkle Limousine vor und holte uns ab. Der bereits eingeweihte Taxifahrer bat uns der Nachbarn wegen, keinen Lärm zu machen. Abschied nehmend, verstauten wir zwei große Koffer im Kofferraum und stiegen selbst ein. Gedrückter Stimmung, die mäßig erleuchtete Stadt durchquerend, fuhren wir einer ungewissen Zukunft entgegen. Gespenstisch leuchteten die Scheinwerfer entlang der schmalen Landstraße nach Plauen. Bevor wir jedoch die Stadt erreichten, erschreckten uns rote und blaue Lichter. Ein Polizist winkte uns an den Straßenrand. Schon glaubten wir uns entdeckt. Doch der Uniformierte teilte uns lediglich mit, dass wir vorsichtig an einer Unfallstelle vorbeifahren sollten. Ein Stein fiel uns vom Herzen! Und weiter ging´s! In Plauen ohne weitere Zwischenfälle ankommend, erreichten wir rechtzeitig den Zug über Leipzig und Jüterbog nach Ost-Berlin. Am Bahnhof erwartete uns bereits eine mutige Fluchthelferin. Sie war eine Cousine meines Onkels Walter (1912-2002) und Gemeindeschwester der Ostberliner Methodistenkirche. Ziemlich nervös geleitete sie uns zur S-Bahn. Auf unserer Fahrt vom Ostsektor in den Westsektor – bis zum Mauerbau im August 1961 fuhren die Ringbahnzüge noch durch alle Sektoren, bis die DDR-Organe alle Ost-West-Verbindungen kappten – nahm sie unsere beiden Koffer wie eine Glucke unter ihre graue Schwesternkluft, um sie den neugierigen Blicken der Fahrgäste zu entziehen. Plötzlich wurde es merkwürdig still. Zwei russische Soldaten betraten den Waggon und kontrollierten jede einzelne Person. Sofort verwickelte uns unsere sehr angespannte Fluchthelferin in ein sinnloses Gespräch. Doch kurz bevor die beiden Russkis zu uns vordrangen, mussten sie aussteigen. „Ihr seit jetzt im Westsektor und in Sicherheit“, atmete sie erleichtert auf. Und wir mit ihr! Unsere riskante Republikflucht war geglückt! Wir waren frei! Was das bedeutete, schreibt ein unbekannter Flüchtling in Versen an die „Evangelische Flüchtlingsseelsorge“ (Köhler 1991, S. 67f.):

Die Flucht

Auf einmal heißt es, alles stehen und liegenlassen
und nachts mit einem Koffer voll zu fliehn.
Als ob nichts wäre, schien der Vollmond durch die Gassen,
und in zwei Stunden ging der Frühzug nach Berlin.
Wie ein Verbrecher aus der Wohnung fortgeschlichen,
denn bei dem Nachbarn in der Küche brannte Licht.
Dann auf der Straße jedem Schatten ausgewichen,
und in den Ladenscheiben sah man sein Gesicht.
Vorn an der Ecke blieb ich kurz noch einmal stehn,
wo man ein Leben lang nach Haus gegangen ist.
Dann aus der Heimat ohne Abschied fortzugehn
und nicht zu wissen, wo du morgen bist ...
Schnell durch die Sperre in den dunkelsten der Wagen
und mit der Hand am Türgriff ruhelos gereist,
und plötzlich frei zu sein -
und nur noch ´bitte´ sagen, und kein Zuhause haben -
wißt ihr, was das heißt?

Während unsere „gute Fee" nach Ostberlin zurückfuhr, fuhren wir weiter bis zum S-Bahnhof Tempelhof und begaben uns auf die Suche nach dem nächsten Notaufnahmelager.

Notaufnahmelager Volkmarstraße

Drei müde Flüchtlinge schleppten sich mit zwei alten ausgebauchten Koffern und einer Tasche auf dem Tempelhofer Damm dahin und fragten sich nach dem „Notaufnahmelager Marienfelde" durch. Unterwegs erfuhren wir, dass das 1953 gebaute Zentrallager überfüllt sei. Kein Wunder! Schließlich waren während der Osterfeiertage über 5000 DDR-Bürger nach Westberlin geflüchtet. Also zum nächsten Lager! In der Volkmarstraße, einem ehemaligen Fabrikgebäude am Teltowkanal, konnten wir endlich unsere schweren Koffer abstellen. Genau 60 Jahre später stehe ich noch einmal vor dem riesigen Klinkerbau und versuche mich zu erinnern: Es herrschte Platzmangel. Von den kahlen Wänden aus ragten etwa zehn eiserne Etagenbetten in die Mitte des Raumes. Sie ermöglichten nur einen schmalen Durchgang. Dazwischen einige Tische mit Hocker. An den Bettpfosten hingen Jacken, Kleider, Mäntel und Hosen. Unter den Betten lagen Koffer und Kartons. Für Kleiderschränke oder Regale reichte der Raum nicht, in denen Tag und Nacht 20 bis 30 Personen lebten (vgl. Köhler 1991, S. 118). Zudem ließen die hygienischen Verhältnisse sehr zu wünschen übrig. Schmutzige Treppenaufgänge! Überfüllte Waschräume! Ungeheizte Massenquartiere! Der stellvertretende Lagerleiter Wolf Rothe musste später zugeben: „Das waren aus heutiger Sicht gesehen doch wohl eher Elendsquartiere... Für die meisten war es ein Schock hier anzukommen“.[3] Noch schwerer zu ertragen waren die häufigen Querelen und das gegenseitige Misstrauen. Berechtigterweise, muss man sagen! Denn seitens der Lagerleitung wurde vor eingeschleusten Spitzeln und Menschenräubern gewarnt. Vor allem jedoch fühlten sich die Flüchtlinge durch die permanenten Wartesituationen genervt: Warten auf die Essensausgabe. Warten auf ein freies Örtchen. Warten auf das Ende des Notaufnahmeverfahrens. Man musste sich schon sehr in Geduld üben, wenn man den Mut nicht verlieren wollte.

Trotz der angeschlagenen Warnungen, entzog ich mich hin und wieder dieser drögen Warterei durch unerlaubte Ausflüge in die nähere und weitere Umgebung. Zusammen mit einem anderen Jungen meines Alters erkundete ich das weitläufige Lagergelände zwischen Volkmarstraße und Colditzstraße. Wo sich damals kahle Plätze und ungepflegte Anlagen ausbreiteten, sich hohe Kohlehalden und stinkende Müllberge türmten, gruppieren sich heute Fabrikgebäude der Elektrofirma Thermit. Am Teltow-Kanal entlang strolchend, gelangten wir bis zum Ullstein-Verlagsgebäude und darüber hinaus. Viel weiter wagten wir uns freilich nicht in die Stadt hinein.

Inzwischen sind die Flüchtlingsströme verebbt. Fast alle Notaufnahmelager sind verschwunden und vergessen. Umso überraschter war ich, in dem ehemaligen zentralen „Notaufnahmelager Marienfelde“ – welches ich 2017 besuchte – wiederum Flüchtlinge anzutreffen. Zwar keine „Ostzonen-Flüchtlinge“ – die gibt es seit der Maueröffnung nicht mehr – aber fremdländische Asylanten. Wie sich doch alles wiederholt! Erneut sind Menschen in Not! Und

[3] Verfügbar unter: www.berlin. dw.com/de/ leben-zwischen-wäscheleinen-im-notlager/a. [16.11.2017].

täglich werden es mehr. Allein in Marienfelde sind aktuell etwa 700 Menschen untergebracht. Familien aus Syrien und anderen Ländern. Wie mag es ihnen wohl ergehen? Werden sie sich assimilieren können oder werden sie ihren traditionellen Strukturen verhaftet bleiben? Die Antwort wissen allein die Flüchtlinge und die politisch Verantwortlichen!

Mit einer DC 4 in die Freiheit

Für das Notaufnahmeverfahren ließen sich die deutschen und die alliierten Behörden viel Zeit. Sie hatten offensichtlich genug davon. Wir hingegen saßen wie auf heißen Kohlen. Als ich nach etwa vierwöchigem Lagerleben wegen der hygienischen Missstände an einem fiebrigen Infekt erkrankte, sah sich meine Mutter gezwungen, das Notaufnahmeverfahren abzubrechen und auf eigene Kosten nach Hannover zu fliegen. Die drei Flugtickets bezahlte sie von geborgtem Geld meines Vater. Am Tag des Abflugs begaben wir uns mit den wenigen Habseligkeiten zum Tempelhofer Flughafen. Fast auf den Tag genau betrete ich achtundfünfzig Jahre später noch einmal das Flughafengebäude, das seit dem 30. Oktober 2008 geschlossen ist, und gehe rückblickend durch einen Seitenausgang neben der Abflughalle, welche damals nicht zugänglich war, hinaus aufs Rollfeld zu einer DC 4 – die nicht mehr abhebt. Damals jedoch flog uns die amerikanische Maschine über das feindliche Hoheitsgebiet nach Hannover-Langenhagen in die teuer erkaufte Freiheit. Den eineinhalbstündigen Flug der zweimotorigen Propellermaschine werde ich nicht vergessen. It was terrible! Gesundheitlich angeschlagen, schlauchten mich sowohl die Luftlöcher als auch der ohrenbetäubende Motorenlärm dermaßen, dass mir übel wurde. Kreidebleich stieg ich in Hannover die Gangway hinunter mit dem eisernen Vorsatz, nie, nie, nie wieder fliegen zu wollen.

9. Heimat, neue Heimat!

Wo es mir gut geht,
dort ist mein Vaterland.

Pacuvius

Wolfsburg — Die Goethestraße

Im goldenen Westen

Erwartungsvoll standen wir vor unserem Wolfsburger „Exilantenheim“, in der Laagbergstraße 62. Von außen machte das sechsstöckige Gebäude mit seinen vielen bunten Balkons einen vielversprechenden Eindruck. Wie aber würde es wohl drinnen aussehen? Ächzend schleppten wir unsere Fluchtkoffer in die vierte Etage und klingelten bei „Ludwig“. Ein etwas ältlicher Mann, knochige Gestalt, gegerbte Gesichtszüge, markante Hakennase, saloppe Kleidung, öffnete und bat uns hinein. Kalter Zigarettenrauch schlug uns entgegen. Leere Bierflaschen lagen verstreut in einer verwohnten Wohnung herum. Eine hölzerne Schiebetür zurückstoßend, gewahrten wir ein dürftig möbliertes Zimmer: Klappbett, Küchentisch, Stühle, Kleiderschrank. Das konnte ja heiter werden! Vier Personen auf engstem Raum. Fast so beengt wie im Notaufnahmelager! Nebenan ein notorischer Kettenraucher und Alkoholiker! Es würde nicht ausbleiben, dass wir uns gegenseitig auf die Füße treten. Schlimmer als die familiären Konflikte, sollten sich jedoch die Belästigungen durch den Vermieter auswirken. Wenn dieser nämlich sein Quantum Bier intus hatte, krakeelte er herum und strapazierte unser Zusammenleben. Trotzdem waren wir froh und dankbar, dem Lagerleben entronnen zu sein und ein Dach über dem Kopf zu haben. Alles Weitere würde sich schon finden – dachten wir!

Schon am nächsten Tag erkundete ich die Stadt. Welch’ ein Kontrast zu Falkenstein: farbige Häuserzeilen, verkehrsreiche Straßen, modern gekleidete Menschen, pulsierendes Leben. Geschäft reihte sich an Geschäft. Dekorierte Schaufenster lockten mit Südfrüchten, Schokolade, Pralinen und Bonbons. Mir lief das Wasser im Munde zusammen. Leider fehlte mir für all die süßen Leckereien. noch das nötige „Westgeld“.

Ein Sachse unter Niedersachsen

Derweil plagten meine Eltern ganz andere Sorgen. Statt der gewünschten Beschäftigung im Volkswagenwerk, hatte mein Vater erst kürzlich eine mäßig bezahlte Anstellung als Elektriker in einem Elektrofachgeschäft bekommen und viele Schulden machen müssen. Diese waren nun abzuzahlen! Zudem musste eine Arbeitsstelle für meine Schwester und eine Schule für mich gefunden werden. Während sie als Näherin eingestellt wurde, wurde ich in der Laagbergschule angemeldet. Religion und Handarbeit lehrte man noch in einer Steinbaracke. Erst später erfuhr ich, dass die Baracke zum ehemaligen

Konzentrations-Außenlager von Neuengamme gehörte. Auch in anderen Stadtteilen existierten noch viele Holz- und Steinbaracken, in denen während der Nazizeit vorwiegend ausländische Zwangsarbeiter für den Aufbau des Volkswagenwerkes untergebracht waren. Insofern war es nicht ungewöhnlich, dass 1956/57 teilweise noch in Baracken unterrichtet (Laagberg), unser methodistischer Gottesdienst zelebriert (Steimkerberg) und gewohnt (Bullenberg) wurde. Diese „exklusive Lage" am bewaldeten Bullenberg fand ich jedoch gar nicht so übel. Ermöglichte sie doch ein naturnahes Wohngefühl.

Zurück zu meiner damaligen Schulsituation. Glücklich der früheren Außenseiterrolle entronnen zu sein, geriet ich in der Laagbergschule vom Regen in die Traufe. Jetzt war es der sächsische Dialekt, welcher meine niedersächsischen Mitschüler provozierte. Für mich Ansporn genug, so schnell wie möglich Hochdeutsch zu lernen. Nach knapp einem Jahr hatte ich es geschafft. Kinder lernen Sprachen schnell und wenn sie müssen, noch schneller! Keiner hänselte mich mehr meiner Aussprache wegen. Indes amüsierte ich mich später selbst über unsere sächsischen Idiome, wenn ein VoPo an der Zonengrenze uns aufforderte: „Gänsefleisch eweng vorriggen?" (Können Sie vielleicht ein bisschen vorrücken?), musste ich sehr an mich halten. Sonst würde er mir möglicherweise wegen Nichtachtung seines Amtes den Transit durch die DDR verwehrt haben. Es waren dies die ersten Anzeichen, dass ich mich nicht mehr „in der Fremde lebend" fühlte, sondern schon ein wenig heimisch auf fremder Scholle.

Während ich also bald akzentfrei hochdeutsch zu sprechen vermochte, haperte es noch lange mit der Rechtschreibung. Ständig schlichen sich in Diktate und Aufsätze typisch sächsische Fehler – „t/d", „g/k' und „b/p"- ein. Beispielsweise prononciert der Sachse gern „Dendakel" statt „Tentakel" und „Gaffee" statt „Kaffee" und kommt bei dem Zungenbrecher „Dentaldepot" vollends ins Schleudern. Orthografische Probleme bekam ich freilich nicht nur im Deutschunterricht. Auch in anderen Fächern tat ich mich schwer. Das lag sowohl an den sprachlichen Defiziten und den fluchtbedingten Ausfallzeiten als auch am westlichen Unterrichtsstoff. So wurde „Geschichte" im Westen anders gelehrt als im Osten. Keine Rede mehr von der sowjetischen Oktoberrevolution, sondern von Kirchenfürsten, Königen, Kriegen und Kriegsherren. Im Musikunterricht erklangen, statt kommunistischer Arbeiterlieder, lustige und rührselige Volksweisen. Und Religion lehrte man in der Schule, nicht in der Kirche. Schon in der ersten Stunde kam es zwischen meiner evangelischen Religionslehrerin und mir zu einem heftigen Disput, weil sie die freikirchlichen Methodisten als Sekte brandmarkte. Das konnte ich nicht auf mir sitzen lassen! Vehement widersprach ich der Protestantin und wurde doppelt dafür bestraft. Noch am selben Nachmittag musste ich im „ehemaligen KZ-Laagberg“ nachsitzen und bekam im Halbjahreszeugnis eine Vier in Religion eingeschrieben. Aus dieser Ungerechtigkeit lernte ich dreierlei: Ein Schulzeugnis spiegelt nicht unbedingt die tatsächlichen Leistungen eines Schülers wider. Sowohl im Sozialismus als auch im Kapitalismus sind immer die Lehrer im Recht und nie die Schüler. Und hüben wie drüben werden Schüler nicht gefragt, was sie lernen wollen. Aufgrund dieser schulischen Schwierigkeiten, fiel mein erstes Zeugnis natürlich verheerend aus. Es war deprimierend! Würde ich als Methodist unter Protestanten, als Flüchtling unter Einheimischen, als Sachse unter Niedersachsen konfliktfrei leben können? Es dauerte lange, sich an diese neue Situation zu gewöhnen und die Vorteile der westlichen Werte und des „Andersseins“ zu erkennen.

Die Hiobsbotschaft

Die schreckliche Botschaft überbrachte uns der Arbeitgeber meines Vaters. Zögernd teilte er uns mit, dass er bei der Installation einer Neonbeleuchtung von einem Flachdach gestürzt sei und sich das Rückgrat gebrochen habe. Beim Versuch, sich von seinem Lehrling ein Elektrokabel hochreichen zu lassen, habe er das Gleichgewicht verloren und sei kopfüber auf den Bürgersteig aufgeschlagen. Er war nicht am Unfallort gestorben. Vielmehr trafen wir ihn noch lebend im städtischen Krankenhaus an. Es war bedrückend, unseren Vater sterben zu sehen. Zum ersten Mal in meinem Leben sah ich einen Menschen aus dem Leben scheiden. Er war gerade einmal 42 Jahre alt! 33 Jahre jünger als ich es heute bin! Froh war ich ex eventu nur darüber, dass kein pietätloser Stationsarzt diese bittere „Zeremonie des Abschieds“ störte. Nach seinem letzten Seufzer erhoben wir uns langsam und verließen völlig konsterniert das Sterbezimmer. Auch C.G. Jung hatte seinen Vater in jungen Jahren verloren und beschreibt sowohl die traurige Situation als auch die daraus resultierenden Konsequenzen:

> Er röchelte und ich sah, dass er in Agonie war. Ich stand an seinem Bett, gebannt. Ich hatte noch nie einen Menschen sterben sehen. Plötzlich hörte er auf zu atmen. Ich wartete und wartete auf den nächsten

> Atemzug. Er kam nicht ... Nach dem Tode meines Vaters zog ich in sein Zimmer, und innerhalb der Familie trat ich an seine Stelle. Ich mußte z.B. meiner Mutter wöchentlich das Haushaltsgeld geben, weil sie nicht haushalten und nicht mit Geld umgehen konnte. (Jung 1988, S. 101)

Hingegen erlebte der Schriftsteller und Dramatiker Bodo Strauß (1944*) das Sterben und den Tod seines Vaters völlig anders:

> In einer der vergangenen Nächte flanierte ich mit meinem Vater und mußte erleben, daß er kurz vor der eisernen Kurbrücke in die Knie brach, sich langsam vorbeugte und zur Erde streckte. Aus seinem rechten Ohr strömte Blut. Ich wußte, daß es nun zu Ende war, und lehnte mich zu ihm. Sein Auge sah mich matt, und es war ein müdes Leid in ihm, das mir kaum gebot, ihm zu helfen. Seine Gestalt mürbe und kalt. Und doch überkam mich ein merkwürdiges Glücksgefühl: Er würde nicht mehr antworten. Wir beide waren erlöst von einem langen und oft mühevollen *Gegen*-über, von unserer beiden *Gegen*-wart. (Strauß 2014, S. 41)

Mein Vater wurde auf dem Wolfsburger Waldfriedhof beigesetzt. Vogtländische Verwandte und einige freikirchliche Gemeindemitglieder nahmen an seinem Begräbnis teil. Auch ich! Fassungslos stand ich am Rande des Grabes. Keiner Träne fähig! Zum Leidwesen meiner Tante Dora. Trotz der unwirklichen Situation war es aber gut und richtig, dabei zu sein. Sonst wäre es mir vielleicht ergangen wie Klaus Hoffmann:

> Im März 1961 war ich zehn Jahre alt geworden, Vater war gestorben, und an dem Tag seiner Beerdigung war ich mit Oma Müller zu Hause geblieben. Sie wollten es nicht, dass ich es miterlebe. Ein fürchterlicher Irrtum. Noch Jahre später verlor ich mich in diffusen Gedanken und Befürchtungen, Vater hätte sich in Wahrheit das Leben genommen, dann wieder, er wäre gar nicht tot ... Sie wollten mich schützen und nahmen mir jeden Schutz (Hoffmann 2012, S. 64).

Ich möchte gar nicht versuchen meine damaligen Gefühle zu beschreiben. Ich kann es nicht! Nur wenn ich manchmal in Dankbarkeit meines Vaters gedenke, wird´s mir wehmütig und weinerlich zumute – wie gerade jetzt, wo ich diese Zeilen schreibe oder Korrektur lese. Gern hätte ich ihn manchmal um Rat gefragt. Selbst das musste ich entbehren. Nur Erinnerungen bleiben! Ich erinnere mich seines antiautoritären Erziehungsstils, seiner handwerklichen Fertigkeiten, seiner praktischen Lebenstüchtigkeit, seiner antikommunistischen Haltung und seiner mutigen Republikflucht sowie seiner burschikosen Drohung, mir den Hintern versohlen zu wollen, falls mir jemals in den Sinn käme, unchristlichen Militärdienst zu leisten. Offenbar hatte er doch etwas aus seinem beschämenden Verhalten während der Nazi-Zeit gelernt – wenngleich etwas spät! Tatsächlich wurde ich niemals Soldat! Sympathisierte noch nicht einmal mit Militaristen, Chauvinisten, Faschisten oder Kommunisten, sondern favorisierte humanistische, atheistische und kosmopolitische Gesinnungen. Vielleicht hätte er sich auch darüber gefreut, dass sein Sohn sieben Zentimeter über ihn hinauswuchs, seine „vierbändige Familienbibliothek" um drei Bücherwände erweiterte, ein akademisches Studium absolvierte, einen Beruf seiner Wahl ergriff und viele ferne Länder bereiste, welche er nur vom Hörensagen kannte. Weniger begeistert wäre er wahrscheinlich gewesen, dass er sich radikal vom christlichen Glauben seiner Vorfahren befreite. Aber ich kann ihm ja nicht alles recht machen!

Was soll nur aus uns werden?

Als vaterloser Geselle zu leben war nicht einfach. Nach dem tödlichen Unfall meines Vaters standen wir nahezu mittellos da. Und, als sei dies nicht schlimm genug, hatte sich auch noch die Frau des Vermieters mit der hinterlegten Kaution im Wert von 600 DM nach Salzuflen davongestohlen. Das war damals viel Geld. Meine Mutter wirkte völlig verzweifelt. Wie sollte sie uns bloß durchbringen? Eine einträgliche Beschäftigung zu finden, schien unmöglich. Irgendwann bekam sie dennoch einen Job als Reinigungskraft im absoluten Niedriglohnbereich bei einem pensionierten Kriminalbeamten. Diese „alte Danziger Spürnase" mochte sich wohl einige Hoffnungen auf meine 41-jährige Mutter gemacht haben, denn er suchte öfters Familienanschluss als mir lieb war. War ich eifersüchtig? An Wochenenden fuhr er mit einem weißen VW-Käfer vor, lud uns gönnerhaft zu Kaffeefahrten in den Elm und den Harz ein und versüßte unser dürftiges Leben mit „Danziger Goldwasser". Ich mochte ihn trotzdem nicht. Unter seinen geschniegelten Bügelfalten schien sich ein ziemlich autoritärer Charakter zu verbergen. Außerdem erinnerte mich sein Schmerbauch an meinen Klassenlehrer in Falkenstein. Gründe genug, ihn vehement abzulehnen! Zum Glück schätzte meine Mutter an ihm nur den Arbeitgeber und nicht seine Freiersfüße. Beendet wurde dieses erniedrigende Arbeitsverhältnis erst, nachdem meine Mutter eine relativ gut bezahlte Beschäftigung in der Kantine des Volkswagenwerkes bekam. Noch ein zweiter „Knilch“ ging bei uns ein und aus und störte vorübergehend unsere Familienkreise. Es handelte sich um eine Amtsperson, die vorgab mein Vormund zu sein. Nach dem Tod meines Vaters war er uns ungefragt „vorgesetzt“ worden und sollte meiner Mutter beistehen. De facto kam diese Amtshandlung jedoch einer Entmündigung meiner Mutter gleich. Wogegen ich unbewusst rebellierte! Denn wozu brauchte meine Mutter einen gesetzlichen Vertreter? Schon etwas ältlich, klein und hässlich, glatzköpfig und wimpernlos, mischte er sich eine Zeit lang in unsere Familienangelegenheiten ein, bis er – so plötzlich wie er gekommen war – aus unserem Leben wieder verschwand.

Nach dem Verlust der väterlichen Stütze war ich bemüht, das schwere Los meiner Mutter erleichtern zu helfen. Zunächst beschränkte sich mein Engagement darauf, ein braver Junge zu sein, sparsam zu wirtschaften und fleißig zu lernen. Begünstigt wurde dieser noble Vorsatz durch einen günstigen Schulwechsel. Erstens verringerte sich dadurch mein Schulweg. Zweitens existierten in der neu erbauten Woltbergschule noch keine festen Klassenstrukturen. Drittens mochte mich mein Klassenlehrer. Viertens wählten mich meine Mitschüler zum Klassensprecher, indes das andere Geschlecht durch Gudrun vertreten wurde. Nachdem ich auch noch zum Oberaufseher des Schulhofes avancierte, erkennbar an einer grüngelben Armbinde, stieg mein Ansehen in der Schule beträchtlich. Gleichermaßen von Lehrern und Klassenkameraden akzeptiert, blühte ich auf wie ein Schneeglöckchen nach langer Winterkälte und verbesserte meine schulischen Leistungen erheblich. So brachten mich Ermutigung und Erfolg zur Freude meiner Mutter stetig voran. Nur in Mathematik wurde ich keine Leuchte und benötigte eine Zeit lang sogar Nachhilfeunterricht.

Nach der Schule und während der Ferien nahm ich jeden erdenklichen Job an. Einmal fegte ich eine Baustelle sauber. Ein anderes Mal half ich Graf Günzel von der Schulenburg (1934-1985) in Nordsteimke bei der Kartoffelernte. Feldarbeit war ich zwar von früher gewohnt. Schon als Acht- und Neunjähriger hatte ich meinem Onkel Herbert auf dem Feld geholfen: Rüben verziehen, Heuernte einfahren etc. Doch Kartoffeln stoppeln war wesentlich anstrengender. Stundenlang gebückt arbeiten, Sonne und Regen ausgesetzt sein, war ziemlich strapaziös. Allerdings schien es den anderen Erntehelfern nicht besser ergangen zu sein. Wenn der junge Graf aufs Feld geritten kam, grüßten wir ihn nicht etwa bücklings, sondern stoppelten seine Knollen nur umso emsiger in die Kiepen. Er bezahlte relativ gut. Zusätzlich zu unserem Stundenlohn durften wir Einkellerungskartoffeln – teilweise umsonst, teilweise verbilligt – mit nach Hause nehmen. Nebenher verdiente ich mir auch noch ein kleines Taschengeld mit dem Austragen von Prospekten. Zusammen mit meinem damaligen Freund Freimut hastete ich von Haus zu Haus, treppauf und treppab, von Briefkasten zu Briefkasten und entledigte mich des primitiven Werbematerials. Für diese schweißtreibende Tätigkeit bekamen wir einen Pfennig pro Prospekt. Wollte ich zum Beispiel einmal ins Kino gehen, musste ich etwa 300 Briefkästen füttern.

Beschleunigte Reifeprozesse

Wenngleich meine bescheidenen Einkünfte kaum der Rede wert waren, vermittelten sie mir dennoch die Genugtuung, etwas zum Unterhalt der vaterlosen Familie beitragen zu können. „Ich liebte doch meine Mutter und wollte, dass sie sorglos und glücklich lebte. Ich fühlte die Verantwortung, ganz schnell viel Geld zu verdienen, um unsere schmale Kasse aufzufüllen" (Hoffmann 2012, S. 73). Zudem glaubte ich, schneller den Kinderschuhen entwachsen zu müssen. Zurückblickend habe ich sogar den Eindruck, dass meine Vaterlosigkeit mein starkes Bedürfnis nach Unabhängigkeit beförderte. Mehr noch! Irgendwann fühlte ich mich nicht einmal mehr als Sohn meines Vaters. Einher ging dieser lange Prozess mit der Veränderung meiner Gedanken, Interessen, Gefühle, Stimmungen und Verhaltensweisen. Kaum darauf achtend, glitt ich immer schneller – und wohl etwas zu früh – in die Vorpubertät. Von Hildegard Hetzer (1899-1991) auch als „negative Phase" bezeichnet, lockert der Jugendliche während dieser Interimszeit seine Beziehungen zu seinen Mitmenschen oder zieht sich mitunter völlig in sein Schneckenhaus zurück. Denn durch den kräftezehrenden organischen Reifungsprozess fühlt er sich müde, lustlos, schnell frustriert und reagiert infolgedessen auf alle möglichen Anforderungen seiner Umwelt reizbar und trotzig. Was er möchte, ist, vor allem in Ruhe gelassen zu werden! Glücklicherweise dauert diese Übergangsphase von der Vorpubertät bis zur eigentlichen Pubertät höchstens drei Monate, dann revitalisiert sich sein strapazierter Organismus wieder. „Das Ende der negativen Phase kündigt sich durch erneute Produktivität, Schwinden der Erziehungsschwierigkeiten, Beeinflussbarkeit durch den geliebten Menschen an“ (Hetzer 1926, S. 12). Ausgeglichen fühlt sich der Pubertierende dennoch nicht. Immer noch wandert er ruhe- und ziellos in Lou Andreas Salomés (1861-1937) „Zwischenland“ umher. Nicht mehr Kind und noch nicht Erwachsener, fühlt er sich ständig zwischen zwei Lebenswelten hin und her gerissen und sehnt sich nach einem greifbaren Halt. Stabilere emotionale Verhältnisse ergeben sich erst mit Beginn der bejahenden Adoleszenz, die Charlotte Bühler auf das 17. Lebensjahr datiert und von der verneinenden Pubertät abgrenzt.

Von der bejahenden Adoleszenz war ich noch meilenweit entfernt. Vorerst trotzte ich beim „Zensurensingen“ gegen unsere junge Musiklehrerin. Statt ein anständiges deutsches Volkslied vorzutragen, sang ich den trivialen Schlager von Freddy Quinn (1931*) „Sie hieß Mary Ann“. Völlig konsterniert über so viel pubertären Eigensinn, schoss die Paukerin eine schmerzhafte „Sechs“ auf mich ab, meine „schöne Stimme“ missachtend. Damit waren wir pubertierenden Jungen nicht einverstanden. Gemeinsam probten wir den Aufstand! Der Streit eskalierte! Sie wehrte sich mit Strafarbeiten! Wir boykottierten sie! Sie beschwerte sich beim Schulleiter. Schließlich wurde der Streit geschlichtet, indem wir ihm zuliebe, seitenweise ins Schulheft schrieben: „Du sollst den Unterricht nicht mutwillig stören! Du sollst ... nicht!“ Zu meiner Schande muss ich gestehen, dass wir nie wieder störten.

Unser Schulleiter und Klassenlehrer in einer Person war eine Wucht. Mir gefielen sein Gerechtigkeitssinn und sein pädagogisches Konzept: Gruppentische, Projektarbeit, teilweise erfahrungsorientiertes Lernen, Arbeitsgemeinschaften, Schülerduden, Klassenreise usw. Er gehörte zu jenen Lehrern, welche nicht nur belehren, sondern auch verstehen wollen. Nachdem er beispielsweise von meiner familiären Situation erfahren hatte, finanzierte er meine Schulbücher und eine Klassenreise. Bedauerlicherweise kam es gerade während dieser Reise zum Eklat. Nach einer unbeschwerten Ferienwoche in Dahme an der Ostsee unternahm er mit uns eine längere Wanderung entlang der Straße. Einige Schüler verhielten sich ziemlich lebhaft, was er als aufsässige Unruhe interpretieren mochte. Vielleicht war er von mir enttäuscht oder einfach schlecht gelaunt. Wer weiß! Jedenfalls glaubte er mich als Rädelsführer identifiziert zu haben und gab mir eine saftige Ohrfeige. Sie traf mich bis ins Mark! Das hatte bisher noch kein Lehrer getan. Ein Schlag ins Gesicht! Ausgerechnet von ihm! Vor der versammelten Klasse! Welche Schmach! Obwohl mir beigebracht worden war, dass ein Junge nicht weint, flennte ich bitterlich. Zurück im Schullandheim verkroch ich mich augenblicklich unter die

Bettdecke und floss über vor Selbstmitleid. Mein pubertierendes Ehrgefühl war zutiefst verletzt. Mädchen wie Jungen versuchten mich zu trösten. Ein Mädchen verliebte sich sogar in mich. Soviel emotionale Zuwendung war Balsam für meine verwundete Seele. Trotzdem schmollte ich weiter. Es war ja auch zu schön! Ich würde meine Märtyrerrolle noch länger ausgekostet haben, wenn Herr Leski, so hieß unser Rektor, uns beiden Klassensprechern nicht eine Extratour mit dem Auto nach Oldenburg spendiert hätte. Diese generöse Geste konnte ich jedoch beim besten Willen nicht ausschlagen.

Den jungen Lehrer für Naturlehre mochte ich womöglich noch mehr als unseren Rektor. Er lehrte uns die Leichtigkeit des Lernens. Wöchentlich begeisterte er uns mit neuen physikalischen und chemischen Experimenten. Wenn es im Laborraum knallte und rauchte, fühlte ich mich an unsere früheren Schießübungen auf der Müllkippe erinnert. Indes erwies sich seine Pulvermischung aus Kaliumchlorat, Schwefel und Holzkohle als weniger gefährlich als das von uns verwendete Schwarzpulver. Nachmittags bot er noch eine „Arbeitsgemeinschaft Gartenbau“ an, zu deren Interessenten auch ich gehörte. Obwohl die Arbeit hauptsächlich aus Jäten und Gießen bestand, übernahm ich während der Schulferien freiwillig die Pflege des Schulgartens – natürlich ihm zuliebe!

Freie Nachmittage verbrachte ich gern allein. Entweder zog ich mich wie der amerikanische Philosoph Henry Thoreau (1817-1862) in die nahen Wälder zurück oder unterhielt mich mit Tom Mix, Sigurd, Tarzan, Fix und Foxi und Micky Maus. Allein mit mir oder meinen „Comic-Helden“ fühlte ich mich zwar nicht glücklich, aber doch irgendwie frei und ungebunden. Stundenlang konnte ich meinen Erkundungstrieb und meine abenteuerlichen Fantasien befriedigen. Allmählich verlor ich jedoch das Interesse an meinen starken „Comic-Helden“, sodass ein Geschenk unseres Vermieters, bestehend aus einem Karl May (1842-1912) und 50 Pfennig für einen Bibliotheksausweis, gerade recht kamen. Augenblicklich legte ich die albernen Comics beiseite und schmökerte stattdessen Kinderkrimis, Abenteuer- und Zukunftsromane. Ganz oben auf meiner privaten Hitliste standen Astrid Lindgrens (1907-2002) spannende Detektivgeschichten, Enid Blytons (1897-1968) Fünf-Freunde-Serie, Erich Kästners ernst-heitere Kinderromane, jede Menge Karl May und Hans Dominiks (1872-1945) Science-Fiction-Schmöker. Später begeisterten mich zunehmend Reiseerzählungen und Sachbücher. So erinnere ich mich eines illustrierten Buches über den ägyptischen König Tut-ench-Amun, welches ich sowohl lesend als auch zeichnend rezipierte. Jegliche Lektüre beflügelte meine Fantasie, erweiterte meinen geistigen Horizont oder machte Lust auf Reisen – ein großes „Guckloch ins Reich der Erkenntnis" (London 1978, S. 42). Zudem erhöhten Bücher mein Selbstwertgefühl.

> Für Kinder, die über ihre Kraft hinaus unter ihren familiären Verhältnissen leiden oder das Gefühl haben, ihr Schicksal, was den zwischenmenschlichen Bereich betrifft, überhaupt nicht beeinflussen zu können, wird das Gefühl der Kompetenz, zu einer Quelle positiver Selbstachtung, die für sie lebenswichtig ist (Erikson Bloland 2007, S. 169).

Jedenfalls war es ein Glücksfall, die Welt der Bücher entdeckt zu haben. 50 Pfennig hatten genügt, das Tor zu Hegels „objektivem Geist" zu öffnen. Lesen wurde zu meiner großen Leidenschaft. Ich werde später nochmals darauf zurückkommen.

Doch lebte ich nicht nur in einer virtuellen Bücherwelt. Schon mein periodisch auftretender Bewegungsdrang und meine Sehnsucht nach guten Freunden erlaubten das nicht. Freundschaften knüpfte ich mit Jungen aus der Nachbarschaft, der Kirchengemeinde und der Schule. Anfangs spielten wir mit bunten Glasmurmeln, machten allerlei Klingelstreiche, tauschten Briefmarken oder strolchten im Kiez umher. Das war noch alles Kinderkram. Mit meinen drei besten Freunden hingegen verbanden mich später schon reifere Interessen. Dieter, der auch mein Klassenkamerad war, wohnte gleich nebenan. Er war größer, älter, reifer und besser aussehend als ich. Ich beneidete ihn wegen seines lockeren Umgangs mit dem anderen Geschlecht, während meine Beziehungen zu gleichaltrigen Mädchen von einer pubertären Schüchternheit geprägt waren. Begegneten wir zufällig der einen oder anderen „Lady", so überließ ich ihm sofort das Feld. Traf ich eine Bekannte auf der Straße und konnte nicht ausweichen, so fühlte ich mich womöglich noch hilfloser. Worüber sollte ich sprechen? Wohin mit den Händen? Diese verdammt langen Arme! Warum stellte ich mich bloß so dämlich an? Schließlich war ich Riegenführer und Oberaufseher! Jawohl! Aber meine hohen Schulämter nützten mir im Umgang mit Mädchen wenig. Ob schon latente Erotik im Spiel war, vermag ich nicht zu sagen. Jedenfalls bevorzugte ich männliche Beziehungen. Da fühlte ich mich sicherer. Ein anderer Freund, Günter, gehörte zu unserer Kirchengemeinde. Jeden Sonntag schleppte ihn sein Vater huckepack in die Kirche. Seine progressive Muskeldystrophie machte es ihm unmöglich, selbst zu laufen. Manchmal besuchte ich ihn in Reislingen, einem benachbarten Dorf. Er hatte einen sanften Charakter und einen klugen Kopf. Nachdem wir im März 1959 zusammen konfirmiert worden waren, starb er an den Folgen seiner unheilbaren Krankheit.

Mein dritter Freund hieß Fritz. Unsere enge Freundschaft währte mehrere Jahre und endete wegen einer Frau. Bei Fritz plagten mich keine Minderwertigkeitsgefühle wie bei Dieter. Er verhielt sich den Mädchen gegenüber ebenso schüchtern wie ich. Zudem war er von schmächtiger Statur, hatte eine Hühnerbrust und einen leicht gekrümmten Schwanz, den er beim Pinkeln immer zu verbergen versuchte. Ich fand alles halb so schlimm. Schließlich hatte ich selbst zwei verkorkste Füße. Das glich sich aus! Wir ergänzten uns prächtig. Planung und Realisierung von Unternehmungen und Projekten gingen quasi Hand in Hand. Gemeinsam hockten wir vor der modernen Musiktruhe seiner Eltern und hörten Schallplatten, plünderten verwilderte Gärten und stromerten am Mittellandkanal entlang. Ein verrosteter Schiffsrumpf inspirierte uns zu transatlantischen Reisen. Als vorerst nicht finanzierbar, ließen wir das Projekt fallen und wendeten uns dem Bau einer „Weltraumrakete" zu. Angetrieben werden sollte sie mittels Wasserstoff und Sauerstoff. Das Studium diverser Konstruktionspläne stellte auch dieses Unternehmen in Frage, sodass wir uns auf den Bau einer einstufigen Feststoffrakete beschränken mussten. Nach der Anleitung unseres Chemielehrers besorgten wir aus der Apotheke Kaliumchlorat und Schwefel, mischten zerriebene Holzkohle darunter, und fertig war der Treibstoff. Den Raketenmantel, die Rückstoßdüse und die Stabilisatoren klebten wir aus Pappe zusammen. Zum Schluss füllten wir die Tanks mit unserer explosiven Pulvermischung und stampften sie vorsichtig fest. Die einstufige Rakete (ca. 20 cm hoch) transportierten wir auf einen mehrstöckigen Neubau und stellten sie auf eine steinerne Startrampe. Wie hoch würde sie wohl fliegen? Höher als das Hochhaus, auf der sie stand? Erwartungsvoll zündeten wir die Lunte. Es zischte und qualmte verheißungsvoll! Eine Stichflamme entwich bläulich der Düse. Die Papprakete begann etwas zu torkeln, dann legte sie sich müde auf die Seite und verbrannte zu einem Häufchen Asche. Das war das Ende vom Lied unseres ehrgeizigen Raketen-Programms. Da hatten wir unsere ingeniösen Fertigkeiten wohl ein wenig überschätzt!

Mit Fritz unternahm ich auch meine ersten längeren Fahrradtouren. Inzwischen waren meine Beine so lang gewachsen, dass ich bequem vom Sattel aus die Pedale erreichen konnte. Eine Weile fuhr ich das Damenfahrrad meines verunglückten Vaters. Leider brach die „Schrottmühle“ schon nach wenigen Fahrten schmerzhaft unter mir zusammen. Männer wissen was ich meine. Also besorgte ich mir ein neues Gefährt. Doch auch dieses Billigprodukt klapperte so laut, dass es bald entsorgt werden musste. Mein drittes Fahrrad war ein Stricker-Markenfahrrad mit Drei-Gang-Torpedo-Schaltung. Für diesen Luxus hatte ich über 300 DM bezahlt. Ein stolzer Preis für ein Lehrlingsgehalt. Dafür konnte ich noch größere Radtouren unternehmen, ohne gleich eine Panne befürchten zu müssen. Unsere letzte Radtour führte Fritz und mich nach Hannover. Denn als wir nach einer lausigen Übernachtung in der dortigen Bahnhofsmission nach Hildesheim weiterfahren wollten, war mein teures Fahrrad geklaut worden. Auch wenn es nichts nützt: Verflucht seien alle Fahrraddiebe!

10. Lehr- und Gesellenjahre

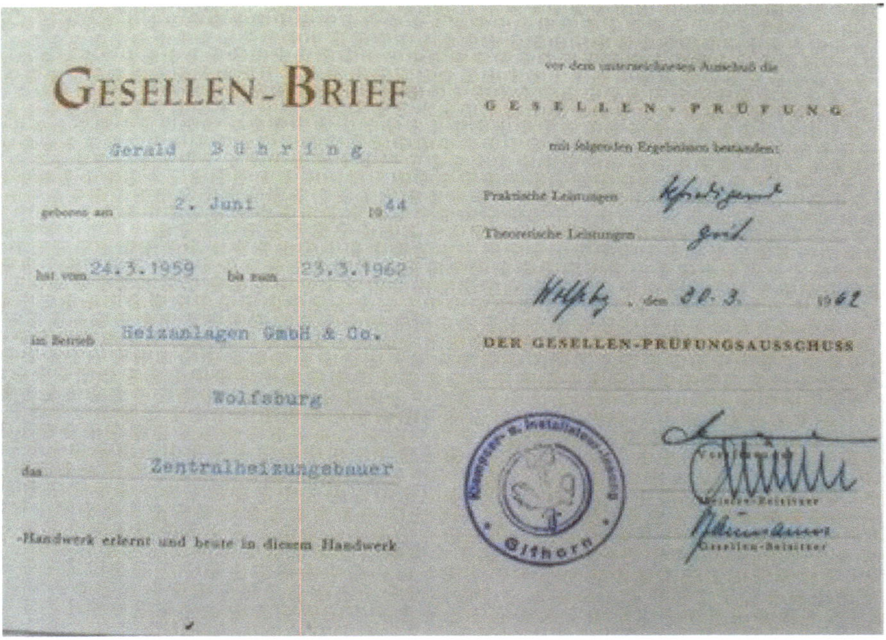

Beruf kommt von Berufung

Inzwischen zählte ich vierzehn Jahre. Acht Jahre lang hatte ich drei verschiedene Volksschulen besucht. Bevor ich die Woltbergschule im Frühjahr 1959 verließ, arrangierte unser Rektor noch eine erinnerungswürdige Abschlussfeier. Aus diesem Anlass hatte man die Turnhalle in einen Festsaal verwandelt. Eingeladen waren das Lehrerkollegium, Eltern und Schüler. Mit feierlichen Worten verabschiedete er seine achte Klasse. Bevor die Abschluss- und Abgangszeugnisse verteilt wurden, klangen noch zwei Belobigungen durch den Saal: „Gudrun Filitz und Gerald Bühring waren Vertrauensschüler der Klasse und bekommen als Anerkennung für ihre Leistung und ihre Haltung als Vertrauensschüler der Abschlussklasse ein signiertes Geschichtsbuch geschenkt." Stolz blickten unsere beiden Mütter auf ihre „ausgezeichneten" Kinder. Nachdem auch noch meine Konfirmation und Aufnahme in die Methodistenkirche durch Pastor Reinhard Brose (1933-2015) in unserer Barackenkirche am Steimkerberg über die Bühne gegangen war, stand meinem Berufsleben nichts mehr im Wege.

Sollten meine Krankenhausaufenthalte und Verlusterfahrungen doch etwas Gutes bewirkt haben? Eriksons Tochter jedenfalls ist der Ansicht, dass nicht nur Ermutigung, sondern auch traumatische Erfahrungen, Ablehnung und Verlassenheit zu außergewöhnlichen Leistungen prädestinieren (vgl. Erikson Bloland 2007, S. 165). Wie auch immer! Weil mein Klassenlehrer eine gute Meinung von mir hatte, empfahl er mich der Wolfsburger Stadtverwaltung für die Beamtenlaufbahn. Das offizielle Vorstellungsgespräch fand in Begleitung meiner Mutter in der städtischen Berufsberatungsstelle statt. Als der Berufsberater die einzelnen Stationen einer Beamtenlaufbahn zu erläutern begann, starrte ich wie gebannt auf seine weißen-weichen Hände. Mir ausmalend, dass meine kräftigen Hände in ein paar Jahren ebenso verweichlicht sein würden, lehnte ich zum Entsetzen meiner Mutter das lukrative Angebot der Stadt Wolfsburg ab. Offenbar steckte mein Aufstiegswille noch tief in den Kinderschuhen. Ich hatte anderes im Sinn! Trachtete nach einer befriedigenden Beschäftigung, welche mich ganzheitlich beanspruchen sollte – nicht nur geistig und sitzend. Es folgte die nächste Bewerbung. Wie viele junge Wolfsburger träumte ich von einer Lehrstelle im Volkswagenwerk. Auch Fritz träumte davon. Während sein Traum als Werkzeugmacher wahr wurde, platzte der meinige wie eine Seifenblase. Zusammen in einen Saal mit etwa dreißig Bewerbern eingepfercht, versuchte ich krampfhaft den mündlichen Instruktionen des Prüfers zu folgen. Infolge der großen Entfernung und der ständigen Unruhe, verstand ich jedoch kaum ein Wort. Hörlücken und Zeitdruck vermischten sich zu einem affektiven Konglomerat aus Frust und Hilflosigkeit. Trotzdem blieb ich bis zum Schluss der Prüfung und darüber hinaus optimistisch. „Mein selbst ernannter Vormund würde es schon richten", sagte ich mir. Schließlich hatte er mir „vollmundig" eine Lehrstelle als Automechaniker in Aussicht gestellt. Binnen einer Woche erhielt ich den niederschmetternden Bescheid: „Nicht bestanden! Wir empfehlen den Besuch der neunten Klasse!" War ich denn wirklich so blöd? Dem Selbstzweifel folgte eine Stinkwut auf meinen Vormund, der sich zum Glück nie wieder blicken ließ! Nach einer dritten Bewerbung wurde es nun eng für mich. Zwar hatte mir die Deutsche Bundespost gute theoretische Kenntnisse für eine Ausbildung zum Fernmeldetechniker bescheinigt, einer angeblich mangelhaften Farbdifferenzierung wegen jedoch eine Absage erteilt. Nun musste ich nehmen, was ich kriegen konnte. Vermittelt durch unsere Nachbarin in der Laagbergstraße, bekam ich schließlich doch noch einen Lehrvertrag bei der Firma Heizanlagen GmbH & Co. sowie meine gewünschte ganzkörperliche Beschäftigung an der frischen Luft.

Lehrjahre sind keine Herrenjahre

So kam ich mit 14½ Jahren auf den „Bau". Noch ein halbes Kind. Körperlich zwar robust, seelisch aber zart besaitet und an das raue Baustellen-Klima nicht gewöhnt. Nun, ich hatte es so gewollt! Gleich am ersten Tag zeigte mir mein Geselle, dem ich als Lehrling zugeteilt worden war, was „eine Harke" ist. Er war schon ziemlich alt. Reif für den Ruhestand. Untersetzt und vierschrötig. Eine blaurote Visage. Er soff wie ein Loch. Später lernte ich noch mehr von diesen „Saufköppen" kennen! Er lud mir viel zu schwere Heizkörper auf meine kindlichen Schultern und scheuchte mich durchs ganze Gebäude. Nachdem alle Radiatoren verteilt waren, war ich fix und fertig! Aber dieser Leuteschinder kannte kein Erbarmen. Statt der verdienten Ruhepause, schickte er mich zur Maurerbude, um Bier und Schnaps zu holen. Nach der Mittagspause ging die elende Schufterei weiter. Gegen Feierabend spürte ich jeden einzelnen Knochen im Leibe. Am nächsten Morgen wachte ich mit einem ziemlichen Muskelkater auf und bewältigte den endlosen Arbeitstag mit steifen Gliedern, schmerzendem Rücken und aufgescheuerten Händen.

Glücklicherweise war vorerst keine Schwerstarbeit mehr zu leisten. Stattdessen befahl er mir, Blindstopfen und Ventile in die Heizkörper einzuschrauben und alle möglichen Handlangerdienste zu erledigen sowie alkoholischen Nachschub zu besorgen. Wenn der üble Geselle nicht rechtzeitig seinen Stoff bekam, mutierte er zum Choleriker. Beim geringsten Anlass geriet er in Wut. Sein ohnehin widerliches Gesicht verzerrte sich grauenvoll, und seine Handlungen wurden unberechenbar. Als wir zum Beispiel eine 50-Kilo-Sauerstoff-Flasche an einer schräg ausgeschachteten Hauswand ablegen wollten, bekam er einen seiner Rappel und ließ die schwere Stahlflasche ohne Vorwarnung zu Boden fallen. Wobei meine rechte Hand zwischen Mauer und Flasche geriet. Mehrere Abschürfungen und Quetschungen waren die Folge. Mein Arbeitgeber deklarierte den Vorfall dezent als Arbeitsunfall, teilte mich nach einer dreiwöchigen Krankschreibung aber einem überwiegend nüchternen Altgesellen zu.

Arbeitsunfälle unter Alkoholeinfluss waren auf dem Bau keine Seltenheit. Bier und Schnaps gehörten zur „Bau-Arbeit“ wie das Amen in der Kirche. Heutzutage scheint dies glücklicherweise anders zu sein. Eines besonderen Anlasses für die exzessiven Saufgelage bedurfte es dabei nicht. Sie begannen meistens am frühen Donnerstag und endeten am späten Samstag. Damals wurde nämlich noch 45 Stunden gearbeitet und viele Stunden gesoffen. So betrunken wie die Monteure waren, fuhren sie motorisiert nach Hause – meist in die umliegenden Dörfer. Nicht wenige Mitarbeiter der Wolfsburger Firma Heizanlagen GmbH & Co. waren in leichte und schwere Verkehrsunfälle verwickelt. Solange die Arbeit nicht liegen blieb, tolerierten unsere drei Chefs – Boeddinghaus, Thiele und Wlochinski – die alkoholischen Exzesse, brauchten sie – außer „Nummer Eins“ – doch selbst ihr tägliches Quantum. Immerhin blieben wir Lehrlinge nüchtern. Jedenfalls auf der Baustelle. Bei den jährlichen Betriebsausflügen jedoch durften auch wir „Stifte“ nach Herzenslust bechern und rauchen. Denn die Firma spendierte ihren Arbeitnehmern nicht nur Busfahrten nach Wendhausen, Dannenbüttel und Bremen, sondern auch Getränke- und Zigaretten-Gutscheine. Während man erstere wahlweise gegen Bier oder Brause eintauschen konnte, hatte man bei letzteren keine Wahl. Folglich hortete ich bis zur nächst besten Gelegenheit die „tödlichen Glimmstängel“ in meiner Hosen- und Jackentasche. Diese ergab sich während eines Volksfestes. Reichlich mit weißen „Sargnägeln“ versehen, lehnte ich lässig an der Balustrade eines Karussells, eine Zigarette nach der anderen paffend. Würden mich die umstehenden Mädchen bewundern? Natürlich nicht! Mittlerweile bräunten sich meine Fingerkuppen und Augenbrauen. Kalter Schweiß brach aus allen Poren. Mein armer Magen rebellierte ähnlich wie Tom Sawyers und Huckleberry Finns bei ihrem ersten Rauchversuch. Bleichgesichtig schlich ich mich vom Rummelplatz und dachte nicht mehr an das andere Geschlecht.

Das erste Lehrjahr schleppte sich so dahin. Tag für Tag bestand meine handwerkliche Ausbildung lediglich darin, den Gesellen sklavische Handreichungen zu machen. Praktisch – im doppelten Sinne des Wortes – lernte ich relativ wenig! Autogenes Schweißen beispielsweise – die wichtigste und schwierigste Fertigkeit eines Heizungsmonteurs – musste ohne Anleitung während der kurzen Mittagspausen geübt werden. Wenn die Zeit partout nicht verstreichen wollte, dachte ich sehnsüchtig an den Feierabend. Eine willkommene Abwechslung brachte die wöchentliche Berufsschule. Ohne diesen „Bildungs-Feiertag" wäre ich geistig eingegangen wie eine Primel. Besonders hart waren die Winter. Aufstehen im Dunkeln, Anfahrt zur Baustelle im Dunkeln, Heimweg im Dunkeln. Eisige Zugluft und Schneematsch erschwerten die harte körperliche Arbeit. Manchmal war es so kalt, dass die Finger an den Eisenrohren festfroren. Derweil saß mein bester Freund im beheizten Volkswagenwerk und bekam eine ordentliche und gut bezahlte Ausbildung als Werkzeugmacher. Während ich im ersten Lehrjahr 35 DM, im zweiten 45 DM und im dritten lediglich 55 DM bis 75 DM verdiente, ging er locker mit 250 DM, 350 DM und 450 DM nach Hause. Wie ich ihn beneidete! Verdammt nochmal! Vom goldenen Boden des Handwerks konnte damals keine Rede sein. Jedenfalls nicht in unserer Firma! Stattdessen bot sie eine schlechte Ausbildung, eine noch schlechtere Bezahlung und die schlechteste Behandlung, die ich je in meinem Leben erfahren habe. Mir erging es wie Jean-Jaques Rousseau, der von seinen zwei Lehrherren aufs Äußerste gedemütigt wurde: „Ich war bei meinem Vater unerschrocken, bei Herrn Lambercier zwanglos, bei meinem Onkel bescheiden; bei meinem Meister wurde ich furchtsam, und seitdem war ich verloren" (Rousseau 1978, S. 35). Auch mir bleibt unvergesslich, wie mir ein Geselle einen Faustschlag in den Nacken versetzte, sodass mir schwarz vor Augen wurde und ich hinstürzte und ein anderer mich mehrfach anspuckte. Ich war starr vor Entsetzen! Fühlte mich den Rohlingen hilflos ausgeliefert! Vermisste den väterlichen Schutz! Während sich Rousseau an die schlechte Behandlung seiner Lehrherren allmählich gewöhnte und sich durch Diebstähle schadlos hielt (vgl. Rousseau 1978, S. 38), reagierte ich eher passiv. Gemeiner Brutalität war ich einfach nicht gewachsen. Das war schon zu Kinderzeiten so. Erst als es mir zu bunt wurde, beschwerte sich meine Mutter bei Nr. 1. Woraufhin mich die beiden Bösewichte in Ruhe ließen! Wie dünn doch unsere „Zivilisationsschicht“ ist, auf die wir so maßlos stolz sind, nicht viel dicker als unsere Erdkruste, unter der es heftig brodelt. Immerhin bekam ich in der Chefetage ein „warmes Plätzchen“ zugeteilt. Keinem Lehrling war bisher dieses Privileg vergönnt gewesen. An meinem neuen Arbeitsplatz lernte ich Baupläne lesen und zeichnen und auch etwas Firmenpolitik. Zum Beispiel wurde ich einmal beauftragt, an einer so genannten „Submission“ respektive öffentlichen Ausschreibung teilzunehmen. Logischerweise hätte der günstigste Anbieter den Zuschlag bekommen müssen. Merkwürdigerweise war dem nicht so. Auch ging das Prozedere erstaunlich schnell über die Bühne. Was mich stutzig machte! Sollte es bei der Vergabe des Auftrages nicht mit rechten Dingen zugegangen sein? Vielleicht ein abgekartetes Spiel hinter den Kulissen? Wer durchschaut schon die imponderablen Machenschaften der „Betriebs-Wirtschaft“ in unserem christlichen Abendland. Ich wäre gern noch eine Weile im Chefbüro geblieben. Leider verscherzte ich mir meinen beheizten Arbeitsplatz eines gesunden Büroschläfchens wegen. Meistens hundemüde von der täglichen Abendschule, die ich damals besuchte, um nicht geistig zu verblöden und vorwärts zu kommen, legte ich zur Mittagszeit meine Beine auf den Schreibtisch und versuchte ein erholsames Nickerchen zu machen. Obgleich ich alle möglichen Vorsichtsmaßnahmen traf, mich zum Beispiel hinter einer Bildzeitung verschanzte, wurde ich von unserer Sekretärin entdeckt und verpetzt. Es war dieselbe, welche mir die Lehrstelle vermittelt hatte. Umgehend setzte mich Nr. 1 wieder an die „frische Luft“.

Frustriert konzentrierte ich mich auf die Gesellenprüfung. Theoretisch hatte ich an sich nichts zu befürchten. Schließlich waren meine Berufsschulnoten durchweg „gut“. Meine praktische Ausbildung jedoch ließ aus oben genannten Gründen sehr zu wünschen übrig, sodass mir vor dem Gesellenstück – Montage einer Wand- und Fußbodenheizung in einem Einfamilienhaus – etwas bange wurde. Zum Glück musste ich nicht allein bangen. Ein zweiter Prüfungskandidat sollte sich beteiligen. Gemeinsam installierten wir die gewünschte Heizanlage binnen dreier Tage. Ein gutes Geschäft für Heizanlagen GmbH & Co. und eine schlechte Beurteilung für uns Lehrlinge; denn unser Gesellenstück wurde von einem Handwerksmeister der „Klempner- u. Installateur-Innung Gifhorn“ nur mit „befriedigend“ gewertet. Mehr war aber auch nicht zu erwarten gewesen. Anschließend lud die Handwerksinnung zu einer „Junggesellenfeier“ mit feuchtfröhlichem Gelage nach Gifhorn ein. Nur vage erinnere ich mich noch jenes denkwürdigen Tages: Verleihung der Gesellenbriefe, traditionelles Abschneiden unserer Krawatten, großes Besäufnis. Weil ich kein Spielverderber sein wollte, soff ich mit und verlor bald die Kontrolle über mein Bewusstsein. Schließlich war ich „voll wie eine Haubitze“ und musste aus nahe liegenden Gründen auf der Ladefläche des firmeneigenen Pritschenwagens Platz nehmen und nach Hause transportiert werden. So bleich habe sie mich noch nie gesehen, mokierte sich am nächsten Morgen meine Mutter, auf meinen Brummschädel und meine Übelkeit keine Rücksicht nehmend! Am darauf folgenden Tag bekam ich für gute Berufsschulleistungen noch das Buch *Heller als tausend Sonnen* von Robert Jungk (1913-1994) von unserer Nr. 1 geschenkt. Immerhin!

Money, Money, Money

Nun war ich also „verbriefter“ Zentralheizungsbauer. Einige Zeit arbeitete ich noch mit einem Altgesellen zusammen, der mir jetzt wesentlich mehr Respekt entgegenbrachte als früher, als ich noch Auszubildender war, wenngleich sich arbeitsklimatisch wenig änderte. Bitte und Danke blieben Fremdworte, Zoten hatten weiterhin Konjunktur und alkoholisierte Wortgefechte waren an der Tagesordnung. Mit dem erworbenen Junggesellenstatus verbunden war das Recht, an den Gesprächen der Altgesellen teilzunehmen. So erinnere ich mich noch eines Gespräches über die Ankunft der ersten Gastarbeiter. Das Volkswagenwerk-Management hatte damals etwa 4000 Italiener und 600 Spanier nach Wolfsburg geholt und am Rande der Stadt in „Klein-Napoli“ angesiedelt. Obwohl sie keinem etwas zu Leide taten, stand die Bevölkerung ihnen feindlich gegenüber. Man beschimpfte sie als „Itaker“ und „Makkaronifresser“. Sie sollten bleiben, wo die Zitronen blühen! So glichen die Wolfsburger „dem Hund, der den Stein beißt, der ihn getroffen hat“ (Diderot 1987, S. 163). Das heißt, sie ließen die Verantwortlichen ungeschoren. Schienen auch nicht die politischen Zusammenhänge zu erkennen. Statt sich bei den Magnaten und Politikern zu beschweren, welche die Gastarbeiter ins Land geholt hatten, weil kein deutscher Arbeiter mehr „Drecksarbeit“ machen wollte, hackten sie auf den Südländern herum. Es wurde heftig gestritten!

Allmählich lernte ich mich diesen rauen Sitten anzupassen, freilich ohne an den wöchentlichen Saufgelagen teilzunehmen. Die waren mir zuwider! Nachdem ich mich als Junggeselle bewährt hatte, bekam ich eine eigene Baustelle zugeteilt und einen Helfer, den ich aufgrund eigener Erfahrungen anständiger behandelte als ich behandelt wurde. Keiner wurde unflätig beschimpft, geschweige denn geschlagen. Konform mit meinen Kollegen hingegen ging ein differenzierter Arbeitseifer. Arbeiteten wir im Stundenlohn, schoben wir eine ruhige Kugel und machten pünktlich Feierabend. Bekamen wir einen lukrativen Akkordauftrag zugeteilt, so schufteten wir quasi pausenlos. Manchmal verdiente ich als Heizungsmonteur mehr als später als Heizungsingenieur oder Diplompsychologe. Und was macht ein junger Mann, wenn er Geld in der Tasche hat? Richtig! Er gibt es bedenkenlos aus! Ich kaufte mir davon einen „grünen Käfer" resp. Volkswagen, eine Zeiss Ikon Spiegelreflexkamera und viel zu viel modische Klamotten.

Christliche Freunde

Meine knappe Freizeit verbrachte ich mit meiner Freundin und meinen Freunden. Wir gingen spazieren, ins Kino und manchmal in eine dörfliche Diskothek schwofen, mit schummriger Beleuchtung und gepolsterten Hollywoodschaukeln. Violette Nylonhemden – von so genanntem Schwarzlicht angestrahlt – geisterten durch den Raum. Zum ersten Mal in meinem Leben eine Tanzfläche betretend, probierte ich mit Katharina ein paar unsichere Tanzschritte. Noch waren „Taktlosigkeit und Auftritte" unvermeidlich. Mehr Sicherheit auf dem Parkett erlangte ich erst nach dem Besuch einer Tanzschule in Berlin. Erotisch kamen wir uns beim Tanzen nicht näher. Schon ein zarter Kuss ließ meine christliche Freundin schüchtern erröten! Ja! Wir führten wirklich ein gottgefälliges Leben. Wir betranken uns nicht! Wir rauchten nicht! Wir onanierten nicht! Obwohl meine Hormone rebellierten! Wie leicht hätte ich mich wie Irvin Yalom (1931*) vor dem Einschlafen des sexuellen Druckes entledigen können. Doch nichts da! Stattdessen besuchten wir sonntags erbauliche Gottesdienste und freikirchliche Evangelisationen.

Während unsere christlichen Eltern mit uns zufrieden sein konnten, waren wir es nicht mit ihnen. Insbesondere missfiel uns ihre antiquierte Einstellung zur ökumenischen Bewegung. Sie hielten ihre angestammte Kirche für die allein selig machende und scheuten davor zurück, anderen Glaubensgeschwistern die Hand zu reichen. Keiner schaute über sein eigenes Kirchspiel hinaus. Warum diese Missgunst? Soviel unchristliche Ignoranz machte mich rebellisch. Lehrt uns Jesus nicht, nicht nur die Nächsten, sondern auch die Feinde zu lieben! Selbst wenn sie erzkatholisch sind? Ostentativ besuchte ich protestantische, baptistische, adventistische und sogar katholische Gottesdienste und lernte, dass sich evangelische und methodistische Predigten kaum voneinander unterschieden und Baptisten nicht die unschuldigen Kindlein zur Taufe kommen ließen, sondern die sündigen Erwachsenen, während die Adventisten vergeblich auf den Messias warteten und sich Katholiken hinsichtlich kirchlicher Besitzgüter, Papismus, Marienkult und Heiligenverehrung weit von der Lehre des Neuen Testaments entfernt hatten. Als meine methodistischen Brüder und Schwestern von diesen explorierenden Exkursionen erfuhren, nannten sie es pure Zeitverschwendung. Ich täte gut daran, meinte unser Prädikant, mein Sinnen und Trachten allein auf die interne Gemeindearbeit zu richten. Diese Meinung teilte ich ganz und gar nicht! Schon in meiner Funktion als Jungscharleiter knüpfte ich Kontakte zwischen der methodistischen Jungschar und der evangelisch-freikirchlichen Mädchenschar. Nun sollte der Bogen noch weiter gespannt werden. Unter der Leitung des evangelischen Diakons Heinrich Gregorius gründeten wir anno 1962 eine überkonfessionelle Kongregation und nannten sie symbolisch „Mosaikgruppe". Ziemlich undogmatisch und ungebildet lasen und diskutierten wir heilige Bibeltexte, organisierten erbauliche Wochenendfreizeiten und besuchten diverse Evangelisationen. Außerdem nahmen wir im Jahre 1966, zusammen mit einer anderen christlichen Gruppe, an einem Jugendaustausch-Programm der englischen St. Andrew´s Congregational Church in North Shields teil. Details entnehme ich einem Wolfsburger Zeitungsartikel vom August 1966:

> Zum drittenmal seit 1962 besuchte eine Jugendgruppe der Kreuzkirchengemeinde Sanct Andrew´s Congregational Church in North Shields in Nordengland. Zweimal waren die Engländer in Wolfsburg.
>
> Wir fuhren am 10. Juli mit der neuen Fähre von Bremerhaven nach Harwich, um eine Woche in London zu bleiben. Die Stadt war wegen der Fußballweltmeisterschaft überfüllt, Quartier kaum zu bekommen gewesen. So wohnten die sechs Mädchen vornehm in einem Landhaus weit von der Stadt, während die vierzehn Jungen sich in einem Sportclub im Zentrum mit vielen anderen um Schlafplätze und Matratzen

> streiten mußten. Die Großstadt London bot etwas für jeden Geschmack: Kirchen und Geschäftsstraßen, Museen und Parks, Regierungsgebäude, Flohmarkt und Flughafen. Nach fünf Tagen waren wir alle ziemlich erschöpft.
>
> Mit dem Zug ging es am 17.7. weiter nach Norden. Schon auf dem Bahnhof in Newcastle wurden einige von uns mit Hallo von ihren Brieffreunden empfangen. In North Shields nahmen uns Pastor W. Hartwell und die Gasteltern mit großer Herzlichkeit auf. Einem verdienten Ruhetag folgten in zwei Wochen Besichtigungen des Fischereihafens, einer Werft und des neuen Planetariums in der Seefahrtsschule und Ausflüge mit dem Bus nach Edinburgh, zu den schönen alten Städten und Kathedralen York, Durham und Whitby und zum nordenglischen Limes, dem römischen Wall. Sogar in ein Kohlenbergwerk (sic!) sind wir eingefahren. Höhepunkte der gemeinsamen Abende brachten ein deutsches Stück, das die Engländer aufführten mit so schwierigen Worten wie „Straßenverkehrsordnung" und unser englisches Spiel „The Man in the Bowler Hat" und natürlich die Beatband der Gemeinde. Am Sonntag hatten wir einen gemeinsamen Gottesdienst in englischer und deutscher Sprache.
>
> Nach der Rückkehr am 30.7. freuten wir uns, vier unserer Freunde von drüben hier gleich wiederzutreffen. Schon wird für den Herbst und den nächsten Sommer geplant.

Indessen lässt der Zeitungsartikel vermissen, dass glücklicherweise die Engländer und nicht die Deutschen die Fußballweltmeisterschaft gewannen – wer weiß, was die englischen Hooligans sonst noch mit uns angestellt hätten – und, dass mich ein englisches Mädchen verführen wollte, und es nur meiner christlichen Moral wegen keinen Erfolg hatte. Tatsächlich kannte meine Keuschheit und Christlichkeit damals immer noch keine Grenzen. Mit einer Passage aus seiner Erzählung *Jacques der Fatalist und sein Herr* scheint Denis Diderots (1713-1784) meine damalige Stimmung treffend zu beschreiben:

> Es kommt eine Zeit, wo fast alle jungen Mädchen und Jünglinge in Melancholie verfallen; sie werden von einer unbestimmten Unruhe gequält, die alles ergreift und doch nichts findet, was sie stillen könnte. Sie suchen die Einsamkeit; sie weinen; die Stille der Klöster rührt sie an; das Bild des Friedens, der über den geheiligten Mauern zu liegen

> scheint, verführt sie. Sie halten die ersten Anzeichen eines sich entwickelnden Temperaments für die Stimme Gottes, die sie zu ihm ruft; und eben dann, wenn die Natur mächtig zu ihnen zu sprechen beginnt, erwählen sie eine Lebensweise, die dem Gebot der Natur zuwiderläuft (Diderot 1987, S. 164).

Mich traf es weit schlimmer! Ich wollte sogar Prediger oder Missionar werden. Meine pietistische Mutter reagierte merkwürdigerweise konsterniert! Warum, weiß ich nicht! Hielt sie mich für verrückt? Wahrscheinlich! Angeheizt durch rhetorisch begabte Evangelisten à la Billy Graham (1918-2018), den Janz-Brüdern Leo (1919-2006) und Hildor (1921-2007), wollte ich mein kostbares Leben Jesus Christus weihen. Während einer evangelischen Zeltmission wäre es beinahe so weit gewesen. Nachdem mich die flammende Predigt des Evangelisten von der ewigen Verdammnis weich gekocht hatte, war ich drauf und dran, vor meinem Herrn und Meister niederzuknien und bußfertig öffentlich Zeugnis abzulegen. Erst später erkannte ich den unseligen Konstruktivismus der Religion:

> Zur Erkenntnis des Wesens der Religion gehört die Erkenntnis des Teufels, des Satans, der Dämone (sic!). Man kann diese Dinge nicht weglassen, ohne die Religion gewaltsam zu verstümmeln. Die Gnade und ihre Wirkungen sind der Gegensatz der Teufelswirkungen. Wie die unwillkürlichen, aus der Tiefe der Natur auflodernden sinnlichen Triebe, überhaupt alle ihr unerklärlichen Erscheinungen des moralischen und physischen Übels, der Religion als Wirkungen des Bösen, so erscheinen ihr auch notwendig die unwillkürlichen Bewegungen der Begeisterung und Entzückung als Wirkungen des guten Wesens, Gottes, des Heiligen Geistes oder der Gnade (Feuerbach 1974, S. 319f.).

Lediglich meine Schüchternheit bewahrte mich vor dieser unsinnigen Bekehrung. William Stern zufolge haben diese religiösen Erweckungsgefühle – oder sollte man besser von Massenhysterie sprechen – nichts mit göttlicher Fügung zu tun. Vielmehr seien sie als eine Kombination aus christlicher Erziehung und jugendlichem „Bedürfnis nach Idealbildung“ zu verstehen. Während der Reifebildung, zwischen 12 und 16, der süßsauren Sehnsüchte und Leidenschaften, schwärmten viele Jugendliche für ein unerreichbares Ideal und vergäßen es bald darauf wieder (vgl. W. Stern 1923, S. 38). Und so verhielt es sich auch bei mir. Meine religiöse Begeisterung verebbte so schnell wie sie gekommen war.

Gescheiterte Weiterbildungsversuche

Weder Milieu noch Familie prädestinierten zu einem akademischen Studium. Statt meinen Wissenshunger zu befriedigen, hätten meiner Mutter ein tüchtiger Handwerker, ein gläubiger Christ, ein solider Hausstand und ein paar hübsche Enkelkinder vollauf genügt. Sie glaubte zu wissen, was für mich gut war. Ich wusste es noch lange nicht! Mir war lediglich klar, dass ich vorwärts kommen wollte. Schon im dritten Lehrjahr hatte ich eine Abendschule zur Erlangung der mittleren Reife besucht. Nach acht Stunden Malochen auf dem Bau, war ich jedoch nicht mehr in der Verfassung, einem dreistündigen Schulunterricht von 19.00 bis 22.00 Uhr mit der nötigen Aufmerksamkeit zu folgen. Kaum, dass ich es am Wochenende schaffte, die Hausaufgaben zu erledigen. Auch fehlte es mir an moralischer und praktischer Unterstützung. Während meinen Arbeitgeber lediglich meine Arbeitskraft interessierte, fürchtete meine Mutter um mein Seelenheil. Denn neben dem ganzen Stress durfte ich sonntags keinesfalls den Gottesdienst versäumen. Infolgedessen schwächelten meine schulischen Leistungen so dahin. Drei Semester kämpfte ich verbissen ums „Überleben", bis mir Algebra und Englisch vollends das „Genick" brachen. Anschließend versuchte ich bei der „Studiengemeinschaft Darmstadt" zwar noch ein Techniker-Fernstudium zu absolvieren, aber leider fehlte mir auch hierfür die nötige Ausdauer und Kraft. Nach dieser neuerlichen Kapitulation unternahm ich vorerst keine neuen Weiterbildungsversuche mehr, sondern harrte der Dinge die da kommen sollten. Und das war erst einmal ein Totalschaden.

Totalschaden

Nach Feierabend von meiner Baustelle in der Braunschweiger Südstadt herkommend, steuerte ich meinem „grünen VW-Käfer" auf der B 248 in Richtung Wolfsburg. Plötzlich scherte ein PKW aus dem starken Gegenverkehr aus und raste frontal auf mich zu. Was tun? Nach der ersten Schrecksekunde blieb keine Zeit für lange Überlegungen. Intuitiv versuchte ich dem Geisterfahrer auszuweichen, kam ins Schleudern und landete im Straßengraben. Nicht angeschnallt – es gab noch keine Gurtpflicht – schlug ich mit der Brust gegen das

Lenkrad und mit dem Kopf in die Frontscheibe. Schmerzen hatte ich zunächst keine. Beruhigt schaltete ich den Motor aus, kletterte etwas benommen aus dem Wagen und zum Straßenrand empor. Erst jetzt bemerkte ich, dass ich aus vielen Kopfwunden blutete und mir furchtbar kalt war. Offenbar stand ich unter Schock!!! Kaum, dass ich spürte, wie mich hilfreiche Hände auffingen und in eine Ambulanz fuhren. Auch die notärztliche Behandlung registrierte ich nur vage. Nachdem alle kleinen und großen Schnitt- und Platzwunden versorgt waren, und nur noch ein dumpfer Schmerz am Brustbein verblieb, wurde ich nach Hause gefahren. Im Laufe des nächsten Tages teilte mir meine Mutter mit, dass der Unfallverursacher Fahrerflucht begangen und mein „grüner Käfer" einen Totalschaden erlitten hatte. Zum Glück hatten mehrere Zeugen den Unfall beobachtet, sodass der Fahrer identifiziert und vor Gericht gestellt werden konnte. Ungerechterweise verurteilte der Richter ihn nur zu einer geringen Geldstrafe und zu etwas Schmerzensgeld.

Nach diesem Un- und Vorfall begann ich an der deutschen Rechtsprechung zu zweifeln. Immerhin hatte der Fahrer verkehrswidrig überholt, ein Menschenleben gefährdet und Fahrerflucht begangen! Ganz zu schweigen von meinen Verletzungen und finanziellen Verlusten! Wütend stellte ich die gesamte Juristerei in Frage. Warum? fragte ich, – freilich erst später – bestrafen unsere Gerichte die Verkehrssünder mit Geldbußen, statt ihnen natürliche Konsequenzen aufzubrummen? Natürliche Konsequenzen wären aus psychologischer Sicht doch besser geeignet, um selbststeuerndes Verhalten zu erlernen. Auf die große Bedeutung natürlicher Folgen hatte bereits Rousseau hingewiesen. Sein fiktiver Zögling „Emile" sollte beizeiten,

> das schwere Joch der Notwendigkeit (fühlen GB), unter das sich ein jedes endliche Wesen beugen muß; er sehe diese Notwendigkeit immer in den Gegebenheiten und niemals in den Launen der Menschen; der Zaum, der ihn zurückhalte, sei die Stärke und nicht die Autorität (Rousseau 1979, S. 84f.).

Ein konstruiertes Beispiel soll dieses Prinzip verdeutlichen: Karlchen exploriert den Küchenherd seiner Eltern. Unbesonnen fasst er auf die glühende Herdplatte und verbrennt sich dabei die Finger. Vor Schmerzen wimmernd, zieht er reflektorisch seine Hand zurück. Die besorgte Mutter eilt herbei und rügt ihn seiner Unvorsichtigkeit wegen. Karlchen fühlt sich nun doppelt bestraft, des Schmerzes, als auch der mütterlichen Rüge wegen. Rudolf Dreikurs

(1897-1972) fügt den „natürlichen Konsequenzen" noch „logische Konsequenzen" hinzu. Während erstere auf eine bestimmte Handlung hin eintreten, müssen letztere erst „logisch" arrangiert werden. Dies geschieht dergestalt, dass alle am Erziehungsprozess beteiligten Personen ein allseits akzeptables „Regelwerk transparenter Konsequenzen" erarbeiten, auf das bei Bedarf zurückgegriffen werden kann. Der große Vorteil gegenüber der oben genannten Fremdsteuerung besteht darin, dass Kinder mitverantwortliche Partner sind und autoritäre Strukturen vermieden werden (vgl. Dreikurs & Soltz 1980, S. 82f.). Mein feiger Unfallverursacher hingegen brauchte weder natürliche noch logische Konsequenzen zu fürchten. Seine relativ milde Strafe beglich ja seine Autoversicherung. Eine Wiedergutmachung, in Form einer direkten Entschuldigung, einer Krankenpflege oder einer Reparatur meines Fahrzeugs, würde ihn vielleicht eines Besseren belehrt haben. Nun ja! Letztlich bestand meine Genugtuung darin, dass ich mit dem Leben davon gekommen bin und keine ernsthaften gesundheitlichen Schäden davongetragen habe.

11. In einem anderen Land

Erst wenn du in der Fremde bist,
weißt du wie schön die Heimat ist.

Volksweisheit

Wohin soll ich mich wenden?

> Ich hätte im Schoß meiner Religion, meines Vaterlandes, meiner Familie und meiner Freunde ein friedliches und angenehmes Leben geführt …, in der Einförmigkeit einer Arbeit nach meinem Geschmack und einer Gesellschaft nach meinem Herzen. Ich wäre ein guter Christ, ein guter Bürger, ein guter Familienvater, ein guter Freund, ein guter Arbeiter, ein guter Mensch in jeder Beziehung gewesen. Ich hätte meinen Stand geliebt, ihn vielleicht geehrt und wäre nach einem geringen und einfachen, aber gleichmäßigen und angenehmen Leben friedlich im Schoß der Meinigen gestorben. Gewiß bald vergessen, wäre ich doch wenigstens, solange man sich meiner erinnert hätte, betrauert worden (Rousseau 1978, S. 47).

Nichts von alledem ist Rousseau beschieden gewesen. Schon als Jugendlicher verließ er seine Schweizer Heimat, führte ein recht unstetes Leben und eignete sich ganz und gar nicht als Familienvater. Stattdessen entwickelte er sich zu einem aufgeklärten Pädagogen und Philosophen, zu einem wenig beachteten Musiktheoretiker, einem exzellenten Botaniker und leider auch zu einem bedauernswerten Paranoiker.

Wodurch ein Mensch zu dem wird, was er geworden ist, lässt sich im Nachhinein kaum mehr nachvollziehen. Einerseits sind seiner Selbsterkenntnis mannigfache Grenzen gesetzt, andererseits beeinflussen unendlich viele Zufälle, Ereignisse, Direktiven und Vorbilder und unbewusste Entscheidungen den individuellen Lebenskurs. Trotzdem werde ich versuchen, den Gründen meiner eigenen Perspektivwechsel nachzuspüren. So trieben mich wahrscheinlich Minderwertigkeitsgefühle, Geltungsstreben, Neugierverhalten, Abenteuer- und Leselust sowie eine permanente Unzufriedenheit mit den bestehenden Verhältnissen vorwärts. Externe Ermutigungen dürften mein Selbstvertrauen, meine Risikobereitschaft und meinen Lernwillen gestärkt und einschneidende Erlebnisse ihr Übriges dazu beigetragen haben. Wäre ich zum Beispiel nicht verunglückt (siehe oben), wer weiß, welchen Verlauf mein kostbares Leben genommen hätte. Aber so fand ich während der Rekonvaleszenz genügend Muße, um über meine nähere und fernere Zukunft nachzudenken. „Was wäre gewesen“, fragte ich mich, „wenn ich bei dem Verkehrsunfall ums Leben gekommen wäre?“ Nichts wäre mehr gewesen! Rein gar nichts! Eine ziemlich grausige Vorstellung, das! Deshalb beschloss ich, der

Banalität des Alltags zu entrinnen und etwas Neues zu beginnen! Egal was! Kein Leben mehr von Wochenende zu Wochenende, sondern jeden einzelnen Tag bewusst leben! Das war mein Wunsch! Auf dieses Ziel hin lebend, kündigte ich! Aber nicht sofort! Vorerst nahm ich meinen Jahresurlaub und trampte auf gut Glück nach England. Vielleicht würde mir der Pastor der Hampstaeder Methodistengemeinde einen interessanten Job vermitteln können. Wie naiv gedacht! Denn in Anbetracht meiner dürftigen Englischkenntnisse und einer hohen Arbeitslosenquote, schickte er mich postwendend nach Deutschland zurück. Indes öffnete einer meiner Freunde bald ein anderes Fenster zur Welt. Diesmal in östliche Richtungen. Begeistert sprudelte Siegbert hervor, dass „Aktion Sühnezeichen Friedensdienste" (ASF) noch ein paar tüchtige Handwerker für den Bau einer Kindertagesstätte in Skopje suchen würde. Man müsse sich allerdings baldmöglichst bei Pastor Rudolf Dohrmann (1931-2018) anmelden.

Den unkonventionellen Industriepfarrer Rudolf Dohrmann und seine „Arche" kannte fast jeder in Wolfsburg. Als engagierter „Agent Gottes" war er im Jahre 1963 in die Schlagzeilen geraten, weil er angeblich für politische Organisationen der sowjetischen Besatzungszone spioniert haben sollte. Seine Wohnung und seine Barackenkirche hatte die Polizei zehn Stunden lang durchsucht und mehrere angeblich verdächtige Objekte sichergestellt. Anschließend war er in einem Polizeifahrzeug abtransportiert und einer Leibesvisitation unterzogen worden. Natürlich entpuppte sich diese histrionische Aktion der Gesetzeshüter als völlig haltlos. Weil er jedoch mehrfach im Auftrag der landeskirchlichen „Gossner Mission" in die sowjetisch besetzte Zone gereist war, um den Werktätigen der „Volkseigenen Betriebe" (VEB) der Deutschen Demokratischen Republik das Evangelium zu predigen, hatte er sich verdächtig gemacht (vgl. „Der Spiegel" Nr. 10/1963). Dohrmann organisierte in Zusammenarbeit mit ASF auch Arbeitslager in Auschwitz und Birkenau unter dem Motto „Versöhnung hat politische Gestalt". Zuletzt verlegte er seinen Wohnsitz nach Indien, heiratete eine indische Frau und leistete Entwicklungshilfe für indische Dörfer. Er starb am 24. März 2018 in Nagpur.

„Frieden schaffen ohne Waffen"

Dies geschah zu der Zeit, als ich den obligatorischen Wehrdienst verweigern wollte und meine Mansarde zur „atomwaffenfreien Zone" erklärte. Weder wünschte ich ein Gewehr in die Hand zu nehmen noch in einen Krieg verwickelt zu werden. Ganz im Sinne von Erasmus von Rotterdam (1466-1536), der schrieb: „Was ist schließlich törichter, als aus irgendwelchen Gründen einen willkürlichen Krieg zu beginnen, aus dem beide Gegner stets mit mehr Verlust als Vorteil hervorgehen" (Erasmus 1979, S. 40). Diverse Literatur und Gespräche mit unserem Gemeindepastor – einem ehemaligen Wehrmachtsoffizier – sollten mich vor den Fallstricken des Kreiswehrersatzamtes bewahren. Während die „wehrdienstzersetzenden" Broschüren einige wertvolle Hinweise lieferten, überließ mich unser freikirchlicher Pastor meinem eigenen Gewissen. Was nicht weiter half! Denn der Musterungskommission wäre mein Gewissen – in der rüden Sprache des Kommiss – „scheißegal" gewesen. Ich brauchte eine gute Strategie! Statt zu lamentieren oder zu argumentieren oder wie „Felix Krull" in Thomas Manns (1875-1955) gleichnamigem Roman zu simulieren, zeigte ich dem untersuchenden Militärarzt meine beiden lädierten Füße und bekam tatsächlich in meinen Soldatenpass eine „Ersatzreserve II" gestempelt. Das bedeutete, dass man mich nur im Notfall rekrutieren würde. Um ganz sicher zu gehen, flüchtete ich 1967 erneut nach Berlin.

Insofern kam Pastor Dohrmanns Angebot gerade recht. Als ich jedoch über den Auslandseinsatz nachdachte, kamen mir einige Bedenken. Wie gebunden ich doch war! Ich dachte an mein Fernstudium, meine kleine Jungschar, den kirchlichen Posaunenchor und natürlich auch an meine liebe Freundin. Was würde Katharina zu meinem abenteuerlichen Vorhaben sagen? Last not least war auch noch mein Arbeitgeber zu befragen. Würde er mich beurlauben oder mir kündigen? Ich mochte mich nicht sofort entscheiden. Doch Siegbert machte mächtig Druck: „Spätestens übermorgen müsse Dohrmann Bescheid wissen." Nachdem sich auch noch Fritz angeschlossen hatte, willigte ich zögerlich ein. Schon ein paar Tage später saßen wir im Clubzimmer der „Arche" und besprachen das verheißungsvolle „Skopje-Projekt". Anwesend waren: Pastor Dohrmann, wir drei Freunde, vier andere Bewerber und ein Journalist, der am 6. April 1964 in den „Wolfsburger Nachrichten" berichtete:

> Sieben Wolfsburger haben sich freiwillig gemeldet, um am 18. April in einer Gruppe von 28 Mädchen und Jungen [tatsächlich waren es 22 Teilnehmer GB] in die vom Erdbeben zerstörte Stadt Skopje in Jugoslawien zu fahren. Sie werden dort im Auftrag der „Aktion Sühnezeichen" am Wiederaufbau der Stadt beteiligt sein. Aufgabe der zweiten Gruppe ist es, ein Kindertagesheim und eine Tagesstätte zu errichten.

> Die gesamte Gruppe trifft sich am kommenden Sonnabend in Wolfsburg. Sie wird hier auf das Unternehmen vorbereitet.

Wie besprochen, meldeten wir uns ein paar Tage später im Jugenddorf am Bullenberg. Vorsichtig nach allen Seiten kontaktierend und sondierend ergab sich, dass vom Waldarbeiter bis zum Grafiker alle möglichen Berufsgruppen vertreten waren. Während wir uns noch gegenseitig beschnupperten, wurde es plötzlich still im Raum und ein schmales gebräuntes dunkelblondes Vollbartgesicht outete sich als unser zukünftiger Gruppenleiter. Er hieß Günter Kube und war Künstler. Seine erste Amtshandlung bestand darin, uns über „Aktion Sühnezeichen“ aufzuklären.

> Die Aktion Sühnezeichen entsendet Freiwilligengruppen zu den Völkern, die im Zweiten Weltkrieg unter dem von Deutschland entfesselten Krieg besonders gelitten haben. Die Gruppen errichten dort, wo Zerstörung und Gewalt Leid und Bitterkeit hinterlassen und das Verhältnis eines Volkes zu Deutschland vergiftet haben, Zeichen als Bitte um Vergebung. Niemals kann und will das, was die Aktion Sühnezeichen tut, Wiedergutmachung sein. Dies zu besorgen ist nicht Sache der Aktion Sühnezeichen. Wohl aber sollen sich in der Aktion Sühnezeichen alle diejenigen zusammenschließen, denen es leid tut, was einst geschehen ist, und die das Erbe der Vergangenheit aufnehmen, indem sie sich in den Dienst für Frieden, Versöhnung und eine neue gemeinsame Zukunft stellen. Dieser Dienst wird getragen und unterstützt von den Geldopfern all derer, die das Bemühen der Aktion Sühnezeichen bejahen, selbst aber nicht an einem Einsatz teilnehmen können. Als Sühnezeichen werden Bauten errichtet oder andere Arbeiten geleistet, die von allgemeinem Nutzen für das Gastland sind. (Aus einem Merkblatt für Teilnehmer der Aktion Sühnezeichen)

Für dieses bereits 1958 geäußerte Schuldeingeständnis gab es nicht selten heftige Schelte von rechts außen. So bezichtigte man zum Beispiel die mutigen Friedensaktivisten, welche in Coventry ein deutsch-englisches Versöhnungszentrum bauten, der infamsten Nestbeschmutzung. Ich hingegen fand das Versöhnungs-Programm der ASF ganz in Ordnung. Als überzeugter Christ, der ich damals war, nahm ich das fünfte Gebot: „Du sollst nicht töten!“ unbedingt ernst. Mein Engagement für die Erdbebenopfer in Skopje betrachtete ich allerdings nicht unbedingt als „späte Sühne“ für die Todsünden unserer

Väter, sondern als eine günstige Gelegenheit zu expandieren, mich nützlich zu machen und Land und Leute kennenzulernen.

Abschied von Deutschland

Nicht weniger interessant gestalteten sich Kubes Ausführungen am nächsten Tag. Sein lebendiger Erfahrungsbericht über die erste Einsatzgruppe ließ nämlich anklingen, was wir im sonnigen Mazedonien zu erwarten hatten. Außerdem korrigierte er die letzte Zeitungsmeldung dahingehend, dass, statt einer Kindertagesstätte, Fertighäuser gebaut werden sollten. Am vorletzten Tag unserer Vorbereitungswoche besichtigten wir das Volkswagenwerk und bekamen hohen Besuch. Einem dunklen Mercedes mit Hamburger Kennzeichen entstiegen der jugoslawische Generalkonsul und ein jugoslawischer Kaufmann. Beide berichteten ausführlich über ihr Heimatland und die verwickelten diplomatischen Beziehungen zwischen Deutschland und Jugoslawien, was bedeutete, dass wir uns im Bedarfsfall an die Französische Botschaft in Belgrad zu wenden hätten. Der letzte Tag vor unserer Abreise ging hin mit einem Empfang im Wolfsburger Rathaus und einem längeren Besuch bei Pastor Dohrmann, der jeden Teilnehmer einzeln auf die zukünftige Lebensordnung in Mazedonien einschwor. Schon vorher hatte uns der Geschäftsführer von Aktion Sühnezeichen die besten Glückwünsche von Präses Lothar Kreissig (1898-1986), dem Gründer der Organisation, aus Magdeburg übermittelt. Selbst unser Pastor Reinhard Brose ließ es sich nicht nehmen, mir die besten Segenswünsche der Methodistengemeinde auszurichten. Ihm dürfte es wohl besonders wehmütig ums Herz geworden sein, da auch sein Abschied von Deutschland kurz bevorstand. Sein christlicher Missionsauftrag für Brasilien würde jedoch wesentlich länger dauern – 15 Jahre – als unsere sechsmonatige Erdbebenhilfe. Leider sah ich ihn nie wieder. Er starb im Frühjahr 2015 in Berlin.

Endgültig verabschiedet wurden wir in Stuttgart auf dem Killesberg im Parkrestaurant vom Bürgermeister der Stadt und dem Direktor des evangelischen und freikirchlichen Hilfswerkes „Brot für die Welt“ bei einem opulenten Mittagessen mit schwäbischen Spätzle, Kalbsfilet, Eis, Wein und Kaffee. Es war sozusagen unsere „Henkersmahlzeit“. Denn wer wusste schon, was ihn im Lande der Skipetaren erwartete? Mit vollem Magen brachte man uns zum Hauptbahnhof. Auf dem Bahnsteig standen Massen von jugoslawischen, griechischen und türkischen Gastarbeitern mit Kindern, Kisten und Koffern. Gemeinsam warteten wir auf den „Orientexpress“. Nach der Einfahrt des Zuges verteilten sich die heimkehrenden Südländer, hektisch drängelnd und ohne Rücksicht auf unsere Reservierungen, auf alle Waggons. Nur unter Zuhilfenahme des herbeigerufenen Schaffners, ließen sich einige rechtmäßig erworbene Sitzplätze zurückerobern. Nach einer etwa 30-stündigen Bahnfahrt durch Süddeutschland, Österreich, Slowenien und Serbien, trafen wir ziemlich zermürbt in Skopje ein. Die eingestürzte Bahnhofshalle vermittelte uns einen ersten Eindruck vom Ausmaß des verheerenden Erdbebens vom 26. Juli 1963 um 5.17 Uhr – abzulesen an der stehengebliebenen Bahnhofsuhr. Weitere Zerstörungen sahen wir auf der Fahrt ins Camp. Rechts und links erstreckte sich eine ausgedehnte Trümmerlandschaft: meterlange Mauerrisse, herausgebrochene Stockwerke, zusammengestürzte Gebäude und überall riesige Schuttberge. Eine unwirklich anmutende Szenerie! Etwas Ähnliches hatte ich noch nie gesehen. Selbst orthodoxe Kirchen und Moscheen waren nicht verschont geblieben. Offenbar machte der liebe Gott keinen Unterschied zwischen Moslems und Christen. Alle waren gleichermaßen betroffen! Die ganze Stadt litt unter den schrecklichen Folgen der Katastrophe. Über 1000 Tote und unzählige Verletzte waren zu beklagen. Noch immer trauerten die Klageweiber auf dem Friedhof über der Stadt mit ihren merkwürdigen Zungentrillern. Freilich waren die Skopjer nicht ganz unschuldig an ihrem Unglück. Schon früher, als Skopje noch Üsküp hieß, hatte die Stadt unter schweren Erdbeben zu leiden gehabt. Auch während unseres Aufenthaltes bebte die Erde noch sieben Mal. Die alten Stadtväter hatten offenbar wenig aus der Geschichte gelernt. Was immer ein Fehler ist! Sie vergaben viel zu leichtfertig Baugenehmigungen, sparten an Baustoffen und drückten wohl auch hier und da ein Auge zu. Einem unbescholtenen Architekten machten sie sogar den Prozess, weil er zu viel Baumaterial für drei Hochhäuser am Vardar verbraucht haben sollte. Diese kleinkarierten Schildbürger. Gerade diese Neubauten blieben bei dem großen Erdbeben unversehrt.

Bald näherten wir uns unserem Camp. Am Straßenrand tauchten zwei große Tafeln auf, beschriftet mit „Aktion Sühnezeichen – Gradjevinska Grupa (Aufbaugruppe) – Skopje“ und „Gorge Petrov 2 – Dexiongrad“. Hinter den Schrifttafeln erstreckte sich eine hellgraue Siedlung aus niedrigen Fertighäusern und nacktem Lehmboden. Nicht besonders einladend. Als uns jedoch braungebrannte Gesichter der ersten Gruppe, neugierige Mazedonier und Roma mit vielen Hallos und Dobar dan (Guten Tag) und Kako ste (Wie geht's) begrüßten, wich meine skeptische Einschätzung einer neugierigen Akzeptanz. Schließlich hatten wir keine feudalen Appartements gebucht, sondern einfache Arbeiterquartiere. In den Dexionhäusern sah es nicht weniger spartanisch aus. Das ganze Mobiliar war aus Dexionmaterial gefertigt: Doppelbetten, Tische, Hocker und Schränke. Zwei Wohngruppen à vier Personen teilten sich ein so genanntes Badezimmer. Gekocht wurde in einer zentral gelegenen Küche und gegessen in einem angrenzenden Speisesaal. Für Reparaturen stand ein kleines Werkzeugmagazin zur Verfügung. Allmählich war es Abend geworden. Während sich die Gradjevinska Grupa I von uns verabschiedete und in einem von der Skopjer Stadtverwaltung bereitgestellten Bus davonfuhr, sank die Gradjevinska Grupa II todmüde von den Reisestrapazen in ihre gewöhnungsbedürftigen Schlafkojen.

Aus dem Leben unserer Aufbaugruppe

Am übernächsten Tag verteilte unser Gruppenleiter Günter Kube die Aufgaben. Die drei Frauen sollten für das leibliche Wohl sorgen, ein Einkäufer die dafür benötigten Lebensmittel herbeischaffen und alle anderen achtzehn Männer auf der Baustelle arbeiten. Kube selbst blieb im Camp. Unter der Anleitung eines gelernten Zimmermanns errichteten wir in den folgenden Wochen ein tschechisches Fertighaus nach dem anderen. Bei aller Verschiedenheit der Charaktere war die Arbeitsdisziplin erstaunlich gut. Wir kamen zügig voran. Im Nachhinein lässt sich unsere Motivation vielleicht auf folgende gruppendynamische Faktoren zurückführen:

1. Abgesehen von zwei Ausnahmen, wurde unser Versöhnungsauftrag von allen Teilnehmern ernst genommen. 2. Der stets anwesende Polier sorgte permanent für Arbeit, sodass kein Leerlauf entstand. 3. Das ungewöhnliche Gemeinschaftsprojekt förderte die Gruppensolidarität. 4. Jedes gelungene Richtfest wirkte verstärkend auf die Arbeitsmoral.

Während auf der Baustelle alle an einem Strang zogen, bildeten sich im Camp ganz unterschiedliche Interessengruppen. Manche organisierten fantastische Ausflugsfahrten. Dafür standen ihnen ein VW-Bulli oder ein VW-Pritschenwagen zur Verfügung. Andere unternahmen abenteuerliche Bergwanderungen. Einige besuchten kulturelle Veranstaltungen oder methodistische Gottesdienste. Und nicht wenige mischten sich unter das junge mazedonische Volk, welches sich abends in einem großen Rundkurs – dem so genannten „Korso" – durch Skopjes relativ unbeschädigte Hauptstraßen bewegte. Zudem entwickelten sich zwischen den einzelnen Teilnehmern freundschaftliche und trennende Beziehungen sowie eine Liebesbeziehung. So kam es zum Beispiel zwischen Jürgen Pieplow (1933*), dem Grafiker und mir, dem Heizungsmonteur, zu einer dauerhaften Freundschaft, indes sich die Freundschaft zu meinen beiden Freunden allmählich abkühlte. Im Nachhinein vermute ich Neid und Eifersucht. Speziell beim gemeinsamen Sprachunterricht schieden sich einige Geister. Zweimal pro Woche bemühten sich eine deutsche und eine mazedonische Lehrerin, uns die serbokroatische Schrift, Sprache und Grammatik beizubringen. Im Gegensatz zu den anderen Teilnehmern, konnten Jürgen und ich von unserem Russisch-Unterricht aus DDR-Zeiten profitieren. Zum einen ähnelten sich die slawischen Sprachen, zum anderen lernten wir die kyrillische Schrift der Mazedonier relativ schnell, sodass wir innerhalb kurzer Zeit schon relativ gut mit den Einheimischen kommunizieren konnten.

Durch das Land der Skipetaren

Im Gegensatz zu Karl May lernten wir das Land der Skipetaren nicht mit dem Finger auf der Landkarte oder aus Reiseerzählungen kennen, sondern aus eigener Erfahrung. So oft es unsere Zeit erlaubte, unternahmen wir – wie bereits angedeutet – abenteuerliche Bergtouren und Autofahrten quer durch Mazedonien. Grüppchenweise wanderten wir zu den Skipetarendörfern an den Hängen des Vodno, drangen tief in das Cirna Gora (Schwarzes Gebirge) ein, durchquerten auf alten Partisanenwegen die Schlucht der Treska, bestiegen den schneebedeckten Ljuboten (2498 Meter) an der Grenze zwischen Mazedonien und Kosovo sowie den abseits aller Touristenwege gelegenen Solunska Glava (2540 Meter) im Mokragebirge. Größere Fahrten unternahmen wir zum Maverostausee und Ohridsee an der albanischen Grenze, nach Tito Veles, Prilep und Bitola und zum „Zigeunervolksfest" nach Vranska Banja. Unvergesslich auch die gastfreundlichen Einladungen, die so vielfältig waren wie die mazedonische Bevölkerung: die Skipetarenhochzeit im Nachbardorf unseres Camps, das herzliche Händeschütteln zweier Methodistengemeinden im Dreiländereck von Mazedonien, Griechenland und Bulgarien sowie die Multikulti-Mariä-Himmelfahrts-Feier im kosovarischen Letnica. Von drei

Einladungen und einer der nicht immer ganz ungefährlichen Wanderungen soll etwas ausführlicher berichtet werden.

Eine traditionelle Skipetarenhochzeit

Wahrscheinlich kam die ungewöhnliche Hochzeits-Einladung über einen Skipetaren unserer Baustelle zustande, der sich in unser hübsches Küchenfräulein verliebt hatte. Wahrlich ein Glücksfall! Denn davon profitierten nicht nur Angelika, sondern auch Ilse, Jürgen und ich. Als wir festlich gekleidet bei unserem verliebten Gastgeber im Nachbardorf eintrafen, hörten wir schon von fern her Pauken und Flöten. Angeführt von einer kleinen „Zigeunerkapelle", einem schiebenden Radfahrer und zwei Fahnenträgern, folgte eine mit Mitgift und Aussteuer der Braut beladene Menschenmenge. Die unsichtbare Braut war kaum 16 Jahre alt. Keiner der Gäste hatte sie vor der Trauung zu sehen bekommen, auch der Bräutigam nicht. Zu sehen bekamen wir das verschüchtert wirkende Mädchen nur einen Augenblick, versteckt hinter einem Gesichtsschleier, bevor sie im Frauenhaus der Schwiegereltern verschwand. Der ebenfalls noch sehr junge Bräutigam hingegen feierte im Männerhaus. Zusammen mit ihm und seinen Gästen hockten wir uns ein wenig ungewohnt nach muselmanischer Sitte in einem mit groben Teppichen ausgeschlagenen Raum nieder. Abgesehen davon, dass Frauen und Männer getrennt die Hochzeit des Brautpaares feierten, waren zwischen den muslimischen und christlichen Religionsträgern keine Berührungsängste zu beobachten. Wir verstanden uns prächtig. Auch kannten im Laufe des Tages die Gastfreundschaft der Gastgeber und die Feierlaune der Gäste keine Grenzen. Saftige Wassermelonen wurden herumgereicht, türkischer Kaffee und ausreichend Masticha (Anisschnaps) eingeschenkt. Die Stimmung stieg! Zu den orientalischen Melodien der „Zigeunerkapelle" tanzten wir ihre traditionellen Halbkreistänze. Allmählich verlagerten sich die Feierlichkeiten auf die Wiese. Während die älteren Skipetaren weiterhin fröhlich im Kreis herumtanzten und die ganz Alten ihre Pfeife schmauchten und Kaffee schlürften, bereiteten sich die halbstarken Skipetaren auf einen Freistil-Ringkampf vor. Im Gegensatz zu den Christen ist den Mohammedanern der brutale Boxsport nämlich verboten. Ein muslimischer Skipetar schlägt einem anderen Skiptaren nicht ins Gesicht. Er erdolcht ihn schlimmstenfalls. Jedenfalls als noch die Blutrache unter den albanischen Bergvölkern grassierte. Mehrere dieser malerischen „Hochzeits-

Motive“ konnte ich dank der Großzügigkeit unserer Gastgeber mit meiner Spiegelreflexkamera festhalten. Es war ein starkes Erlebnis!

Aufstieg zum Solunska Glava

Mazedoniens grandiose Bergwelt war damals touristisch noch nicht erschlossen. Wanderwege mussten selbst gesucht und die wenigen Alpinistenhütten mühsam ausgekundschaftet werden. Wer sich in der unwegsamen Bergwelt zurechtfinden wollte, bediente sich einer groben Landkarte und verließ sich ansonsten auf seine Spürnase. Auch wir orientierten uns vorwiegend am Sonnenstand und den sporadischen Auskünften der Skipetaren, als wir im Juni 1964 zu einer zweitägigen Bergtour aufbrachen. Sie begann im strömenden Regen, sodass schon nach ein paar Kilometern die Kleidung triefte. Es blieb uns nichts anderes übrig, als in der nächsten Berghütte zu übernachten und auf besseres Wetter zu hoffen. Die Berghütte auf 1350 Meter Höhe verfügte weder über fließendes Wasser noch über elektrisches Licht. Von außen wärmte uns ein Holz beheizter Ofen, von innen ein kochendheißer Planina Čai (Bergtee), der uns von einem urigen Hüttenwirt in verbeulten Blechtassen serviert wurde. Nachdem wir unsere Zungen genügend verbrüht und ein bescheidenes Mahl heißhungrig verschlungen hatten, begaben wir uns zur Ruhe. Tatsächlich sah der graue Himmel am nächsten Morgen etwas freundlicher aus. Auf schmalen und durchweichten Bergpfaden aufwärts stapfend, passierten wir eine primitive Getreidemühle. Von einem reißenden Gebirgsbach angetrieben, zerrieben zwei riesige Mahlsteine aufgeschütteten Mais. Bald darauf durchquerten wir ein menschenleeres Bauerndorf. Offenbar arbeiteten die Männer auf den Feldern, während die Frauen sich ängstlich versteckt hielten. Nur eine junge Skipetarin lief grußlos vorbei. Als wir sie nach dem Weg fragen wollten, verschwand sie augenblicklich in einer der kleinen Bauernkaten. Aufgrund ihrer Religion ist es den muslimischen Frauen strengstens verboten, fremde Männer zu kontaktieren. Auch wir gaben Fersengeld, als uns ein „fundamentalistischer Dorfköter“ in die nackten Beine zu beißen versuchte. Hinter dem einsam gelegenen Dorf verzweigte sich der Pfad. Welche Richtung sollten wir einschlagen? Jetzt hätte „Kara Ben Nemsis“ feines Gespür für kritische Situationen weiterhelfen können. Nach einigem Hin und Her entdeckte jemand eine verwaschene Markierung. Vertrauensvoll folgten wir diesem vagen Hinweis und gelangten gegen Mittag zu einer zweiten Berghütte. Nach einem warmen Süppchen stiegen wir auf immer schmaler werdenden Pfaden höher und höher und allmählich der untergehenden Sonne entgegen. Kaum ein Laut war zu hören. Bergeseinsamkeit pur! Plötzlich wütendes Hundegebell. Im nächsten Augenblick erschienen sechs zottige Hundeköpfe wie aufgepflanzt über einem Hügel mit fletschenden Zähnen. Aus früheren Erfahrungen wussten wir bereits, dass mit mazedonischen Hirtenhunden nicht zu spaßen ist. Schließlich mussten sie es im Ernstfall mit Wölfen und Bären aufnehmen. Hoffentlich konnten sie zwischen uns und den Wildtieren unterscheiden? Bevor sich jeder mit einem Stein bewaffnen konnte, ertönte fernab ein scharfer Pfiff, und die Meute zog sich knurrend zurück. Hirten waren noch nicht zu sehen. Erst nach einem kurzen Anstieg wurden wir ihrer ansichtig. Sie waren gerade dabei, eine riesige Schafherde zu melken. Zu diesem Zweck trieben sie die Schafe über einen kleinen Kral durch einen schmalen Gang bis zu einem Unterstand. Jeweils ein Schweizer griff sich ein blökendes Schaf und zielte den Milchstrahl geschickt in einen blechernen Zuber. Unser Interesse an der Melkerei bemerkend, zeigte uns der mazedonische Käsemeister in einem primitiven Holzverschlag seine bescheidene Käserei und erklärte stolz, dass sein Schafskäse sogar in die USA exportiert würde. Neugierig nahmen wir verschiedene Kostproben. Das freute ihn noch mehr. Infolge des hohen Fettgehaltes schmeckte die Schafsmilch etwas ölig, die frische Käsemasse wie Kaugummi und der ausgereifte Käse odličan (ausgezeichnet). Plötzlich knallte ein Büchsenschuss! Erschreckt steckten wir unsere Köpfe zur Tür hinaus. Eine uralte Flinte im Anschlag, stand vor uns einer der Skipetaren und spähte in die Ferne. „Was das zu bedeuten habe," fragten wir den Käsemeister. „Metvet, Metvet!" antwortet er. Wölfe? Gemsen? Adler? Jedes Mal schüttelte er den Kopf. Schließlich zückte jemand sein Rečnik (Wörterbuch) und übersetzte den Begriff. Bären! Bären, so dicht bei den Hütten? Oh je! Der Käsemeister nahm´s gelassen und erklärte uns, dass hin und wieder vier Braunbären von den Hängen des Solunska Glava herunterkämen und den Schafen einen Besuch abstatteten. Wir erschraken erneut; denn unser Gipfelpfad würde uns morgen direkt durch das Revier der Bären führen. Inzwischen war es dunkel geworden. Schwach hob sich die Silhouette des wuchtigen Bergmassivs gegen den Sternenhimmel ab. Während sich die Skipetaren in ihre Schutzhütten zurückzogen, forderten uns die Mazedonier auf, noch eine Weile am Lagerfeuer Platz zu nehmen. Sie boten uns Brot und Käse, Wasser und Wein an und schwatzten leise miteinander beim Schein der züngelnden Flammen. Allmählich brannte das knisternde Feuer herunter und verglühte. Müde legten wir uns zur Ruhe. Die Schafhirten schliefen auf dem harten Lehmboden, wir auf hölzernen Pritschen. Wuschelige Schaffelle schützten uns vor der eisigen Nachtkälte. Gelegentlich gab einer der großen Hirtenhunde Laut. Wie beruhigend jetzt ihr heiseres Gebelfer klang. Sonst war es still.

Am nächsten Morgen um vier Uhr früh krochen wir verschlafen und gerädert aus den warmen Fellen. Um die gastfreundlichen Hirten nicht bei ihrer schweren Arbeit zu stören, verabschiedeten wir uns schnell, aber herzlich und wanderten mit gemischten Gefühlen durch das weiträumige Territorium von Meister Petz. Bewaffnet mit einem Taschenmesser, zwei Fahrtenmessern und einem knotigen Bergstock sicherten wir nach allen Seiten. Würden wir uns notfalls verteidigen können? Inschallah! Je höher wir stiegen, desto üppiger die Alpenflora. Enzian, Primeln und Kuhschellen soweit das Auge reichte. Keine Bärenseele weit und breit! Wolkenloser Himmel und blinkende Schneefelderreste auf grünen Berghängen. Völlig unbehelligt erreichten wir das 2540 Meter hohe „Haupt der Solunska". Statt eines Gipfelkreuzes verunzierte eine ausgediente Radio- und Wetterstation der deutschen Wehrmacht aus dem Zweiten Weltkrieg den kahlen Gipfel. Auch schäbiges Mobiliar stand noch herum: ein Tisch, einige Stühle, ein Schrank. Das schmutzige Geschirr und vergammelte Lebensmittel mochten von unzivilisierten Bergwanderern stammen.

Inzwischen waren dunkle Wolken aufgezogen. Graue Nebelschwaden umwaberten bereits das wuchtige Bergmassiv. Es wurde höchste Zeit für den Abstieg. Vorsichtig tasteten wir uns durch die brodelnde Waschküche abwärts. Immer schlechter wurde die Sicht. Kaum, dass man den schmalen Pfad erkennen konnte, als im nächsten Augenblick die Wolkendecke aufriss, und einen Fußbreit vor uns ein tiefer Abgrund gähnte. Es hätte nicht viel gefehlt ...! So rasch wie sich der Himmel bezogen hatte, so schnell klarte er auch wieder auf. Eingetaucht in das langwellige Licht der schon schräg stehenden Nachmittagssonne präsentierte sich die wilde Berglandschaft von ihrer lieblichen Seite. Talwärts wandernd wechselten malerische Dörfer mit herrlichen Laubwäldern. Zauneidechsen huschten Versteck spielend zwischen trockenen Blättern. Eine sich sonnende Schlange verschwand erschreckt im Gebüsch. Vögel sangen in den Bäumen. Hier war die Bergwelt noch in Ordnung. Gegen Abend erreichten wir Bogomela, die Bahnstation, von wo aus wir um viele landschaftliche und zwischenmenschliche Erlebnisse reicher, nach Skopje zurückfuhren.

Im mazedonischen Dreiländereck

Gelegentlich besuchten wir die methodistischen Gottesdienste in Skopje. Ihr liebenswürdiger Pastor Kosta Karmzov (1903*) predigte sowohl serbokroatisch als auch deutsch – uns zuliebe. Folglich dauerten seine Predigten ermüdend lange. Er selbst war arm wie eine Kirchenmaus. Zusätzlich zur Kollekte bat er häufig um eine kleine Spende für seine teuren Arztrechnungen. Leider war auch unser Geldbeutel knapp bemessen. Schließlich wurde unsere ehrenamtliche Tätigkeit lediglich mit zwei DM pro Tag vergütet. Immerhin verdankten wir ihm eine erlebnisreiche Einladung ins Dreiländereck zwischen Mazedonien, Griechenland und Bulgarien. Es war eine ziemlich beschwerliche Fahrt mit unserem wenig komfortablen Pritschenwagen. Drei Mitreisende quetschten sich im Führerhaus zusammen, während fünf andere mit der freien Ladefläche vorlieb nehmen mussten. Es ging südwärts, über die löchrige „Jugo-Autobahn", am Vardar entlang. In Stobi unterbrachen wir eine Weile die strapaziöse Autofahrt, um die römischen Ruinen zu besichtigen. Natürlich ließen es sich einige Kulturbanausen nicht nehmen, auf den schmalen Säulen der antiken Stadt herumzubalancieren. Währenddessen setzte eine mazedonische Hochzeitsgesellschaft in bunten Volkstrachten über den schlammigen Fluss. Vorsichtig stakte der Steuermann gegen die mäßig starke Strömung ans diesseitige Ufer. Das schwierige Anlegemanöver nicht abwartend, fuhren wir weiter gen Süden. Obwohl es mit diesem Erlebnis wenig auf sich hat, so assoziiere ich doch jedes Mal die mazedonische Hochzeitsgesellschaft mit der römischen Ruinenstadt und vice versa. Stobi war um 500 vor unserer Zeitrechnung (v.u.Z.) die Hauptstadt der Paionier, wurde 167 v.u.Z. von den Römern erobert und 479 nach unserer Zeitrechnung (n.u.Z.) von dem ostgotischen König Theoderich (451-526) geplündert. Vollständig zerstört wurde Stobi jedoch erst durch das große Erdbeben im Jahre 518 n.u.Z. Zu besichtigen waren 1964 noch ein Amphitheater, einige Grundmauern und zwei Basiliken im Grundriss. Inzwischen hat man jedoch noch weitere Gebäude, Wasserleitungen und im Baptisterium wunderschöne römische Fußbodenmosaiken freigelegt sowie Reste einer Synagoge aus vorchristlicher Zeit.

Bevor wir Strumica erreichten, machten wir noch einen kurzen Abstecher nach Banja Bansko und nahmen ein heißes türkisches Bad. Gespeist wird das antike Thermalbad von einer kochend heißen Quelle, welche außerhalb der Anlage entspringt. Obwohl wir die einzigen Badegäste waren, durften Frauen und Männer nicht zusammen baden. Heute scheint alles ganz anders zu sein, sodass ich im Internet den einstmals urigen Badeort kaum mehr wieder zu erkennen vermag. Sei´s drum! Jedenfalls trafen wir frisch gebadet am Zielort ein. Freundlich empfangen von einer methodistischen Gemeindeschwester, wurden wir auf den uralten Töpfermarkt geführt (noch heute ziert ein folkloristischer Krug meine Wohnung). Trotz einiger anderer Sehenswürdigkeiten bedeutete Strumica respektive Ostromdscha jedoch eine herbe Enttäuschung. Und zwar deswegen, weil ich anhand von Karl Mays präzisen Schilderungen – *In den Schluchten des Balkan* und *Durch das Land der Skipetaren* – weder das luxuriöse Anwesen des schurkischen Schuts (der Gelbe) noch die Hütte des scheinheiligen Mübareks fand. Schlimmer noch! Beide hatten nie existiert! Seither glaube ich Karl May kein Wort mehr! Zwanzig Kilometer weiter war ich dann schon wieder etwas milder gestimmt. Denn so herzlich wie von den Kalesnosianern bin ich in Deutschland selten begrüßt worden. Von den 1200 Dorfbewohnern waren 250 Methodisten, einschließlich des Bürgermeisters. Weil nun GASTFREUNDSCHAFT in Mazedonien groß geschrieben wird und obendrein noch ein deutscher Glaubensbruder – nämlich ich – sie besuchen kam, meinten es unsere Gastgeber besonders gut mit uns und gaben auch bereitwillig Auskunft. So fragte ich unter anderem, warum es so viele Methodisten in dieser entlegenen Gegend gäbe und erhielt von dem gebrochen deutsch sprechenden Prediger zur Antwort: Bereits seit 1914 existiere in Saloniki ein Missionszentrum der Methodisten. Von diesem Zentrum aus wären damals Strumica, Bitola und Skopje missioniert worden. Er selbst und seine Kollegen seien allerdings im „Seminar der Baptisten“ von Novi Sad und in Österreich ausgebildet worden. Eine Ausnahme bilde der Pastor von Strumica, der sogar in Frankfurt am Main studiert habe. Für den nächsten Tag, ein regnerischer Sonntag, waren wir zum Gottesdienst eingeladen und wurden in aller Herrgottsfrühe vor der Kirchentür erwartet. Weil wir sogar noch ein paar Minuten früher zur Stelle waren, blieb etwas Zeit für eine kurze Betrachtung der Kapelle: In ihrer Einfachheit erinnerte sie mich an die „Bauhaus-Architektur“, versehen mit mehreren großen Mauerrissen vom letzten Erdbeben. Kaum weniger schmucklos wirkte die rustikale Ausstattung des Gemeindesaals: ein Altartisch, eine Kanzel, ein Harmonium, zwei Dutzend harte Kirchenbänke. Wie in alten pietistischen Zeiten saßen Männlein und Weiblein getrennt, getrennt durch einen schmalen Mittelgang. Punkt acht Uhr betrat der Gemeindepastor gemessenen Schrittes seine ebenerdige Kanzel. Uns zu Ehren predigte er zweisprachig. Worüber er sprach, weiß ich nicht mehr. Hingegen erinnere ich mich der vertrauten Heilslieder, nur eben in mazedonischer Sprache. So konnte ich fast problemlos, den kyrillischen Text aus dem Gesangbuch ablesend, aus Leibeskräften mitsingen. Nachdem der Schlusschoral verklungen war, schüttelten uns über hundert freundliche Menschen unsere immer feuchter werdenden Hände. Endgültig verabschiedet wurden wir jedoch erst, nachdem wir die grünen Erdnussfelder der mazedonischen Bauern besichtigt und ein Säckchen roher Erdnüsse von ihren Feldern in Empfang genommen hatten. Dank dafür wollten sie keinen. Der gebühre nur dem Herrgott im Himmel, der alle ihre Früchte habe so gedeihlich wachsen lassen. Wenn ich geröstete Erdnüsse knabbere, gedenke ich noch immer dieses gastfreundlichen und gottesfürchtigen Völkchens im mazedonischen Dreiländereck zwischen Griechenland und Bulgarien.

Zu Mariä Himmelfahrt im kosovarischen Letnica

Als wir am 15. August 1964 mit unserem VW-Pritschenwagen zu dem berühmten Wallfahrtsort Letnica im Kosovo pilgerten, schien der Vielvölkerstaat noch in Ordnung. Zusammen mit einer katholischen Großfamilie feierten wir ganz friedlich das katholische „Mariä-Himmelfahrts-Fest". Zwischen den katholischen Serben, muslimischen Albanern, multireligiösen Roma und orthodoxen Mazedoniern konnten wir keine Konflikte beobachten. Obwohl unterschiedlichen Glaubens, feierten sie gemeinsam das christliche Volksfest, wenngleich jeder auf seine Weise. Während wir mit unserer Gastfamilie Diekivić die katholische Messe besuchten, trieben muslimische Hirten ihre Schafe dreimal um die Kirche mit der schwarzen Madonna, indes sich bunte Roma- und andere Volksgruppen auf dem Marktplatz vergnügten. Viele Jahre später begann es jedoch zwischen der albanischen Mehrheit und der serbischen Minderheit zu knistern und zu brodeln. Plötzlich fielen die bisher friedlich miteinander lebenden ethnischen Gruppen übereinander her, bis 1992 die Spannungen zwischen ihnen derart eskalierten, dass sich viele Bewohner von Letnica gezwungen sahen, nach Kroatien auszuwandern und zwar in eine Gegend, aus der bereits die serbische Bevölkerung geflohen war.

Über den Dächern von Skopje

Uns ging allmählich die Arbeit aus. Das letzte Fertighaus war aufgestellt, und die Planung der Kindertagesstätte steckte noch immer in den Kinderschuhen.

Bevor wir jedoch Däumchen zu drehen begannen, bekam Kube einen Anschlussauftrag. Dieser bestand in der Mitarbeit an einem der drei rumänischen Hochhäuser. Innenwände sollten gemauert, Schalplatten zugesägt, betonierte Decken ausgeschalt und Moniereisen verflochten werden. Für letzteren Job meldeten sich zwei meiner Freunde und ich bei einer serbischen Eisenflechterbrigade. Geflochten wurde in schwindelnder Höhe bei sengender Sonne. Es war höllisch heiß! Trotzdem hatten wir es gut getroffen. Zum einen arbeiteten wir eng mit den Serben zusammen, zum anderen genossen wir täglich einen herrlichen Panoramablick. Eingerahmt vom Dinarischen Gebirge, dem 1066 m hohen Vodno und den flachen Hügeln des Cirna Gora lag uns Skopje sozusagen zu Füßen. Teilweise zwar in Trümmer liegend, aber immer noch ansehnlich: die rissige Mustafa Pascha Moschee, die alte Festung Kale, das urige Türkenviertel, mehrere orthodoxe Kirchen, das titovelische Militärcasino, der eingestürzte Bahnhof, die steinerne Vardarbrücke aus dem 15. Jahrhundert, das verfallende römische Aquädukt in den Flussauen und anderes mehr.

Während unsere Eisenkonstruktionen auf ihre Einschalung und Betonierung warteten, wurden wir in die unteren Räume gerufen. Angeleitet von unserem gelernten Maurer Uli aus Hamburg, zogen wir erdbebensichere Innenwände hoch. Einige Wochen setzte ich also Stein auf Stein und legte zwischen die einzelnen Mörtelfugen jeweils ein dünnes Moniereisen, um im Falle eines Erdbebens die Einsturzgefahr zu verringern. Soweit mir bekannt ist, stehen die achtstöckigen Hochhäuser noch heute. Was bedeutet, dass wir wahrscheinlich unsere Sache gut gemacht haben.

Ansonsten wurde Sicherheit auf dem Bau klein geschrieben. Weder trugen wir Schutzhelme noch Sicherheitsschuhe, sondern Strohhüte und Sandalen. Glücklicherweise kam keiner ernsthaft zu Schaden. Wäre dies der Fall gewesen, so hätten wir sicherlich mehr Aufhebens davon gemacht als die Jugos; denn die waren wirklich hart im Nehmen. Als sich zum Beispiel ein Skipetar einen rostigen Nagel in den Fuß getreten hatte, zog er ihn ohne mit der Wimper zu zucken heraus und arbeitete – als wäre nichts gewesen – einfach weiter. Stoisch verhielten sich auch einige eingestaubte und notdürftig verbundene Mazedonier, welche am Straßenrand an der albanischen Grenze auf die Ambulanz aus Ohrid warteten. Kurz zuvor waren sie aus einem eingestürzten Bergstollen gerettet worden – aus dem heraus es immer noch staubig wölkte, als wir vorbeikamen. Nachdem das elende Häuflein nahezu zwei Stunden ohne ärztliche Versorgung ausgeharrt hatte, wurde es endlich über eine holprige Piste ins Krankenhaus gefahren. Auch die mazedonischen Ärzte zeigten keinerlei Mitgefühl. So berichtete ein Zahnschmerz geplagter Sühnekollege, dass lediglich wehleidige Deutsche mit Schmerztabletten behandelt würden. Zwar sind meine Beobachtungen nicht repräsentativ, widersprechen jedoch den empirischen Untersuchungen des amerikanischen Schmerzforschers Kenneth D. Craig (1937*), wonach das Schmerzempfinden zwischen ethnischen Gruppen keine eindeutigen Unterschiede aufweise. Allerdings musste er zugeben: „Die Erforschung dieses Gebietes ist sehr unzureichend" (Craig 1982, S. 391). Was macht man in diesem Falle? Man vertraut der eigenen Erfahrung mehr als wissenschaftlichen Ergebnissen! Auch als Psychologe!

Nach Süden und Norden

Mittlerweile war es Oktober geworden und unser Auslandseinsatz näherte sich dem Ende. Was uns aufgetragen worden war, hatten wir erledigt. Die Stadtverwaltung dankte es uns mit einer Anstecknadel und einem Bildband über *Skopje 1963*. Den Bau der Kindertagesstätte überließen wir der Gradjevinska Grupa III. Vor der Rückreise nach Deutschland durfte jeder noch einen einwöchigen Urlaub seiner Wahl machen. Einige fuhren nach Dubrovnik, andere nach Belgrad und ich nach Griechenland. Leider ohne meinen neuen Freund. Denn Martin hatte sich in unsere Küchenfrau Christel verliebt. Nun ja! „Jeder Jüngling hat wohl mal einen Hang fürs Küchenpersonal", heißt es lapidar bei Wilhelm Busch (1832-1908). Ich gönnte ihm diese Freude. Alternativ hätte ich mich nun einer der beiden Grüppchen anschließen können, doch mir stand nun mal der Sinn nach Griechenland. Obwohl ich allein gen Süden trampte, wurde es eine erlebnisreiche und eine noch nicht einmal so beziehungsarme Reise. Mit 70 DM in der Tasche sah und erlebte ich Thessaloniki, den Olymp, Larissa, Athen und Piräus, den Kanal von Korinth und Delphi. Nach einem kurzen Zwischenstopp in Skopje fuhren wir mit dem Zug nach Deutschland zurück – mit zwiespältigen Gefühlen. Was würde uns in der alten Heimat erwarten? Trübsinnig schaute ich durch beschlagene Fensterscheiben. Bilder von überfluteten Landschaften eilten vorbei. Drina und Save waren über die Ufer getreten. Nach dem Erdbeben nun die Sintflut!

Fremd im eigenen Land

Ich hatte Deutschland aus einer anderen Perspektive kennengelernt. Sozusagen aus mazedonischer Sicht. Nun stand ich an einem feuchtkalten Novembertag auf dem Bahnsteig des Wolfsburger Hauptbahnhofs. Fremd im eigenen Land! Noch sommerlich gekleidet. Mich fröstelte. Doch nicht allein die Herbsteskälte machte mir zu schaffen, auch meine psychische Befindlichkeit. Ich sehnte mich nach dem sonnigen Mazedonien zurück, dachte an die vielen gastfreundlichen Menschen, die abenteuerlichen Wanderungen und Fahrten und daran, etwas Nützliches für die Erdbebenopfer getan zu haben. Mein Leben hatte sich irgendwie verändert. Ich war nicht mehr derselbe, der ich vorher war. Meine Sichtweise der Dinge war eine andere geworden. Die Menschen um mich herum wirkten anders: unterkühlt, mürrisch und ungastlich. Selbst meine Mutter betrachtete ich mit anderen Augen. Ganz ähnlich, nur ins Positive gekehrt, schreiben die beiden Missionarstöchter Dorothea Rutkowsky (1948*) und Ute Windolf (1936*):

> Die Lebendigkeit einer anderen Kultur erfahren zu haben, eine gänzlich andere Lebensumwelt, ist unendlich bereichernd. Das Gefühl für den Wert anderer Kulturen, anderer Welten, die Bereitschaft, Andersartigkeit, auch die individuelle Andersartigkeit unter Menschen gelten zu lassen, ist dadurch gesteigert worden. Vielleicht kann man sogar sagen, dass die eigene Individualität, die Einzigartigkeit des eigenen Lebens vor diesem Hintergrund besser wahrgenommen werden kann (Rutkowsky & Windolf 2015, S. 417).

Deutschland war gewöhnungsbedürftig! Klima, Mentalität, Beruf, Gottesdienst und Freundin. Aber merkwürdig! Wie schnell ich mich akklimatisierte und alles wieder seinen gewohnten Gang ging! Nur unterbrochen durch Informationsveranstaltungen Aktion Sühnezeichen Friedensdienste betreffend. Eingeladen von evangelischen und methodistischen Gemeinden, hielten wir Wolfsburger mehrere Diavorträge über unseren christlich und politisch motivierten Auslandseinsatz. Noch immer erinnere ich mich – wenngleich ungern – meines ersten Vortrages. Zwar spürte ich kein Lampenfieber, doch fehlte es mir an der nötigen Übung. Niemals hatte ich flüssig und artikuliert sprechen gelernt. Zu Hause nicht und in der Schule nicht! Kein Mensch schien großen Wert auf Rhetorik gelegt zu haben. Bis zu jenem schicksalhaften Vortrag auch ich nicht! Erst nach der wohlmeinenden Manöverkritik meiner Sühnekollegen erkannte ich die große Bedeutung einer schwungvollen Rede, die mir fehlte.

Einige Jahre vergingen ohne nennenswertes Engagement für Aktion Sühnezeichen Friedensdienste, als mich eines Tages eine interessante Nachricht des Berliner Büros erreichte. Für den Sommer 1969 würden freiwillige Helfer gesucht. Geplant sei die Renovierung mehrerer Wohnhäuser von Farbigen im Ghetto von Kansas City. Um es kurz zu machen. Daraus wurde nichts. Aus welchen Gründen auch immer. Stattdessen verschönerten wir vier Wochen lang die Kirche der weißen Presbyterianer, schlugen uns mit den Rassenproblemen der Amerikaner herum, genossen deren Gastfreundschaft und lernten Land und Leute kennen. Zurück in Deutschland, beschwerte sich unser deutsch-amerikanischer Gastgeber nachträglich darüber, dass wir uns zu sehr für die „schwarze Seite" der Vereinigten Staaten von Amerika interessiert hätten. Nach diesem fragwürdigen Einsatz verfolgte ich die Aktivitäten der Organisation immer seltener. Das Konzept der generösen Versöhnungsgesten nach wie vor billigend, störte mich zunehmend deren theologisches und antiquiertes Profil. Zu dieser Zeit richtete auch mein Freund Jürgen aus Wedel einen zukunftsweisenden Appell an ASF folgenden Inhalts:

> Ein Sühnezeichen könnte es heute sein, größtmögliche Hilfe, Unterstützung, auch „zeichenhaftes" praktisches Tun für und mit Kriegsflüchtlingen hier in Deutschland oder an geeigneter Stelle auf dem Balkan anzubieten. In Skopje begann nach dem schrecklichen Erdbeben 1963 eine beeindruckende Solidarität vieler Menschen, vieler staatlicher und konfessioneller Organisationen über alle Gegensätze und Grenzen hinweg. Diese Chancen könnten wir nutzen, Aktion Sühnezeichen und andere, die das Leiden nicht nur mit ansehen wollen (Pieplow 1992, S. 31).

Trotz meiner Vorbehalte gegenüber ASF folgte ich am 2. Mai 2008 einer Einladung zur 50-jährigen Jubiläumsfeier, welche im „Haus der Kulturen der Welt" bzw. in der „schwangeren Auster" – so die berlinische Etikettierung – stattfand. Kritisch eingestimmt, lauschte ich den Worten prominenter Redner aus Politik und Kirche. Unser damaliger Bundespräsident Horst Köhler (1943*) sprach von einem permanenten Friedensprozess, der scheidende EKD-Vorsitzende Dr. Wolfgang Huber (1942*) bezeichnete ASF als ein Markenzeichen der Kirche, und die Präsidentin des Zentralrates der Juden Charlotte

Knobloch (1932*) betonte die Notwendigkeit von AFS angesichts des grassierenden Antisemitismus und forderte ein Verbot der NPD. Während ich mich der Ausführungen des Berliner Erzbischofs Georg Kardinal Sterzinsky (1936-2011) nicht mehr erinnere, berührten mich zutiefst die leidvollen Erlebnisse der Überlebenden des Holocaust Dr. Michaela Vidláková (1936*), sodass mir fast die Tränen kamen, als sie uns mit „Liebe Freunde!" ansprach. Sie war von den Nazis als Sechsjährige nach Theresienstadt verschleppt worden und drei Jahre lang traumatischen Zuständen ausgeliefert gewesen. Trotzdem fand sie nicht nur versöhnende Worte, sondern „lebte Versöhnung". Ecce homo! Außerdem waren der SPD-Politiker Lothar Thierse (1943*) und der ehemalige Generalsekretär und Ehrenvorsitzende von ASF Franz von Hammerstein (1921-2011) anwesend. Nahezu unbeachtet saß der 86-jährige mit seiner Frau Verena (1922*) am äußersten Rande der ersten Reihe. Zu seinem 80. Geburtstag hatte er noch im Mittelpunkt der Friedensorganisation gestanden. Offenbar gehörte er jetzt zum „alten Eisen". Jedenfalls behandelte man ihn als randständige Figur. Keiner schien es zu bemerken. Doch auf mich wirkte die Szene wie ein Trauerspiel auf offener Bühne. Beschlossen wurde der Festakt mit einer Podiumsdiskussion junger ASF-Freiwilliger, welche von dem ARD-Korrespondenten Thomas Roth (1951*) geleitet wurde.

12. Vom Handwerker zum Ingenieur

Wege entstehen dadurch,
dass man sie geht.
Franz Kafka

Der Staat macht´s möglich

Die mazedonische Ära hatte meinem Leben neue Impulse gegeben. Weswegen ich mich an meinen Beruf als Heizungsmonteur nicht mehr gewöhnen konnte. Er diente nur noch dem Geldverdienen. Das ergab aber keinen Lebenssinn! So träumte ich erneut von freier Weiterbildung und glaubte sie trotz finanzieller Imponderabilien realisieren zu können. Die Gelegenheit war günstig. In Braunschweig hatte die „Staatliche Berufsaufbauschule" (BAS) noch einige Plätze frei. Falls ich die Aufnahmeprüfung bestehen würde, konnte ich in einem zweiten Anlauf die „Mittlere Reife" nachholen. An diesem schicksalhaften Tag forderte ich mir das Äußerste ab. Besonders bei der Bearbeitung des so genannten „Intelligenz-Struktur-Test" (IST) von Rudolf Amthauer (1920-1989). Der im Jahre 1953 entwickelte Intelligenztest versucht mittels Satzergänzungen, Analogien, Gemeinsamkeiten finden, Zahlenreihen, Auswahl von Figuren und Würfelaufgaben, elf intelligente Funktionen zu eruieren, beispielsweise: Merkfähigkeit, verbales Wissen, rechnerisches Denken, räumliche Vorstellung, numerisches Wissen, schlussfolgerndes Denken. Obschon der Test inzwischen als IST-70 und IST-2000 R weiterentwickelt wurde, hat sich an seiner grundlegenden Struktur nichts geändert.

Sowohl die Aufgaben des Intelligenztestes als auch andere Aufgaben hatte ich erfolgreich gelöst, weswegen mir zu meiner großen Freude ein positiver Bescheid ins Haus flatterte. Meine erste Amtshandlung bestand in einer freudestrahlenden Kündigung meiner Arbeitsstelle. Fortan musste ich nicht mehr auf strapaziösen Baustellen arbeiten, keine Knochenarbeit mehr leisten. Freilich zum Preis schrumpfender Ressourcen. Dann tauschte ich meinen „grünen Schrotthaufen" gegen einen gebrauchten Fiat 500 ein und engagierte einen die Fahrkosten reduzierenden Mitfahrer. Obschon wir ein Jahr lang zusammen nach Braunschweig fuhren und gemeinsam die Berufsaufbauschule besuchten, wurden wir nicht miteinander warm. Während er einen unverbindlichen und geistig überlegenen Eindruck auf mich machte, weiß ich nicht, wie er mich einschätzte. Offenbar stimmte unsere Biochemie nicht überein. So etwas soll es ja geben. Trotzdem hielt unsere Fahrgemeinschaft bis zum Ende der Schulzeit.

Zunächst fiel mir die geistige Arbeit furchtbar schwer. Meine kognitiven Fähigkeiten schienen nach siebenjähriger Bautätigkeit eingerostet zu sein. Konzentrationsprobleme, Denkhemmungen und Gedächtnislücken beeinträchtigten das Lernen. Es dauerte lange, bis meine grauen Zellen wieder richtig funktionierten und befriedigende Ergebnisse lieferten. Immerhin fiel mein Abschlusszeugnis nach einem Jahr anstrengenden Unterrichts besser aus als zu erwarten war. Mit der „Mittleren Reife“ in der Tasche galt es nun eine noch höhere Bildungsstufe zu erklimmen. In Frage kam entweder das Braunschweig Kolleg oder eine Ingenieurschule. Nach gründlicher Sondierung aller Optionen wählte ich die letztere Bildungseinrichtung und hatte das Glück, an der Berliner Ingenieurakademie für Bauwesen schon bald einen Studienplatz für Heizungs- und Gesundheitstechnik zu bekommen. Mit dieser Lösung war ich noch in anderer Hinsicht „aus dem Schneider“. Erstens war ein Auszug von zu Hause längst überfällig, zweitens würde mir in Berlin das Kreiswehrersatzamt nichts mehr anhaben können und drittens meine beabsichtigte Trennung von meiner Freundin erleichtert werden. Seit mir meine ehrgeizige Schwiegermutter in spe, Witwe eines Regierungsrates aus Nazizeiten, durch die Blume zu verstehen gegeben hatte, dass ihr braves Töchterlein mindestens einen Ingenieur als Ehemann verdiene, waren meine Gefühle für meine Freundin und ihre Familie merklich abgekühlt. Im Nachhinein erinnert mich diese damalige Situation an eine kuriose Szene in Jack Londons *Martin Eden*. Auch in diesem Roman übt die Mutter einen großen Einfluss auf die unentschlossene Tochter aus: „Wir wollen deine Wahl in keiner Weise beeinflussen,“ sagt sie, „aber du bist unsere Tochter, und wir könnten es nicht ertragen, dich in einer solchen Ehe zu sehen“ (London 1978, S. 156). Genau wie Eden hatte ich den Standesdünkel von Katharinas Mutter mächtig unterschätzt. Es sollte nicht das letzte Mal in meinem Leben gewesen sein. Wenn ich es indes recht bedenke, war meine Demotivation wohl doch vorgeschoben. Der eigentliche Grund war eher folgender: Obwohl wir schon zwei Jahre miteinander gingen, machte unsere Beziehung keinerlei sexuelle Fortschritte. Sie beschränkte sich lediglich auf anschmiegsames Tanzen und ab und an einen scheuen Kuss. Selbst auf meiner kuscheligen Mansardenbude „konnte ich sie nicht rumkriegen“. So sehr ich mich auch bemühte. Es war jedes Mal frustrierend! Zwar mangelte es uns beiden an klaren Vorstellungen von der Vereinigung der Geschlechter, aber irgendwie hätten wir schon zueinander gefunden. Da bin ich mir ganz sicher! Sie aber wollte ihr „Schatzkästlein“ partout für die Hochzeitsnacht aufsparen. Solange aber wollte ich nicht warten! Was tun? Onanieren hatte die Kirche verboten! Vorehelichen Geschlechtsverkehr die Freundin! Und die nächtlichen Pollutionen waren auch keine Lösung! So verabschiedete ich mich – wenngleich schlechten Gewissens – nach Berlin-West.

Lustig ist das Studentenleben

Der zweite Mann meiner Mutter dürfte meinen Auszug begrüßt haben. Schließlich mochten wir uns ganz und gar nicht! Während Kurt morgens seinen ekligen Raucherhusten pflegte, qualmte er uns Nichtrauchern tagsüber die Wohnung voll. Immerhin war ich froh, meine Mutter versorgt zu wissen. Bis auch er im Alter von 70 Jahren an einer Rentenneurose starb. Dieser fette Sack! Als „Rentenneurotiker" bezeichne ich pensionierte Berufstätige, welche nichts Rechtes mit sich anzufangen wissen. Mit dem Verlust ihrer Arbeit scheinen die armen Kerle ihren Lebenssinn verloren zu haben. Wir werden auf diese brisante Thematik noch einmal zu sprechen kommen, wenn ich selbst das Pensionsalter erreicht haben werde. Aber noch ist es nicht so weit.

Im Frühjahr 1967 fuhr ich also nach Berlin und immatrikulierte mich an der Neuköllner „Ingenieurakademie für Bauwesen". Quartier nahm ich bei einer älteren kolonialen Offizierswitwe in Steglitz (Buggestraße 5). Es war eine elende Studentenbude. Selbst für einen armen Studenten. Sie war winzig, mäßig möbliert, Küchenbenutzung keine und Damenbesuche strengstens verboten. Wenn es einmal etwas später wurde, stand die Tugendwächterin vorwurfsvoll im Flur. Da konnte keines langen Bleibens sein! Schon kurz nach dem Einzug erwog ich den Auszug und zog vier Wochen später in die Karl-Marx-Straße 117 um. Zwar erwies sich meine Unterkunft als ein paar Quadratmeter größer und der Ingenieurschule wesentlich näher gelegen, aber unglücklicherweise plagte meine neue Wirtin die Neugier. So kam ich vom Regen in die Traufe: Eines Tages erwischte ich sie in flagranti: in der Hand einen Brief haltend. Es war mein Brief! „Sieh an! Sieh an!", dachte ich, „Stöbert die alte Tante doch wahrhaftig in deinen Schubladen herum!" Solch eine eklatante Verletzung der Intimsphäre wollte ich nicht hinnehmen und kündigte fristlos. Mein drittes möbliertes Zimmer befand sich in einem Studentenwohnheim (Johannesthaler Chaussee 283). Endlich hatte ich es gut getroffen, den längeren Fahrweg von Gropiusstadt bis zur Ingenieurschule in Kauf nehmend. Jeweils vier Studenten bewohnten eine Wohnung mit Küche und Bad. Wir vertrugen uns prächtig.

Mit einem der Insassen, Horst Bockelmann, freundete ich mich sogar an. Gemeinsam zogen wir durch die vielen Berliner Musiklokale: Go In, Leierkasten, Malkiste, Eierschale, Kleine Weltlaterne, Steve Club und andere und hörten nächtelang Protest- und Folksongs von Hannes Wader (1942*), Reinhard Mey (1942*), Ulrich Roski (1945-2003) und Klaus Hoffmann sowie New Orleans Jazz bei ein bis mehreren „kühlen Blonden" und „heißen Dunkelhaarigen" in der Eierschale. Einmal besuchten wir auch die Komikertruppe Insterburg & Co in Dieter Hallervordens (1935*) Kabarett „Die Wühlmäuse", welche damals ziemlich „in" war. Aber es ging durchaus auch ohne Musik. Bei Leydicke in der Mansteinstraße, einer urigen Berliner Kneipe, tranken wir billige Obstweine, die bei zu viel des Guten einen kläglichen Kater erzeugten. Noch häufiger besuchten wir die Studentenkinos und sahen anspruchsvolle Filme von Luis Buñuel (1900-1983), Jean-Luc Godard (1930*) und anderen namhaften Regisseuren. Und wenn uns nach Frauen zumute war – was öfters vorkam -, tingelten wir durch die Tanzlokale Big Eden, Badewanne und scheuten auch nicht vor Café Keese mit Damenwahl oder dem schnieken Palais am Funkturm zurück. Es waren unbeschwerte Zeiten. Ein ausgefülltes Studentenleben in Saus und Braus. Ohne viel Moneten in der Tasche. Manchmal dauerten die „Kreuzberger Nächte" bis zum Morgen bzw. bis zur ersten U-Bahn. Aber wir waren noch jung, und im Gegensatz zu heute steckten wir den Schlafmangel locker weg.

Nebenher studierten Horst und ich fleißig wie die Ameisen. Mit Ausnahme der Semesterferien. Da packten wir die Badehose ein und fuhren zum Wannsee. Als ich wieder einmal so für mich herumschwamm, kreuzte ein hübsches Mädchen meine Bahnen. Bäuchlings auf einer bunten Luftmatratze liegend, paddelte sie mit Händen und Füßen im Havelwasser. Zögernd nur und etwas ängstlich fasste ich mir ein Herz und fragte sie: „Was würden Sie machen, wenn ich Sie jetzt ins Wasser schubsen würde?" Offenbar gefiel ihr diese nicht eben originelle Masche, denn sie ließ sich zu einem Téte a Téte einladen. Kristin war intelligent und sportlich und verfügte auch über sonstige Qualitäten. Genau mein Typ! Wie sich bald herausstellte, studierte sie an der Pädagogischen Hochschule und wollte Lehrerin werden. Wir verbrachten eine wunderschöne Zeit miteinander. Es war der Himmel auf Erden. Leider verließ mich mein Schatz nach zwei Jahren ohne Angaben von Gründen. Vielleicht das alte Lied! Kein standesgemäßer Bräutigam? Nur ein graduierter Ingenieur ohne künstlerische Ambitionen? Ausschlaggebend mag eine vierzehntägige

Italienreise gewesen sein, welche wir zusammen mit ihrer Freundin und ihrer Mutter – einer pensionierten Lehrerin für Kunstgeschichte – unternahmen. Das tägliche Kontrastprogramm sättigenden Kunstgenusses und sexueller Enthaltsamkeit zehrten an meinen Nerven. Damit einhergehende Frustrationen dürften Mutter und Tochter nicht entgangen sein. Wie auch immer! Eines schönen Tages sagte mir Kristin adieu. Am liebsten hätte ich meinen Liebeskummer in Alkohol ersäuft, erinnerte mich jedoch noch rechtzeitig des großen Desasters anlässlich meiner Gesellenprüfung. Ihr vertrautes Gesicht verfolgte mich noch lange. Später verliebte ich mich in Tunesien noch einmal in denselben Frauentyp. Zum Glück wurde dieses Strohfeuer nur halbherzig erwidert und bald gelöscht. Psychologisch unbearbeitet, hätte diese „orientalische Liebesgeschichte“ wahrscheinlich ziemlich enttäuschend geendet.

Drei ereignisreiche Jahre studierte ich Heizungs- und Gesundheitstechnik. Dann wendete ich mich einem völlig anderen Sachgebiet zu. 2014 besuchte ich noch einmal das inzwischen denkmalgeschützte Gebäude. Äußerlich schien sich nichts verändert zu haben. Noch immer stand auf der roten Klinker-Fassade der vertraute Name „Ingenieurschule für Bauwesen“ zu lesen. Ein kleines eloxiertes Senats-Schild neben der Eingangstür deutete darauf hin, dass eine Berufs- und Berufsgewerbeschule eingezogen war. Erwartungsvoll betrat ich das Foyer. Statt der Berufsschüler umgab mich gähnende Leere. Während ich mich umschaute, näherte sich eine männliche Reinigungskraft und erklärte: „Nachmittags haben die Schüler keinen Unterricht“ und bärbeißig hinzufügend: „Solch eine schöne Schule haben diese jugendlichen Faulpelze gar nicht verdient“. Etwas ernüchtert und der studentischen Vergangenheit nachsinnend, verließ ich das altehrwürdige Gebäude. Damals grenzte der dunkle Klinkerbau direkt an die Einflugschneise zum Tempelhofer Flughafen. Wenn eine amerikanische Propellermaschine vorbeiflog klirrten die Scheiben, und die Stimme des Dozenten wurde unhörbar. Doch wir gewöhnten uns an den dröhnenden Motorenlärm, an die Vibrationen und an vieles andere. Zum Beispiel mussten wir mit den charakterlich sehr unterschiedlichen Dozenten zurechtkommen. So erinnerte ich mich des Lehrers für Gesundheitstechnik, dessen zarte Fistelstimme in krassem Gegensatz zu seiner kräftigen Statur stand. Pausenlos bombardierte er uns mit neuem Stoff. Kaum, dass wir so schnell schreiben konnten wie er diktierte. Demgegenüber hatte unser Mathematiklehrer die Ruhe weg. Ich mochte den älteren Herren sehr, weil er uns die schwierige Differenzial- und Integralrechnung verständlich „rüberbrachte“. Dagegen wurden wir von unserem jüngeren Physikprofessor – eine Leihgabe der Technischen Universität Berlin – maßlos überfordert. Offenbar glaubte er Seinesgleichen vor sich zu haben. Wenn es uns zu bunt wurde, boykottierten wir seine Klausuren. Als ziemlich neurotisch erwies sich der Deutschlehrer. Man wusste nie so genau, woran man mit ihm war. Trotzdem war ich ihm sehr dankbar, weil er mich zu einem laienhaften Vortrag über Erkenntnistheorie ermutigte. Am sympathischsten fand ich allerdings den amerikanischen Englischdozenten. Sein Unterricht wirkte sehr leger und kollegial. Ihm verdanke ich auch die Erfahrung, dass sich Bier und Whisky nicht miteinander vertragen.

Die 68er-Studentenbewegung

Als Student wurde man zwangsläufig in die Berliner Tagespolitik hineingesogen. Schon im zweiten Studienmonat, zu meinem Geburtstag am 2. Juni 1967, ging es hoch her. Statt gemütlich einen Kaffee in einem Café zu schlürfen, spazierte ich gegen 14.00 Uhr zur Tauentzienstraße, um den Schah von Persien zu sehen. Erwartungsvoll mischte ich mich unter das Volk hinter den Absperrungen der Polizei. Plötzlich geriet die Menge in Bewegung. Begleitet von lauten Jubel- und Buhrufen, defilierten mehrere von Kradfahrern der Polizei eskortierte schwarze Limousinen vorbei. In einer davon saßen, hinter getönten Autoscheiben verborgen, Mohammad Reza Pahlavi (1919-1980) und seine Frau Farah Diba (1938*). Ihre beabsichtigte Unsichtbarkeit hatte nur einen Augenblick gedauert. Was danach Schreckliches passierte, erfuhr ich am nächsten Tag aus den Medien. Programmgemäß war die Wagenkolonne bis zur Deutschen Oper weitergefahren. Während das persische Kaiserpaar unter massivem Polizeischutz den Klängen von Wolfgang Amadeus Mozarts (1756-1791) „Zauberflöte“ lauschte, brach unter den demonstrierenden Studenten eine streitbare Unruhe aus. Verfolgt von hetzsüchtigen Polizisten, stoben sie auseinander. Unter den flüchtenden Demonstranten befand sich auch der 26-jährige Student Benno Ohnesorg (1940-1967) von der Freien Universität, der aus nicht geklärten Umständen – wie es hieß – von dem Kriminalobermeister Karl-Heinz Kurras (1927-2014) aus nächster Nähe erschossen wurde. Wie sich nach 42 Jahren (sic!) herausstellte, gehörte Kurras als inoffizieller Mitarbeiter (IM) der hundsgemeinen Stasi an. Offenbar arbeitet die Berliner Polizei manchmal langsamer als eine Schnecke kriecht.

Nach diesem mysteriösen Todesschuss am 2. Juni 1967 radikalisierte sich die Studentenbewegung und erweiterte ihren Aktionsradius. Auch in unserer Ingenieurakademie begann es zu rumoren und zu brodeln. Waren wir bis dato noch ziemlich brave Studenten gewesen, die pünktlich ihre Vorlesungen besuchten, fleißig lernten und ihre Hausaufgaben ordentlich erledigten, so wurden wir jetzt zunehmend aufmüpfiger. Der „Allgemeine Studentenausschuss" (AStA) machte mobil, und wir begannen lautstark vor dem Schulgebäude nach dessen Pfeife zu demonstrieren. Seine Vertreter wollten nämlich erfahren haben, dass allgemeinbildende Fächer, wie Deutsch und Englisch vom Lehrplan gestrichen werden sollten. Nur gegen diese beabsichtigte Fachidiotie richtete sich damals unser friedlicher Protest. Verständnis hatten die Passanten der Leinestraße für unser Anliegen nicht. Vielmehr fühlten sie sich durch unsere Demonstrationen in ihrer bürgerlichen Ruhe gestört und verstanden die Welt nicht mehr. Statt eine fragende Haltung einzunehmen, gingen sie verbal auf uns los: „Euch geht´s wohl zu gut; studiert auf unsere Kosten; geht doch nach drüben; man sollte euch die Rübe abschlagen," und anderes mehr bekamen wir zu hören. Es war geradezu grotesk, was an sich brave Berliner Bürger uns an den Kopf warfen. Immerhin lernte ich daraus, dass sowohl Demonstranten als auch Passanten unter einer „Massenhysterie" leiden können.

Auch an der Freien und Technischen Universität brodelte es unter den Studenten. Am 11. April 1968 hatte ein rechtsradikaler Jugendlicher ein Attentat auf den linksradikalen Studentenführer Rudi Dutschke (1940-1979) verübt, das er schwer verletzt überlebte. Daraufhin gerieten die Studenten von der „Außerparlamentarischen Opposition" (APO) in Rage. Hatten sie bisher nur den „Muff von tausend Jahren aus den Talaren" schütteln wollen, so versuchten sie jetzt das korrupte Establishment mit Gewalt hinwegzufegen. Sie demonstrierten gegen die bürgerlichen Professoren und Politiker mit NS-Vergangenheit, die Notstandsgesetze, atomare Aufrüstung, den amerikanischen Vietnamkrieg und andere inhumane Machenschaften. Sie organisierten „Sit-ins" und legten damit tagelang den Vorlesungsbetrieb lahm, blockierten den Straßenverkehr und beschimpften die Springerpresse. Ich persönlich beschränkte mich nur noch auf eine Beobachterrolle. Schon deswegen, weil ich mein Studium nicht aufs Spiel setzen durfte. Im Unterschied zu Studenten aus begüterten Schichten bedeutete für mich der Besuch der Ingenieurakademie und später der Technischen Universität ein großes Privileg. Zur Verdeutlichung: Trotz des gepriesenen Wirtschaftswunders hatten einer Studie der „Organisation für wirtschaftliche Entwicklung und Zusammenarbeit" (OECD) zufolge, nur zehn Prozent aller deutschen Kinder eine Chance studieren zu dürfen (vgl. F. Stern 2007, S. 349). Zudem bekam ich damals ein kleines Stipendium nach dem Honnefer-Modell, einem Vorläufer des Bundesausbildungsförderungsgesetzes (BAföG), welches mit einem Darlehen verbunden war, das man zurückzahlen musste, falls man sein Studium – aus welchen Gründen auch immer – abbrach. Und das wäre mich teuer zu stehen gekommen.

Die Konflikte zwischen Demonstranten und Polizisten eskalierten. Verharmlosend war im „Tagesspiegel" vom 4. Juni 1969 zu lesen:

> Vor der Ingenieur-Akademie für Bauwesen kam es gestern erneut zu Auseinandersetzungen zwischen Polizei und streikenden Studenten, die mit einer Sperrkette ihren gegen den Streik eingestellten Kommilitonen den Zutritt zur Akademie verwehren wollten. Mit Wasser aus zwei im Gebäude angeschlossenen Feuerwehrschläuchen drängte die Polizei die Studenten vom Eingang zurück. Als berittene Polizisten anrückten, zogen sich die Studenten von der Akademie zurück. Sie wurden anschließend von der Polizei abgedrängt. Nach Mitteilung der Polizei warfen die Studenten einige Knallkörper. Polizisten machten vereinzelt vom Schlagstock Gebrauch. Ein Photoreporter wurde auch dann noch gezielt von der Polizei mit Wasser bespritzt, als die Studenten, unter denen er sich zuvor befunden hatte, bereits vor dem Strahl zurückgewichen waren, und er frei auf der geräumten Straße stand. Der Reporter war durch die offizielle Binde deutlich als Journalist erkennbar gewesen. Die Polizei teilte dazu mit, der Reporter sei versehentlich in den Bereich des Wasserstrahls gekommen. Ein anderer Journalist wurde von einem Polizisten beim Photographieren behindert.

Unter den erwähnten Streikposten befand sich auch ein Mitbewohner unseres Studentenwohnheims in Britz-Süd, der von der Polizei abgeführt wurde. Ein anderer Mitbewohner wurde von der Staatsmacht aus ganz anderen Gründen attackiert. In unregelmäßigen Abständen erhielt er anonyme Briefe mit fingierten Absendern aus Hannover, darin er aufgefordert wurde, unverzüglich seinen Wehrdienst anzutreten. Nachdem er mit unserer Unterstützung eine Weile dem „Psychoterror des Kreiswehrersatzamtes", denn von daher stammten die Briefe, getrotzt hatte, gab er sich geschlagen und ließ sich widerstandslos rekrutieren. Kolportiert wurde in diesem Zusammenhang damals auch folgende Geschichte: Einige westdeutsche Studenten, welche sich durch den Umzug nach Berlin der Bundeswehr entzogen hatten, seien an der ost-west-deutschen Grenze abgefangen worden. Andere seien in Berlin von Schergen der Bundeswehr sogar gekidnappt und mit dem Flugzeug in westdeutsche Kasernen verbracht worden. Solchen und anderen kriminellen Machenschaften der Gesetzeshüter sei daraufhin von den Alliierten ein Riegel vorgeschoben worden.

Mit der Radikalisierung der Studentenbewegung ging eine Zersplitterung in viele „Rote Zellen" einher. Man stritt um die politische Macht. Jeder wollte das Sagen haben. Kommunisten stritten gegen Marxisten-Leninisten und beide gegen Maoisten. So verlor der „Sozialistische Deutsche Studentenbund" (SDS) seine einstige Schlagkraft und trat als Einheit kaum mehr in Erscheinung. Mich interessierten diese machtpolitischen Querelen kaum noch. Lediglich ihre militanten Demonstrationen beobachtete ich weiterhin. So erinnere ich mich meiner letzten Demonstration gegen den Vietnamkrieg. Als wir in die Hardenbergstraße am Bahnhof Zoo einbogen, flogen Bierflaschen gegen die Fensterscheiben des Amerikahauses. Was mich maßlos ärgerte! Ich wollte friedlich demonstrieren und hasste Gewalt! Weswegen ich augenblicklich ausscherte. Gerade noch rechtzeitig. Denn am Ende der Straße wurden die militanten Demonstranten von berittener Polizei brutal zusammengeknüppelt. Ein anderes Mal kam ich gegen Abend zum Ku-Damm, angezogen vom gespenstischen Blaulicht eines Polizeikonvois. Mehrere Hundertschaften hatten an sich friedliche Demonstranten eingekesselt. Sie saßen buchstäblich in der Falle! Ringsum herrschte eine aufgeheizte Stimmung. Möglicherweise von der Polizei selbst geschürt. Wie ich nämlich beobachten konnte, tauchten von Zeit zu Zeit aus dem brodelnden Hexenkessel junge Polizisten in Zivil auf und verschwanden in einem der Mannschaftswagen, während ihm andere entstiegen und sich in den wahnwitzigen Massentumult stürzten.

Zukünftig vermied ich überhaupt radikalisierte Demonstrationen und nahm lediglich noch an moderaten Umweltaktionen teil: gegen den Ausbau der Havelchaussee und den Bau des Kohlekraftwerk Brokdorf sowie an Sternfahrten des „Allgemeinen Deutschen Fahrrad-Clubs" (ADFC) u.dgl.m. Außerdem hatte ich Ende des Jahres 1969 ganz andere Sorgen. Mein Studium neigte sich dem Ende zu, und vor den Prüfungsklausuren war noch eine Abschlussarbeit zu absolvieren. Entschieden hatte ich mich für ein aufwändiges „Hallenbad-Projekt“. Dafür mussten die sanitären und heizungstechnischen Anlagen berechnet und gezeichnet werden. Vielleicht ein zu anspruchsvolles Projekt. Aber es lohnte die Mühe. Die Arbeit wurde „gut“ bewertet. Hingegen fiel die Gesamtnote nur befriedigend aus. Trotzdem reichte es für den schmeichelhaften Titel „Ingenieur grad.“. Das war die Hauptsache!

Vom Paulus zum Saulus

Mein unruhiges Studentenleben sollte nicht ohne Einfluss auf meine religiöse Überzeugung bleiben. Als meine Mutter eines Tages die Gretchenfrage stellte: „Wie hältst du es mit der Religion, mein Sohn!“ musste ich ihr schlechten Gewissens gestehen, dass ich schon lange keine Kirche mehr von innen gesehen hatte. Irgendwie schien sie es geahnt zu haben, da sie mich bereits aus der Mitgliederliste der Wolfsburger Freikirchlichen Gemeinde hatte streichen lassen. Ich selbst war zu feige dazu gewesen. Womöglich begann der Loslösungsprozess bereits, als meine Zweifel an der Heiligen Bibel als teuflische Versuchung diskreditiert wurden. Trotz dieser Irritationen hielt ich unserer Kirche noch lange die Treue. Schuld daran waren wahrscheinlich die religiösen Einflüsse meiner Familie und Freunde sowie meiner christlichen Brüder und Schwestern. Erst der Umzug nach Berlin lockerte meine Bindung zu ihnen. Immer seltener die Gottesdienste der Frohnauer Methodistenkirche besuchend, blieb ich schließlich ganz weg, als der kreationistische Prediger seiner Gemeinde gegen alle wissenschaftliche Vernunft weismachen wollte, dass die Erde in nur sechs Tagen erschaffen worden sei. Solchen ausgemachten Unsinn wollte ich mir nicht länger anhören. Bevor ich jedoch den bornierten Methodisten endgültig den Rücken kehrte, nahm ich während der Sommersemesterferien 1968 noch an einer christlichen Freizeit teil. Unter der Leitung eines evangelisch-freikirchlichen Pastors – eben jenes oben erwähnten ehemaligen Wehrmachtsoffiziers -, fuhren mein Freund Horst und ich mit anderen jungen Leuten nach Torredembarra. Meine Erinnerungsfotos deuten auf eine unbeschwerte Ferienzeit mit viel Spiel und Sport und hübschen Mädchen hin. Gemeinsam erkundeten wir sowohl unsere Sympathien füreinander als auch die nähere Umgebung. Besonders lebhaft erinnere ich mich einer Corrida in Tarragona. Inmitten der monumentalen Stierkampfarena wurde ich Augenzeuge eines blutigen Schauspiels. Zwischen sensationslüsternen Spaniern und Touristen sitzend, verfolgte ich die stundenlangen Quälereien mehrerer Kampfstiere. Von den Toreros, Picadores und Banderilleros kreuz und quer durch die Arena gehetzt und geschunden, brachen die geschwächten Tiere nach einem gezielten Degenstich in den Nacken schließlich blutüberströmt zusammen. Offenbar hatten die Toreros ihre Sache besonders gut gemacht, da sie den Stieren unter dem Gejohle der Menge die Ohren abschneiden durften. Daraufhin war meine sensationelle Neugier für den Rest meines Lebens befriedigt, und ich urteilte ähnlich wie Erasmus von Rotterdam, der schrieb: „Er habe keine Freude an solchen blutigen Spielen, diesen Überresten der Barbarei" (St. Zweig 1989, S. 55). Im Jahre 2012 hatten auch die Katalanen von diesem makabren Schauspiel genug und verboten es unter dem Protest der ewig Gestrigen.

Nach dem rigorosen Bruch mit meinen pietistischen Glaubensbrüdern, lief ich ein wenig verwaist durch die menschenvollen Straßen und geriet in die Fänge der Zeugen Jehovas. Eigentlich nur marginal an ihren Versammlungen interessiert, heftete sich eine sehr nette Familie wie eine Klette an meine arme Seele. Großzügig kutschierte sie mich zu ihrem „Königreichsaal", versorgte mich mit kompilatorischer Bibel-Literatur und lud mich sonntags sogar zum Mittagessen ein. Sozusagen ein gefundenes Fressen für einen beziehungshungrigen Studenten wie ich es war. Warum aber diese intensive Betreuung? Wahrscheinlich deswegen, weil nach Ansicht der Zeugen Jehovas alle Studenten einen unmoralischen Lebenswandel führen und Universitäten als Brutstätten der Gesetzlosigkeit gelten. Dem wollte „meine Pflegefamilie" entgegensorgen! Eine Zeit lang ließ ich mir's gefallen, zumal ich einige Glaubensvorstellungen, wie zum Beispiel: Erwachsenentaufe, Ablehnung der Hölle (annihilationistischer Standpunkt), der heidnisch verbrämten Weihnachts- und Osterfeiertage und des Wehrdienstes teilte. In anderer Hinsicht geriet ich jedoch vom Regen in die Traufe. Jehovas Zeugen waren nämlich hart gesottene Kreationisten und ließen nur den Schöpfungsbericht der Genesis gelten. Nach und nach entdeckte ich noch weitere Abstrusitäten. Vor allem ihre chialistische Lehre von der Erwartung der letzten Tage der Menschheit und der Errichtung eines 1000-jährigen Reiches sowie der auserwählten 144.000 Gläubigen. „Was passiert mit dem Milliarden-Rest der Menschheit?" fragte ich mich. Würde er der ewigen Verdammnis anheim fallen? Und last, not least wurde mein irdischer Gerechtigkeitssinn arg strapaziert. Ihre patriarchalische Gemeindestruktur, ihre Intoleranz gegenüber Andersgläubigen, ihre Verweigerung lebensrettender Bluttransfusionen, brachten mich in Harnisch. Sie würden mich glatt in meinem Blute liegen lassen, falls ich einmal verunglücken sollte! Indessen musste ich zu meinem Erstaunen feststellen, dass die Zeugen Jehovas weniger sektiererisch veranlagt sind als die Katholiken. Weder gaben ihre Ältesten vor, Stellvertreter Christi auf Erden zu sein, noch huldigten sie Maria und den Heiligen, noch tolerierten sie den Exorzismus, noch hatten sie jemals Ketzer verbrannt. Leider wollte man mich nicht so ohne weiteres ziehen lassen. Weshalb ich mich auf Französisch empfehlen musste.

Ludwig Feuerbach (1804-1882) hatte ich damals noch nicht gelesen und seine „anthropologische Reduktion" war mir noch gänzlich unbekannt. Aber irgendwie ahnte ich, dass jeder Mensch seinen eigenen Gott in den blauen Himmel projiziert. So wie es ihm beliebt! Schon vor Feuerbach hatten das die alten Griechen gewusst und später besonders Rousseau, als er schrieb:

> Im allgemeinen denken sich die Gläubigen Gott, wie sie selbst sind, die Guten gut, die Bösen böse; die gehässigen und galligen Frommen sehen nur die Hölle, weil sie die ganze Welt verdammen möchten; die liebenden und sanften Seelen glauben kaum mehr daran ... (Rousseau 1978, S. 227).

Zukünftig ließ ich den „lieben Gott" einen toten Mann sein. Er mag in der Vergangenheit einige wertvolle Dienste geleistet haben. Aber seine Zeit ist vorbei! An seine Stelle traten eine höhere Vernunft und ein evolutionärer Humanismus. Bis zu diesem radikalen Bekenntnis zum Atheismus vergingen sieben verflixte Jahre; denn solange dauerte die angstfreie Loslösung von meinen religiösen Wahnvorstellungen. Wann wird die gesamte Menschheit den Himmel „Engeln und Spatzen überlassen" haben?

13. Vom Ingenieur zum Psychologen

Alles kann auch anders sein.

Alfred Adler

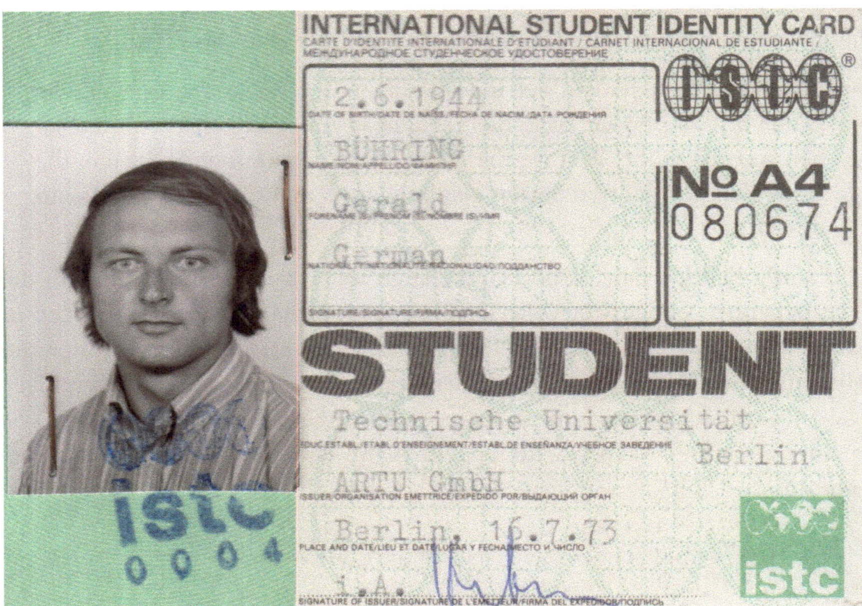

Die Qual der Wahl

Mit meiner Ingenieur-Urkunde hatte ich die Qual der Wahl: entweder ein Leben als Heizungsingenieur oder ein weiterführendes Zweitstudium. Weil ich erst einmal meine leere Geldbörse auffüllen musste, jobbte ich probehalber in einem Berliner Ingenieurbüro für Heizungsbau, hatte jedoch nach drei Monaten genug von meiner Unfreiheit. Von morgens bis abends mit zwei Ingenieuren zwischen vier Wänden an einem Schreibtisch zu sitzen und nach der Pfeife autoritärer Vorgesetzter und Architekten tanzen zu müssen, widersprach meinem erstarkten Freiheitsbedürfnis. Meine momentanen Interessen sondierend, verfiel ich paradoxerweise wieder auf die Religion. Offenbar war dieses heikle Kapitel noch immer nicht abgeschlossen, wenngleich mich nur noch die wissenschaftliche Erforschung der Weltreligionen interessierte. Glücklicherweise riet mir ein weitsichtiger Professor der Freien Universität Berlin, dessen Rat ich erbeten hatte, von meinem Vorhaben ab. Religionswissenschaft, so meinte er, sei beileibe kein Brotberuf und ernähre ihren Mann nur im Falle überragender Leistungen und guter Beziehungen. Andere weiterbildende Potenzialitäten auslotend, bewarb ich mich sowohl an der Pädagogischen Hochschule als auch der Technischen Universität. Entweder würde ich Sonderpädagogik oder Psychologie studieren! Indes standen meine Chancen denkbar schlecht, und zwar des gefürchteten Numerus clausus wegen! Umso mehr freute es mich, als ich nach einer längeren Zitterpartie einen positiven Bescheid von der Technischen Universität Berlin bekam. Nicht weil ich für ein Psychologiestudium besonders prädestiniert gewesen wäre – ganz und gar nicht -, sondern nur deswegen, weil der „Akademische Senat“ der Universität vergessen hatte zu tagen. Vergesslichkeit kann auch sein Gutes haben!

Nicht nur meine nächsten Bezugspersonen wunderten sich über den radikalen Richtungswechsel. Ich selbst war nicht weniger überrascht! Woher rührte mein plötzlicher Sinneswandel? Kein Mensch hatte mir ein pädagogisches oder psychologisches Studium nahe gelegt, geschweige denn zugetraut. Auch scheinen keine gravierenden Jugendkrisen, wie im Falle von Erik H. Erikson oder Harry Stack Sullivan, eine besondere Rolle gespielt zu haben. Oder vielleicht doch? Hatten mich ungelöste Probleme meiner Kindheit auf den Pfad der Psychologie geführt? Wer weiß! Vor allem dürften aber positive Erfahrungen als Sonntags-Schulhelfer und Jungscharleiter die Wahl des neuen Studienfaches mitbestimmet haben. Denn nach dem technischen Ingenieurstudium hatte ich das dringende Bedürfnis mit Menschen zu arbeiten. Ähnlich empfand Fritz Sterns Mutter: „Eine Arbeit zu haben, wo es sich nicht um Apparate, sondern um Menschen handelt, noch dazu um Kinder, denen man helfen kann, ... eine solche Arbeit ist ... für mich keine Arbeit sondern nur Freude" (F. Stern 2007, S. 56). Folglich versuchte ich aus meiner ehemaligen Freizeitbeschäftigung einen akademischen Beruf zu machen.

Der Studienwechsel von der Akademie zur Universität schleuderte mich in eine andere Welt. Anstelle eines verschulten Unterrichtes, bestand jetzt freie Vorlesungs- und Seminarwahl. Kaum ein Dozent, der sich um Pünktlichkeit oder Anwesenheit seiner Hörer und Hörerinnen kümmerte. Jeder oder jede schien kommen und gehen zu dürfen, wann und wohin er wollte. Zudem hatte ich den Eindruck, dass bei einigen Studenten und Studentinnen die Arbeitsmoral sehr zu wünschen übrig ließ. Projektgruppen zum Beispiel erwiesen sich eher als gruppendynamische Abenteuer, als dass sie effiziente Ergebnisse gezeitigt hätten. An der Ingenieurschule hätte sich das kein Student erlauben dürfen. Kam es ihnen auf ein paar Semester mehr oder weniger nicht an? Wahrscheinlich hatten sie zahlungskräftige Eltern oder litten an chronischen Arbeitsstörungen. Ich selbst arbeitete jedenfalls zügig voran und zwar aus mehreren Gründen: Erstens standen mir außer BAföG nur wenige einträgliche Ressourcen zur Verfügung. Der zeitweise ausgeübte Hausmeisterposten in der Dickhardtstraße, den ich mit Horst teilte, reduzierte lediglich unsere Miete. Auch die von der TUSMA (Telefoniere und Studenten machen alles) vermittelten Jobs, ernährten kaum ihren Mann. Lediglich der Ausbau von Badezimmern in der Rathenower Straße frischte meine Finanzen etwas auf. Zweitens musste ich mich aufgrund meines fortgeschrittenen Studentenalters etwas sputen.

Zwischen den Stühlen

Drittens versuchte ich meine Minderwertigkeitsgefühle in Geltungsstreben zu transformieren. Aufgrund meines allmählichen Aufstiegs vom Volksschüler über den Handwerker zum Akademiker, war ich in höhere geistige Sphären vorgedrungen, die gewöhnungsbedürftig waren. Insbesondere der Umgang mit Geisteswissenschaftlern trug nicht wenig zur Minderwertigkeit bei. Das leidige Gefühl der Unzulänglichkeit, es keinem recht machen zu können, als uninteressant zu gelten, nicht dazu zu gehören, drückten nicht selten auf mein

Gemüt. Schon den beiden Müttern meiner früheren Freundinnen hatte ich nicht genügen können. Nun würde ich den Beurteilungen von Tutoren, Assistenten und Professoren standhalten müssen. Bei solchen und anderen Gelegenheiten packte mich gelegentlich das Selbstmitleid. Wo anderen das Glück in den Schoß fiel, hatte ich schwer darum zu ringen. Solche neurotischen Gedanken sind Freud zufolge weit verbreitet:

> Wir glauben allen Grund zu haben, dass wir mit Natur und Schicksal wegen kongenitaler und infantiler Benachteiligung grollen; wir fordern alle Entschädigung für frühzeitige Kränkungen unseres Narzissmus, unserer Eigenliebe. Warum hat uns die Natur nicht die goldenen Locken Balders geschenkt oder die Stärke Siegfrieds oder die hohe Stirn des Genies, den edlen Gesichtsschnitt des Aristokraten. Warum sind wir in der Bürgerstube geboren anstatt im Königsschloss. Wir würden es ebenso gut treffen, schön und vornehm zu sein wie alle, die wir jetzt darum beneiden müssen (Freud 1994, S. 235).

Obwohl ich sogar in einem Schloss geboren wurde, wenngleich in einer Gesindestube, seufzte ich schwer in mein Tagebuch: Nichts wurde mir im Leben geschenkt! Als Kind musste ich meine angestammte Heimat verlassen, den frühen Tod meines Vaters verkraften und schneller erwachsen werden als mir lieb war. Mit vierzehn Jahren trat ich ins raue Berufsleben ein und beteiligte mich nach besten Kräften am Unterhalt der Familie. Während meine privilegierten Kommilitonen auf dem direkten Weg ihr Universitätsstudium absolvieren konnten, war ich gezwungen, über den Zweiten Bildungsweg die akademische Stufenleiter zu erklimmen. Infolge meines wechselvollen Lebens habe ich auch nirgendwo heimatliche Wurzeln schlagen können – im Osten nicht und im Westen nicht! Zwar spielte ich meine gesellschaftliche Rolle m.E. zufriedenstellend, fühlte jedoch nicht selten eine nagende Sehnsucht nach bejahender Zugehörigkeit. Offenbar war es mir bestimmt, als angepasster Outsider zwischen den Stühlen Platz zu nehmen.

Damals war mir Adlers merkwürdige Antwort auf die Frage, was er einem Kind für seinen Lebensweg wünschen würde noch unbekannt, nämlich so viele Schwierigkeiten in die Wiege gelegt zu bekommen, wie es zu bewältigen vermöge. An seine älteste Tochter Valentine (1898-1942) schrieb er unter anderem:

> Es ist wirklich einfach zu verstehen: das Leben ist voller Schwierigkeiten, die immer wieder auftauchen, so dass wir, aus nur einer Perspektive auf unsere Existenz blickend, meinen, dauernd gegen Schwierigkeiten und Hindernisse zu kämpfen. Aus anderer Perspektive sieht das Leben wieder anders aus – als sei eine Person immer glücklich und eine andere immer unglücklich. Dieses Glück hängt jedoch in der Hauptsache von dem Blickwinkel ab, den wir uns zu eigen machen, und immer von dem Ziel, das wir uns setzen. Ist das Ziel zu hoch angesetzt oder gar unerreichbar, dann kommt es natürlich stets aufs Neue zu Rückschlägen und Enttäuschungen (l.c. Bottome 2013, S. 96).

Statt entspannt zu fragen: „Wo kommst du her?" „Was hast du erreicht?" „Wo willst du hin?", glaubte ich meine Ziele zu hoch gesteckt zu haben. Nicht zuletzt deswegen, weil ich Tolstoi zufolge, angeblich zu jenen Menschen gehöre, „die man sinnlos aus ihrer alten Umgebung herausgerissen hat und die nun mit ihrer zerstörten Jugend dastehen und sich keinen Platz im Leben zu finden wissen, sogenannte Leute mit Universitätsbildung – vorgeschrittene, das heißt reizbare, angekränkelte Liberale" (l.c. Rolland 1967, S. 51). Mag sein oder auch nicht! Wenn ich mit meiner kindischen Selbstmitleidstour durch war, versuchte ich meine Inferiorität durch quantitative und qualitative Mehrarbeit zu kompensieren. Ich ähnelte gewissermaßen einem hochtechnisierten Steinzeitmenschen, der noch immer den emotionalen Ballast seiner Vergangenheit mit sich herumträgt oder einem Unteroffizier, der weder der Mannschaft noch den Offizieren angehört, sondern ständig zwischen den Rängen sitzt. Wie sich dieses Gefühl ins Positive wenden lässt, findet man bei Freud über seinen Universitätsbesuch in Wien:

> Vor allem traf mich die Zumutung, daß ich mich als minderwertig und nicht volkszugehörig fühlen sollte, weil ich Jude war. Das erstere lehnte ich mit aller Entschiedenheit ab. Ich habe nie begriffen, warum ich mich meiner Abkunft, oder wie man zu sagen begann: Rasse, schämen sollte. Auf die mir verweigerte Volksgemeinschaft, verzichtete ich ohne viel Bedauern. Ich meinte, daß sich für einen eifrigen Mitarbeiter ein Plätzchen innerhalb des Rahmens des Menschentums auch ohne eine solche Einreihung finden müsse. Aber eine für später wichtige Folge dieser ersten Eindrücke von der Universität war, daß ich so frühzeitig mit dem Lose vertraut wurde, in der Opposition zu stehen und von der

„kompakten Majorität" in Bann getan zu werden. Eine gewisse Unabhängigkeit des Urteils wurde so vorbereitet (Freud 1976, S. 41).

Auch Harry Stack Sullivan sagt man eine Außenseiterrolle nach, da er weder „in der Familie, noch in der Schule oder der Universität ... sich voll integriert" fühlte (Siebenhühner 2015, S. 78). So ging es also auch mir! Immer hatte ich das Gefühl anders zu sein als andere. Selten das sichere Gefühl, wirklich dazuzugehören. Nie das Gefühl im Schoße Abrahams resp. der Gesellschaft geborgen zu sein. Vielleicht wollte ich es auch gar nicht. Welche Schlüsse ergeben sich aus solch einem unsicheren Lebensgefühl? Möglicherweise alternative Ansichten! Jedenfalls in meinem Falle. Denn ich entwickelte mich zum Antikommunisten, Antifaschisten, Antimilitaristen und Atheisten. Freilich ohne meine Lebenskräfte zu erschöpfen oder gar den Lebensmut zu verlieren.

Meine sehr verehrten Professoren

Ähnlich wie Eliza in Georg Bernard Shaws (1856-1950) *Pygmalion* konkurrierten also zwei unterschiedliche sozioökonomische Systeme miteinander. Mein Denken, Fühlen und Verhalten wurde sowohl von meiner proletarischen als auch meiner akademischen Gesinnung bestimmt und verunsichert. Von der rationalen Erkenntnis über die Akzeptanz bis zur emotionalen Konsolidierung dieses Zwitterstatus brauchte es noch einige Jahre. Vorerst hatte ich anderes zu bewältigen. War mein Unterricht auf der Ingenieurschule praktisch, materiell und sachbezogen ausgerichtet gewesen, so standen jetzt theoretische, immaterielle und personale Inhalte im Vordergrund, deren Sinn mir manchmal schleierhaft blieb. Vor allem Professor Robert Kirchhoffs (1920-1999) abstrakten Vorlesungen über Allgemeine Psychologie konnte ich wenig abgewinnen. Er sprach in einer Art und Weise vom Menschen, dass der Homo sapiens nicht mehr zu identifizieren war. Zudem rieb er uns Studenten vom Zweiten Bildungsweg unsere mangelnde humanistische Bildung unter die Nase und stimmte damit mit Tolstoi insofern überein, wonach ohne Kenntnis der griechischen Sprache keine Bildung möglich sei (vgl. Rolland 1967, S. 71). Warum Kirchhoff seinen akademischen Dünkel so zur Schau trug, weiß ich nicht. Vielleicht weil er aus einer akademischen Familie stammt oder einer der bedeutendsten Vertreter der Ausdruckspsychologie war? Während der nationalsozialistischen Ära diente sich Kirchhoff in der Wehrmacht bis zum Leutnant der Reserve empor. Nach einer relativ kurzen Kriegsgefangenschaft bei den Engländern, studierte er an der Heidelberger Universität Psychologie. Seine Promotion im Jahre 1952 berechtigte ihn für eine Anstellung als wissenschaftlichen Assistenten. Etwa vier Jahre später erlangte er die Venia legendi.

Robert Kirchhoff beschäftigte sich in seiner Habilitationsschrift mit dem Thema „Prinzipien und Probleme der allgemeinen Ausdruckskunde“. Seine Gutachter waren keine geringeren als Johannes Rudert (1894-1980), Hans-Georg Gadamer (1900-2002) und Karl Löwith (1897-1973). Letzterer Gutachter äußerte sich in Übereinstimmung mit meinem Eindruck zu Kirchhoffs Vorlesungen:

> Was zunächst etwas befremdet, ist der ungeheure Aufwand an methodologischen und kritischen Erörterungen, in denen durchaus überzeugendes auf eine etwas aufgeblähte Art und allzu formalistisch vorgetragen wird. Man fragt sich, was der spezifische psychologische Ertrag dieser Erörterungen ist. Die Vorliebe des Verfassers für axiomatisierende logische Analyse geht stellenweise in Schulfuchserei über (l.c. Jung 2000, S. 41).

Nach seiner Habilitation lehrte er als Diätendozent und ab 1962 als außerordentlicher Professor für Psychologie. 1963 wurde er an das Psychologische Institut der Technischen Universität Berlin berufen und zog nach meiner Diplomprüfung im Jahre 1976 nach Köln. Wie mir später ein Kommilitone mitteilte, leitete Robert Kirchhoff bis zu seiner Emeritierung im Jahre 1985 das Kölner Psychologische Institut II. Er starb im April 1999.

Franz Kiener (1910-1996) war ein Professor nach meinem Geschmack. Er kam aus Franken, promovierte 1936 an der Münchner Universität in Psychologie, diente – leider auch – den Nationalsozialisten als Wehrmachtspsychologe, habilitierte im Jahre 1964 bei Robert Kirchhoff und wurde 1965 zum Privatdozenten am Institut für Psychologie der TU-Berlin ernannt. Seine Forschungsschwerpunkte waren Gestik und Kleidung als Ausdruck und verbale Aggression. Davon sprach er in seinen Vorlesungen über Ausdruckspsychologie, Pädagogische Psychologie und Tiefenpsychologie, welche er interessant, anschaulich, verständlich und verbindlich zu gestalten wußte. Noch immer erinnere ich mich einer posthypnotischen Demonstration. Zuerst testete er unsere Suggestibilität. Dann wählte er einen besonders suggestiblen Studenten als Medium aus dem Auditorium, versetzte ihn in Trance und befahl ihm zu einem bestimmten Zeitpunkt ein Fenster des Hörsaals zu öffnen. Anschließend setzte er seine Vorlesung fort, als sei nichts geschehen. Tatsächlich stand der hypnotisierte Student nach einiger Zeit auf, begab sich zu einem Fenster, öffnete es und setzte sich wieder auf seinen Platz. Zur unserer allgemeinen Erheiterung wusste er partout nicht, warum er das getan hatte, was er getan hatte. Uns hingegen war sowohl die Wirkungsweise des „post-hypnotischen Phänomens" als auch die Macht der Suggestion überzeugend vor Augen geführt worden. Franz Kiener emeritierte 1977 – ein Jahr nach meiner Diplomprüfung – und starb am 9. November 1996 im Alter von 86 Jahren.

Der dritte Professor im Bunde war Rolf Brickenkamp (1929*). Er hatte in Göttingen studiert und bei Johannes von Allesch (1882-1967) über den Gefühlsausdruck von Farben promoviert. Nach seiner Assistentenzeit bei Heinrich Düker (1898-1986) in Marburg habilitierte er 1970 an der TU-Berlin. Seine anschaulichen Vorlesungen über Psychodiagnostik waren immer gut besucht. Unter anderem lehrte er uns die Handhabung, des von ihm 1962 beim Technischen Überwachungsverein in Essen entwickelten „Aufmerksamkeits-Belastungstest d 2". Später verwendete ich selbst diesen handlichen Leistungstest im Jugendhort Rischborn und in der Beratungsstelle für Kinder- und Jugendpsychiatrie: Der „d 2" misst die Konzentrationsfähigkeit und im weitesten Sinne, die Leistungsfähigkeit des Probanden. Zu diesem Zweck müssen in kürzester Zeit so viele „d´s" wie möglich mit zwei Strichen durchgestrichen werden. Ausgewertet werden die Gesamtzahl der Zeichen, Fehlerquote und die Schwankungsbreite. Damals entstand auch Brickenkamps *Handbuch psychologischer und pädagogischer Tests* in zwei Bänden, an dem mehrere Studenten, Tutoren und Assistenten unseres Instituts beteiligt waren. Sie erfassten alle damals gängigen Leistungstests, psychometrischen Persönlichkeitstests und Persönlichkeits-Entfaltungsverfahren. Inzwischen ist das Handbuch in dritter und erweiterter Auflage erschienen und zählt zu den Standardwerken der Psychodiagnostik.

Rolf Brickenkamp lehrte uns auch psychologische Gutachten und Horoskope zu lesen. Zum Beispiel erklärte er uns anhand der folgenden Demonstration deren vielfältige Haken und Ösen. Zu diesem Zweck wählte er fünf Probanden aus und ließ sie Datum und Ort ihrer Geburt sowie ein individuelles Passwort notieren. Anschließend gab er bekannt, dass er mittels dieser wenigen Lebensdaten ein persönliches Gutachten erstellen werde. Wie versprochen, überreichte er in der folgenden Woche seinen Versuchspersonen das

Gutachten mit der Bitte, es auf einer fünfstufigen Skala als mehr oder weniger zutreffend einzuschätzen. Das Ergebnis war verblüffend. Fast alle Probanden stimmten dem Inhalt zu. Daraufhin offenbarte uns Brickenkamp, dass jeder dieselbe Beurteilung bekommen hätte. Es handele sich auch keinesfalls um einen Zufallstreffer. Das Experiment sei mit ähnlichen Ergebnissen schon öfters durchgeführt worden. Der Grund für die überwiegende Zustimmung sei zum einen auf die geringe Selbstkenntnis der meisten Menschen und zum anderen auf die horoskopische Formulierung des Gutachtens zurückzuführen. Das heißt, man stellt im Hauptsatz irgendeine Behauptung auf, welche im Nebensatz relativiert wird. Ein bisschen Schmeichelei sei natürlich auch dabei. Alle drei Fakten erweckten den Anschein eines akzeptablen Gutachtens. Natürliche stimmte auch ich seinem psychologischen Gutachten über mich zu:

> Sie sind ein überdurchschnittlich begabter Mensch von hohen intellektuellen Qualitäten, die Sie aber nicht immer – für jeden sichtbar – zu zeigen vermögen. Daher kommt es, dass Sie manchmal von Ihrer Umwelt nicht die Anerkennung erfahren, die Ihnen eigentlich zustehen würde. Im Allgemeinen verstehen Sie es, Ihren Gleichmut zu bewahren und auch mit größeren Belastungen fertig zu werden. Gegen ungerechtfertigte Kränkungen und Angriffe auf Ihr Selbstgefühl reagieren Sie aber empfindlich und aggressiv, selbst wenn Sie nach außen hin bemüht sind, sich nichts anmerken zu lassen. Sie gehören zu den Menschen, die den Dingen auf den Grund gehen und sich nicht mit Oberflächlichkeiten begnügen. Sie lehnen es ab, im Strom der Masse mitzuschwimmen, bilden sich vielmehr ein eigenes Urteil und handeln konsequent danach. Im Grunde sind Sie freisinnig und großzügig, ein Feind aller Pedanterie und übertriebener Rücksichtnahme. Dadurch erwecken Sie in den Augen Ihrer Mitmenschen aber manchmal den Eindruck der Eigenwilligkeit, mangelnder Anpassungsbereitschaft und sogar Unbeherrschtheit. Sie vertragen es schlecht, wenn andere Ihre Ideale nicht teilen. Sie nehmen sich zwar vor, tolerant zu sein, bringen es aber nur schwer fertig, Ansichten zu respektieren, die Sie als wesensfremd empfinden oder für falsch halten.

Trotz einiger eindrucksvoller Demonstrationen und nützlicher Hinweise, hatte ich mir das Psychologiestudium anders vorgestellt, und zwar weniger allgemein und mehr anschaulich, weniger Theorie und mehr Praxis, weniger

Statistik und mehr Menschenkenntnis. Einigermaßen frustriert und vielleicht auch mental überfordert, trug ich mich deshalb immer häufiger mit dem Gedanken, meine akademische Ausbildung nach dem Vordiplom abzubrechen.

Am Suizid vorbeigeschrammt

Insofern bereitete ich mich mit gemischten Gefühlen auf die Zwischenprüfung vor. Trotzdem arbeitete ich ziemlich fleißig, oftmals bis in die Nacht hinein. Um wach bleiben zu können, trank ich schwarzen Kaffee, bis mein Magen rebellierte. Zur Behandlung der kneifenden Gastritis schluckte ich „Paspertin". Statt die Medizin tröpfelnd zu dosieren, trank ich aus der Flasche. Nach einer Weile der Unruhe, folgten Schweißausbrüche und Angstzustände. Einen Zusammenhang zwischen den Nebenwirkungen des Medikaments und diesen Symptomen erkannte ich vorerst nicht. Vielmehr fürchtete ich verrückt zu werden! Ein fürchterlicher Zustand! Um mich irgendwie zu beruhigen, machte ich Yogaübungen, schluckte Honig und Baldrian und nahm eiskalte Bäder. Nichts half! Es war entsetzlich! Kurz vor Mitternacht „brannten meine Sicherungen durch". Verstört verließ ich meine Wohnung und irrte durch die Straßen. Auf einer Spree-Brücke schoss mir der lebensbedrohliche Gedanke durch den Kopf, mit einen Sprung ins Wasser meiner unerklärlichen Angst ein Ende zu bereiten. Zum Glück war der Wille zum Leben geringfügig stärker als der erlösende Todeswunsch. Kaum noch eines klaren Gedankens fähig, schleppte ich mich zur nächsten U-Bahnstation, den nächst besten Schaffner bittend, einen Arzt herbeizurufen. Mit der ungewöhnlichen Bitte überfordert, schickte er mich ins Virchow-Krankenhaus. Würde ich es bis dorthin schaffen? Mit Müh und Not erreichte ich die Notaufnahme. Als erstes fragte der diensthabende Arzt meine Personalien ab. Und das in meiner verwirrten Situation? Was ich dringend benötigte, war eine erlösende Beruhigungsspritze! Nachdem man mir endlich ein Medikament namens „Psilocybin" injiziert hatte, flauten meine Ängste allmählich ab, und ich dämmerte in einen oszillierenden Wach-Schlaf-Zustand hinüber. Obwohl ich mich drei Stunden später noch immer benommen fühlte, entließ man mich ohne Begleitung aus dem Krankenhaus. Zu Hause erwachte ich nach einigen Stunden erholsamen Schlafs mit ausgetrockneter Kehle und ziemlich apathisch. In diesem kläglichen Zustand versuchte ich mir einen Reim auf meine nächtliche „Angstpsychose" zu machen. Zunächst vergeblich! Bis es mir dämmerte! Auf dem Beipackzettel, den ich vorher hätte lesen sollen, fanden sich nämlich alle Nebenwirkungen, wenngleich in abgeschwächter Form, von „Paspertin“ ausführlich beschrieben. Erleichtert atmete ich auf: „Ich bin nicht verrückt!“ Meine psychotischen Ängste waren lediglich einer kräftigen Überdosis dieses Medikamentes zuzuschreiben. Im Nachhinein wertete ich diese toxikologische Erfahrung sogar positiv. Sie würde mir in meinem Beruf als klinischer Psychologe vielleicht einmal zugute kommen.

Ausbildung zum Verhaltenstherapeuten

Nach dem Vordiplom überwand ich meine Studienkrise. Zu verdanken hatte ich die Genesung Wolfgang Wendlandt (1944*), welcher glücklicherweise (1973/74) am Psychologischen Institut in der Lassenstraße auftauchte. An sich gehörte der neue Assistent zu jenen Langzeitstudenten, welche nicht gerade meine Sympathien hatten. Sein Spezialgebiet war die Verhaltenstherapie, die er nicht nur theoretisch, sondern vor allem praktisch lehrte. Begeistert ließ ich mich zum Verhaltenstherapeuten ausbilden. Ich lernte die progressive Muskelentspannung nach Edmund Jacobsen (1888-1983), die systematische Desensibilisierung, das Selbstsicherheitstraining und den Umgang mit erwachsenen Stotterern im „Berliner Sprechbehinderten Verein“. Endlich machte die Psychologie wirklich Sinn und Spaß. Selbstredend schrieb ich meine Diplomarbeit bei Wendlandt. Voraus ging ein mehrwöchiges „Assertive Training“ mit echten Studenten-Klienten, welches ich zusammen mit einer Kommilitonin unter seiner Supervision durchführte. Nach getaner Arbeit fasste ich unsere empirischen Ergebnisse zusammen, unterlegte sie mit vielfältigen Erkenntnissen aus der Fachliteratur und reichte sie unter dem ellenlangen Titel *Assertive Training – Erprobung eines standardisierten Gruppen-ATP´s und theoretische Überlegungen der Eignung eines individuellen und eines standardisierten Gruppen-ATP´s* (1976) bei meinem Lieblings-Professor Franz Kiener ein. Mit der Bewertung meiner Diplomarbeit und dem Abschlusszeugnis konnte ich zufrieden sein. Es war mein bestes Zeugnis, dass ich je hatte. Nach zwölfsemestrigem Psychologiestudium setzte ich meine Ausbildung als Verhaltenstherapeut fort und fügte noch eine klientenzentrierte Gesprächs- und eine tiefenpsychologische Psychotherapie hinzu. Doch hätte mich dieses Ausbildungspaket kaum für den psychotherapeutischen Beruf qualifiziert, wenn mir Carl Rogers (1902-1987) personale Grundhaltungen: Echtheit, Empathie und Wertschätzung nichts bedeutet hätten. Sie sind absolute Voraussetzung dafür, dass sich unsere Klienten verstanden fühlen. Ein engagierter Therapeut sollte nicht nur zuhören, sondern auch in sich hineinhören, nicht nur sich einfühlen, sondern auch seine eigenen Gefühle beachten und nicht nur die Wertmaßstäbe seiner Klienten erfassen, sondern auch seine eigenen reflektieren können. Nach und nach realisierte ich, dass Psychotherapie kein Einbahnprozess ist, der vom Therapeuten zum Klienten verläuft, sondern eine besondere Arbeitsgemeinschaft, in welcher sich beide entwickeln müssen.

Zudem wurde mir bewusst, dass sich Psychotherapie nicht nur stundenweise als Heilberuf ausüben lässt. Beruf und Leben müssen eine Einheit bilden, sich zu einem humanistisch orientierten „Berufs-Leben“ vereinigen. Ähnlich wie Sigmund Freud und Mahatma Gandhi begann ich deshalb mich und meine Mitmenschen genauer zu beobachten und zu analysieren – Frustrationen, Ängste, Träume u.a.m. -, um das menschliche Verhalten auch im Alltag besser verstehen zu können (vgl. Gardner 1996, S. 401). Im Rahmen dieses „außeruniversitären“ Studiums bemerkte ich, wie schwer es uns fällt, abweichende Meinungen zu tolerieren, Statements zu hinterfragen und keine Pauschalurteile zu fällen. Noch schwieriger scheint es, uns gegenseitig zuzugestehen, dass wir weder besser oder schlechter als die anderen sind, sondern lediglich „anders“. Selbst wer diese humanitäre Toleranz aufzubringen vermag, erkennt zum Beispiel während einer zwischenmenschlichen Interaktion doch nur selten seine zugrunde liegenden Motive. Wer ist sich schon bewusst, dass er seinen Gesprächspartner nicht nur um der Sache willen kritisiert, sondern auch um der Kritik willen oder um besser dazustehen als der andere oder als Retourkutsche auf eine Kränkung oder einfach um Macht ausüben zu wollen. Und wer fragt sich schon, ob er über das nötige Wissen verfügt, den Standpunkt und das Wissen des Gesprächspartners angemessen beurteilen zu können, denen man doch wohl nur bei annähernd gleichem oder höherem geistigen Niveau einigermaßen gerecht zu werden vermag. Und überhaupt! Sollte man sich nicht auch bemühen, statt gegeneinander, miteinander zu lernen? Oh! Oh! Oh! Welch ein elitärer Anspruch! Es gab viel zu tun! Ein anstrengendes Leben würde es werden, wenn ich den Therapeutenberuf wirklich ernst nahm. Aber noch befand ich mich mitten im Psychologiestudium und ventilierte vorerst ganz andere Dinge.

14. Die wilden Siebziger

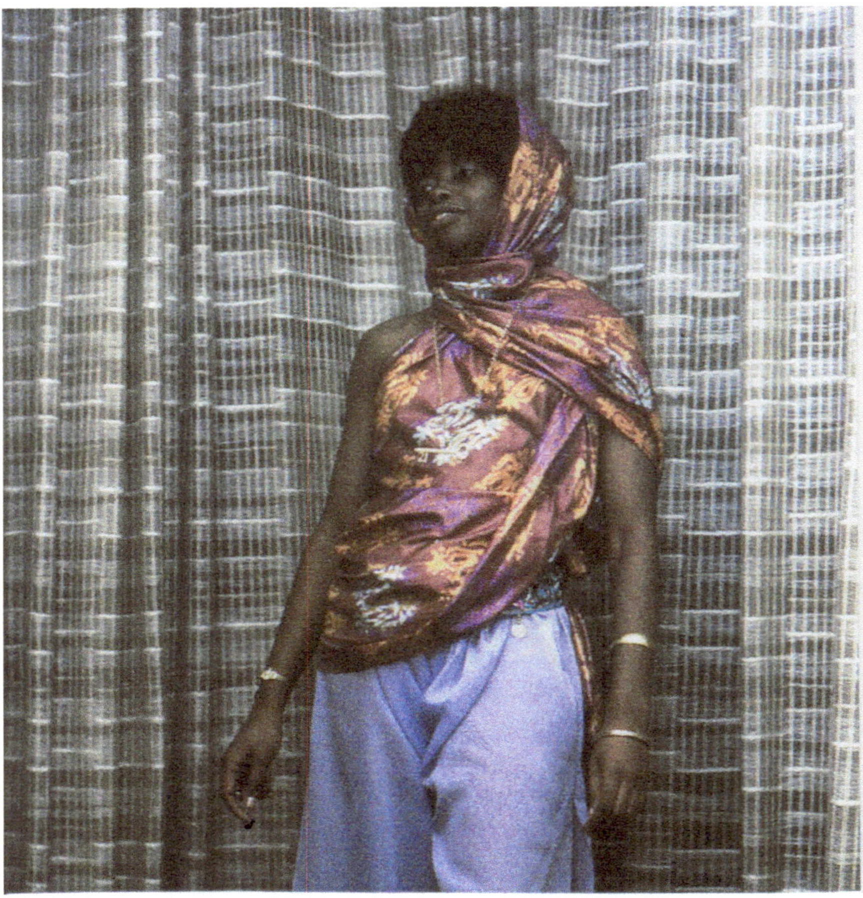

Karneval in Köln

Neben dem Studium der Psychologie blieb genügend Zeit für andere schöne Dinge übrig, von denen ich jetzt berichten möchte. Nachdem mich zum Ende meines Ingenieurschulstudiums meine erste Liebe so schmählich verlassen hatte, fiel ich in ein tiefes Loch. Monatelang trauerte ich ihr nach. In der Hoffnung, einen Blick von ihr zu erhaschen, fuhr ich einige Male an ihrer Wohnung vorbei. Sie schrieb mir, meinen Renault 4 in der Nähe ihrer Wohnung gesehen zu haben. Ich antwortete nicht. Zur Linderung meines Schmerzes versuchte ich mit allen möglichen Frauen anzubändeln. Aufgrund meiner verflixten Hemmungen dem anderen Geschlecht gegenüber, war das nicht leicht. Oft genug bekam ich einen Korb. Doch eines Tages wurde ich auf einer Studentenfete von einer ungenannten Frau angesprochen und zu ihr nach Hause eingeladen. Geschmeichelt folgte ich ihrem verlockenden Angebot. Sie begehrte mich! Das war neu und aufregend! Wir entkleideten und berührten uns. Vielleicht etwas zu hastig. Denn kaum war ich eingedrungen, erfolgte eine Ejaculatio praecox. Schneller als ein Quicki war es vorbei mit dem Vergnügen. Mich meines sexuellen Missgeschicks schämend, eilte ich von dannen. Für einige Zeit sank meine männliche Selbstachtung auf einen Tiefpunkt. Indes scheine ich keinen seelischen Schaden davon getragen zu haben, sondern fühlte mich irgendwann wieder als ganzer Mann. Meiner wunderbaren Genesung zugute kam die Begegnung mit einer farbigen Schönheit. Farida war eine schillernde Persönlichkeit. Man wusste nie so recht, woran man mit ihr dran war. Unsere Wahrheitsbegriffe differierten manchmal erheblich. Angeblich stammte sie aus Brasilien mit Wurzeln in Westafrika. Obwohl sie Außenpolitik studierte – was immer sie darunter verstehen mochte -, jobbte sie mehrere Tage die Woche bei einer ominösen Agentur am Kurfürstendamm sowie gelegentlich als Mannequin für das „Sporthaus Hansen". Letzteres war nicht gelogen! Wie ich mich überzeugen konnte, besaß sie tatsächlich die ideale Laufstegfigur, groß, schlank und rank, schmales Gesicht, breite Nase und einen ziemlich aufreizenden Gang – wenn sie wollte. Weil ihr krauses Naturhaar ihrem europäischen Schönheitsideal widerstrebte, trug sie meistens eine langhaarige Perücke. Sie kannte Hinz und Kunz und unterhielt solche und solche Beziehungen zu allerlei merkwürdigen Leuten. Jimmy zum Beispiel ermöglichte uns den steuerfreien Einkauf in den PX-Märkten (Post Exchange) der Alliierten, was eigentlich nur den Militärangehörigen der US-Streitkräfte gestattet war. Der Kabarettist Joachim Röcker (1922*) wiederum schenkte ihr Freikarten für die „Stachelschweine“. Ein paar Tage später amüsierten wir uns dann köstlich über seine Rolle des langhaarigen Studenten Rainer Langhans (1940*) der „Kommune I“. Weniger amüsant fand ich hingegen einige farbige Bodygardtypen – dunkle Sonnenbrille, unfreundlich und cool -, über die sie sich ausschwieg. Asifa und Bernd gehörten nicht dazu. Sie war Algerierin, er Deutscher. Ihre romantische Liebesgeschichte klang wie ein Märchen aus Tausendundeiner Nacht. Kennengelernt hatten sie sich in Algerien. Gegen den Willen der Brauteltern, aber mit Asifas geheimem Einverständnis, hatte er sie vor ein paar Jahren nach Deutschland entführt. Zum Glück waren sie von ihren algerischen Verwandten weder verfolgt noch belangt worden. Inzwischen seien auch keine weiteren Komplikationen zu befürchten, weil Bernd aus Liebe zu Asifa zum Islam konvertiert sei.

Unsere interkulturelle Beziehung war nicht weniger aufregend. Aus unterschiedlichen Kulturkreisen kommend, waren wir genötigt, uns zu arrangieren. Das funktionierte auf der kommunikativen Ebene weniger gut als auf der sexuellen. Im gemeinsamen Bett kam es jedenfalls zu keinen Missverständnissen. Indes war Sexualität nicht das einzige Bindemittel. Auch Kultur- und Tanzveranstaltungen trugen wesentlich zur deutsch-brasilianischen Völkerverständigung bei. So erinnere ich mich besonders des Kölner und Bensheimer Karnevals. Vom Freitag bis zum Rosenmontag schwoften wir singend und tanzend durch die verschiedensten „Karnevalitäten“. Den Höhepunkt dieser ausgelassenen Vergnügungen bildete – trotz der sündhaft teuren Eintrittskarten – ein Besuch beim Prinzengardeball im Hotel Gürzenich. Farida trug lila Tüllhosen, darüber einen rötlich-gelben Sari und billigen Schmuck. Sie sah bezaubernd aus! Ich selbst trug ein indisches Hemd mit einem breiten Ledergürtel und eine mazedonische Schaffellmütze. Wir tanzten unentwegt! Nicht zuletzt einiger Tischverehrer und deren nervös werdenden Frauen wegen. Gegen 22.00 Uhr marschierte die Prinzengarde mit Rolf I. nebst Tanzmariechen ein. Helau hier und Helau da! Gern hätte ich das zierliche Mariechen tanzen gesehen. Doch die kostümierten Jecken versperrten uns die Sicht. Des heiteren Trubels allmählich müde, verließen wir den Gürzenich noch vor Mitternacht und feierten bei unseren Gastgebern in Bensheim und am nächsten Abend auf dem Studentenball in der Mensa der Kölner Universität weiter.

Wer kennt nicht die Volksweisheit: Nichts ist schwerer zu ertragen, als eine Reihe von festlichen Tagen. Für die Kölner Jecken schien das nicht zu gelten. Trotz der feuchtfröhlichen Vortage säumten sie am Rosenmontag immer noch standfest die Straßenränder und bejubelten den Riesenumzug. Das diesjährige Motto lautete: „Rosen, Tulpen und Narzissen, das Leben könnte so schön sein ... “. Hierfür hatte sich jeder Karnevalsverein eine mehr oder weniger passende Präsentation einfallen lassen. Musikanten trugen Blumentöpfe auf den Köpfen, schmucke Reiter bunte Blumensträuße, während Prominente aus Politik und Wirtschaft auf prächtigen Motivwagen karikiert und persifliert wurden. Besonders bejubelte man das Kölner Dreigestirn: Jungfrau, Prinz und Bauer. Als Prinz Rolf I. haufenweise Kamellen von seinem Wagen regnen ließ, stürzte sich sein närrisches Volk so gierig auf die Süßigkeiten, wie man es eigentlich nur vom Entenfüttern her kennt. Doch beileibe nicht alle. Ein einzelner, aufmüpfiger Untertan warf nämlich eine Kamelle zurück und traf den Prinzen direkt ins Auge. Zum Glück hatte „Seine Majestät“ reflexartig ein Auge zudrücken können, sonst wäre dieser hinterhältige Anschlag wahrscheinlich schlimm ausgegangen. Weniger mutige Revoluzzer machten sich einen Spaß daraus, Kamellen in die Blasinstrumente der vorbeimarschierenden Musikanten zu werfen. Die ganze Stadt befand sich in Feiertagslaune. Gefeiert wurde in den Karnevalsvereinen, in den Schulen, der Universität, zu Hause und auf der Straße. Kinder hatten schulfrei bekommen und Erwachsene Urlaub genommen, und alle Narren hatten sich den Karneval etwas kosten lassen. Allein der Rosenmontagszug soll rund 600.000 DM verschlungen haben. Doch nicht nur den Kölnern kamen die drei tollen Tage teuer zu stehen, auch wir zwei Berliner flogen post festum um einige Scheine erleichtert nach Hause.

Neben vielen erfreulichen Erlebnissen gab es auch einige dramatische Szenen in unserer sehr abwechslungsreichen Beziehung. Eine davon begann schon vor dem Aufstehen. Was ich besonders liebe! Ein Telegramm mit der Aufschrift „SOFORT ZU FRÄULEIN FARIDA KOMMEN – DRINGEND!“ wurde unter meiner Tür in der Güntzelstraße durchgeschoben. Diese Nachricht machte mich sofort putzmunter. Umgehend wählte ich Faridas Telefon-Nummer. Es meldete sich ein besorgt klingender Herr Vogel, der mir mitteilte, dass meine Freundin eine Überdosis Schlaftabletten geschluckt habe. Beunruhigt zu ihrer Wohnung eilend, lag sie in weinerlicher Verfassung danieder. Zwei unbekannte Herren mittleren Alters standen stumm um sie herum. Sie stellten sich als Herr Vogel und Herr Fels vor. Letzterer schien ein geistlicher Herr zu sein! In welcher Beziehung sie zu Farida standen, fragte ich nicht. Wollte es wohl auch nicht so genau wissen. Außerdem schien momentan medizinische Hilfe dringlicher zu sein, die jedoch von der Patientin verweigert wurde. Eher wolle sie vom Balkon springen, heulte sie, als sich den Magen auspumpen zu lassen. Was tun? Ein telefonisch konsultierter Arzt gab Auskunft: Falls die Patientin tatsächlich so viele Schlaftabletten genommen habe, wie sie vorgab, wäre sie schon längst nicht mehr ansprechbar. Folglich war ein Suizid nicht beabsichtigt. Alles war, so schien es, aus welchen Gründen auch immer, histrionisch inszeniert. Beruhigt schickte ich die beiden dubiosen Herren nach Hause und hielt geduldig Wache an ihrem Bett. Ein paar Tage später wiederholte sich das suizidale Drama. Diesmal erschien ein gewisser Achim auf der histrionischen Bühne. Woher bloß all die Männer kamen? Dass meine exotische Freundin sehr kontaktfreudig war und attraktiv obendrein, war mir bekannt. Jedoch ständig fremde Männer in ihrer Wohnung anzutreffen, vor allem des Nachts, das ging mir denn doch zu weit. Achim erklärte mir, dass Farida psychische Probleme habe. Auch das war mir als Psychologe nicht verborgen geblieben! Schon längere Zeit vermutete ich, dass ihren vielen Beziehungskisten kompensatorische Neigungen zugrunde lagen, wahrscheinlich Minderwertigkeits- und Heimatlosigkeitsgefühle. Heute aber war „ich" die Ursache allen Übels! Sie hatte Achim nämlich gebeichtet, dass sie mich lieben würde, während ich ihr nur Misstrauen entgegenbrächte. Da mochte sie wohl recht haben! Tatsächlich hatte ich auf ihre kürzlich geäußerte Frage, ob ich sie heiraten würde, ziemlich skeptisch reagiert. Meinte sie es wirklich ernst oder war alles nur eine Farce? Jedenfalls konnte ich mir eine lebenslängliche „Mischehe" mit Farida nicht vorstellen. Wir waren zu verschieden! So kam es eines trüben Tages, wie es kommen musste, wir trennten uns und ohne uns gegenseitig eine unwürdige Szene gemacht zu haben. Jeder ging wieder seiner Wege! Wohin sie ging, weiß ich nicht. Ich selbst begab mich auf die Suche nach einer vielleicht passenderen Lebensgefährtin. Bis ich sie gefunden hatte, bewegte ich mich noch etwas außerhalb geordneter Bahnen.

Hippie trail gen Nepal

In diese wilden 70er Jahre fällt eine Abenteuerreise durch zehn Länder und zwei Kontinente. Keine Ahnung, wer zuerst auf diese verrückte Idee kam!.Vorausgegangen waren mit Horst eine vierwöchige Tramptour durch Skandinavien, eine siebenwöchige Reise mit meinem Renault 4 nach Marokko und eine beabsichtigte Reise nach Ostafrika. Stattdessen fanden im Frühjahr 1973 konkrete Sondierungsgespräche mit zwei weiblichen und zwei männlichen Studenten unterschiedlicher Fachrichtungen statt. Keiner kannte den anderen näher, und keiner wusste genau, was er vom anderen zu halten hatte. Blauäugig genug, scherte uns das wenig. Man würde sich unterwegs schon irgendwie arrangieren. Von Juli bis September sollte die Reise dauern und möglichst wenig kosten. Die Plünderung meines Sparbuches ergab 2000 DM. Bezahlt werden musste davon mein Anteil für die Anschaffung eines gebrauchten VW-Bullis, runderneuerte Ersatzreifen, Halogenscheinwerfer, Werkzeug, Dachträger und anderes mehr. Weil unsere Reisekassen schmal bemessen waren, organisierten wir einen unverkäuflichen Dachträger. Nachdem ein Vorauskommando ein geeignetes Exemplar in einer Seitenstraße ausgespäht hatte, fuhren wir nächtens zur besagten Stelle, montierten den Träger vom Dach des anderen Fahrzeugs auf unseren VW-Bulli und verschwanden im Dickicht der Großstadt. Auch wenn diese ruchlose Tat juristisch verjährt ist, schäme ich mich noch heute dieser schäbigen Nacht-und-Nebel-Aktion und meiner kriminellen Energie. Wie konnte ich nur!? Aber damals reizte mich die große Reise mehr als mein Gewissen. Als Psychologe frage ich natürlich nach den Gründen meiner Scham und identifiziere sowohl intrinsische als auch extrinsische Faktoren. Bereits als kleines Kind war mir von meiner christlichen Mutter das siebente Gebot: „Du sollst nicht stehlen!" eingebläut worden. Etwas Schlimmes getan und ihr Kummer bereitet zu haben, verschmolz sich zu heftigen Gewissensbissen, welche sich bei allen späteren Versuchungen dieser Art verlässlich meldeten. Indes war es mir in jener dunklen Juninacht gelungen, meine Skrupel zum Schweigen zu bringen. Sollte die Mittäterschaft meiner fünf Komplizen einen beschwichtigenden Einfluss auf mich ausgeübt haben? Wie auch immer! An den Grenzübergängen meldete sich erneut mein schlechtes Gewissen, weil zu befürchten war, dass unser Diebstahl bereits entdeckt und angezeigt worden sein könnte. Glücklicherweise war dem nicht so. Ungeschoren passierten wir den Drewitzer Kontrollpunkt und wurden in Frankenwald nur von einem VoPo bzw. „Volksarsch" – man verzeihe mir aufgrund vieler diskriminierender Erfahrungen mit dieser Spezies diesen kruden Ausdruck – aus der Warteschlange herausgewunken und schikaniert: Von einer Grenzpolizistin in einen geschlossenen Container verfrachtet, mussten sich unsere zwei Mitfahrerinnen vollständig entkleiden und einer entwürdigenden Leibesvisitation unterziehen. Für dieses „sozialistische Striptease" blieben uns die verhassten Staatsorgane der so genannten Deutschen Demokratischen Republik eine einleuchtende Erklärung schuldig! Nachdem sie keine Waffen, Munition, Bijouterien und westliches Propagandamaterial bei uns gefunden hatten, durften wir endlich passieren. Unsere mentale Konterbande hatten die verdammten Schnüffler allerdings nicht entdecken können. Eine billige Genugtuung – ich weiß! Doch eine einzige kritische Bemerkung hätte uns mindestens einen mehrstündigen Grenzaufenthalt gekostet. Mindestens! Das wusste ich aus Erfahrung!

Hinter der deutsch-deutschen Grenze begann eine elende Kilometerfresserei. Rechts und links der Autoscheiben jagten erst deutsche und dann österreichische Landschaften vorbei, bis der Wurzenpass eine langsamere Fahrweise erzwang. Keuchend quälte sich unser betagtes Vehikel die steilen Serpentinen (ca. 18%) bis 1073 Meter hinauf, sodass es an der jugoslawischen Grenzstation – heute Slowenien – ein wenig verschnaufen musste, bevor es abgekühlt den Abstieg wagen konnte. Nach der anstrengenden Berg- und Talfahrt holperten wir stundenlang über die stark befahrene „Jugo-Autobahn". Um zügig voranzukommen, fuhren wir jede zweite Nacht durch. Ablösung am Steuer alle drei Stunden. Während meiner ersten Nachtschicht erreichten wir gegen Mitternacht die bulgarische Grenze. Keine Seele weit und breit. Vor einem flachen Gebäude brannte eine funzlige Lampe. Müde schlurfte ein jugoslawischer Grenzsoldat herbei und verlangte die Reisepapiere. Verdrießlich ließ er uns passieren und legte sich vermutlich gleich wieder aufs Ohr. Auf der bulgarischen Seite wiederholte sich die Prozedur. Weiter ging die Fahrt durch die sternenlose Nacht. Plötzlich zog es den Wagen aus der Spur. Geistesgegenwärtig die Bremse betätigend, lenkte ich an den Straßenrand. Ein Pneu war geplatzt. Während des Reifenwechsels erschien aus dem Dunkel der Nacht ein Uniformierter und erteilte uns – ungeachtet unserer Panne – ein Halteverbot. Was tun mit diesem lästigen Gesetzeshüter? Ihn mit einem Bakschisch oder schönen Worten bezirzen? Wir beschlossen, unsere beiden jungen Studentinnen an die kommunistische Front zu schicken und ihm etwas weiblichen Honig ums Maul zu schmieren und hatten Erfolg damit. Unbehelligt beendeten wir die Reparatur und fuhren weiter, keinen weiteren Stopp auf bulgarischem Boden riskierend.

Nächste Station war Istanbul. Brücke zwischen Europa und Asien. Historische Stadt am Bosporus. Sightseeing in ein paar Stunden: Hagia Sophia, Sultan-Ahmed-Moschee, Tokapi-Palast, Bazar, Goldenes Horn, Galata Brücke, Badeinsel im Marmarameer. Nachtquartier auf dem Dach einer einfachen Pension. Ausgenommen unser langhaariger Bernd! Der wollte Istanbul bei Nacht erleben. Gelüstete es ihn vielleicht nach anrüchigen Bars? Jedenfalls wurde nichts daraus! Denn gegen zwei Uhr morgens riss uns der Nachtschwärmer aus dem Schlaf und erzählte eine schier unglaubliche Geschichte: „Auf offener Straße hielten mich zwei uniformierte Polizisten an", so berichtete er noch immer verstört, „fragten nach meinen Reisepapieren, hielten mich fest und raubten mich aus." Ausweis futsch! Führerschein futsch! Geld futsch! Bernd hatte genug von „Istanbul bei Nacht." Mitleid mit dem armen Tropf hatten wir nicht. Warum musste er auch nachts allein durch eine wildfremde Stadt strolchen. Zudem brachte er uns in eine missliche Lage. Unmöglich ohne Penunze und Papiere weiterzufahren. An sich hätte er nach Hause zurückkehren müssen. Selbst knapp bei Kasse, ließen wir jedoch Gnade vor Recht ergehen unter der Bedingung, dass in Ankara alles in Ordnung käme. Glücklicherweise erwies sich das deutsche Konsulat ausgesprochen konziliant, stellte gültige Reisepapiere aus und ermöglichte eine finanzielle Transaktion. Nachdem poste restante genügend Devisen angekommen waren, nahmen wir die nächste Etappe unter die Räder.

Östlich der türkischen Hauptstadt wurden die Straßen immer gefährlicher. Rabiat überholende, schneidende und blendende Autofahrer trachteten uns nach dem Leben. Offenbar fuhren diese „Kümmeltürken" unter Allahs Schutz. Inschallah! Da musste ein Giaur auf der Hut sein! Nicht selten versuchten auch die Gläubigen einander von der Straße zu schieben. Die vielen großen und kleinen Autowracks links und rechts der Fahrbahn sprachen Bände. Alle waren Opfer einer rücksichtslosen Autojagd geworden. Entnervt gaben unsere beiden Frauen auf und überließen fortan den angeblich nervenstärkeren Männern das Steuer. Hinter Erzerum begann das wilde Kurdistan. Immer häufiger begegneten uns PKWs mit defekten Frontscheiben. Zunächst dachten wir an Steinschlag. Wurden aber bald eines Besseren belehrt, als von der Ladefläche eines entgegenkommenden LKWs mehrere Felsbrocken auf unser Autodach prasselten. Zusätzlich tauchten am Straßenrand noch Steine werfende Jugendliche auf. Deren ungastliche Attacken abwehrend, hielt ich auf diese frechen Gören zu, geradeso als wollte ich sie in Grund und Boden schieben. Angstvoll stoben sie auseinander. Meistens kamen wir ungeschoren davon. Was für ein „blödes Spiel!" Kurden gegen Touristen! Touristen gegen Kurden! Kurdistan wurde mir gründlich verleidet, zumal mich auch die kahle Berglandschaft ziemlich anödete.

Erst der blaudunstige „Große Ararat“ stimmte mich etwas friedlicher, als sein umwölktes Haupt weitab linker Hand auftauchte. Monumental erhob er sich 5165 Meter hoch in den Himmel! Vor etwa vier Jahren hatten sich zu seinen Füßen der Liedermacher Klaus Hoffmann und sein Freund in einem VW-Käfer überschlagen. „Ich registrierte den Überschlag in Zeitlupe und fiel nach hinten. Sigi schoss ebenso durch den Käfer und krachte gegen das Rückfenster. Wir hatten einen Schutzengel. Außer ein paar Schnitten, Prellungen und Stauchungen waren wir unversehrt“ (Hoffmann 2012, S. 219). Davon hörte ich allerdings erst später. Damals dachte ich vielmehr an die Sintflut, als gewaltige Wassermassen die Erde bedeckten und Noah von Gottes Gnaden seine riesige Arche am Gipfel des Ararat festzurrte. Unglaublich! Wir fragten „Radio Eriwan“ auf der armenischen Seite des biblischen Berges, ob sich solch ein Ereignis wiederholen könnte und bekamen lapidar zur Antwort: „Im Prinzip ja, aber erst in ein paar Wochen.“ Sobald schon? Das konnte ja wohl nicht wahr sein! Oder vielleicht doch? Warten wir´s ab! Bis zur iranischen Grenze war es nicht mehr weit. Der übliche Papierkram. Keinerlei Behinderung. Allmählich hatten wir Übung im Umgang mit den Grenzbehörden. Immer schön freundlich und keine dummen Witze! Notfalls unsere Frauen als reizenden Blickfang vorschieben. Verschnaufpause, Fahrerwechsel, Weiterfahrt. Maku, Tabriz, Qazvin, Teheran. Nirgends ein längerer Aufenthalt. Nur weiter, immer weiter! Weder nach rechts noch nach links schauen. Immer schön geradeaus und an den schönsten Sehenswürdigkeiten vorbeigefahren! Kaum, dass ich mich irgendwelcher Details erinnere. Erst nachdem wir das schmale Elbrusgebirge durchquert und das Kaspische Meer – benannt nach dem antiken persischen Volk der Kaspier – erreicht hatten, stoppten wir gewaltsam unseren ruhelosen Fahrtrieb – jedenfalls vorübergehend. Denn wir beabsichtigten im größten Binnenmeer der Welt ein Bad zu nehmen und den Straßenstaub von unserer Haut abwaschen zu können. Leider machte das Kaspische Meer gerade Siesta. Bleiern, lauwarm und schlaff schwappten die Wellen an den Strand. Keine Abkühlung möglich! Enttäuscht begnügten wir uns mit einem Spaziergang im Schatten eines schmalen Grüngürtels. Was wir zu sehen bekamen, war höchst merkwürdig. Verstreut lagen schlauchförmige Häute herum. Ein älterer Strandläufer, welcher zufällig des Weges kam, erklärte uns mittels Zeichensprache, dass es sich um Schlangenhäute handele. In Anbetracht ihrer Größe und Menge fürchteten wir uns doch etwas und vermieden es, in die Büsche zu gehen.

Zu erwähnen ist, dass unsere Crew inzwischen auf fünf Teilnehmer zusammengeschmolzen war. Den sechsten hatten wir in Teheran ausgebootet, nachdem er einen „Offenbarungseid" geleistet hatte. „Ich bin völlig pleite", gestand er uns, „würde aber gern weiter mitfahren wollen." Wir waren empört! Ein Schmarotzer! Das hatte uns gerade noch gefehlt! Erst Bernd! Jetzt Uli! Bedauerlicherweise handelte es sich um unseren Hobbymechaniker. Falls jetzt eine Reparatur am Fahrzeug vorzunehmen wäre, würden uns seine einschlägigen Fachkenntnisse sehr fehlen. Bisher waren wir glücklicherweise vor größeren Pannen verschont geblieben. Aber das konnte sich schnell ändern! Schon während der nächsten Etappe durch die afghanische Steinwüste. Nicht auszudenken, wenn wir hängen bleiben würden! Das unkalkulierbare Risiko verdrängend, schlossen wir Uli hartherzig aus und wünschten ihn dorthin, wo der Pfeffer wächst.

Die deutschen Konsulate in Ankara und Teheran hatten uns gewarnt. Mohammed Dahoud Khan (1909-1978) hätte soeben das afghanische Königshaus gestürzt. Das ganze Land sei in hellem Aufruhr. Soweit dem Konsul bekannt, sei den Touristen zwar die Einreise nach Afghanistan erlaubt, sie müssten aber mit massiven Behinderungen rechnen. Unser jugendlicher Leichtsinn kannte keine Grenzen. „Wird schon schief gehen", dachten wir und erreichten den iranischen Grenzposten um Mitternacht. Obschon etwas verwundert über die nächtlichen Ruhestörer, fertigte der Grenzer uns relativ zügig ab. Vorsichtig uns der afghanischen Seite nähernd, wurden wir misstrauisch visiert, gründlich kontrolliert, letztendlich aber durchgewunken. Doch gleich darauf beschäftigte uns das nächste Problem. Über 1000 Kilometer Steinwüste waren zu durchqueren, des Nachts sehr kalt und am Tag sehr heiß. Würden wir heil durchkommen? Vorsichtshalber überprüften wir noch einmal alle Benzin-, Wasser- und Lebensmittelvorräte. Dann ging es weiter durch die Nacht. Kein einziger Stern am Himmel. Tiefe Dunkelheit ringsum. Vorausleuchtend nur die beiden Halogenscheinwerfer. Vorsichtig ertastete sich der Steuermann seinen Weg auf der unmarkierten Fahrbahn. Gelegentlich blockierten republikanische Wachtposten die Straße und funzelten den Schläfern ins gähnende Gesicht. Schneller als der Tag erwachte, vertraten wir uns, weite Blicke in die schier endlose Wüste werfend, die schlaffen Beine. Einöde! So weit das Auge reichte, Sand und Steine. Fernab sorgte eine gemächlich schreitende Kamelkarawane für etwas Abwechslung. Wohin mochte sie wohl unterwegs sein? Es blieb wenig Zeit darüber nachzudenken. Wir mussten ja weiter! Noch lagen einige hundert Kilometer asphaltierter Piste vor uns. Je höher die Sonne stieg, umso brütender das Wageninnere. Trotz offener Fenster. Gegen Mittag nächster Fahrerwechsel. Ich saß mit nassem T-Shirt hinter dem Lenkrad, der Kühlung wegen. Was für eine saudämliche Idee! Für diese kurzfristige Abkühlung bezahlte ich mit einer langfristigen Erkältung. Am Horizont tauchte ein kleiner grüner Fleck inmitten einer ockergrauen Landschaft auf und entpuppte sich beim näher kommen als bewohnte Oase mit Hotel und Schwimmbad, inklusive Zehn-Meter-Sprungturm. Eine grüne Insel im „steinernen Meer"! Welch' ein Luxus! Wir stoppten und verbrachten nach langer Zeit wieder einmal eine ruhige Nacht. Erfrischt fuhren wir am nächsten Morgen weiter und erreichten unbeschadet die Hauptstadt von Afghanistan.

Kabul ist keine schöne Stadt. Jedenfalls hatte ich von der uralten Metropole im Tal des Hindukusch eine romantischere Vorstellung gehabt. Statt orientalischer Paläste, königlicher Gärten und Parks sowie prächtiger Moscheen fanden wir lediglich staubige Straßen, europäische „Bauklötze" und schäbige Bruchbuden vor. Allerdings muss ich zugeben, dass wir weder die ruinierte Zitadelle Bala Hissar aus dem 5. Jahrhundert noch den außerhalb der Stadt liegenden Darul-Aman-Palast aus dem Jahre 1920 besichtigten. Stattdessen suchten wir ein billiges Quartier und eine deutsche VW-Werkstatt für diverse Reparaturen und Ölwechsel. Unser geschundenes Fahrzeug fachmännischen Händen überlassend, durchstreiften wir dann die Stadt und beobachteten das bunte Treiben auf den Straßen, welches sich unbeeindruckt von der politisch brisanten Lage und der militärischen Präsenz vor unseren Augen abspielte. Einen besonderen Anziehungspunkt bildeten die kleinen Läden, in denen die Händler ihre Waren feilboten: Obst und Gemüse, Gewürze, Keramik und Glas, Kleidung und Schuhe, Wolfs- und Schaffelle, Edelsteine und Haschisch bzw. Charras. Obgleich unser Bulli kaum Platz für Souvenirs bot, feilschte ich mit den gewieften Afghanen um einen urigen Hirtenmantel, eine seidenbestickte Lederweste und einen polierten Lapislazuli, der noch immer meine Wohnung ziert. Gemächlich von Laden zu Laden bummelnd, begegneten wir unverhofft Uli, unserem „Schmarotzer". Die Begrüßung fiel trotz der großen Hitze ziemlich frostig aus. Wie hatte der Kerl es nur ohne Geld bis hierher schaffen können? „Denn es war lebensgefährlich, durch Persien zu trampen. Die meisten Typen wurden von den Truckern vergewaltigt, und wer sich wehrte, der wurde einfach in der Wüste ausgesetzt" (Hoffmann 2012, S. 221). Statt uns aufzuklären, hüllte er sich in Schweigen. Wir sahen uns nie wieder.

Nach ein paar Stunden war unser VW-Bus repariert und gewartet und für die nächste Etappe gut gerüstet. Verlässlich brummte er weiter in Richtung Pakistan. Während anfangs noch grüne Tupfer auf braunroter Erde die Straße säumten, wurde die Berglandschaft hinter Dschalalabad zunehmend karger. Bald ging es in relativ sanften Kehren zum 1070 m hoch gelegenen Khyberpass hinauf. Zu den abenteuerlichen Geschichten, die sich um die berühmt-berüchtigte Pass-Straße ranken, lässt sich noch folgende hinzufügen: Nachdem wir die Höhe erklommen und das markante Grenztor passiert hatten, fielen wir unter die Straßenräuber. Mich vorsichtig an den ungewohnten Linksverkehr anpassend, musste dennoch hin und wieder einer der bunten und schwer beladenen pakistanischen Lastkraftwagen überholt werden. Dabei geschah es, dass ich etwas zu früh nach links einscherte und einen LKW schnitt. Vielleicht hatte der Fahrer auch etwas mit dem Gaspedal nachgeholfen. Wer weiß? Jedenfalls behauptete er allen Ernstes, dass wir seine mächtige Stoßstange ramponiert hätten. Unmöglich! Einfach lächerlich! Ungläubig dreinschauend, deuteten wir auf den Kratzer an unserem Bulli. Offenbar wollte uns das verdammte Schlitzohr „abzocken". Eine gütliche Einigung schien aussichtslos. Nach und nach hatten sich noch weitere falsche Zeugen eingefunden, welche gegen uns Partei ergriffen. Großes Palaver! Schließlich gab uns ihr Wortführer zu verstehen, dass wir im Konvoi weiterfahren sollten. Flüchten schien zwecklos! Eskortiert von mehreren LKWs, gelangten wir in ein schäbiges „Räuber-Hotzenplotz-Dorf" und wurden bereits von einem angeblichen Mufti erwartet. Nun gab es keinen Zweifel mehr. Es handelte sich um ein abgekartetes Spiel und räuberische Erpressung! Denn nach einer fingierten Verhandlung knöpfte uns der „Räuberhauptmann" fünfzig Dollar ab. Leicht erbeutetes Geld für das „arme Unfallopfer", von dem allerdings noch Schmiergelder für den Mufti und seine Kumpels abgingen. Der Schaitan soll diese verfluchten Pakistani holen! Schon wieder hatten wir Lehrgeld zahlen müssen. Es sollte nicht das letzte Mal gewesen sein. Zunächst aber fuhren wir unbehelligt weiter, über Peshawar, Rawalpindi und Jhelum bis nach Lahore. Eigentlich wollten wir in Lahore nur tanken und Proviant einkaufen. Zu diesem Zweck benötigten wir pakistanische Rupien. Statt bei einer seriösen Bank zu wechseln, bevorzugten wir den Straßenhandel. Man musste nur vorsichtig zu Werke gehen. Wie leicht konnten einem Blüten angedreht werden. Doch der fliegende Straßenhändler wirkte so vertrauenswürdig, als könne er partout kein Wässerchen trüben, sodass wir keinen Zweifel an seinen abgegriffenen Scheinen hegten. Den hegte indes der nächste Lebensmittelhändler. Oh je! Was waren wir doch für Hornochsen! Nun waren wir schon wieder reingefallen! Diesmal auf echte Blüten! Bedauerlicherweise wurde meine Landesmeinung nachhaltig von diesen und anderen schlechten Erfahrungen geprägt. Wenn in den Medien zum Beispiel über die Türkei, Kurdistan, Afghanistan oder Pakistan berichtet wird, schleicht sich assoziativ eine abwertende Haltung gegenüber diesen Völkern ein. Sofort erinnere ich mich der vielen Scherereien in diesen vier Ländern. Erst eine reflektierende Nachbearbeitung mildert etwas meine generalisierende „Fremdenfeindlichkeit“. Schließlich hatten wir auch gute Erfahrungen mit den Menschen gemacht, und hatten wir nicht auch einen Dachträger geklaut?

Inzwischen hatten wir drei pakistanische Ströme überquert und keine übermäßig hohen Pegelstände erkennen können. Je näher wir jedoch der indischen Grenze rückten, desto stärker machte sich der Monsun bemerkbar. Temperatur und Luftfeuchtigkeit stiegen. Täglich öffnete der Himmel seine Schleusen. Immer häufiger waren die Landstraßen überflutet, sodass wir mehrmals auf höher gelegene Nebenstraßen ausweichen mussten. Allmählich drohte der Punjab in den Fluten zu versinken. Ein ähnliches Bild bot sich uns in Amritsar. Zwischen den Gebäuden nur schlammige Brühe. Um nicht ständig in nassen Schuhen herumlaufen zu müssen, machten wir es wie die Armen der Ärmsten und wateten barfuß durch die überfluteten Straßen. Der berühmte „Goldene Tempel“ der Sikhs war nicht schwer zu finden. Er liegt inmitten eines von weißen Gebäuden eingefassten Sees. Seine vier Eingänge symbolisieren die vier Himmelsrichtungen und die Weltoffenheit der an sich kriegerischen Religionsgemeinschaft. Man betritt die frei zugängliche Tempelanlage über einen schmalen Steg. Uns dem inneren Tempelbezirk nähernd, beobachteten wir „turban-bärtige“ Sikhs, zerlumpte Bettler und Fladenbrot (Chapati) backende Frauen. Touristen sahen wir keine. Fasziniert schauten wir dem kunterbunten Treiben eine Weile zu. Gerade beabsichtigten wir, noch tiefer in den Tempelbezirk vorzudringen, als wir von einem friedlichen Sikh auf Englisch angesprochen und nach Hause eingeladen wurden. Was für eine große Ehre! Sein kleiner Bungalow lag am Rande der Stadt. Während wir indischen Tee tranken, erfuhren wir einiges über die Bräuche des Sikhismus. Zum Beispiel würden die Chapati für die Ärmsten der Stadt gebacken. Deren tägliche Speisung diene jedoch nicht nur der Beseitigung sozialer Ungerechtigkeit, sondern betone auch die Gleichheit der Menschen untereinander. Folglich lehnten sie jegliche Hierarchisierung ab. Frauen und Männer seien gleichberechtigt. Ihre monotheistische Religion bedürfe keiner Priester. Auch vom brahmanischen Kastenwesen hielten sie nichts. Von ihrer kämpferischen Natur war nicht die Rede. Für europäische Ohren klang das recht fortschrittlich und erklärte teilweise die spontane Gastfreundschaft des Sikh. Deshalb war es kaum zu glauben, dass elf Jahre später der Goldene Tempel zum Schauplatz eines fürchterlichen Massakers werden sollte. Die damalige Premierministerin Indira Gandhi (1917-1984) begründete diese gigantische Schandtat damit, dass die politischen Autonomiebestrebungen der Sikhs zu weit gegangen wären. Ein möglichst unabhängiger Punjab, Religionsfreiheit und Wahrung der Menschenrechte könne nicht geduldet werden. Nehrus (1889-1964) Tochter hatte noch mehr auf dem Kerbholz. 1975 hatte sie eigennützig den Notstand ausgerufen und oppositionelle Bürger zu Tausenden ohne gerichtliche Verfahren inhaftieren lassen. Sie verhielt sich um keinen Deut besser als der britische General Reginald Dyer (1864-1927), der am 13. April 1919 aus ähnlichen Gründen in Amritsar ein blutiges Massaker verübt hatte.

In Amritsar gingen die Meinungen auseinander. Einige plädierten für Kaschmir, andere für Nepal. Ein Land schien uns so reizvoll wie das andere. Schließlich einigten wir uns auf Khatmandu, wahrscheinlich des legalen Handels mit Haschisch und Marihuana wegen. Also weiter gen Osten! Schon lange vor Neu Delhi schwoll der Verkehr mächtig an und verdichtete sich in der Stadt zu einem wirren Knäuel verschiedener Fahrzeugtypen. Eine Straßenverkehrsordnung ließ sich nicht erkennen. Man erhaschte eine Lücke, überholte auf gut Glück und verschaffte sich hupend seine Vorfahrt. Lediglich die heiligen Kühe wurden rücksichtsvoll umfahren. So prägten entsprechend viele verbeulte Vehikel das hektische Straßenbild. Trotzdem gelangten wir unfallfrei ins Zentrum. Auf der Suche nach einem trockenen Plätzchen fanden wir eine sehr originelle Unterkunft. Es handelte sich um ein touristisches Jurtendorf. Tagsüber staute sich die feuchtwarme Luft „unter dem Dach", nachts trommelte der Monsunregen „auf das Dach". Nachdem wir das campingartige Quartier in Besitz genommen hatten, erkundeten wir gemeinsam das alte Delhi, nicht weit vom Roten Fort entfernt. Der riesige Bazar in Chandni Chowk befriedigte sowohl den Schautrieb als auch den Gaumen. Stundenlang ließen wir uns an den vielen kleinen Läden vorbeitreiben. Einem flinken Schneider über die Schulter zusehend, bekam ich Lust, mir für einen Spottpreis ein paar kühlende Seidenhemden schneidern zu lassen. Auch die Menüs waren ziemlich billig. Ein opulentes Mittagessen kostete umgerechnet eine Deutschmark. Es hätte allerdings auch wesentlich teurer werden können; denn „Montezumas Rächer" lauern hierzulande in jedem Restaurant. Nur wer gekochte Speisen und Mineralwasser zu sich nahm, entging seinen grausamen Fängen. Unvorsichtige Untertanen mussten ihn mit Medikamenten und Opium bekämpfen. Zum Glück blieb ich auf der gesamten Reise von „Ihm" verschont. Trotz gesundheitlicher Risiken speisten wir in den kleinen indischen Restaurants und ließen es uns schmecken. Meistens wählte ich ein vegetarisches Gericht aus geschältem Reis, Fladenbrot und scharfen Saucen, welches auf einem Metalltablett, dem so genannten Thali serviert wurde. Curryhuhn mit Reis und Lagerbier hingegen ließen wir uns in chinesischen Restaurants schmecken.

Während unseres einwöchigen Aufenthaltes in Neu Delhi waren wir wegen der heftigen Monsunregen übereingekommen, den Bulli in Agra stehen zu lassen und mit den Indian Railways (IR) weiterzufahren. Das war nun leichter gedacht als getan. Als weltfremder Europäer macht man sich nämlich keine Vorstellung von den Strapazen einer Reise mit indischen Verkehrsmitteln. Unser fahrplanmäßiger Zug war völlig überfüllt, Sitzplätze nicht leicht zu haben. In den Gängen der Waggons quetschten sich viele Menschen und noch mehr Kleinvieh. Ekelerregende Miasmen reizten unsere empfindlichen Nasen. Zusammen mit der stickigen Luft waren sie kaum auszuhalten. Zum Glück erkannte ein mitleidiger und gebildeter Inder unsere Notlage und räumte ein paar Plätze am Fenster für uns frei. Erschöpft fielen wir in die schmutzigen Polster und schliefen bis zum Morgengrauen. Meinen Blick automatisch nach draußen richtend, traute ich meinen noch müden Augen nicht. Weit verstreut auf den Feldern hockten Dutzende von Dorfbewohnern. Augenblicklich wurde ich munter und beobachtete neugierig noch mehrere solcher schamfreien Veranstaltungen. Man stelle sich solch eine Aktion in Deutschland vor! Alle unbedeckten Ärsche würden augenblicklich wegen Erregung öffentlichen Ärgernisses beim Kadi landen. Hierzulande dienten sie nicht nur hinterlistigen, sondern auch düngenden Zwecken.

Mit solchen Bildern vor Augen gelangten wir nach Benares. In Benares sterben und verbrannt werden, ist der Wunsch eines jeden frommen Hindus. Wir gaben uns damit zufrieden, zusehen zu dürfen. Die Verbrennung des hinduistischen Leichnams, welcher wir beiwohnten, fand in aller Öffentlichkeit auf den stufenförmigen Uferbefestigungen am Ganges, den so genannten Ghats, statt. Gerade begannen die Angehörigen eines Verstorbenen trockenes Astholz ringförmig aufzuschichten. Nachdem der Holzstoß zu einem beachtlichen Zylinder angewachsen war, hievten sie die eingewickelte Leiche mit vereinten Kräften hinauf und zündeten den Holzstoß an. Züngelnd fraßen sich feurige Schlangen durchs Geäst. Lodernd schlugen heiße Flammen empor. Schwarzer Qualm verpestete die Luft. Es stank fürchterlich zum Himmel. Nachdem der Tote vom Feuer verzehrt worden war, wurden Knochen- und Holzasche zusammengefegt und dem heiligen Ganges übergeben. Einige nachgeworfene Blumen begleiteten den grauen Aschefleck auf seiner langen Reise zum Indischen Ozean. „Shiva sei seiner armen Seele gnädig!“ Wie lange würde er auf seine Wiedergeburt warten müssen? Desgleichen der Tierkadaver – ein Wasserbüffel – welcher aufgedunsen hinterher trieb? Mich schauderte.

Zum Bahnhof zurückkehrend schauderte es mich noch ein zweites Mal, als sich ein verhutzeltes altes Weiblein näherte. Spindeldürre Arme streckten sich mir aus einem verschlissenen Sari entgegen. Der ganze Körper fast ein Gerippe mit Totenschädel. Denn wo sich einmal ihre Nase befunden hatte, klaffte jetzt ein schwarzes Loch. Rasch ein paar Almosen in die aufgehaltene Hand geworfen, entfernte ich mich von diesem grausigen Anblick und wurde sogleich mit dem nächsten indischen Problem konfrontiert. Ein etwa zehnjähriger Junge, barfüßig und schmuddelig gekleidet, weinte jämmerlich auf dem Bahnsteig hockend. Sein rechtes Knie blutete aus einer tiefen Schnittwunde. Auf gut Glück riefen wir nach einem Arzt und hatten Glück! Einer der Bahnsteiggäste outete sich als Mediziner. Uns hätte er wahrscheinlich selbstlos geholfen! Dem kleinen Patienten jedoch verweigerte er ärztliche Hilfe. Sein hinduistisches Kastenwesen verbiete es diesen Paria (Unberührbaren) anzufassen. Andernfalls würde er sich durch ihn besudeln. Von „unterlassener Hilfeleistung“ wollte der indische Arzt nichts hören. Ratlos standen wir um den weinenden Jungen herum! Solange, bis der Eilzug pfeifend nach Raxaul einfuhr.

Schlechten Gewissens stiegen wir ein. Nach ein paar Stunden strapaziöser Bahnfahrt erreichten wir Raxaul an der nepalesischen Grenze. Da sich die Weiterfahrt mit dem Linienbus nach Kathmandu verzögerte, besichtigte ich noch die Reisfelder am Rande der Grenzstadt. Knöcheltief im Wasser watend, steckten nacktbeinige Reisbauern mechanisch Reishalm für Reishalm in den morastigen Grund. Auf eine gute Ernte hoffend! Wie viele Stecklinge brauchte es wohl für eine Hand voll Reis? Bevor ich meine Rechenaufgabe lösen konnte, mahnte eine heisere Bushupe zur schnellen Rückkehr. Am Busbahnhof angekommen, wartete bereits eine ansehnliche Menschenmenge. Eine Mitnahme im Inneren des Busses schien unwahrscheinlich. Es blieb nur die Wahl zwischen: entweder auf dem Busdach Platz zu nehmen oder auf den nächsten Überlandbus zu warten! Zusammen mit einigen „dropouts“ entschieden wir uns für den ersteren Transfer. Nicht ahnend, dass es ein verwegener Teufelsritt durch den Dschungel und den Vorhimalaya werden würde. Denn das Blechdach verfügte weder über Sitzplätze noch Haltegurte noch Schattenspender. Wozu auch! Keine Behörde fragt hier nach Sicherheitsbestimmungen. Jeder Fahrer und Mitfahrer ist sich selbst der Nächste. Als das wenig Vertrauen erweckende Vehikel hupend und stinkend losfuhr, klammerte sich ein jeder so gut er konnte an die dünne Dachreling und bangte um sein Leben. Nicht nur, dass uns viele Schlaglöcher herumschleuderten, obendrein mussten wir auch noch herabhängenden Baumästen und Oberleitungen ausweichen. Um nicht „kopflos“ in Kathmandu anzukommen, organisierten wir deshalb eine doppelte Dachwache. Diese wurde dahingehend instruiert, jedes gefährliche Hindernis vorausschauend zu identifizieren und zu signalisieren. So klang es denn von Mal zu Mal warnend: „Head down! Head down!“ Dank der wachsamen „security firm“ kam – wie durch ein Wunder – kein einziger Dachpassagier zu Schaden.

Zwischen der nepalesischen Grenze und dem Vorhimalaya erstreckt sich „Mowglis“ wilder Dschungel, den wir durchqueren mussten. Gespannt nach wilden Tieren Ausschau haltend, sahen wir uns jedoch getäuscht. Weder kreuzten Baloo der Bär, noch Baghira der Panther, noch Shir Khan der Tiger unseren Weg, noch hörte man irgendwelche Tierlaute. Der indische Dschungel wirkte wie ausgestorben! Indes veränderte sich an den Hängen des Vorhimalaya allmählich die Vegetation. Je höher wir kamen, desto häufiger mischten sich Rhododendren zwischen die Eichen und andere Bäume. Leider fehlten den großen Sträuchern zu dieser Jahreszeit ihre knallroten Blütenstände, welche dem Bergwald ein märchenhaftes Aussehen verleihen. Nach einer strapaziösen Fahrt von mehreren Stunden hatten wir das 1300 Meter hohe Plateau endlich erreicht. Vor unseren Augen erstreckte sich eine dicht besiedelte Ebene, eingerahmt von einer entfernt liegenden Bergkette und dem glitzernden Schneegipfel des Mount Everest im abendlichen Sonnenlicht. Wir waren fast am Ziel! Waren wir am Ziel? Hatte nicht schon Konfuzius erklärt, dass der Weg das Ziel sei? Folglich befanden wir uns von Anbeginn unserer Reise auf einer Zielgeraden! Es war nur eine Frage der Perspektive.

Mitten in Kathmandu stoppte der indische Busfahrer. Mit Sack und Pack drängten Einheimische, Touristen und „dropouts" nach draußen auf die Straße. Die Aussteiger waren schon wochenlang der so genannten Hippieroute gefolgt und würden sicherlich länger als wir im „Haschisch-Paradies" verbleiben. Froh den Höllenritt auf dem „heißen Blechdach" überlebt zu haben, verabschiedeten wir uns mit einem herzlichen good bye und good luck voneinander und strebten der nächst besten Lodge zu. Diese billigen Gasthäuser liegen vor allem in der Altstadt. Ein bescheidenes Zimmer mit Pritsche ohne Frühstück kostete damals etwa 50 Rupien (50 Cent). Nachdem wir ein trockenes Plätzchen ergattert, uns provisorisch eingerichtet und endlich einmal richtig ausgeschlafen hatten, trennten sich auch unsere Wege. Die vielen gemeinsamen Erlebnisse hatten unsere Crew nicht zusammengeschweißt. Eher auseinander dividiert. Schuld daran waren nicht nur die ständigen Strapazen und die räumliche Enge, sondern auch zermürbende Konflikte und sexuelle Enthaltsamkeit. Schon in Istanbul hatte Bernd seiner nächtlichen Eskapaden wegen, für heftigen Wirbel gesorgt und in Teheran unser insolventer Hobbymechaniker. Schließlich kam es auch zwischen meinem besten Freund und mir zur Entfremdung. Noch heute fühle ich einen residualen Schmerz, wenn ich an unsere langjährige Freundschaft denke. Vielleicht wäre ein klärendes Gespräch hilfreich gewesen. Doch dazu kam es nie! Was haben wir falsch gemacht? Wir hatten uns doch gut verstanden! Nun ging jeder seiner Wege! Auch Psychologen tappen manchmal im Seelendunkel!

Nur gelegentlich bummelten wir miteinander durch die engen Gassen der alten Königsstadt, besichtigten die kunstvoll geschnitzten Fenster der Gebäude im newarischen Baustil, die eigenartigen Stupas der Buddhisten und die Tempel der Hinduisten. Als Nepal am 25. April und 12. Mai 2015 von zwei Erdbeben der Stärke 7,8 auf der Richterskala heimgesucht wurde, las und hörte ich in den Medien, dass vor allem diese historischen Gebäude zerstört worden seien. Meistens war ich allein unterwegs. Entfloh dem lärmenden Zentrum und pflegte der Ruhe inmitten der parkartigen Tempelbezirke. Tempel-Makaken leisteten mir scheinbar interessenlos Gesellschaft. Sobald ich jedoch picknicken wollte, umringte mich augenblicklich eine neugierige Affenbande. Wer konnte schon den putzigen Tierchen widerstehen? Ich nicht! Also spendierte ich ihnen ein paar Kekse und noch mehr Kekse. Doch war dies den frechen Viechern nicht genug! Immer mehr Kekse forderten sie! Immer enger rückten sie mir auf den Pelz. Die Lage wurde brenzlig. Als schließlich das Alphamännchen – vielleicht Hanuman persönlich – die Geduld verlor, sich vor mir aufpflanzte und herausfordernd sein Raubtiergebiss aufriss, bekam ich es wahrhaftig mit der Angst zu tun. Blut und Wasser schwitzend, warf ich ihm die restlichen Kekse in den Rachen und suchte fluchtartig das Weite. Hanuman und seine Vasallen behände hinter mir her! Erst außerhalb der Tempelanlage gaben sie die Verfolgung auf. Seitdem habe ich nie wieder „einem Affen Zucker gegeben" – auch im Zoo nicht! Affengötter können nämlich grausam sein!

Regelmäßig öffnete der Himmel gegen 14,00 Uhr seine Schleusen. Wer nicht augenblicklich einen trockenen Unterschlupf fand, konnte nach wenigen Minuten seine Kleidung auswringen. Noch ein wenig später verwandelten sich die aufgeweichten Wege in schlammige Wasserläufe, sodass man befürchten musste, weggespült zu werden. Doch so schnell wie der Wolkenbruch gekommen war, so schnell verschwand er auch wieder. Alsbald wurden die Himmelstore wieder geschlossen, und die Sonne blinzelte erneut zwischen den abziehenden Regenwolken hervor – bis zum nächsten Regenguss! Während der Monsunregen unser städtisches Leben relativ wenig beeinträchtigte, machte er Ausflüge in das umliegende Bergland nahezu unmöglich. Jedenfalls wusste eine Wandergruppe ein schauriges Lied davon zu singen. Eindringlich warnten sie uns vor einer Bergwanderung. Die Pfade seien furchtbar glitschig, die Bäche mächtig angeschwollen und die Steilhänge ständig Steinschlag gefährdet. Indes hätte es der Warnungen nicht bedurft, da die erschöpften und durchnässten Gestalten für sich sprachen. Schweren Herzens verzichteten wir auf eine Wanderung ins Gebirge. Wenngleich es reizvoll gewesen wäre in die Bergwildnis des Himalaya einzutauchen. Stattdessen begnügte ich mich im touristischen Stadtteil Thamel am Durbar-Square und der Freak Street mit der Jagd nach tibetanischen Souvenirs und nepalesischen Drogen.

Bisher hatten wir noch nicht gekifft. An einem unserer letzten Tage in Kathmandu aber ritt uns der Teufel. Wir besuchten eines der kleinen Haschisch-Restaurants und bestellten Haschisch-Plätzchen und Haschisch-Tee. Wie ich bald feststellen sollte, hatte es das Haschisch-Gedeck in sich. Während sich meine Begleiter etwas zurückhielten, langte ich hungrig zu. Bald entfaltete der „Schwarze Nepalese" seine ganze Wirkung. Zuerst wurde ich „high", dann wurde mir blümerant und zuletzt kotzübel zumute. Vorsorglich brachten mich meine vier Begleiter in die Lodge zurück. Im Bett begann sich alles um mich her zu drehen und eiskalter Schweiß aus allen Poren zu fließen. Scheußliche Fratzen tanzten vor meinen geschlossenen Augen. Schreckliche Monster trachteten mir nach dem Leben. Kein Zweifel, ich erlebte einen Horrortrip! Wenn mich nicht eine unserer beiden Frauen die ganze Nacht bewacht hätte, wer weiß wie alles ausgegangen wäre. Gegen Morgen klangen die Halluzinationen allmählich ab und ließen mich einige Stunden traumlos schlafen. Mittags erwachte ich in Katerstimmung. Eine eiskalte Körperwäsche und heißer Tee ohne Haschisch beendeten den Rausch- und Panikzustand. Natürlich reflektierte ich dessen Umstände. Schließlich hatte ich schon früher einige Joints geraucht, und nichts Schlimmes war passiert. Offenbar macht es einen großen Unterschied, ob man den „Schwarzen Nepalesen" inhaliert oder als Haschisch-Plätzchen zu sich nimmt.

Die Zeit des Abschieds war gekommen. Zwei Wochen hatten wir „unter dem Dach der Welt" im Vorhimalaya verbracht. Reisemüde fuhren wir mit dem Überlandbus nach Raxaul zurück. Dieses Mal etwas bequemer im großen Fahrgastraum. Auch die Bahnfahrt nach Agra verlief erträglicher. Oder hatten wir uns bereits an die indischen Verhältnisse gewöhnt? Bevor wir unseren VW-Bus aus der Garage holten, besichtigten wir noch das berühmte Taj Mahal. Im Zentrum einer symmetrischen Gartenanlage, umgeben von vier gleichen Minaretten, erhebt sich das indische Grabmal aus schneeweißem Marmor. Verschiedenfarbige Edelsteine schmücken die glamouröse Fassade. Leider ergab sich damals nicht die Gelegenheit, die beiden Gräber des Großmoguls Shah Jahan (1592-1666) und seiner Geliebten in der Krypta zu besichtigen. Optisch gesehen ist das Mausoleum aus dem 17. Jahrhundert zweifellos sehr beeindruckend. Bedenkt man jedoch die immensen Kosten, welche für die Liebe und Trauer eines „überkandidelten" Moguls aufgewendet wurden, so kann man das großartige Kunstwerk kaum noch bewundern. Aber diese dunkle Seite der Kunst wird von den Reiseführern gern verschwiegen. Man möchte sich seine Geldquelle durch unbequeme Geschichten nicht verderben lassen. Auch ich verbannte damals solche Gedanken aus meinem Bewusstsein, bis mich Mark Twain (1835-1910) mit der Nase darauf stieß. In seinen aufklärenden *Reisen ums Mittelmeer* spottet er zum Beispiel über diverse religiöse Bauwerke und Gemälde. Ähnliche Bedenken gelten für das eigenartige Grabmal des Hephaistion (um 360-324 v.u.Z.). Hephaistion war Freund, Leibwächter, General und vielleicht auch Geliebter von Alexander dem so genannten Großen (356-323 v.u.Z.). Alexander baute für ihn ein monumentales Grabmal in Form einer fünfstufigen babylonischen Pyramide. Nachdem wir uns satt gesehen hatten, besuchten wir die Kleinkünstler im Bazarviertel von Agra. Silberschmiede bogen und ziselierten filigrane Schmuckstücke und Gefäße. Elfenbeinschnitzer drechselten und polierten hinduistische Gottheiten, bäuchige Buddhas, weiße Elefanten und bezaubernde Schachfiguren und stichelten marmorne Schachbretter. Eine Fülle wunderschöner Dinge, welche ich mir aufgrund der geschrumpften Reisekasse nicht mehr leisten konnte. Stattdessen begnügte ich mich mit Räucherstäbchen aus Sandelholz sowie billigen Batikarbeiten und Reispapierdrucken.

Beladen mit allerlei Souvenirs setzten wir unsere Rückreise fort. Diesmal wählten wir eine südlichere Route. Ein großer Fehler, wie sich bald herausstellen sollte! Infolge wochenlanger Monsunregen waren die Straßen und Brücken der Flussebenen in einem dermaßen desolaten Zustand, dass wir kaum vorankamen. Besonders der mächtige Indus in Pakistan erwies sich als ein gefährliches Hindernis. Nur eine provisorische Pontonbrücke führte ans andere Ufer hinüber. Angespannt und vorsichtig balancierten wir unseren Bulli über die schaukelnden Planken. Vor und hinter uns gleichermaßen jonglierende Autofahrer. Rechts und links schlammige Fluten. Wenn jetzt der Motor streiken würde! Nicht auszudenken! Zum Glück wartete er damit noch ein paar hundert Kilometer. Unbeschadet und erleichtert erreichten wir das jenseitige Ufer. Nachdem wir die großen Flüsse hinter uns gelassen hatten, wurden die Straßen zunehmend trockener, sodass es wieder flott voranging.

Kurz vor der afghanischen Grenze erneut eine ziemlich heikle Situation, als ein Grenzsoldat mit geschultertem Karabiner auf uns zugerannt kam. Wollte er uns stoppen? So weit vor dem Grenzübergang? Oder handelte es sich vielleicht schon wieder um einen pakistanischen Straßenräuber? Kurz entschlossen gab ich Vollgas und raste mit Höchstgeschwindigkeit davon. Verdutzt über soviel zivilen Ungehorsam verschwand der Uniformierte im Rückspiegel aus dem Blickfeld. Das unüberlegte Manöver hätte auch schief gehen können! An der deutschen Demarkationslinie jedenfalls wären wir wahrscheinlich hinterrücks erschossen worden. Nun, wir hatten mehr Glück als so mancher DDR-

Flüchtling an der Zonengrenze. Am Kontrollpunkt wurden wir problemlos abgefertigt und ins benachbarte Afghanistan entlassen. Sofort registrierten wir die fehlenden Straßensperren. Offenbar hatte sich die politische Lage beruhigt. In Herat legten wir eine größere Fahrpause ein. Während Klaus Hoffmann und sein Freund diese mittelalterliche Stadt des Nachts erlebten, erlebten wir sie bei Tageslicht:

> Ich erinnere mich an einen nächtlichen Spaziergang durch die von Haschisch völlig benebelte Stadt. Alle kifften. Die afghanischen Soldaten hockten in ihren erbärmlichen Klamotten am Straßenrand und lachten uns zu. Sie besaßen keine Waffen, nur Knüppel. Sie hätten sich aus Angst womöglich gegenseitig erschossen (Hoffmann 2012, S. 230).

Wir dagegen sahen in den Straßen – statt erbärmlicher Soldaten – viele fleißige Glasbläser. Angeboten wurden vorwiegend erdbraune und lapislazuliblaue Glasgefäße in hauchdünner Ausführung. Obschon wir kaum noch über Stauraum verfügten, konnte ich dem Kauf zweier Vasen nicht widerstehen. Noch etwas schwerer beladen rollte unser betagtes Gefährt über die afghanisch-iranische Grenze.

Mittlerweile machten sich die permanenten Anstrengungen und individuellen Eigenarten immer stärker bemerkbar. Alle fühlte sich schnell gereizt! Häufig herrschte dicke Luft. Wir mochten uns nicht mehr und waren doch aufeinander angewiesen. In brodelnder Atmosphäre näherten wir uns dem Kaspischen Meer. Am Steuer saß Bernd. Ich machte dösend den Beifahrer. Plötzlich holperte der Wagen eine niedrige Böschung hinunter und blieb stehen. Ehe ich eingreifen konnte, hatte er den Motor ausgeschaltet. Er sei hundemüde, ließ er missmutig verlauten. Da standen wir nun! Im Straßengraben! In dunkler Nacht! Rabiat aus dem Schlaf gerissen und durchgeschüttelt! Wie sollten wir je wieder aus dem Graben herauskommen? Dazu sei erklärt, dass seit einiger Zeit die „Magnetzündspule" nicht mehr funktionierte und der Motor nur noch durch Anschieben oder direkte „Kabelzündung" zu starten war. Erstere Methode war im Graben unmöglich zu realisieren, letztere der Dunkelheit und der vielen Schlangen wegen gefährlich. Bernds idiotische Kurzschlusshandlung hatte uns in eine prekäre Situation gebracht. Ich war stinksauer! Alle fielen über ihn her! Wahre Gewitterwolken entluden sich über sein schuldiges Haupt. Nachdem alles nichts half, kroch ich etwas ängstlich unter das Chassis und tastete beim Schein einer Taschenlampe nach den Zündkontakten. Tatsächlich gelang es nach etlichen Versuchen, den Motor zu starten und den Bulli mit vereinten Kräften auf die Straße zu bugsieren. Schlecht gelaunt und mit Amphetaminen aufgeputscht, übernahm ich das Steuer. In sanften Kehren ging es nun bergauf. Gespenstisch durchfurchten vier Scheinwerfer die dichten Bergwälder des Elbrus, als sie plötzlich ein paar schemenhafte Gestalten am Straßenrand erfassten. Schlimmes ahnend, stoppten wir. Da hörten wir ein großes Jammern und Klagen. Ein paar Meter hinter einigen einheimischen Frauen und Männern hing ein LKW über einem steilen Abgrund, nur noch von einer Felsnadel gehalten. Wie mag er bloß dorthin gekommen sein? Es war ein grausiger Anblick. Jeden Moment konnte das schwere Fahrzeug abstürzen. Gerade war man dabei, die letzten Leute von der Ladefläche zu zerren. Weil jedoch unser Hilfsangebot abgelehnt wurde, fuhren wir weiter – ich bis zur völligen Erschöpfung. Denn die teuflische Nachwirkung von Amphetamin besteht darin, dass einer überwachen Phase eine unwiderstehliche Müdigkeit folgt. Immer häufiger fielen mir die Augen zu. Eigentlich war es unverantwortlich von mir weiterzufahren! Trotzig bis zum Umfallen quälte ich mich bis Teheran weiter, getreulich dem neurotischen Motto: „Es geschieht Bernd ganz recht, wenn es mir schlecht geht." Während meine Mitfahrer putzmunter vor mir her durch die Stadt trabten, stolperte ich schlaftrunken hinter ihnen drein. Infolgedessen beschränkt sich meine ganze Erinnerung an Teheran lediglich auf den Einkauf von Reiseproviant im „Großen Bazar" und eine merkwürdige Verkehrsordnung, die da lautet: Vorfahrt sei dem gewährt, der aus einer Parklücke herausfährt, ungeachtet des fließenden Verkehrs.

Hinter der iranisch-türkischen Grenze verflüchtigte sich allmählich mein Schlafbedürfnis. Auf schmalen Schotterstraßen fuhren wir in südlicher Richtung. Von einem glasigblauen Himmel brannte die Mittagssonne heiß auf uns hernieder. Kugelrund geformte Dornbüsche trieben und putzige Windhöschen tanzten über die staubige Ebene. Jede Durchquerung der quirligen Staubfahnen hatte eine kleine Vibration zur Folge. Gegen Abend unterbrachen wir unsere Fahrt durch die Osttürkei. Als Rastplatz wählten wir den riesigen Van-See oder Van Gölü. Seine Wasserfläche schimmert in blaugrünen Farben. Im See leben weder Wasserpflanzen noch Fische. Eine Geschmacksprobe des Wassers klärte das Rätsel. Es schmeckte sehr alkalisch. Auch das legendäre Seeungeheuer Canvari – alla Nessi – bekamen wir nicht zu Gesicht. Stattdessen wimmelte es im und am See von Wasserschlangen. Vorsichtig sich den Felsenklippen nähernd, stürzten sich dutzende bräunliche Schlangenleiber kopfüber ins Wasser. Keiner traute sich schwimmen zu gehen. Auch das Kampieren wurde uns etwas verleidet. Überall lagen trockene Schlangenhäute herum. Ein älterer Türke aus Van warnte uns vor deren Giftigkeit. Aufgrund dieser Nachricht hätten alle am liebsten im Auto geschlafen. Schließlich entschieden sich doch einige Beherzte im Notzelt zu schlafen.

Am nächsten Morgen erhob sich einer nach dem anderen von seiner Lagerstatt. Keiner war von einer Schlange gebissen worden. So gefährlich konnten die Viecher also nicht sein. Mutiger geworden, wagten wir ein erfrischendes und reinigendes Sodabad im frühen Morgenlicht. Nach einem schnellen Frühstück steuerten wir unseren Bulli zurück auf die Schotterpiste. Göreme in Kappadokien erreichten wir über Elaziz und Kayseri. 1973 hieß der Ort noch Korama und war touristisch wenig erschlossen. Was Göreme so sehenswert macht, sind seine überirdischen Tuffsteinformationen und seine unterirdischen Bauwerke. Wir erkundeten sie mit einem türkischen „turist rehberi" (Fremdenführer). Auf steilen Stufen ging es tiefer und tiefer hinab in höhliges Gestein. Auf mehreren Etagen erschlossen sich uns Wohnungen, Vorratsräume und Ställe sowie eine prächtig ausgemalte Kirche im byzantinischen Stil, allesamt verbunden durch schmale Luftschächte, welche das labyrinthische Höhlensystem ausreichend belüftete. Nach der schweißtreibenden Hitze des Tages, genossen wir seine angenehme Kühle. Vergegenwärtigend reflektierte ich, dass wir uns in einer ambivalenten Welt bewegten. Was den frühen Christen als sicheres Versteck vor den Persern, Römern und Mongolen gedient hatte, bedeutete für heutige Touristen lediglich eine interessante Sehenswürdigkeit. Nützlichkeit hatte sich in Ästhetik und Ästhetik in Nützlichkeit verwandelt. Diesmal zugunsten unseres habgierigen Fremdenführers. Nachdem wir nämlich ins helle Tageslicht zurückgekehrt waren, begehrte er einen ziemlich unbescheidenen Bakschisch. Räuberische Elemente gibt es offenbar überall auf der Welt.

Das Taurusgebirge von Norden nach Süden durchquerend, schraubten wir uns in endlosen Serpentinen von Göreme hinab auf Meereshöhe und gelangten nach Mercin, dem alten Tarsus. In dieser historischen Stadt war Saulus geboren worden, der auf dem Weg nach Damaskus zum Paulus wurde. Statt seinen historischen Geburtsort zu besichtigen, besuchten wir in Icel ein türkisches Restaurant. Schon beim Anblick der vielen Speisen in Töpfen und Pfannen lief uns das Wasser im Mund zusammen. Chacun á son goût füllte der Koch unsere Teller mit gefüllten Paprikas oder Kebab oder gebackenem Fisch und Bulgur oder Fladenbrot. Das honigsüße Dessert hingegen verspeisten wir erst am Ufer des Mittelmeeres. Ein zufällig gefundenes Bruchstück eines erodierten ionischen Kapitells in Form einer versteinerten Schnecke deutete darauf hin, dass wir auf antikem Boden dinierten.

Entlang der türkischen Riviera hatten wir es nicht mehr gar so eilig nach Hause zu kommen. Wiederholt verweilten wir hier und da und da und hier. In Alanya atmeten wir in der Damlatashöhle antiastmathisches Radon, erlebten im Amphitheater von Side einen romantischen Sonnenuntergang, badeten an Antalyas herrlichen Sandstränden und planschten vergnügt wie die Kinder in den berühmten Sinterterrassen von Pamukkale. Dem plantschenden Vergnügen folgte eine längere Besichtigung des Ruinenfeldes von Ephesus. Zusammen mit einer Busladung englischer rosa und lila frisierter Ladies, liefen wir durch die antike Stadt. Heraklit von Ephesus kam mir in den Sinn, Paulus Briefe an die Epheser und die Zerstörung des Artemistempels durch den ruhmsüchtigen und sprichwörtlich gewordenen Herostratos. Ohne solche historischen Bezüge wären mir die Ausgrabungen ziemlich schnuppe gewesen. Kaum hätte ich eine Mauer von der anderen unterscheiden können. Totes Gestein eben, welches erst durch seine historischen Bezüge wie Phönix aus der Asche zu neuem Leben erwacht.

Allmählich wurde es wirklich Zeit für uns, sich von der lehrreichen Historie zu trennen und die letzten 3000 Kilometer hinter uns zu bringen. Denn nicht nur die Semesterferien neigten sich dem Ende zu, sondern auch unsere Reisekassen. Und voneinander hatten wir ohnehin genug. Deshalb durchquerten wir Izmir auf dem schnellsten Wege, ließen weitere Sehenswürdigkeiten der türkischen Ostküste rechts und links liegen und setzten in Canakkale mit der Autofähre nach Griechenland über. Am Grenzübergang wurden wir bereits – wenn auch nicht sehnsüchtig – von der griechischen Polizei erwartet, welche gerade einen Transit-Konvoi zusammenstellte. Der Maul- und Klauenseuche wegen, hieß es lapidar von amtlicher Seite. Also krochen wir im Schneckentempo in einer langen Autoschlange über die Landstraßen. Wesentlich schneller kamen wir auf der Jugo-Autobahn voran und erreichten ohne größere Verzögerung die österreichische Grenze. Die lieben Zollbeamten beäugten uns ziemlich misstrauisch. Indes waren wir auch nicht blöd. Erfahrene „Dealer" hatten uns vorgewarnt und eingeschärft, asiatische Länder tunlichst zu verschweigen, andernfalls man zeitraubend auf Drogen hin gefilzt werden würde. Also taten wir so, als ob wir aus Griechenland und Jugoslawien kämen. Was ja „auch“ stimmte. Noch ein letzter kulinarischer Zwischenstopp in einem Grazer Gasthof mit Wiener Schnitzel, kühlem Pilsner und heißem Kaffee – welch herrliche Köstlichkeiten -, dann ging es nonstop nach Berlin bzw. West-Berlin, wie uns in Frankenwald ein verschnupfter VoPo noch scharf korrigierte. Erschöpft und zerstritten, aber heilfroh und gesund ging unsere Reisegruppe auseinander – ein jeder auf seine lang entbehrte Studentenbude.

Genau drei Monate waren wir auf dem eurasischen Hippie trail unterwegs gewesen, unter manchmal extremen Bedingungen. Mehr als 25.000 Kilometer hatten wir mit einem kleinen VW-Bus, den indischen Railways und einem abenteuerlichen Überlandbus zurückgelegt. Mich hatte diese halbe Weltreise etwa 2000 Deutsch-Mark gekostet. Viele Städte und Landschaften hatten wir gesehen und erlebt. Zuletzt waren wir von den ständig wechselnden Reiseeindrücken dermaßen gesättigt gewesen, dass wir auf dem schnellsten Wege nach Hause fahren wollten. Wir sehnten uns nach einer anständigen Mahlzeit, einem bequemen Schlafplatz und nicht zuletzt nach vertrauten Freunden und friedlichen Beziehungen. Gruppendynamisch war die Reise sowohl aufschlussreich als auch ein Fiasko. Zwar hielten sich unsere Animositäten meistens in Grenzen und auch unsere nervösen Sicherungen knallten nur selten durch. Dafür mangelte es an gegenseitigem Wohlwollen und Verstehen. Lediglich unsere beiden Frauen schienen sich relativ gut miteinander vertragen zu haben. Statt freundschaftlicher Verbundenheit waren wir anderen immer mehr zu einer distanzierten Zweckgemeinschaft regrediert. Wer darüber hinaus den Bogen überspannt hatte, wie unser schmarotzender „Bordmechaniker“ oder unser schizoider „Unglücksrabe“, war auf die eine oder andere Art aus der Fahrgemeinschaft expediert worden. Bernd sorgte sogar zum Schluss noch für einen Eklat. Noch bevor wir über den Verkauf des VW-Bullis beratschlagen konnten, hatte er bereits unser treues Vehikel mit allem Zubehör für 200 DM verhökert. Nach dieser unglaublichen Impertinenz trennte „man sich“ auf Nimmerwiedersehen voneinander. Keiner wünschte mehr eine Manöverkritik über die abenteuerliche Reise. Wir hatten genug voneinander, von unseren Eigenarten, unseren Fehlern, Schwächen, Affekten und Launen. Nur mit meinem Freund lebte ich noch eine Weile nebeneinander her. Trotzdem konnten wir dankbar und zufrieden sein. Schließlich und endlich waren wir gesund und nahezu unfallfrei nach Hause zurückgekehrt! Keiner hatte sich eine Malaria oder Hepatitis eingefangen oder sonst einen körperlichen Schaden davongetragen. Es hätte auch anders ausgehen können.

Es sollten noch viele gewöhnliche und ungewöhnliche Reisen in meinem Leben folgen, welche es wert wären erzählt zu werden. Doch sei darauf verzichtet. Schließlich handelt es sich ja nicht nur um eine Reisereportage, sondern um eine „psychologisch orientierte Lebensbeschreibung".

Etwa drei Jahre nach diesem Trip auf dem Hippie trail neigten sich die wilden 70er dem Ende zu. Nach einem abwechslungsreichen Studentenleben und einer langjährigen und vielseitigen Weiterbildung hatte ich Platons (427-347 v.u.Z.) dritten Berufsstand fast erreicht. Vom einfachen Handwerker (Nährstand) – unter Umgehung der Bundeswehr (Wehrstand) aus Gewissensgründen – über ein akademisches Studium avancierte ich zur oberen Bildungsschicht (Lehrstand). Im Moment herrschte allerdings erst einmal ein gewisser „Leerstand". Denn von meiner akademischen Qualifizierung allein konnte ich nicht existieren. Es fehlte noch eine lukrative Anstellung mit entsprechendem Einkommen zum Auskommen.

15. Psychologe werden ist nicht schwer, Psychologe sein dagegen sehr

Man vergilt einem Lehrer schlecht,
wenn man immer nur der Schüler bleibt.

Friedrich Nietzsche

Arbeitslos in Hamburg

Nach bestandener Diplomprüfung hätte ich gern als Psychologe in einer Berliner Institution gearbeitet. Da es keine freien Stellen zu geben schien, blieb mir nichts anderes übrig als mein Glück in einer anderen Stadt zu versuchen. Meine Wahl fiel auf Hamburg, nicht zuletzt der Luftveränderung und der neuen Segelreviere wegen. Meine wenigen Utensilien in einem geliehenen Kleintransporter verstauend, fuhr ich auf der Transitstrecke über Lauenburg nach Hamburg. Unterwegs bat mich ein grüner Volkspolizist mitfahren zu dürfen. Ausgerechnet mit mir! Ein trampender VoPo? Entgegen aller Vorbehalte ließ ich ihn einsteigen. Schließlich hatte ich schon genug Ärger mit dieser Spezies gehabt. Doch anscheinend gehörte dieser „Mensch", als den ich ihn im Moment sah, zu den „Guten".

Ähnlich wie West-Berlin, präsentiert sich Hamburg als eine touristisch attraktive, gepflegte, geschäftige und pulsierende Weltstadt.

> Wer dagegen mit den Hanseaten in einträchtiger Nachbarschaft leben möchte, erlebt unter Umständen einige Überraschungen; denn den eigentlichen Hamburgern kommt man zunächst überhaupt nicht nahe. Kühl, zugeknöpft, stolz auf die Eigenart ihres Kleinstaats, stark materiell – trennt sie eine Welt von unser einem (l.c. Lück/Löwisch, 1994, S. 102),

schreibt William Stern am 5.10.1916 an seinen Freund Jonas Cohn (1869-1947) und bezeichnet die Hamburger obendrein als einfache Krämerseelen. Sterns Äußerungen entsprachen auch meinen Erfahrungen, als ich mich 1976 in Hamburg zu assimilieren versuchte. Eine Ausnahme von der Regel war meine Freundschaft mit Thomas. Ein paar Jahre jünger als ich, lernten wir uns in der „Gesellschaft für bedrohte Völker" kennen. Er wohnte in Wilhelmsburg, welches 1962 besonders schwer von der großen Sturmflut betroffen war. Gemeinsame Einsamkeitsgefühle schweißten uns für eine Weile zusammen. Zwei ehemalige Sühnezeichenkollegen hingegen distanzierten sich von mir, obwohl ich sie dringend benötigt hätte. Eine Zeit lang in Eilbek – nicht allzu weit von Karen Horneys zweitem Wohnsitz entfernt – wohnend, zog ich weiter nach Billstedt und mit zwei Hamburger Deerns zusammen. Zu einem Seitensprung – gegen den ich damals nichts einzuwenden gehabt hätte – kam es indes nicht. Eine verhaltenstherapeutische Praxis, meine erste, sollte mir eine leidliche Existenzgrundlage verschaffen. Leider fanden nur wenige Patienten den Weg in meine Praxis – trotz teurer Zeitungsannoncen. Ein verhaltensgestörtes Kind, ein zerstrittenes Ehepaar und einen alkoholkranken Lehrer versuchte ich nach bestem Wissen und Gewissen zu therapieren. Weil die kleine Praxis jedoch kaum etwas abwarf, meldete ich mich arbeitslos. Arbeitslosenhilfe bekam ich jedoch keine. Dafür gewährte mir das Sozialamt eine schmale Sozialhilfe. Allerdings nur unter der Bedingung, dass ich den nächst besten Job in einem Ingenieurbüro akzeptieren würde. Dies kam einer Erpressung gleich! Wozu hatte ich sechs Jahre lang Psychologie studiert und eine verhaltenstherapeutische Ausbildung absolviert? Darauf wusste der Beamte keine Antwort. Während ich ungeduldig auf geeignete Stellenangebote vom Arbeitsamt wartete, unternahm ich informative Besichtigungstouren durch Hamburg. So wanderte ich zum Beispiel zum nahe gelegenen Öjendorfer Friedhof mit seinen 5857 italienischen Kriegsgräbern, welche zwischen 1956 und 1958 aus mehreren Bundesländern nach hier umgebettet worden waren. Ein anderes Mal bummelte ich vom Hauptbahnhof via Mönckebergstraße zum Rathaus, an den Alsterarkaden und am Michel vorbei über den Jungfernstieg nach Planten und Blomen. Und schließlich unternahm ich auch einen längeren Spaziergang von den Landungsbrücken am Hamburger Hafen zum Fischmarkt und landete ganz „zufällig“ – wie Sigmund Freud im Genuesischen Rotlicht-Milieu – auf der weltbekannten Reeperbahn, mit der mich unsittlicherweise schon mein Schwager bekannt gemacht hatte. Neugierig und lüstern betrat ich eines der vielen Stripteaselokale und bestellte ein kleines Bier. Eigentlich hatte ich einen ästhetischen Striptease erwartet. Stattdessen „bumste“ ein „nackter Affe“ völlig hemmungslos eine nackte Frau. Sein monströser Penis und seine Ausdauer waren schier unglaublich! Wahrscheinlich ein „Viagra-Phänomen“! Meiner anfänglichen Geilheit wich bald eine nüchterne Langeweile. Das mechanische Gerammel wirkte auf die Dauer abstumpfend. Unbefriedigt verließ ich das „Bumslokal“ und kehrte nach Hause zurück. Mehr Befriedigung hätte mir das Segeln verschafft. Unter anderem war ich ja deswegen nach Hamburg gezogen. Mangels Penunze und Gelegenheit musste ich mich jedoch mit kleinen Segeltörns auf der Außenalster begnügen.

Heimpsychologe in Gifhorn

Inzwischen deuteten die Stellenangebote des Arbeitsamtes darauf hin, dass ich auch Hamburg würde verlassen müssen. Mehrere Wochen hatte mich meine engagierte Betreuerin auf Kosten des Fiskus kreuz und quer durch Norddeutschland gescheucht. Keine der angebotenen Stellen sagte mir wirklich zu. Obwohl ich nicht besonders wählerisch war! So wollten mich zwei evangelische Beratungsstellen in Niebüll und Neustadt mit einem Sozialarbeitergehalt abspeisen. Im niedersächsischen Oldenburg riet mir ein freundlich gesonnener Kollege von einer frei gewordenen Psychologenstelle ab, der heftigen Personalquerelen wegen, wie er meinte. Auch das Theodor-Wenzel-Werk in Husum entsprach nicht unbedingt meinen Vorstellungen. Allmählich resignierend, erhielt ich im Frühjahr 1977 eine Einladung von den „Diakonischen Heimen in Kästorf" bei Gifhorn. Gesucht würde ein männlicher Heimpsychologe für den Jugendhort Rischborn. Das klang vielversprechend! Zudem lag Gifhorn nicht weit von Wolfsburg entfernt. Ich würde meine Mutter häufiger besuchen und eingeschlafene Freundschaften auffrischen können. Bemüht, diese lukrative Stelle unter allen Umständen zu bekommen, traf ich ordentlich gekleidet, gebügelt, gewaschen und gekämmt, pünktlich zum vereinbarten Termin ein. Nach einem ausführlichen Vorstellungsgespräch schien ich die Kirchen- und Heimleitung hinlänglich von mir überzeugt zu haben. Allerdings akzeptierte man mich nicht nur meiner ordentlichen Erscheinung und psychologischen Qualifikation wegen, sondern auch wegen der vorgetäuschten christlichen Gesinnung. Ehrlichkeit währt halt nicht immer am längsten.

Zum 1. April 1977 trat ich meine erste Psychologenstelle an. Von meinen letzten Ersparnissen kaufte ich mir einen gebrauchten Volkswagen und mietete in Gifhorn eine kleine Wohnung. Anfangs herrschte darinnen gähnende Leere. Ich schlief auf dem Fußboden, aß auf dem Fußboden und las auf dem Fußboden. Bevor es gemütlicher wurde, breitete sich auch in mir eine zunehmende Leere aus. Zwar hielt ich lockere Kontakte zu meiner Lebensgefährtin in Berlin, Mutter und Schwester in Wolfsburg, doch vor Ort fehlten mir einige freundschaftliche Beziehungen. Offenbar hat die Bibel doch recht, wenn sie behauptet: „Es ist nicht gut, dass der Mensch alleine sei!" Natürlich hätte ich Mitglied in irgendeinem Dorfverein oder einer Kirche werden können. Aber derlei Geselligkeiten lagen mir fern. Auch private Einladungen von Erziehern lehnte ich ab. Sie hätten Interessenkollisionen zur Folge haben können. Nur an einem von den „Kästorfer Anstalten" organisierten Tanzkurs nahm ich teil. Lauter ältere Damen und Herren. Nichts für mich! Ich fühlte mich einsam! Mir fiel die Decke auf den Kopf. Laut Selbstdiagnose hatte ich eine „exogene Depression“. Meiner Tätigkeit als Heimpsychologe vermochte ich gerade noch nachzugehen, da befand ich mich unter Menschen und war abgelenkt. Nach Dienstschluss igelte ich mich jedoch ein und verbrachte meine Freizeit völlig apathisch im Bett. Die Zeit schien still zu stehen. Eigentlich war mir alles egal!

Schließlich wurde mir auch meine psychologische „Heim-Arbeit“ verleidet, allerdings aus ganz anderen Gründen: Der „Jugendhort Rischborn“ lag ruhig zwischen Wald und Flur und Heide. Personell war die Einrichtung streng hierarchisch strukturiert: Heimleitung → Erziehungsleitung → Gruppenerzieher → Erzieher → Berufspraktikanten → Arbeitserzieher → Stallbursche. Als Psychologe gehörte ich offiziell zur oberen Charge, hatte aber nur eine Alibifunktion. Anweisungen kamen von oben und wurden teilweise im militärischen Befehlston ausgegeben. Ein Erfahrungsaustausch auf Augenhöhe schien unmöglich. Außerdem rangierte Organisatorisches meistens vor Zwischenmenschlichem. Logischerweise korrelierte die Stellung des Personals in der Heimhierarchie mit der beruflichen Zufriedenheit. Je niedriger der Rang, desto unzufriedener mit den herrschenden Verhältnissen und desto geringer die Verweildauer. Letztere Eigenart hatten die Erzieher mit den Heimpsychologen gemeinsam. Denn auch deren Fluktuation war beträchtlich. Schon nach ein bis zwei Jahren resignierten sie und kündigten. Ich machte da keine Ausnahme, wie man sehen wird. Auch manche Jugendliche – vor allem die aus größeren Städten – suchten nicht selten das Weite. Oftmals fühlten sie sich von der Außenwelt abgeschnitten. Sie nutzten jede Gelegenheit, um nach Gifhorn zu gelangen. Sie trampten – trampen war verboten -, sie radelten mit „organisierten“ Rädern – war natürlich auch verboten – oder fuhren mit dem heimeigenen VW-Bus in die Kleinstadt. Manchmal wurde den Jugendlichen das Städtchen zu langweilig. Sie wollten etwas Großes erleben! Deshalb starteten sie gelegentlich und unerlaubterweise nach Bremen, Hannover oder Hamburg. Den Rücktransport übernahm gewöhnlich die örtliche Polizei. Abgesehen von der aufgezwungenen Landidylle sollte man meinen, dass die Jugendlichen mit ihrer Unterbringung hätten zufrieden sein können. Man gewährte ihnen freie Kost und Logis. Man bot ihnen schulische und berufliche Ausbildungen. Und es mangelte nicht an interessanten Freizeitangeboten. Sie konnten Segelfliegen, Paddeln, Reiten (zum Heim gehörte ein kleiner Reiterhof mit sechs Pferden), Bogen- und Luftgewehrschießen. Während der Ferienzeit wurden sogar mehrwöchige Reisen unternommen. An einer solchen

Gruppenreise nach Zadar an der kroatischen Adria hatte auch ich zusammen mit zwei Erziehern teilgenommen.

Warum waren die an sich gut untergebrachten Jugendlichen dennoch nicht mit ihrem „trauten Heim“ zufrieden? Meines Wissens lag es nicht nur am System, sondern an vielen Details. Zum Beispiel an folgenden: Es fehlten Mädchen. So lässt sich unschwer erraten, was die Jugendlichen in Gifhorn suchten. Sie wollten in den Diskotheken „Bräute aufreißen“. Alkoholische Getränke dienten dem Abbau von Hemmungen. Was den „Aufreißern“ jedoch wenig nützte. Denn sie waren stadtbekannt und die Mädchen scheuten sich, sich mit „denen von Rischborn“ einzulassen. Wenn es einem Jugendlichen doch einmal gelang, eine Braut abzuschleppen, wohin mit dieser seltenen Eroberung? Nach Hause durfte sie ihn nicht bringen und ins Heim durfte er sie nicht bringen. Da war kein Raum in dieser oder jener Herberge für das Pärchen. Die seltenen Beziehungen scheiterten jedoch nicht nur an einer geeigneten Unterkunft, sondern auch an der desolaten Bindungsunfähigkeit des „Bräutigams“. Wo und von wem sollte er sie auch erworben haben? Von den leiblichen Eltern? Die haben ihn ja – aus der Sicht des Jugendlichen – im Stich gelassen. Von den Erziehern? Die waren in Verwaltungsaufgaben und Organisatorisches so involviert, dass wenig Zeit für intensive Beziehungspflege blieb. Außerdem hatten die Erzieher selbst Familie, sodass sie sich zwischen dieser und ihren Schützlingen manchmal hin und her gerissen fühlten. Häufige Erzieher- und Psychologenwechsel taten ihr Übriges. Solche Fluktuationen seien den Pferden im Heim nicht zuzumuten, sagte man mir. Wo und von wem also hätten sich die jugendlichen Heiminsassen eine dauerhafte Beziehungspflege abschauen sollen?

Nicht immer geeignet für ihre schweren Aufgaben waren die Erzieher auch aus folgenden Gründen: Die Mehrheit der männlichen Heimerzieher (10 von 14) rekrutierten sich aus „ausgemusterten“ Berufssoldaten. Zwölf lange Jahre daran gewöhnt zu gehorchen und/oder zu befehlen, hatten sie anschließend eine relativ kurze Erzieherausbildung absolviert und waren nun auf „schwer erziehbare Jungs“ losgelassen worden. Selbstständige Umgangsformen sollten sie ihren Zöglingen beibringen, womöglich etwas mütterliche Wärme und väterliche Geborgenheit vermitteln. Das gelang nur in Ansätzen. Die meisten Erzieher beharrten auf ihrem eingeschliffenen Erziehungsstil. So sahen sie zum Beispiel schweigend zu, wie ein Neuzugang, der eine zu große Lippe riskierte, nach Strich und Faden verprügelt wurde. Verstöße gegen die Heimordnung, wie zum Beispiel weglaufen, schreien, schwänzen und Scheiben einwerfen, wurden rigide mit Taschengeldentzug, Ausgangssperre und Fernsehverbot bestraft. Gelegentlich griffen die Erzieher zu noch drastischeren Maßnahmen. Zwar verlor man darüber kein Sterbenswörtchen, schließlich sind Prügelstrafen verboten, wenn jedoch der eine oder andere Jugendliche am Morgen mit einem so genannten „Blinker“ (blaues Auge) am Frühstückstisch erschien, wusste jeder Bescheid. Jener uneinsichtige Delinquent sei „nachts gegen eine geschlossene Tür gelaufen“, hieß es dann. Warum habe ich nichts dagegen unternommen? Ich konnte es nie zweifelsfrei beweisen.

Immerhin gründete ich zur Lösung von Konflikten einen gruppenübergreifenden „Gesprächskreis für Erziehungsfragen“. Leider scheiterte der Versuch auf der ganzen Linie. Lediglich zwei Erzieherinnen – davon eine Berufspraktikantin – und ein jüngerer Erzieher nahmen daran teil. Allen anderen militärisch vorbelasteten Erziehern lag es fern, Probleme zu wälzen und Konflikte und Delikte kommunikativ zu bearbeiten. Gegebenenfalls hätten sie ja ihre pädagogischen Schwächen eingestehen müssen. Und das konnten sie nicht! Auf keinen Fall! Ein Soldat kennt keine Schwäche! Vielleicht wäre folgender Fall weniger tragisch ausgegangen, wenn man rechtzeitig miteinander gesprochen hätte: Ein 14-jähriger Jugendlicher hatte seiner Lehrerin 60 DM aus der Handtasche geklaut und sollte das Geld von seinem spärlichen Taschengeld zurückzahlen. Wiedergutmachung statt Strafe! Eine pädagogisch sinnvolle Maßnahme! Doch verpuffte diese natürliche Konsequenz. Denn der bauernschlaue Bursche stahl daraufhin einen noch höheren Betrag. Sein finanzieller Schuldenberg wuchs und wuchs. An Rückzahlung war kaum mehr zu denken. Sich inzwischen der Aufmerksamkeit der Erzieher und der Bewunderung seiner Genossen gewiss, zündete er schließlich auch noch aufgestapeltes Drainagerohr an und demolierte einige Kirchenfenster im Wert von etwa 2000 DM. Nun war das Maß voll! Zuerst verabreichte ihm eine Neurologin die „chemische Keule“ in Form von Ritalin. Damit war er zwar außer Gefecht gesetzt, das eigentliche Problem aber nicht aus der Welt geschafft. Dann entledigte man sich des jugendlichen Delinquenten, indem man ihn der örtlichen Justiz überantwortete. Es folgte eine ordentliche Gerichtsverhandlung – bei der auch ich anwesend war – und eine Einweisung in eine Einrichtung für straffällige Jugendliche. Mein psychologisches Gutachten hatte rein gar nichts bewirkt! Der etwas geistig beschränkte Jugendliche wurde nach der Verhandlung sofort von zwei Justizbeamten abgeführt! Wohin, habe ich nie erfahren.

Das große Dilemma der unbegabten Erzieher bestand nicht nur darin, dass sie der notwendigen Selbsterziehung trotzten, sondern auch ein berechtigtes Bedürfnis nach Anerkennung und Respekt wünschten. Doch wurden sie von den deprivierten Jugendlichen oft als das gesehen, was sie wirklich waren: hilflos wirkende, autoritär strukturierte, sich desinteressiert zeigende und überfordert fühlende Ordnungshüter, Aufbewahrer und Gehaltsempfänger. Bevor die Jugendlichen überhaupt einen Erzieher akzeptieren, wird er zuerst einmal auf seine Echtheit hin getestet. So können sie ihn solange provozieren, bis seine Schwächen und Stärken offenbar werden. Vor allem aber möchten sie wissen, ob er sie mag und ob sie ihm trauen können. Wenn man das nicht weiß – manche Erzieher schienen dies nicht zu wissen oder wahrhaben zu wollen – und selbst wenn man darum weiß, so kann das eine ziemliche Tortur für den Betreffenden werden. Auf der oben erwähnten Reise nach Kroatien zum Beispiel hatten einige Jugendliche mein antiautoritäres Verhalten scheinbar als Charakterschwäche missverstanden und versuchten mich „halbe Portion" permanent aus der Fassung zu bringen. Unter anderem stemmte sich ein jugendlicher Provokateur mehrmals gegen die Heckklappe unseres VW-Bullis, welche ich schließen wollte. Erst bat ich ihn! Dann warnte ich ihn! Schließlich knallte ich die Klappe zu! Nun hatte er mich verstanden! Es folgten weitere Provokationen und Regelverstöße seitens der Jugendlichen. Aber an der Heckklappe wurde nicht mehr gerüttelt!

Bevorzugte ein Jugendlicher einen anderen Erzieher, dann reagierte dieser manchmal etwas merkwürdig, wie der folgende Fall zeigt: In der Gruppe, die ich zu betreuen hatte, erschien eine neue Mitarbeiterin. Jung war sie und ziemlich hübsch und als Sozialarbeiterin theoretisch besser ausgebildet als der Gruppenerzieher. Doch nicht nur deswegen fühlten sich einige Jugendliche zu ihr hingezogen, sondern auch ihrer Wertschätzung wegen, die sie ihnen entgegenbrachte. Die Resignation ihres männlichen Kollegen stand ihr noch nicht im Gesicht geschrieben. Dieser, etwas autoritär veranlagt, glaubte sich im Nachteil. Statt mit ihr und mir – dem Psychologen – seine Neidprobleme zu besprechen, versuchte er die Gunst der Jugendlichen durch besonders attraktive Freizeitangebote zurückzuerobern – mit mehr oder weniger Erfolg.

Allmählich wurde mir klar, dass die Jugendlichen in „Rischborn" mehr verwaltet und aufbewahrt als erzogen wurden. Den von ihren Eltern verstoßenen Kids fehlten emotionale Wärme und verlässliche Bezugspersonen. Zwar sorgte man mit großem finanziellen Aufwand für Unterkunft, Verpflegung, Ausbildung und Freizeitbeschäftigung, aber den eigentlichen Bedürfnissen der Jugendlichen wurde man meines Erachtens nicht gerecht. Hierarchische und autoritäre Strukturen sowie mangelndes Interesse an pädagogischer und psychologischer Weiterbildung verhinderten zudem den Blick hinter die eigenen charakterlichen Kulissen. Verhaltenstherapeutische Maßnahmen (Belohnung und natürliche Konsequenzen statt Bestrafung) wurden rundweg abgelehnt. Stattdessen beauftragte mich die Heimleitung, eine geschlossene Gruppe für besonders schwer erziehbare Jugendliche aufzubauen und zu betreuen. Es war gerade die Zeit der umstrittenen „Erziehung hinter Panzerglas" für hart gesottene Jugendliche. Doch für eine „Isolationshaft" innerhalb der Heimmauern war ich nicht zu haben.

Zudem wurde mir von der Heimleitung mangelnde Loyalität meinem Arbeitgeber gegenüber vorgeworfen: Irgendwie hatte sie von meiner Beteiligung an einer Umfrage des seriösen „Frankfurter Instituts für Sozialforschung" Wind bekommen. Obgleich ich nur strukturelle Daten über Rischborn weitergegeben hatte, wurde mein eigenmächtiges Verhalten als eine milde Art von „Nestbeschmutzung" diskreditiert. Einblicke in interne Gruppen, Unternehmen, Institutionen, Religionsgemeinschaften und dergleichen zu gewähren, gilt per se als verwerflich. Man kennt das! Insider plaudern nicht aus dem „Nähkästchen"! Egal, wie inakzeptabel sein Inhalt auch sein mag! Wer es dennoch wagt, muss mit heftiger Kritik rechnen, wie folgende Beispiele zeigen: Jean-Jacques Rousseau sollte in einem katholischen Hospiz von einem schwulen Katechumenen verführt werden. Sich des sexuellen Übergriffes angeekelt erwehrend, meldete Rousseau den obszönen Vorfall dem Hausverwalter. Doch statt des Täters wurde das Opfer beschuldigt, „soviel Lärm wegen einer kleinen Unzuträglichkeit zu machen und die Ehre eines heiligen Hauses bloßzustellen" (Rousseau 1978, S. 70). Schmerzliches musste auch Dr. Montagu Lomax erfahren, als er 1921 sein Buch *The Experiences of an Asylum Doctor* publizierte. Das ketzerische Werk schreckte seinerzeit sowohl seine Kollegen als auch die Öffentlichkeit auf und trug einige Jahre später wesentlich zur Verbesserung der psychiatrischen Versorgung bei. Erwähnt sei auch Deborah Feldmans (1986*) Enthüllungen über eine jüdische Sekte in New York:

> Chassidische Juden beschuldigten mich zu lügen, und viele orthodoxe Juden behaupteten, dass ich die weltweite jüdische Gemeinde blamiert hätte, indem ich unser Nest beschmutzt hätte. Ein chassidischer Leitar-

> tikel verglich mich mit Joseph Goebbels und warnte, ich könnte der Auslöser für einen weiteren Holocaust sein (Feldman 2017, S. 367).

Schließlich sei noch an den mutigen Whistleblower Edward Snowden (1983*) erinnert, welcher die unglaublichen Machenschaften des amerikanischen Geheimdienstes (CIA) publik machte und deswegen strafrechtlich verfolgt wird.

Aus psychologischer Sicht stellt sich natürlich die Frage, warum Menschen so ablehnend auf so genannte „Nestbeschmutzer" reagieren. Weil man etwas zu verbergen hat? Weil man sich nicht dreinreden lassen möchte? Weil man die herzlose Kritik der öffentlichen Meinung scheut? Weil man sich seiner inhumanen und manchmal sogar ungesetzlichen Taten schämt? Wahrscheinlich von allem etwas! Andererseits verhindert das „Dichthalten" jegliche Art von Veränderung. Was im Falle von Misshandlungen und sexuellem Missbrauch besonders fatal ist. Geschieht eine derartige Verletzung innerhalb der Familie, so bilden alle Mitbeteiligten nicht selten eine unheilvolle Allianz. Selbst das Opfer schweigt häufig aus falsch verstandener Loyalität oder bringt den Vergewaltiger nicht zur Anzeige, weil dieser subtilen Druck ausübt. Während die körperlichen Schäden irgendwann verheilen, bleiben die seelischen ein Leben lang bestehen. Es sei denn, dass Opfer und Täter einer psychotherapeutischen Behandlung zustimmen. Selbst überzeugte Christen nehmen solche Folgen seelischer Grausamkeit billigend in Kauf, wie folgender Fall beweist:

> Im Juni 2012 wurde die Religionsgemeinschaft der Zeugen Jehovas von einer Jury in Oakland, Kalifornien, für mitschuldig am Missbrauch eines zur Tatzeit neunjährigen Mädchens befunden, mit der Begründung, dass die Religionsgemeinschaft die Mitglieder der örtlichen Gemeinde nicht darüber informiert hatte, dass der in der Gemeinde aktive Täter wegen zweier Sexualdelikte vorbestraft war. So sei das ebenfalls der Gemeinde angehörende Mädchen der Gefahr bewusst ausgesetzt worden. Die Zeugen Jehovas kündigten eine Berufung an, bestritten, dass es eine Verschwiegenheitspflicht gebe und verwiesen auf einen Artikel auf ihrer offiziellen Webseite, in dem sie die von ihnen empfohlene Vorgangsweise bei Missbrauchsvorwürfen darstellten. Laut dieses Artikels können die Ältesten unter Berufung auf die Bibel innerhalb der Gemeinschaft nur Maßnahmen ergreifen, wenn es für die Anschuldigungen Zeugen gibt. Jedes Mitglied, das für schuldig befunden

werde, sei sofort von jedem verantwortungsvollen Amt innerhalb der Organisation zu entbinden. Bereue es nicht, sei das Mitglied auch aus der Gemeinschaft auszuschließen. Bereue es jedoch „aus tiefstem Herzen" und führe „über Jahrzehnte" ein aufrechtes Leben, könne es danach auch wieder mit Ämtern betraut werden.[4]

Nachdem ich meinem diakonischen Arbeitgeber gekündigt hatte, meldete ich mich viele Jahre später noch einmal in Sachen Heimunterbringung zu Wort. Anlass hierzu war ein laienhaftes Votum des Berliner Regierenden Bürgermeisters Klaus Wowereit (1953*) im Juli 2010, welcher sich leichtfertig für geschlossene Heime ausgesprochen hatte. In einem Leserbrief an die „Potsdamer Neuesten Nachrichten" vom 7.8.2010 schrieb ich deshalb: Aus gutem Grund wurden in den 70er Jahren die geschlossenen Heime wieder demontiert. Denn die mit Panzerglas gesicherten Abteilungen verstärkten den Frust der ohnehin frustrierten Jugendlichen, sodass Erzieher und Mobiliar schwer unter den Aggressionen der Jugendlichen zu leiden hatten. Bevor man also eine geschlossene Unterbringung delinquenter Jugendlicher beschließt, sollte man sich erst einmal mit den Erfahrungen der Vergangenheit auseinandersetzen. Parteipolitisch forcierte „Schnellschüsse" sind da wenig hilfreich. Abzulehnen ist auch die frühere Erlebnispädagogik (Ferien in fernen Ländern), weil sie von den Jugendlichen als Belohnung für delinquentes Verhalten missverstanden werden könnte und den Etat der Bezirksämter unnötig belastet. Zustimmen kann ich hingegen der SPD-Jugendexpertin Sandra Scheeres (1970*), die eine intensive Rundumbetreuung für Jugendliche abseits des kriminellen Milieus fordert. Um jedoch einen sich selbst und seine Mitmenschen schädigenden Jugendlichen verändern zu können, bedarf es nicht nur einer funktionierenden Kooperation aller zuständigen Institutionen und einer Tag- und Nachtbetreuung, sondern auch der adäquaten Vermittlung und Gewährleistung positiver Zukunftsperspektiven sowie einer konsequenten Pädagogik der schnellen Wiedergutmachung und der geduldigen Ermutigung, welche die Verantwortlichkeit des Jugendlichen für sein Handeln fördern.

---

4 Verfügbar unter: http://de. wikipedia. org/wiki/Zeugen_Jehovas [10.08.2014]

Gemeinschaftspraxis Seesener Straße

Nach meinen Erfahrungen als gescheiterter Heimpsychologe kehrte ich nach Berlin zurück. Vorübergehende Aufnahme fand ich bei einem guten Freund, in dessen neu erworbenem Altbau ich 1971 meine letzte Zentralheizung eingebaut hatte, welche noch immer funktioniert! Statt mich erneut auf eine langwierige und frustrierende Arbeitsplatzsuche zu begeben und mich Autoritäten beugen zu müssen, wählte ich die Flucht in die ungewisse Selbstständigkeit. Auch wenn es nicht leicht werden würde! Das war mir klar!

Eine günstige Gelegenheit ergab sich im Januar 1978 durch meinen ehemaligen Kommilitonen Heribert, der gerade seine Gästepension (Bleibtreustraße 33) – in unmittelbarer Nachbarschaft von Ilja Richter (1952*) – in eine psychotherapeutische Praxis umgewandelt und nichts gegen meine Einquartierung einzuwenden hatte. Während sich seine Praxis allmählich füllte, meldete sich bei mir kein einziger Klient. Insofern war es ein Glücksfall, dass ich bald in einer anderen Privatpraxis eine relativ gut bezahlte Anstellung fand. Meine Klientel waren junge intelligente Legastheniker. Wahrscheinlich lernte ich von ihnen genauso viel über Legasthenie wie sie von mir. Denn als Sachse fühlte ich mich unter meinen Legasthenikern heimisch. Leider wurde mir mein schöner Traum von der eigenen Praxis, der meinen beiden Arbeitgebern zu Ohren kam, zum Verhängnis. Prospektive Konkurrenz fürchtend, kündigten sie mir fristlos. Doch erging es mir wie dem „chinesischen Bauern" in der gleichnamigen Parabel. Mein Unglück war mein Glück! Denn bei Klaus-Gunther Sturhahn (1939*) in Lichterfelde-West konnte ich mich endlich als Verhaltenstherapeut verwirklichen. Er vermittelte mir verhaltensauffällige, schulschwierige, lese- und recht-schreibschwache, enuretische, geistig behinderte (Down Syndrom) und andere therapiebedürftige Kinder. Gleichzeitig ergab sich die Möglichkeit der kollegialen Supervision und Fortbildung. Was wollte ich mehr? Fleißig und engagiert übte ich meine therapeutische Tätigkeit aus. Nun hatte ich Beruf und Leben auf einen Nenner bringen können. Trotzdem war ich nicht zufrieden! Noch immer peilte ich eine eigene Praxis an! Nach zwei Jahren kündigte ich meinem netten Arbeitgeber und gründete 1980 die „Seesener Gemeinschaftspraxis für Verhaltens- und Gesprächstherapie". Der Start mit zwei weiteren Kollegen war schwierig. Wir mussten uns sehr bei den Bezirksämtern um so genannte „BSHG-Fälle" (Bundessozialhilfegesetz) bemühen. Aber nach und nach sprach es sich in den Bezirken herum, dass wir befriedigende Arbeit leisteten, und es wurden genügend „Fälle“ an unsere Gemeinschaftspraxis überwiesen.

Zusätzlich zur therapeutischen Arbeit mit Kindern und Erwachsenen fanden in unseren Räumen weiterbildende Veranstaltungen im Rahmen der Gesprächstherapie-Ausbildung statt. Diese waren in der Regel gut besucht, vor allem wenn prominente Referenten, wie Professorin Ilse Middendorf (1910-2009) oder Professor Reinhard Tausch (1921-2013) bei uns zu Gast waren. Middendorf hatte ein Lehrinstitut am Viktoria-Luise-Platz und eine Dozentinnenstelle an der Berliner „Max-Reinhard-Schauspielschule“ und Tausch einen Lehrstuhl an der Hamburger Universität. Trotzdem waren sie bereitwillig unserer Einladung gefolgt. Sie lehrte uns den „Erfahrbaren Atem“ und er „Klientenzentrierte Gesprächspsychotherapie“ nach Carl Rogers. Es waren zwei unvergessliche Veranstaltungen.

Kinder- und Jugendpsychiatrischer Dienst

Noch während der Aufbauphase ging die Seesener Gemeinschaftspraxis einer ungewissen Zukunft entgegen und wurde nach sieben Jahren einvernehmlich geschlossen. Auslöser hierfür war eine vakante Psychologenstelle im „Kinder- und Jugendpsychiatrischen Dienst“ (KJPD) beim Bezirksamt Reinickendorf. Nachdem ich mich direkt vor Ort gemeldet hatte, wurde ein Termin für ein inoffizielles Vorstellungsgespräch vereinbart. Zur großen Überraschung aller Psychologen, kannten wir uns aus Studienzeiten. B. gehörte damals zu jenen linken Studentenkadern, welche zusammen mit ihrem späteren Lebensgefährten am Psychologischen Institut in der Lassenstraße mächtig Rabbatz gemacht hatten. Wie brav sie doch geworden waren! Inzwischen hatten sie geheiratet, ein trautes Heim eingerichtet und drei Kinder gezeugt. Von revolutionären Ideen kein Wort mehr! Ähnliche Erfahrungen scheint auch Carola Stern gemacht zu haben, wenn sie schreibt:

> Manch ein Rebell von links zog an mir und anderen vorbei, zunächst zur in Mode gekommenen Mitte, in der sich alles drängte, dann ein erstaunenswertes Maß an Anpassung demonstrierend, bis zu einem prinzipienlosen Pragmatismus (C. Stern 2001, S. 243).

S. hingegen war das genaue Gegenteil gewesen. Recht hübsch, ein bisschen naiv und versponnen, war sie damals kaum in Erscheinung getreten. R. wiederum hatte ich als ziemlich rätselhaftes Wesen in Erinnerung. Einerseits plauderte er beneidenswert locker mit dem anderen Geschlecht – so, als wolle er nichts von ihnen. Andererseits wirkte er gegenüber dem eigenen Geschlecht irgendwie abschätzend. Indes erschien er zu den jährlichen Institutsfeten immer in männlicher Begleitung. An eine symptomatische Homosexualität dachte ich damals nicht. Erst später lernte ich Schwule genauer kennen. Eine wahrscheinlich zu enge Mutterbindung, mangelnde Identifizierung mit dem Vater sowie histrionische Eigenschaften. Sullivan zufolge seien

> Menschen mit dieser Ausrichtung ... aber nicht notwendigerweise gestört, sondern können ein relativ stabiles Leben führen, wenn für beide Beteiligten das Bedürfnis nach naher Zweisamkeit (Intimität) befriedigend erfüllt wird (Siebenhüner 2015, S. 224).

So war es denn nicht verwunderlich, dass zwei meiner ehemaligen Kommilitonen mich nicht gerade als ihren Wunschkandidaten begrüßten. Weil jedoch meine Beziehungen zu den übrigen Mitarbeitern der Beratungsstelle nicht vorbelastet waren, meine beruflichen Qualifikationen überzeugten und mein offizielles Vorstellungsgespräch bei den Honoratioren des Bezirksamtes einen guten Eindruck hinterließ, wurde mir zum 1. Juli 1980 die begehrte halbe Psychologenstelle zugesprochen.

Meine kardinalen Aufgaben rekrutierten sich aus psychologischen Untersuchungen und Begutachtungen sowie Beratungen von Kindern, Jugendlichen und Eltern. Leider waren keine therapeutischen Behandlungen vorgesehen. Letztere Beschäftigung übte ich jedoch weiterhin in unserer Gemeinschaftspraxis aus. Nachdem ich mich einigermaßen eingearbeitet hatte, untersuchte ich meine kleinen Patienten und beriet ihre Eltern völlig selbstständig und entwickelte zudem meine eigenen Untersuchungsmethoden. So versuchte ich zum Beispiel die Erfahrung meiner Klientel mit meinem fachlichen Wissen zu kombinieren. Schließlich kannten sich Mutter und Kind besser als ich, da sie ja Tag und Nacht zusammenlebten. Andererseits standen mir psychologische Beobachtungsmethoden und ein umfangreicheres Fachwissen zur Verfügung, was mir einen hypothetischen Zugang zur familiären Problematik ermöglichte. In concreto sprach ich mit beiden gemeinsam, gleichzeitig ihre Interaktion beobachtend, diagnostizierte anschließend das Kind mittels projektiver und psychometrischer Tests und schloss gewöhnlich mit einem interaktiven Spiel. Bei schwierigen Fällen hospitierte ich in der Kindertagesstätte und/oder der Schule und sprach mit Erziehern und Lehrern. Eher selten bekam ich die zugehörigen Väter zu Gesicht. Offenbar fühlten sie ihre pädagogische Kompetenz viel stärker in Frage gestellt als die mutigen Mütter. Wenn sie sich dennoch trauten zu erscheinen, dann erschien die Patientengeschichte nicht selten in einem anderen Licht. Im Übrigen hatte ich manchmal den Eindruck, als würden sie gern von ihren Frauen aus allem herausgehalten werden. Am Ende einer jeden psychologischen Untersuchung stand eine ausführliche Beratung. Dafür beraumte ich immer einen extra Termin an. Je nach Symptomatik empfahl ich eine Wiedervorstellung in ein paar Wochen, eine Einzelfallhilfe, eine Psychotherapie oder einen Schulwechsel. Seltener favorisierte ich eine Heimunterbringung, weil ich der Meinung war, dass erst alle integrativen Maßnahmen ausgeschöpft sein sollten, bevor man ein Kind ausgrenzt. Folglich leitete ich damals viele Psychotherapien ein. Als in mehreren Fällen der erwartete Erfolg ausblieb und sogar Abbrüche zu verzeichnen waren, fragte ich nach den möglichen Ursachen. Eine Zeit lang verglich ich Psychotherapien am Kinde mit mehr und weniger Elternarbeit und stellte fest: Je weniger Elternarbeit desto geringer die Erfolgsrate. Deshalb bat ich die Therapeuten/innen, die Eltern so eng wie möglich in den therapeutischen Prozess einzubinden. Bestätigt wurde meine Revision durch Mara Selvini Palazzoli (1916-1999), Paul Watzlawik (1921-2007), Karl Gerlicher (1924-2011), Helm Stierlin (1926*) und anderen systemisch orientierten Paar- und Familientherapeuten. Ohne Kenntnis des familiären Systems, so lernte ich, wird man kaum die Position der einzelnen Familienmitglieder und ihre Interaktionen verstehen und verändern können.

Neben den obligatorischen Fallbearbeitungen gingen wir während der Dienstzeit noch einigen Nebenbeschäftigungen nach. Unsere psychologische Tätigkeit umfasste nämlich nicht nur Diagnostik, Hospitation und Beratung, sondern auch eine breit gestreute Gremienarbeit: interne Teambesprechungen, Kontakte zum Reinickendorfer Jugendamt, zur Erziehungsberatungsstelle und Schulpsychologie sowie diverse Arbeitsgruppen, wie etwa die „Psychosoziale Arbeitsgemeinschaft" (PSAG), welche eine Vereinigung von Jugendhilfe, Kinder- und Jugendpsychiatrie, Suchthilfe, Schule und Freien Trägern zum Wohle der Kinder und Jugendlichen darstellt. Nach der „Wende" hatten wir zudem noch eine Zeit lang die Patenschaft für den KJPD-Pankow übernommen. Ich selbst engagierte mich berufsbegleitend im Brandschutz und der Ersten Hilfe. Zu meinen Hauptaufgaben gehörte der Besuch mehrtägiger

Crashkurse. Diese bestanden aus Theorie und Praxis. Zum Glück erlebte ich nur einen einzigen Brandfall, der mich noch nicht einmal etwas anging. Es passierte Am Nordgraben. Ein PKW war auf der Straße in Brand geraten. Geistesgegenwärtig löste ich einen Feuerlöscher aus der Halterung und versuchte das brennende Fahrzeug zu löschen. Im Eifer des Gefechts versprühte ich den gesamten CO_2-Schaum und erreichte nichts. Immer noch schlugen die Flammen unter der Motorhaube hervor. Einige Gaffer beobachteten das kuriose Szenario, während ich wie eine hektische „Feuerameise" hin und her rannte, bis das letzte züngelnde Flämmchen seinen Geist aufgegeben hatte. Später brannten in der Teichstraße auch einige Computer. Ätzende Dämpfe erfüllten die Raumluft. Wahrscheinlich handelte es sich um einen Kurzschluss, der einen erheblichen Sachschaden verursachte. Beeindruckt von der Gefährlichkeit des Feuers kontrollierte ich alle Feuerlöscher und Fluchtwege unseres Dienstgebäudes sorgfältiger denn je und bekam einiges zu sehen und zu hören: möblierte Fluchtwege, hinter großen Kübelpflanzen versteckte Feuerlöscher, beschädigte Plomben etc. Machte ich meine Kollegen auf diese Sicherheitsmängel aufmerksam, stieß ich meistens auf Unverständnis, sodass es einer Engelsgeduld bedurfte, ehe man sie von der Gefährlichkeit ihres Tuns überzeugen konnte oder meistens auch nicht. Auch als medizinischer Ersthelfer hatte ich wenig zu tun. Meine Ausbildungskurse waren dennoch nicht überflüssig. Im Gegenteil! Privat waren sie mir sogar sehr nützlich. Den Höhepunkt meiner Notfallausbildung bildete im Jahre 2003 ein Seminar über „Psychosoziale Unterstützung im Katastrophenfall". Der interessante Lehrgang fand in der Klosterstraße 47 hinter dem Roten Rathaus statt. Auftraggeber war das Bundesverwaltungsamt und Veranstalter die Akademie für Krisenmanagement, Notfallplanung und Zivilschutz. Warum man mir blutigem Laien allerdings das Amt eines Erst- und Katastrophenhelfers anvertraut hatte, wo doch fünf Ärzte in unserem Hause zur Verfügung standen, blieb mir ein Rätsel. Wie gesagt: Ich profitiere noch heute von meinen dienstlichen Fortbildungen.

Während des ersten Jahres meiner neuen Berufstätigkeit befand sich unsere Beratungsstelle noch in den Räumen der „Kinder- und Jugendpsychiatrischen Klinik" im Wiesengrund. Dr. med. Antonio Spilimbergo war damals nicht nur Chefarzt dieser Klinik, sondern auch unser kommissarischer Stellenleiter. Zum Glück zeigte er nur wenig Präsenz, denn seine Besuche waren nicht selten mit erheblicher Mehrarbeit verbunden. Zum Beispiel mussten psychologische Untersuchungen unbedingt den zeitaufwändigen Hamburger-Wechsler-Intelligenztest für Kinder (HAWIK) enthalten. Spilimbergo wirkte zwanghaft und steif, aber nicht unfreundlich. Es kursierte das Gerücht, dass er während des Zweiten Weltkrieges in einem Konzentrationslager inhaftiert gewesen sei sowie ein zweites Gerücht, dass eine psychologische Mitarbeiterin an der „Kinder-Euthanasie" der Wiesengrundklink beteiligt gewesen sei. Falls dies zutraf, wäre das nicht nur ein Skandal! Es wirft auch die Frage auf, warum sich ein Opfer des Faschismus mit einem seiner Peiniger arrangiert. Obwohl die Euthanasie spätestens 1946 über Ländergrenzen hinweg bekannt gewesen war, wurde sie noch 1980-1981 in der psychiatrischen Klinik Berlin-Wittenau totgeschwiegen. So ist zum Beispiel in Arthur Koestlers (1905-1983) *Diebe in der Nacht* kursiv zu lesen:

> *Wir erfahren aus verlässlichen Quellen in Deutschland, deren Ursprung nicht enthüllt werden kann, dass in staatlichen Waisenhäusern seit einiger Zeit Experimente zur schmerzlosen Liquidierung von Kindern durchgeführt werden, die entweder unheilbare Krüppel oder geistig nicht normal oder von unerwünschter rassischer Abstammung sind. Die angewendeten Methoden sind Phenolinjektionen in die Aorta, intravenöse Luftinjektionen, die Thrombosen verursachen, und Todeskammern, die mit Kohlenmonoxydgas gefüllt sind* (Koestler 2016, S. 249).

Heutzutage lassen sich die Fakten ungeschönt und genauer im Internet nachlesen: Zwischen 1942 und 1945 wurden nachweisbar 175 Kinder und Jugendliche zu Versuchszwecken gequält und 81 von ihnen umgebracht. Auch die drei verantwortlichen Ärzte werden namentlich genannt. Die Psychologin hingegen findet keine Erwähnung.[5]

Noch ein drittes und viertes Gerücht machte die Runde. Es besagte, dass wir bald umziehen und einen eigenen Stellenleiter bekommen würden. Tatsächlich war Am Nordgraben ein nagelneues „Vivantes Humboldt-Klinikum" errichtet und das Nebengebäude für mehrere soziale Dienste des Bezirksamtes Reinickendorf reserviert worden. Natürlich erfuhren wir von den konkreten Umzugsplänen des „Amtsschimmels" erst auf den letzten Drücker. Infolgedessen mussten in aller Eile viele Kartons gepackt, Klienten und Therapeuten informiert werden. Den einstöckigen Flachbau teilte sich der KJPD mit der

---

[5] Verfügbar unter: https: //de.wikipedia.org/wiki/Städtische_Nervenklinik_für_Kinder [13.07.2019].

Sprachberatungsstelle und dem Jugendgesundheitsdienst, was die Zusammenarbeit mit beiden Dienststellen erheblich erleichtern würde. Zeitgleich kam ein neuer Stellenleiter in unser Team. Dr. Günter Häfele (1945-2006) hatte seine Facharztausbildung im Wiesengrund bei Dr. Spilimbergo absolviert und war unter anderem durch meinen schwulen Kollegen vermittelt worden. Einige Jahre kamen wir gut miteinander zurecht. Ich schätzte sein kollegiales Verhalten und seine fachliche Kompetenz. So konnte ich meine Autoritätsprobleme ruhen lassen. Indes sah ich mich nolens volens mit einer ganz anderen Problematik konfrontiert. Bald stellte sich nämlich heraus, dass auch Häfele schwul veranlagt war. Obwohl ich prinzipiell nichts gegen Homophilie einzuwenden habe, geriet ich – zumindest gefühlsmäßig – in eine gewisse Schieflage. Als einzige heterosexuelle Mannsperson, zwischen zwei homosexuellen und fünf weiblichen Kollegen, fühlte ich mich doch sehr in der Minderheit. Verstärkt wurde mein mulmiges Gefühl zudem durch folgende Faktoren: So fanden meine lieben Kolleginnen den einen wesentlich hübscher und den anderen extravertierter als mich – was ja durchaus zutreffen mochte – und huldigten ihnen infolgedessen mehr als meiner bescheidenen Person.

Irgendwann eskalierte die Stimmung. Es kam zu verbalen Übergriffen. Man beschimpfte mich als „Karotten- und Müslifresser“. Woraufhin ich meinen Frust mit Süßigkeiten bekämpfte. Meinem psychologischen Kollegen schien das nicht entgangen zu sein, da er in seinen *Chroniken von Reinekes Hof* über mich berichtet: “Seine Karriere litt manchmal durch seine geheime Neigung zu Currywurst, Erdbeeren und Zuckereien.“ Das war witzig gemeint, teilweise falsch und überaus kränkend. Schlimmer noch: Man warf mir Gehemmtheit, Konservatismus und Lehrerhaftigkeit und wer weiß was nicht noch alles vor. Auch wenn einigen Kollegen meine besonderen Eigenarten nicht genehm waren, ging ihre Kritik dann doch zu weit und grenzte an Mobbing. Mobbing unter Psychologen! Unglaublich! Wenn nicht einmal studierte Psychologen in der Lage sind, ihre Konflikte untereinander zu bereinigen, wie sollten sie dann ihren Patienten guten Gewissens raten können! Was sollte ich tun? Weglaufen oder standhalten? Mit gutem Beispiel vorangehen? Vergessen geglaubte Ängste meiner Schulzeit wurden ebenso wach wie archaische Verhaltensmuster. Immer wieder passiert es nämlich, dass einige Bezugspersonen meine zurückhaltende Art falsch verstehen. Wie zum Beispiel jener Heimjugendliche in Kroatien. Während die einen mit „einspringender Fürsorge“ reagieren, glauben die anderen mich ungeniert attackieren zu können. Statt noch mehr

Kuchen zu futtern, beriet ich mich mit einem guten Freund, der ähnliche Erfahrungen mit seinen Kollegen gemacht hatte. Er bestätigte mir, dass mein Harmoniestreben völlig unangemessen sei. Er selbst „schieße in solchen Situationen erst einmal scharf zurück" und schlage dann ein klärendes Gespräch vor. Den Ratschlag eines empathischen Messingenieurs befolgend, nahm ich mir jeden einzelnen Kollegen zur Brust und besprach unser „gemeinsames Problem". Nachdem ich mit allen Sozialarbeitern, Psychologen und dem Arzt durch war, verhielten sie sich tatsächlich wesentlich konzilianter und schienen mich mehr zu schätzen als zuvor. Es war ein voller Erfolg! So viel Courage hatte ich mir und hatten sie mir nicht zugetraut!

Parallel zu diesen Querelen – man ahnt den Zusammenhang – begann ich meine momentane Berufssituation zu reflektieren. Wenngleich meine fachlichen Qualitäten geschätzt wurden und meine Tätigkeit relativ selbstbestimmt war, fühlte ich mich irgendwie unzufrieden. Einerseits frustrierte mich die ständig wechselnde Klientel. Kaum, dass man ihren therapeutischen Werdegang verfolgen konnte, geschweige denn eine Rückmeldung von ihr bekam. Was waren das doch für herrliche Zeiten, als ich noch als Verhaltenstherapeut arbeitete! Andererseits zweifelte ich an der Sinnhaftigkeit meines sozialen Jobs. Was bedeutete meine Arbeit schon angesichts gravierender Umweltprobleme und Überbevölkerung. Bestenfalls ein Tropfen auf den heißen Stein! Mehr nicht! Immer mehr steigerte ich mich in die Vorstellung hinein, den Psychologenberuf an den Nagel zu hängen und Umweltschützer zu werden. Private Einzelaktionen hatte ich schon einige inszeniert und meine Lebensweise teilweise „ökologisiert". So war ich zum gescholtenen Vegetarier geworden, hatte schweren Herzens meinen VW-Passat-Diesel verkauft und begonnen, meine Wohnung mit Biomöbeln auszustatten. Doch Ökologie berufsmäßig zu betreiben, dazu bedurfte es mehr als nur Enthusiasmus, und zwar fundiertes Fachwissen. Ernüchtert legte ich deshalb diese wahnwitzige Idee wieder ad acta. Als ich jedoch 1984 auf dem „Kongress für Klinische Psychologie und Psychotherapie" in Berlin einen Diavortrag über ökologische Projekte hörte und anschließend zwei Bücher über Umweltpsychologie las, flammte dieser faszinierende Gedanke erneut auf.

Doch auch diesen Gedanken legte ich alsbald beiseite, weil mir klar wurde, dass es sich bei meinen Interessenverschiebungen lediglich um ein Vermeidungsverhalten handelte, ein Ausweichen vor schwierigen interpersonalen, diagnostischen und therapeutischen Aufgaben. Zudem hatte meine Risikobereitschaft etwas Schlagseite bekommen. Hatte ich in jüngeren Jahren ziemlich flexibel zwischen Beruf und Studium gewechselt und abenteuerliche Reisen bevorzugt, so überlegte ich mir solche und andere Aktionen jetzt dreimal. Warum also sollte ich meine gesicherte Position im KJPD gegen eine ungewisse Zukunft eintauschen? Folglich blieb ich meinen lieben Kollegen bis auf weiteres erhalten.

Im Jahre 1993 zog unsere Beratungsstelle für Kinder- und Jugendpsychiatrie noch einmal um und zwar in das alte Humboldtkrankenhaus neben einer nervenden Einflugschneise. Jetzt waren noch mehr soziale Dienste unter einem gemeinsamen Dach versammelt. Erfreulich war das trotzdem nicht. Alte Gemäuer, dunkle Räume, keine Kantine, Lärm und Kerosin! Starts und Landungen im Vier-Minuten-Takt! Vorbei auch die Zeit mit den geringen Fallzahlen und den leichten Fällen. Waren es 1980 noch 346 Neuanmeldungen gewesen, so stiegen sie 1987 auf 634 und 1992 auf 850. Hinzu kamen noch die „alten Fälle". Immer seltener hatten wir es mit Lern- und Konzentrationsstörungen zu tun, dafür immer häufiger mit Schulschwänzern und Schulphobien, schweren Verhaltensproblemen, sexuellem Missbrauch, Gewalttätigkeit, Anorexia nervosa, Ritzen, Suizidgefährdung, Drogensucht und dergleichen mehr. Infolge solcher und anderer Veränderungen wäre eine Aufstockung der Mitarbeiterzahl in allen sozialen Diensten dringend erforderlich gewesen. Stattdessen verordnete der Berliner Senat eine rigorose Haushaltssperre, einen fahrlässigen Einstellungsstopp und viele Entlassungen.

Natürlich machte ich mir Gedanken über die zunehmenden Fallzahlen und kam zu folgendem Schluss: Möglicherweise ist die Hemmschwelle der Hilfe suchenden Menschen gesunken. Sie scheuen sich weniger denn je, psychologische und psychiatrische Beratungsstellen aufzusuchen. Mütter erweisen sich in dieser Hinsicht mutiger als Väter. Die schulischen und familiären Probleme sind in unserer Leistungsgesellschaft größer geworden. Neben schwereren Persönlichkeitsstörungen und schwieriger werdenden Fällen zeigt die Katamnese unter anderem, dass unsere sozialen Netzwerke umfangreicher und dünnmaschiger geworden sind. Für Hilfe suchende Familien gibt es mehr Anlaufstellen als in meiner Kindheit. Wer ernsthaft eine Beratung oder Therapie wünscht, findet immer auch einen geeigneten Ansprechpartner. Zudem ist das soziale Finanzierungssystem relativ gut organisiert, wodurch den Klienten der Zugang zu Hilfsmaßnahmen erleichtert wird. Auch gesellschaftlich scheint sich einiges verändert zu haben. Nicht selten beobachtet man egoistisches, aggressives, ungerechtes und unehrliches Verhalten in Familien, Schulen und Behörden bis hinauf zum Bundestag und im Straßenverkehr sowieso. Überhaupt scheinen Destruktivität und Brutalität in unserer Gesellschaft zugenommen zu haben. Offenbar ist die „Zivilisationsschicht" noch dünner als zu Sigmund Freuds Zeiten geworden. Anzuschuldigen sind nicht nur frustrierte Kinder und Jugendliche, sondern vor allem unerzogene Erwachsene, wie mein letzter Fall zeigt.

Vorgestellt wurde mir von einem Heimerzieher ein 17-jähriger Jugendlicher wegen massiver Morddrohungen gegenüber seiner Familie. Er fühle sich von seinen Eltern ungeliebt, gedemütigt und gegenüber seinem Bruder benachteiligt. Vater und Mutter würden ihn seiner Kindheit beraubt und sein Leben zerstört haben. Nie würde er ihnen verzeihen können, dass sie ihn in die jetzige Kriseneinrichtung (Inobhutnahme) abgeschoben hätten. Nun werde er fürchterliche Rache nehmen. Bis zu seinem Geburtstag würden „einige Köpfe rollen". Dazu sei er fest entschlossen. Mit entsprechenden Vorbereitungen habe er bereits begonnen (wurde nicht konkretisiert). Vor den Konsequenzen seiner geplanten Tat fürchte er sich nicht. Wichtig sei ihm einzig und allein die Bestrafung seiner Eltern. (Hatte ich einen gewaltbereiten Jugendlichen vor mir, der über Leichen ging? – Wartete er auf eine günstige Gelegenheit, um seine Eltern umzubringen? – Merkwürdig nur, seine Mordpläne so offen zu legen. – Oder wollte er seine Eltern und mich nur in Angst und Schrecken versetzen?). Um die Ernsthaftigkeit seiner geplanten Tat besser einschätzen zu können, versuchte ich mir ein möglichst umfassendes Bild seiner Persönlichkeit zu machen. Er wirkte kräftig und adipös, schien wohlerzogen und emotional gehemmt. Selbst wenn man auf seine Eltern zu sprechen kam, blieb er ziemlich cool (ein Psychopath?). Doch während des zweiten Gespräches wirkte er beim Thema „Morddrohung" zunehmend angespannter, bis es affektiv aus ihm herausbrach und er nur noch unter Tränen und stoßweise über seine verfahrene Situation zu sprechen vermochte (doch kein Psychopath?). Meinem ersten und zweiten Eindruck nach zu urteilen, war er durchaus gesprächsfähig. Er konnte differenziert über sich und allgemeine Sachverhalte sprechen. Zu seiner Schulsituation äußerte er sich folgendermaßen: Seine Familie sei erst vor ein paar Wochen von Eutin nach Berlin umgezogen (Akklimatisierungsprobleme). Er besuche eine Oberschule. Seine Lieblingsfächer seien Mathematik und Wirtschaft. Bisher sei sein Notendurchschnitt befriedigend. Er habe ein Schulpraktikum bei der Polizei absolviert, weil ihm die Lösung krimineller Delikte mit Waffengewalt imponiere (Das passte zu seinem Racheplan und zu was noch?). Doch wolle er sein zweites Praktikum in einer politischen Einrichtung machen (Das klang etwas ambivalent.). Seine Mitschüler würden ihn seiner angeblichen Herkunft von der Ostsee (Tatsächlich liegt Eutin inmitten einer Seenplatte.) wegen „Fischkopf" hänseln und drangsalieren (Mich meiner eigenen Schulzeit erinnernd, bedauerte ich den armen Kerl.). Deren hundsgemeine Attacken inzwischen ignorierend (Wer kann das wirklich?), begnügten sie sich, mit Papierkügelchen nach ihm zu werfen. Über sein Interessenspektrum war noch dies zu erfahren: Bisher habe er Judo gemacht (Statt von Verteidigungssport, sprach er von Kampfsport.). Seit längerem sei er auch in der DLRG engagiert. Seine Ausbildung dort betrachte er als Teil seiner Kampfsportausbildung. Ich zuckte zusammen! Dann sprachen wir über seine Zukunftspläne: Er möchte den Realschulabschluss machen und anschließend ein Jahr lang durch die Welt trampen. Beruflich sei er noch nicht festgelegt. Er schwanke zwischen einer wirtschaftlichen und einer militärischen Laufbahn (Er schien eine Perspektive zu haben.). Schon sein Großvater sei bei den Fallschirmjägern und sein Vater bei der Bundeswehr gewesen (Er folgte der Familientradition.). Sein Vater habe an den Bundeswehr-Hochschulen in München und Köln gelehrt. Als dieser in den Kosovo abkommandiert worden sei, habe er seinem Dienstherrn gekündigt (anderen raten und sich selbst drücken, welchen Eindruck wird das wohl beim Sohn hinterlassen haben? wenn es denn so stimmt!) und ein mittelständisches Versicherungsunternehmen mit ca. 40 Angestellten gegründet. Als wir Ch. militärische Neigungen berühren, erwähnt er sowohl Höhen- als auch Dunkelängste. Erst kürzlich habe er im Schwimmbad eine Viertelstunde auf dem Drei-Meter-Sprungbrett gestanden und sich nicht getraut ins Wasser zu springen. Zudem fürchte er überfallen zu werden, wenn er abends nach dem DLRG-Einsatz durch den Wald gehe (Seine multiplen Ängste müssten noch ausführlicher eruiert werden.). Als wir nochmals auf seine Eltern zu sprechen kamen, ließ er verlauten, dass er keine Familie mehr habe. (Das klang schon besser als sein mörderisches Vorhaben.). Nie wieder wolle er etwas mit ihr zu tun haben! Eines Tages werde er mir ihr abrechnen (Schon wieder Vergeltung!). Sie müssten für ihre Gemeinheiten zur Rechenschaft gezogen werden. Entweder werde er sie umbringen oder bei der Polizei anzeigen und in die Psychiatrie einweisen lassen (Wie sie ihn!). Seinen Vater habe er bereits wegen Körperverletzung angezeigt. Zum Schluss ging ich auf die ihm zugefügten seelischen Verletzungen ein. Sicherlich habe er allen Grund auf seine Eltern stinksauer zu sein. Das könne ich gut verstehen! Aber müsse er sie deshalb gleich umbringen? Schließlich ruiniere er dadurch sein eigenes Leben! Er solle doch noch einmal überdenken, ob es für einen intelligenten Jungen – wie er es ist – nicht klüger wäre, seine Rachefantasien therapeutisch zu bearbeiten? Trotzig und abweisend lehnte er meine Ratschläge ab. (Sie waren zu voreilig ausgesprochen worden, er hatte noch kein Vertrauen zu mir.).

Zwei Tage später berief ich eine Helferrunde ein. Das machten wir öfters in schwierigen Fällen. Anwesend waren sein Betreuer, zwei Vertreter des Jugendamtes und eine Arbeitskollegin (Sozialarbeiterin). Von seinem Betreuer war zu erfahren, dass Ch. nach dem letzten Gespräch etwas in sich gekehrt gewesen sei. Es sei ihm nicht besonders gut gegangen, und er habe geweint. Nach seiner Einschätzung reagiere er auf Konflikte mit Ablenkungen, indem er zum Beispiel ins Kino gehe. Sein Umzug in die Wohngemeinschaft sei dramatisch verlaufen. Weil ihm die Kindesmutter nicht erlaubt habe einige Familienfotos mitzunehmen, sei es zu heftigen Rangeleien zwischen ihnen gekommen. Er selbst sei dabei gewesen und habe Ch. den Arm herunterdrücken müssen. Der Betreuer bestätigte auch die Anzeige gegen den Kindesvater. In seinem Zimmer sei keine Waffe gefunden worden. Ch. hätte schon mehrfach Gelegenheit gehabt seine Eltern umzubringen oder deren Eigentum zu beschädigen. Er glaube deshalb nicht, dass er konkrete Mordpläne schmiede. Es gäbe keine Kontakte mehr zwischen Ch. und der Familie. Hingegen beständen nach Auskunft der Sozialarbeiterin vom Jugendamt Kontakte zur Mutter, nicht jedoch zum Vater. Sie habe ihren Sohn für lernbehindert erklärt (Was definitiv nicht zutrifft!). Nachdem alle anwesenden Bezugspersonen des Jugendlichen über unsere psychologischen Ergebnisse informiert worden waren, empfahlen wir Ch. vor die Wahl zu stellen: Entweder ambulante Psychotherapie oder stationäre Psychiatrie! Des brisanten Falles wegen könnten die therapeutischen Gespräche sofort in unserer Beratungsstelle beginnen. Falls er jedoch dieses Angebot ausschlagen und/oder von seinen Mordfantasien nicht abrücken wolle, solle eine stationäre Unterbringung in der Jugendpsychiatrie erfolgen. Anschließend müsse dann nochmals über eine psychotherapeutische Betreuung und eine geeignete Wohnmöglichkeit nachgedacht werden. Der Jugendliche beunruhigte mich bis in den baldigen Ruhestand hinein. Meine Arbeitskollegin, welche Ch. noch eine Weile betreute, teilte mir mit, dass er von seinen zwanghaften Rachefantasien gegenüber seinen Eltern nicht abzubringen gewesen sei, weswegen doch eine Zwangseinweisung habe erfolgen müssen. Einige Telefongespräche mit dem Vater hätten ihr den Eindruck vermittelt, dass er ein wahrer „Kotzbrocken" sei (Wie wird es in der Familie weitergehen, nachdem der „Sündenbock" entfernt ist?).

Im Nachhinein bedaure ich es fast, unsere gesammelten Fallgeschichten aus der Kinder- und Jugendpsychiatrie nicht ausgewertet und mit dem Einverständnis des Amtes der interessierten Öffentlichkeit – anonymisiert versteht sich – zugänglich gemacht zu haben. Welche Lebensschicksale hätte sie erfahren und welche Lehren daraus ziehen können. Nutzlos schlummern sie nun zwischen den Aktendeckeln, bis sie eines Tages der Aktenwolf schreddert. Manches im Leben ist halt unwiederbringlich!

16. Der Dompfaff hat uns getraut

Wer uns getraut?
Der Dompfaff, hat uns getraut!
Johann Strauss

In wilder Ehe lebend

Wir begegneten uns 1976 in einer Arbeitsgemeinschaft am Psychologischen Institut. Jeder befand sich auf Partnersuche. Gisela fand mich nett und nicht neurotisch. Mir imponierte ihre frauliche Reife und ihre künstlerische und geistige Bildung. Sie war mit einem Professor für Betriebswirtschaft – Dr. Horst Schwarz (1923-1990) – verheiratet und hatte zwei jugendliche Söhne. Statt im Schatten ihres konservativen Gatten das brave Hausmütterchen zu spielen, wollte sie ihr Leben nach eigenen Bedürfnissen gestalten. Zu diesem riskanten Schritt in die Freiheit ermutigt worden war sie vom „Arbeitskreis für Tiefenpsychologie" unter der Leitung von Josef Rattner (1928*). Als wir uns kennenlernten, lebte sie bereits von ihrem Mann getrennt in einer Wohngemeinschaft. Nach Beendigung unseres Psychologie-Studiums trennten sich vorübergehend unsere Wege. Während ich in Hamburg und Gifhorn meine ersten praktischen Erfahrungen als Psychologe machte, arbeitete sie schon professionell in einer Berliner Gemeinschaftspraxis für Tiefenpsychologie und lehrte an verschiedenen Volkshochschulen. Trotz der großen Distanz riss unsere Verbindung nicht ab. Wir besuchten uns regelmäßig und verreisten gemeinsam. Zurück in Berlin, intensivierte sich unsere Beziehung erneut. Offiziell heiraten mochten wir indes nicht! Keiner verspürte den Wunsch nach einer konventionellen Ehe. Warum? so fragte schon Rahel Varnhagen (1771-1833) „brauchen Menschen, die sich lieben und zusammenleben wollen, dafür den Trauschein und den Traualtar, die Genehmigung der Instanzen?" (C. Stern 1996, S. 204). „Keine standesamtliche und kirchliche Heirat", sagten auch wir. Während sich Rahel später dann doch eines anderen, wenn auch nicht Besseren, besann und ihren Karl August Varnhagen von Ense (1785-1858) heimführte, ließen wir uns vom „Dompfaff" trauen und lebten 38 Jahre lang in „wilder Ehe" zusammen. Leider hatte ich, wie im Märchen, nie Glück mit meinen Schwiegermüttern: früher, jetzt und später nicht. Auch die übrige Verwandtschaft schaute despektierlich auf unsere ungesetzliche Allianz. Für sie war ich weder mündlich noch schriftlich existent. Erst als Giselas Schwestern mich besser kannten, schien ich akzeptiert worden zu sein. Allerdings mokierten sich auch meine Mutter und Schwester gelegentlich über unsere gottlose Partnerschaft, bis auch sie sich damit abfanden. Offenbar sehen einige Moralapostel zwar den Balken im fremden, aber nicht den Splitter im eigenen Auge. Inzwischen hatte ich es jedoch verstanden, dass man es nicht allen recht machen konnte.

Neben dem Psychologenberuf ging meine Lebensgefährtin in ihrer Freizeit noch einer anderen Beschäftigung nach, der Malerei, weshalb ich ihr an dieser Stelle ein künstlerisches Denkmal setzen möchte: Geboren wurde Dr. Gisela Schwarz am 8. Oktober 1927 in Nordhausen. Obwohl musisch begabt, mangelte es an der nötigen Förderung. So ging es der kleinen Künstlerin nicht anders als ihrer talentierten Großmutter Valeska Grandke, deren exzellente Tierzeichnungen im Kreise der Verwandten kaum Beachtung fanden. Zudem fiel während des Zweiten Weltkrieges ständig der Zeichenunterricht aus. Gelehrt wurde am Nordhäuser Lyzeum lediglich Deutsch, Mathematik, Rassenkunde und Sport. So erinnerte sich Gisela einer Unterrichtsstunde, in welcher den Schülerinnen abschreckende Beispiele von „entarteter Kunst“ vor Augen geführt wurden. Trotz dieser familiären und politischen Widrigkeiten zeichnete sie Modepüppchen, Grundrisse, Mobiliar, kopierte Gemälde und malte nach der Natur. Dann folgte eine lange künstlerische Pause, welche durch Berufsausbildung, Eheschließung, Mutterfreuden und Hausfrauendasein ausgefüllt war. Erst eine zunehmende Unzufriedenheit mit den bestehenden familiären Verhältnissen brachte Gisela wieder zur Malerei zurück.

Eingeladen von einer Studienkollegin ihres Ehemannes, besuchte sie 1962 den „German-American Women´s Club of Berlin“. Zu dem exklusiven Klub gehörte auch eine Malgruppe, welche von der Malerin Eva Felix Müller (1922-2001) ins Leben gerufen worden war. Verheiratet war die Malerin mit Luca Felixmüller, dem Sohn des expressionistischen Malers Conrad Felixmüller (1897-1977), einem Freund von Otto Dix (1891-1969). Wenngleich sich die malenden Frauen nicht mit diesen großen Künstlern messen konnten, entstanden unter der Anleitung von Professor Klaus Müller-Rabe (1910-1991) doch viele ansehnliche Bilder, von denen einige sogar den Weg in öffentliche Ausstellungen fanden: 1965 nahm Gisela mit zwei Aquarellen „Herbstlaub“ und „Stillleben“ an der juryfreien Kunstausstellung und 1973 an der dritten Berliner Kunstausstellung am Funkturm teil, 1977 bis 1978 an der Ausstellung der Arbeitsgruppe Berliner Architekturmaler im Berlin Pavillon und 1982 mit drei Aquarellen „Nebel im norwegischen Fjell“ im Amerika Haus. Außerdem wurden 1978 zwei ihrer Bilder in der Berliner Morgenpost besprochen: „Schöne Luft in Berlin“ und „Heizkraftwerk Oberhavelweg im Spandauer Forst“, nicht unbedingt ihres künstlerischen Wertes wegen, sondern als aktueller Beitrag gegen die radikale Abholzung wertvollen Baumbestandes. Eine letzte

Würdigung erfuhr sie im Sommer 2003, als sie von der Babelsberger „Galerie Herr" für das Aquarell „Im Nuthepark" besonders ausgezeichnet wurde.

Weniger der künstlerischen als der persönlichen Entwicklung förderlich, absolvierte die Malerin von 1970 bis 1976 ein Psychologiestudium an der Berliner Technischen Universität, promovierte 1989 an der Freien Universität Berlin mit dem Thema „Sinnkrise in der Lebensmitte" und arbeitete bis zu ihrem Ruhestand als Psychotherapeutin für Tiefenpsychologie. Zur Jahrtausendwende zog sie nach Potsdam und erkundete malerisch die städtische Umgebung. So malte sie zum Beispiel die Glienicker Brücke, den Heiligen See und die Russische Kirche. Während ihre Malfreundin Eva Felix Müller kurz vor ihrem Tod in der Potsdamer Sternkirche noch einmal ihre Bilder ausstellte, scheute meine Lebensgefährtin aufgrund ihres Alters den damit verbundenen Aufwand. Nichtsdestotrotz schuf sie bis 2009 noch viele sehenswerte Bilder. Insgesamt umfasst ihr Nachlass über 320 klein- und großformatige Werke in Bleistift, Aquarell, Acryl und Kreide.

Um den roten Faden wieder aufzunehmen, sei gesagt, dass jeder seine Wohnung behielt und unter der Woche seinen eigenen Haushalt führte. Nur am verlängerten Wochenende kochten und schliefen wir zusammen. Insofern wählten wir eine unter Künstlern und Intellektuellen nicht unübliche Lebensform, ganz ähnlich der der Psychologen Clara Thompson (1893-1953) und Harry Stack Sullivan in den USA. Zum Vorteil gereichte uns dieser freiheitliche Lebensentwurf insofern, als er uns gegenüber einer traditionellen Ehe eine emanzipierte Entwicklung ermöglichte (vgl. Siebenhüner 2015, S. 111). Statt zu konkurrieren und zu dominieren, wollten wir kooperieren! Na ja! Jeder versuchte es jedenfalls auf seine Weise! Am besten klappte das im Bett. Beide warben und ließen um sich werben. Keiner wollte nur obenauf sein. Wir liebten den Rollentausch.

Vielleicht mögen manche psychologische Leser denken, dass meine Zuneigung zu meiner älteren Lebensgefährtin neurotischer Natur gewesen sei. Abgesehen davon, dass wir alle ein wenig neurotisch sind, trifft das nicht zu, wie uns Karen Horney fachkundig bescheinigt:

> Ein Wunsch nach der Zuneigung anderer ist nur dann bedeutsam, wenn Zuneigung für sie vorhanden ist, ein Gefühl, etwas mit ihnen gemeinsam zu haben. Das Schwergewicht wird dann nicht nur auf der empfangenen Freundlichkeit liegen, sondern auch auf den positiven

> Gefühlen, die für andere zu empfinden und ihnen zu zeigen man fähig ist. Aber dem neurotischen Liebesbedürfnis fehlt der Wert der Gegenseitigkeit. Für den neurotischen Menschen zählen seine eigenen Gefühle der Zuneigung so wenig, wie sie es täten, wenn er von fremdartigen, gefährlichen Tieren umgeben wäre. Genau gesagt, wünscht er die Zuneigung der anderen nicht einmal wirklich, sondern ist lediglich daran interessiert ... daß sie keinen aggressiven Schritt gegen ihn unternehmen. Der einmalige Wert, der in gegenseitigem Verständnis, in Toleranz, in Rücksicht, Mitgefühl liegt, hat in der (neurotischen GB) Beziehung keinen Platz (Horney 1974, S. 45f.).

Zwar lebten wir getrennt, trotzdem aber zusammen. Zwischendurch verfolgte jeder seine eigenen Ziele, nahm jedoch Anteil am anderen. Möglicherweise kommunizierten wir häufiger miteinander als so manches ältere Ehepaar. Auf der Suche nach einem „gemeinsamen Dritten“ erwiesen sich unsere geistigen Interessen, sportlichen Aktivitäten, Ernährungsgewohnheiten und sexuellen Bedürfnisse als kompatibel. Auch stimmte unsere Weltsicht in Politik, Ökologie, Religion und Militär einigermaßen überein. Insofern schienen die Säulen unserer partnerschaftlichen, nichtpatriarchalischen Beziehung tief genug gegründet zu sein. Was uns manchmal die gute Stimmung verhagelte, waren konstitutionelle und persönliche Differenzen. Sie weiblich, ich männlich, sie älter, ich jünger, sie ältestes, ich jüngstes Geschwister sowie diametral unterschiedliche Ordnungslieben und bestimmte Ansichten. Obwohl akademisch und therapeutisch hinlänglich gebildet und erfahren im Umgang mit schwierigen Patienten, gelang eine zufriedenstellende Konfliktbereinigung eher selten. Offenbar befanden wir uns in bester Gesellschaft mit einigen anderen Psychologen-Familien. Das heißt: Wir konnten anderen Menschen besser helfen als uns selbst! Zum Beispiel bedauert Eriksons Tochter Sue außerordentlich, dass wir

> niemals in der Lage (waren GB) über die Dinge, die uns am meisten verletzten oder gegeneinander aufbrachten, zu sprechen, vielmehr waren wir eine Familie, die vieles, was die einzelnen Familienmitglieder verletzte oder wütend machte, unerforscht und ungelöst ließ (Erikson Bloland 2007, S. 38).

So konnten gegenseitige Schuldzuweisungen, Vorwürfe, Projektionen, ausufernde Bemerkungen und erbittertes Schubladendenken (wer möchte schon so gesehen werden wie er nicht ist), kurz: das ganze interpersonale Konfliktprogramm, gewaltige Gewitterstürme erzeugen. Mein aggressiver Ton ließ sie, ihre zynischen Äußerungen mich manchmal erschauern! Zeitweilig gingen wir sogar auf räumliche Distanz zueinander. Meistens fuhr ich dann nach Hause. Nachdem ich mich jedoch auf die eine oder andere Weise abreagiert hatte, begann ich unseren Partnerschaftskonflikt zu reflektieren. Mich nicht mit der nächstbesten Erklärung zufrieden gebend, versuchte ich uns eine Brücke zu bauen, wie etwa nach einer buchstäblich aus dem Ruder gelaufenen Paddeltour auf der niedersächsischen Oertze.

Liebe Gisela,

vorausschicken möchte ich, dass es mir im Moment leichter fällt, mich schriftlich zu unserem Partnerschaftskonflikt zu äußern. Weil ich mich dadurch besser auf meine Gedanken zu konzentrieren und meine brodelnden Affekte zu artikulieren vermag. Wir führen seit nunmehr acht Jahren eine beiderseits – so nehme ich an – befriedigende Beziehung. Um so unverständlicher dürfte Dir meine überzogene Reaktion an der Oertze vorgekommen sein. Deine harsche Kritik an meiner Planung, erlebte ich jedoch gegen meine Person per se gerichtet, und sie wirkte wie das „Tüpfelchen auf dem i“. Ich erlebte mich infrage gestellt. Das Gefühl, es Dir nicht Recht machen zu können, wie ein Schuljunge zensiert und nach Gutdünken etikettiert zu werden, kränkt mich sehr. Selbst wenn ich für Deine Begriffe falsch liege, Fehler mache, einen Holzweg einschlage, so ist es zwar hilfreich, mich darauf aufmerksam zu machen, aber nicht gleich zu verurteilen. Auch Irrwege gehören zu meiner Entwicklung, und ich muss meine eigenen Erfahrungen machen. Allerdings impliziert unser Konflikt noch eine andere Seite, das heißt meine innere Unsicherheit. Je unsicherer ich mich nämlich fühle, umso heftiger reagiere ich – mit totalem Rückzug, Groll, Feindseligkeit oder Unnachgiebigkeit. Jedenfalls ist unsere jetzige Krise ein Anlass, noch ernsthafter und gründlicher darüber nachzudenken, was wir an eigenen Problemen in unsere Partnerschaft einbringen. Zu diesem Zweck habe ich mich schon mit zwei Freunden verabredet, welche mir vielleicht helfen, mich besser kennenzulernen.

Herzlichen Gruß, Gerald

Schließlich interpretierte ich unseren Partnerschaftskonflikt sowohl tiefenpsychologisch als auch lerntheoretisch und kam zu der Einsicht, dass er nicht durch einen „Mutterkomplex" verursacht worden sein dürfte – wie das Psychoanalytiker gerne hätten –, sondern eher durch beiderseitiges Dominanzstreben. Mein extensives Distanzbedürfnis wiederum deutete ich als positiv verstärktes Vermeidungsverhalten und emotionale Entlastung, Fernsehkonsum als Ablenkung und Vogel-Strauß-Politik und Masturbieren und Kuchen schnabulieren als obszöne bzw. orale Ersatzbefriedigung. In den manchmal schier ausweglos scheinenden Situationen baten wir Freunde unseres Vertrauens zu einem klärenden Gespräch bei Kaffee und Kuchen. Nachdem alle Probleme auf den Tisch gepackt worden waren, kam es meistens zu einer spontanen Versöhnung. Bis zum nächsten Konflikt! Verglich ich unser spezielles Beziehungsproblem mit anderen Lebensgemeinschaften, so glich es in etwa folgendem Ehepaar:

> Alfred und Raissa Adler waren zwei äußerst kraftvolle und unabhängige Charaktere und im tiefsten Sinne des Wortes eine gewaltige Herausforderung füreinander, auch für die Zusammenarbeit, die sie versuchten und erst zum Lebensende hin erfolgreich praktizieren konnten. Schon möglich, dass beide leichter und und vielleicht auch glücklicher mit schwächeren und nachgiebigeren Partnern gelebt hätten; aber es ist zweifelhaft, ob ihnen ein solcher Mensch attraktiv genug erschienen wäre. Was sie trotz ihrer Unterschiede voneinander bekamen, vertiefte und bereicherte ihren Beitrag zum Leben (Bottome 2013, S. 44).

Was habe ich aus alledem gelernt? Zum einen scheint eine gelingende zwischenmenschliche Beziehung von der Selbstakzeptanz abzuhängen. Das wusste schon Erasmus von Rotterdam, als er fragte,

> ob jemand einen anderen lieben kann, wenn er sich selbst haßt, ob jemand mit einem anderen auskommen kann, wenn er mit sich selbst uneinig ist, und ob jemand einem anderen Liebe und Lust entgegenbringen kann, wenn er sich selbst zur Last ist. Ich glaube, niemand wird das behaupten, es sei denn, er ist törichter als die Torheit selbst (Erasmus 1979, S. 38).

Je weniger ich mich mochte, umso intoleranter wurde mein Verhalten und umso schärfer wurden die Partnerschaftskonflikte ausgetragen. Zum anderen habe ich die Bedeutung des Gespräches mit dem Liebespartner schätzen gelernt! Weswegen ich dringend an die Damen und Herren vom Standesamt appelliere. Statt ihren naiven Brautpaaren das antiquierte „Ja-Wort" abzuverlangen, sollten sie es allen Ernstes fragen: „Glaubst du dich mit dieser Frau (diesem Mann GB) bis ins hohe Alter hinein gut zu unterhalten?" (Nietzsche 1978, S. 265). Wenn nein, dann lass die Finger von ihr oder von ihm! Erasmus ging sogar noch weiter und verhöhnte in seinem Werk *Lob der Torheit* den heiligen Bund der Ehe:

> Welcher Mann ... wäre bereit seinen Nacken unter das Joch der Ehe zu beugen, wenn er, wie es sonst kluge Männer zu tun pflegen, vorher überschlagen hätte, welche Lasten der Ehestand ihm aufbürdet? Oder welche Frau würde sich je mit einem Manne eingelassen haben, wenn sie genau die Gefahren und Schmerzen der Geburt gekannt und um die Mühe der Kindererziehung gewußt hätte? (Erasmus 1979, S. 22)

Selbst schon einmal verheiratete Ehepaare wiederholten dummerweise diese Qualen und gingen erneut eine Beziehung mit dem anderen Geschlecht ein. Schuld daran seien allein die Schwestern der Torheit, die Gedankenlosigkeit und die Vergesslichkeit (vgl. S. 23). Meinerseits habe ich diese Qualen allerdings gern in Kauf genommen, allerdings ohne offiziell verheiratet gewesen zu sein.

Der Einfluss Dr. Josef Rattners

Wie bereits erwähnt, gehörte meine Lebensgefährtin dem 1968 gegründeten „Berliner Arbeitskreis für Tiefenpsychologie" an. Geleitet wurde er von dem 1928 in Wien geborenen Josef Rattner. Dieser war nach dem Anschluss Österreichs an das Deutsche Reich mit seiner Familie in die Schweiz emigriert. In Zürich hatte er Philosophie, Germanistik, Medizin und Psychologie studiert und bei einem Zeitungsverlag seine ersten schriftstellerischen Erfahrungen gesammelt. Nach seinem Studium entwickelte er mit seinem Mentor Friedrich Liebling (1893-1982) das Züricher Modell der Großgruppentherapie. 1967 erhielt Rattner ein Forschungsstipendium an der Freien Universität in Berlin, welches ihm der Soziologie-Professor Richard Fritz Behrendt (1908-1972) vermittelt hatte. Es war die Zeit der großen Studentenrevolten. Sinnigerweise beschäftigte sich der Stipendiat gerade mit dem Thema *Aggression und menschliche Natur – Wie Feindseligkeit abgebaut werden kann* (1971), weswegen er wahrscheinlich einen Lehrauftrag am Otto-Suhr-Institut für Politologie bekam.

Doch Rattners gut gemeinter Versuch, die Studentenschaft eine friedliche Psychologie zu lehren, scheiterte. Er stieß auf taube Ohren! Kein linksradikaler Student akzeptierte damals einen Dozenten des feindlichen Establishments. Frustriert kehrte er der FUB den Rücken und ließ sich als freischaffender Psychotherapeut nieder. Schon bald scharten sich hunderte von Analysanden um seine Person. Als meine Lebensgefährtin mich 1976 mit seiner Großgruppentherapie bekannt machte, fragte ich mich natürlich: „Was lehrt dieser charismatische Psychotherapeut?“

Josef Rattners psychotherapeutische Konzeption wurzelt in Alfred Adlers Individualpsychologie und Friedrich Lieblings Großgruppentherapie. Selbst bezeichnet er seine therapeutische Methode als ‚Verstehende Tiefenpsychologie“, welche mit personalistischen und philosophischen Denkrichtungen verknüpft ist. Demzufolge werden neurotische Symptome des Analysanden in Beziehung gesetzt zu seiner Liebes-, Arbeits- und Gemeinschaftsfähigkeit, mit dem Ziel einer veränderten Selbst- und Menschen- und Weltkenntnis. Er wird sozusagen aufgefordert, sein symptomatisches Kämmerlein zu verlassen und wie „Hans im Glück“ in die weite Welt zu wandern, zu den Menschen und zu den Kulturgütern. So heißt es zum Beispiel in Rattners Buch *Tiefenpsychologie und Kulturanalyse*:

> Die psychotherapeutische Behandlung wandert thematisch von der Charakteranalyse zum Ethos und von da zur allgemeinen Metanoia (zur Änderung der Auffassung des eigenen Ich und seiner Lebensziele, Gewinnung einer neuen Sicht der Welt), die unseres Erachtens ein Hauptziel der Psychotherapie ist (Rattner 2011, S. 94).

Zu den therapeutischen Zielen gehört es demnach nicht nur, den Analysanden symptomatisch zu kurieren, sondern auch die Matrix für neue Weltsichten zu bereiten. Nach einer erfolgreichen tiefenpsychologischen Behandlung sollte der Analysand befähigt sein, seine Krankheit, seine Person, seine Mitmenschen und seine Umwelt anders zu bewerten als vor seiner psychischen Erkrankung.

Um dieses Ziel zu erreichen, muss der Therapeut sich einiges abverlangen. Zunächst gilt es, das Bezugssystem des Analysanden einfühlsam zu erfassen. Adler versteht darunter: „mit den Augen eines anderen zu sehen, mit den Ohren eines anderen zu hören, mit dem Herzen eines anderen zu fühlen“ (Adler 1982, S. 224). Er muss also seinen emotiv-rationalen Standort in den Analysanden hineinverlegen können, um dessen tiefere Ansichten von sich und der Welt nachzuvollziehen. Das erfordert ein ziemlich hohes Maß an Selbst-, Menschen- und Weltkenntnis sowie Altruismus, Akzeptanz und Sensibilität. Dann muss der Therapeut die Symptome des Analysanden im Hinblick auf die gesamte Person und Lebenssituation studieren. Wenn endlich das Bezugssystem des Analysanden verstanden und dieses therapeutische Kunststück geglückt ist, beginnt der eigentliche Heilungsprozess. Denn nun soll der Analysand seinerseits befähigt werden, einen anderen Standpunkt als den bisherigen einzunehmen. Zunächst wird ihm explizit oder implizit, meist aber implizit, nahe gelegt, sich perspektivisch an den Werten seines Therapeuten auszurichten. Schließlich ermutigt man ihn, noch andere Sichtweisen auszuprobieren, um möglichst viele lebensnotwendige Einsichten zu gewinnen.

Zu meinem großen Bedauern stand Josef Rattner dem Hochschulbetrieb und anderen psychotherapeutischen Schulen ausgesprochen kritisch gegenüber, womit er sich in akademischen Kreisen nicht gerade beliebt machte. Noch als Pensionär wetterte er vehement gegen die experimentelle Schulpsychologie:

> Ein Forschungsbefund gewann erst dann Gewicht, wenn er statistisch verarbeitet werden konnte. Auf diese Weise kam es zu exakt erhobenen Nichtigkeiten, die keinem Menschen etwas nützten und die niemand etwas angingen. Die naturwissenschaftliche Psychologie von Wilhelm Wundt (1832-1920) bis zur Gegenwart hat ganze Bibliotheken an Forschungen hinterlassen, die sich unseres Erachtens als bedeutungslos erwiesen. Dennoch hört man nicht auf, die isolierend-experimentelle Betrachtungsweise zu lehren (Rattner 2013, S. 61).

Freilich konnte ich mich mit Rattners pauschaler Abwertung der „experimentellen Psychologie“ nicht anfreunden. Vielmehr plädierte ich für eine natur- und geisteswissenschaftliche Psychologie. Für „Gruppenleute“ war das allerdings schon zu viel der Kritik an ihrem Lehrer; denn seine Schüler und Schülerinnen waren von seiner charismatischen Persönlichkeit fasziniert. Desgleichen meine Lebensgefährtin! Und tatsächlich hatten Josef Rattner und sein Arbeitskreis einiges für sich. Man legte keinen Wert auf Trauscheine, tolerierte wilde Ehen, favorisierte Vasektomie und Kinderlosigkeit und kritisierte ungescheut religiöse Gemeinschaften und Militarismus. Insbesondere beeindruckte mich ihre kultivierte Gesprächskultur. Weder wurde durcheinander geredet noch gelärmt, weder geraucht noch übermäßig Alkohol getrunken.

Hingegen erlebte ich sein Forum eher konformistisch. Zudem war der Großgruppe jegliche Therapieform, welche nicht tiefenpsychologisch ausgerichtet war, ziemlich suspekt. Als ich mich einmal auf einer Gartenfete als Verhaltenstherapeut outete, hagelte es heftige Kritik und ein anderes Mal ließ Rattner während einer Therapiesitzung verlauten: „Mitläufer, die sich nicht entwickeln und lernen wollen, sind hier fehl am Platze und sollten lieber eine Verhaltenstherapie machen und sich mit Stromstößen und ähnlichen Methoden behandeln lassen." Da fühlte ich mich wie vom Blitz getroffen und vom Donner gerührt. Schließlich fand ich gerade diese Therapieform sehr effizient. Keiner außer mir schien diesen unqualifizierten Seitenhieb gegen die Verhaltenstherapie registriert zu haben. Alles blieb ruhig! Keinerlei Kritik! Seiner unangefochtenen Autorität begegnete ich mit zunehmender Skepsis dem Gruppenleben gegenüber. Um nicht missverstanden zu werden sei gesagt, dass meine persönliche Meinung keine Herabsetzung seiner Person und Lehre bedeutet. Es liegt mir wahrlich fern, Rattner von seinem „hohen Bildungssockel" herunterzustoßen, um mich selbst zu erhöhen. Sein kultureller Beitrag und sein „Großgruppenexperiment" sind neidlos anzuerkennen. Nur mag ich keine Heldenverehrung und überzogene Konformität. Denn „wenn wir einer anderen Person einen Heldenstatus verleihen, setzen wir instinktiv unsere eigenen Qualitäten und Stärken herab, um ihren Anspruch auf Überlegenheit nicht anzutasten" (Erikson Bloland 2007, S. 206).

Rattners spezieller Führungsstil führte manchmal zu heftigen Turbulenzen. Immer wieder einmal kam es unter anderem auch deshalb im Arbeitskreis zu kleineren und größeren Rebellionen und sogar zu krassen Brüchen. Nicht aus den bitteren Erfahrungen Freuds und Adlers gelernt zu haben, grollten er und seine treuesten Anhänger den Abtrünnigen. Ganz im Gegensatz übrigens zu Kurt Lewin, der seinen Mitstreitern keinerlei Schuldgefühle machte oder sie der Undankbarkeit bezichtigte, wenn sie eigene Wege gehen wollten oder gingen (vgl. Marrow 1977, S. 111). Es gab jedoch noch andere Gründe, weshalb es zu atmosphärischen Störungen innerhalb der Großgruppe kam. Einerseits schienen manche Teilnehmer das Gefühl gehabt zu haben, von Rattner zu wenig geliebt zu werden. Was bei hunderten von Analysanden und Analysandinnen nicht weiter verwunderlich ist. Andererseits gab es einige akademische Günstlinge. Bevorzugt wurden m.E. Professoren und Ärzte, die Rattner enger um sich scharte als andere Gleichgesinnte. Einer davon war Gerhard Danzer (1956*), den er protegierte und in seiner Autobiografie als seinen

„Meisterschüler" bezeichnete. So entstand ein informeller äußerer und innerer Kreis. Indes kann man ihm keinesfalls nachsagen, dass er seinen Schülern und Schülerinnen nicht förderlich gewesen wäre. Denn viele von ihnen ermutigte er, Psychologie zu studieren und zu promovieren.

Rattners „Verstehende Tiefenpsychologie" wurde hauptsächlich in Form von Einzel-, Kleingruppen- und Großgruppentherapie sowie Großgruppenveranstaltungen realisiert und tradiert. Aber nicht nur. Man traf sich auch privat. Viele Gruppenmitglieder gingen gemeinsam essen und schwimmen, feierten tolle Feten und verreisten zusammen. Jahrelang gab es kaum eine Intimsphäre. Neuartig auch die Prüfungs- und Konfliktgespräche. Wer sich etwa auf ein Begabtenabitur oder ein Staatsexamen vorbereitete, konnte auf die Hilfe der Gruppe rechnen. Und wen ein Partnerschaftskonflikt belastete (siehe oben), lud sich einige Gruppenmitglieder seines Vertrauens nach Hause ein und besprach mit ihnen freimütig seine Probleme. Wenngleich manche Dinge unter den Teppich gekehrt wurden, das Image des Gruppenleiters nicht angekratzt werden durfte, erwiesen sich diese Gespräche als äußerst hilfreich. So manche Prüfung wurde dadurch bestanden und manche Partnerschaft in ihrem Fortbestand gesichert. Leider endete diese altruistische Tradition nach ein paar Jahren. Immer mehr Gruppenmitglieder vermieden es aus mancherlei Gründen, ihre Konflikte zu besprechen. Vielleicht deswegen, weil sie in langjährigen Partnerschaften schon alles ausführlich gesagt zu haben glaubten, weil keiner sich mehr zu verändern wünschte oder weil man seine Konflikte nicht mehr der Öffentlichkeit preisgeben wollte. Wie auch immer. Heutzutage bespricht man eher unverfängliche Themen und versteht sich trotzdem. Verloren gingen indes der tiefgehende Gedankenaustausch und die zwischenmenschliche Beziehung. Man lebt mehr nebeneinander als miteinander und merkt vielleicht zu spät, was ungesagt blieb!

Seit sich Josef Rattner etwa Anfang der 1990er Jahre aus gesundheitlichen Gründen aus dem aktiven Gruppenleben zurückgezogen hat, ist im Arbeitskreis ohnehin vieles anders geworden. Darauf näher einzugehen, würde jedoch zu weit führen.

Zwei grüne Müslifresser

Während das Gros der Gesellschaft seine Lebensmittel aus konventionellem Anbau bezieht, achteten Gisela und ich schon in den siebziger Jahren auf ökologisch produzierte Kost. Meistens kauften wir in so genannten „Bioläden“ ein, mit blumigen Namen, wie Sonnenblume, Hollerbusch, Malve usw. Körner, Zucker und Mehl erhielten wir abgewogen und in Papiertüten verpackt. Jegliche Plastikverpackung war verpönt. Verkäufer und Käufer kannten sich persönlich. Wir verstanden uns als „grüne Alternative“. Inzwischen sind die kleinen Bioläden aus dem Stadtbild verschwunden und große Bio-Supermärkte haben sich stattdessen etabliert – mit einer weniger „grünen Gesinnung“, wie mir scheint. Erfreulicherweise sind Vegetarier und Veganer salonfähiger geworden und erregen kaum noch Aufsehen in der Öffentlichkeit. Immer mehr Menschen haben ein Einsehen mit der geschundenen Natur und Kreatur. Man sorgt sich nachhaltig um den deutschen Wald. Massentierhaltung wird geächtet. Und dennoch wird zu wenig für unsere Umwelt getan!

Morgens aßen wir unser Früchtemüsli, mittags Gemüse und Salat, nachmittags zu viel Kuchen und abends leckere Käsebrote. Die Umstellung vom Karnivoren zum Vegetarier fiel mir allerdings nicht ganz leicht. Es dauerte mehrere Monate, bevor ich auf meine „Berliner Currywurst“ verzichten konnte. Zudem waren fleischlose Speisen in den Restaurants weitgehend unbekannt. Wenn ich mich über den fetten Speck an frischen Pfifferlingen oder die Fleischbrühe im Gemüseeintopf mokierte, taten die Kellner sehr erstaunt und rümpften wahrscheinlich hinter meinem Rücken die Nase. Selbst heute noch tut sich die Gastronomie ziemlich schwer. Mehr als zwei bis drei fantasielose vegetarische Gerichte findet man selten auf der Speisekarte. Gab ich mich als „eingefleischten“ Vegetarier zu erkennen, so erlebte ich die merkwürdigsten Reaktionen. Meine Arbeitskollegen bezeichneten mich als Müsli- und Karottenfresser, Bekannte argwöhnten esoterische Ambitionen und ein Kurarzt untersuchte mich besonders gründlich wegen einer potenziellen Stoffwechselanomalie. Jedenfalls schienen wir „Bio-Vegetarier“ damals anderen Menschen ziemlich suspekt zu sein, sodass ich es irgendwann aufgab mich zu erklären. In ihrem autobiografischen Roman *Ferien bei den Hottentotten* schildert Manuela Golz (1965*) humorig eine derartige Szene:

> Beate: „Für mich bitte keine Rouladen. Ich bin Vegetarierin.“ Meine Mutter sah Beate mit gerunzelter Stirn an. „Sie isst kein Fleisch“, erklärte Michael. „Wieso denn das nicht, sind Sie krank?“ Beate unternahm einige Erklärungsversuche, die aber am Widerstand meines Vaters scheiterten. „So ein Unsinn, Fleisch bringt dem Körper Kraft.“ Beate

> gab nicht auf. „Kraft bringen dem Körper nur Dinge, die aus sich selbst heraus wachsen können. Sie können Gemüse oder Obst auf den Boden legen und schon entsteht etwas Neues. Das können sie mit Fleisch nicht tun." Sichtlich genervt sagte mein Vater: „Ich will mein Fleisch ja auch nicht auf den Boden werfen, ich will es essen." Damit war die Diskussion vorerst beendet, vorerst (Golz 2006, S. 79).

Da hatte ich es mit meiner Mutter besser getroffen als Manuela Golz. Nie wurde ich gezwungen, Fisch oder Fleisch zu essen. Stattdessen bekam ich jedes Mal eine „Extrawurst gebraten". Davon war schon früher die Rede. Dafür bin ich ihr dankbar! Und nicht nur deswegen. Vielleicht war ihre Toleranz sogar weichenstellend für meinen späteren Vegetarismus; denn eigentlich fand ich nie Geschmack an deftiger Hausmannskost. In dieser Hinsicht stimme ich geschmacklich mit Rousseau überein, der schon 1770 schrieb:

> „Ich kannte und kenne noch heute kein besseres Mahl als ein ländlich einfaches. Mit Milchspeisen, Eiern, Gemüse, Käse, Schwarzbrot und leidlichem Wein kann man stets versichert sein, mich gut zu bewirten" (Rousseau 1978, S. 75).

Fragt man sich nur, woher er seine schmerzhaften Harnsteine hatte! Als ich während meiner Studentenzeit selbst kochen lernte, störten mich zudem die langen Garzeiten der Fleischgerichte. Welche Zeit- und Energieverschwendung! Wie viel schneller und sparsamer ließen sich dagegen vegetarische und vegane Speisen zubereiten! Ich erinnere mich noch lebhaft meines ersten Gulaschs im Britzer Studentenwohnheim. Statt das Gulasch in Fett anzuschmoren, köchelte ich die Fleischstücke stundenlang im Wassertopf. Es stank bestialisch! So neigte ich schon bald zu fleischlosen Schnellgerichten, welche für einen geistig tätigen Menschen auch bekömmlicher sind. Glück hatte ich diesbezüglich mit meiner Lebensgefährtin. Obwohl sie sich in Restaurants auch gern einmal mit Fleisch verwöhnte, kochten wir zu Hause ausschließlich vegetarisch. Genau genommen bereiteten wir am Wochenende und im Urlaub abwechselnd unser Mittagessen zu. Matriarchalische oder patriarchalische Allüren hatten in unseren Küchen nichts verloren, so wie auch der Haushalt emanzipatorisch geregelt war.

Unsere Patchwork-Familie

Weniger Glück hatten wir mit Kindern. Giselas ältester Sohn lebte beim Vater, der jüngste Sohn bei ihr. Insofern waren es nicht unsere Kinder, sondern ihre Kinder. Während Albrecht (1957-2002) nur eine marginale Rolle in unserer wilden Ehe spielte, weilte Martin mitten unter uns. Das bedeutete in erster Linie, dass ich in Erziehungsfragen nichts zu melden hatte. Jeder kleinste Versuch mich einzumischen, wurde mit der ganzen Schärfe des mütterlichen Instinkts abgewehrt, vergleichbar einem ehernen Schutzschild, an dem alle feindlichen Pfeile abprallen. Meine psychologischen Erfahrungen im Umgang mit Kindern zählten nicht. Wie sollten sie auch! Macht es doch einen großen Unterschied, ob man leibliche oder fremde Kinder erzieht. Das emotionale Band zwischen Mutter und Kind ist ja in der Regel viel fester geknüpft. Die Leben spendende „Nabelschnur" ist nur physisch durchschnitten. Psychisch bleiben sie ein Leben lang miteinander verbunden. Die enge Beziehung impliziert zudem Insiderwissen, von dem ein Außenseiter keinen blassen Schimmer hat. Was wusste ich schon von ihrem früheren Familienleben. Fast gar nichts! So war es denn kaum verwunderlich, dass meine externe Kritik, so berechtigt sie auch manchmal gewesen sein mag, selten akzeptiert und noch seltener verstanden wurde. Gisela machte sich ja schon selbst Vorwürfe genug über ihre zerrüttete Ehe, die schief gelaufene Erziehung und die angebliche Vernachlässigung des jüngsten Sohnes durch ihr Engagement für den Arbeitskreis, das Psychologiestudium und unsere Partnerschaft. Zwar befand sie sich damals, als wir uns kennenlernten, in einer euphorischen Aufbruchsstimmung, doch wenn es um Martin ging, litt sie unter heftigen Schuldgefühlen und war manchmal der Verzweiflung nahe. Indessen lieh sie mir während meiner Beschwichtigungsversuche manchmal ein Ohr: „Du hast es damals nicht besser gewusst", sagte ich zum Beispiel. „Du bist nicht allein verantwortlich. Auch dein „Exi" trägt schließlich eine Mitverantwortung. Im Gegensatz zu ihm hast du psychologische Hilfe zugelassen und dich weiter entwickelt. Ist das etwa nichts?!" Leider drangen meine Worte nicht tief genug unter ihre Haut und veränderten kaum den Status quo.

Der schädigende Einfluss des gehörnten Ehemannes blieb nicht ohne Wirkung auf unsere Dreierbeziehung „Mutter – Sohn – Stiefpartner". Aus dem Hintergrund schoss er giftige Pfeile gegen seine Exfrau ab, wusch schmutzige Wäsche, diskreditierte ihre hausfraulichen und intellektuellen Fähigkeiten und untergrub ihre Autorität gegenüber den Söhnen. All das musste unsere Liebesbeziehung verkraften. Allmählich kam das schwächste Glied der „patch work family“ immer mehr ins Hintertreffen und schließlich unter die Räder. Häufig sich selbst überlassen, nutzte Martin die Gunst der Stunde und fabrizierte allerlei lebensgefährlichen Unsinn. Verführt von „feinen Freunden“, begann er die Schule zu schwänzen, zu rebellieren und sich zu kriminalisieren. Schließlich flüchtete er in die Sucht. Es begann mit harmlosen Rauchversuchen und gelegentlichen Joints und endete mit Alkohol und Heroin. Zu unserer Schande mussten wir gestehen, dass Sohnemann auf die schiefe Bahn geraten war. Zwei erfahrene Psychologen hatten nichts bewirken können. Nur sein professoraler Vater konnte triumphieren, der ja schon immer von der Nutzlosigkeit der Psychologie überzeugt gewesen war. Offenbar nicht registrierend, dass er die Sucht seines Sohnes mitfinanziert hatte. Denn so hart es für den mitfühlenden Laien klingen mag, ein Suchtkranker wird nur dann einen Entzug machen, wenn man ihm den Geldhahn zudreht, ihn aus dem warmen Nest wirft, seinem angestammten Freundeskreis entzieht und ihn in eine drogenfreie Gegend verpflanzt. Diesem schwer verdaulichen Ratschlag einer Selbsthilfegruppe folgend, in Verbindung mit meinen bescheidenen Praktikumserfahrungen auf der Havelhöher Drogenstation, warfen wir den suchtkranken Sohn aus der Wohnung. Nach einigen weiteren Eskapaden kam er auch tatsächlich zur Einsicht und unternahm eine Entziehungskur. Leider zu spät, wie sich herausstellte. In einem bitterbösen Brief an seine sich schuldig fühlende Mutter teilte er nämlich mit, dass er und sein Freund HIV positiv wären. Diese Nachricht traf uns wie ein Keulenschlag. Während sein Freund bald darauf seiner unheilbaren Krankheit erlag, überlebte Martin bis auf den heutigen Tag – dank einer neuen Generation von Aids-Medikamenten.

Hingegen gebärdete sich der älteste Sohn mutig und kämpferisch. Als zum Beispiel im Spandauer Forst tausende von Bäumen eines neuen Kohlekraftwerks wegen gefällt werden sollten, bissen sich die Sägen der Holzfäller an seinen eingeschlagenen Stahlnägeln die Zähne aus. Nachdem er die Ingenieurschule beendet hatte, wurden seine „grünen Aktionen“ jedoch moderater. Er übernahm den Kleingarten seiner Eltern und pflegte ihn nach ökologischen Gesichtspunkten. Er gründete die „Gaslaternen-Initiative Berlin-Spandau“ und kämpfte wie Don Quichotte gegen behördliche Windmühlen. Indessen hielten ihn seine alternativen Ansichten nicht davon ab, klimaschädigende Flugreisen in alle Welt zu unternehmen. Jedes Jahr flog er für mehrere Wochen nach Kanada, Australien oder Südamerika, bis er von einer seiner waghalsigen Abenteuerreisen nicht mehr zurückkehrte.

Wir machten gerade – nicht weniger klimaschädigenden – Urlaub auf Teneriffa, als uns per Fax folgende Nachricht erreichte: „Hallo Gisela! Bitte melde dich sofort bei mir. Es geht um Albrecht ... Gruß Martin." Umgehend zurückrufend, erfuhren wir, dass Albrecht auf seinem Flug von Quito nach Cali abgestürzt war. Was für eine Hiobsbotschaft! Lange, lange, lange – ich weiß nicht wie lang -, konnten wir keinen klaren Gedanken fassen. Nur weinen und weinen und weinen! Stundenlang schwankten wir zwischen Hoffnung und Schmerz. Vielleicht hatte er den Flugzeugabsturz doch überlebt? Wir klammerten uns an Strohhalme! Am späten Nachmittag teilte uns das Auswärtige Amt in Berlin mit, dass zur Zeit eine Suchmannschaft zusammengestellt würde. Wir sollten uns gedulden! Uns wechselseitig in die Arme nehmend, betrauerten wir den Verlust ihres Sohnes. Aber auch Enttäuschung und Wut mischten sich unter die schmerzlichen Gefühle. Warum musste dieser verdammte Kerl auch mit solchen „Schrottmühlen" fliegen? Schließlich wusste er um die Gefahren der Fliegerei in Südamerika! Fast jährlich wurden Abstürze gemeldet. Bereits 1996 erschien im „Spiegel" ein Artikel über die *Schlampige Wartung, veraltetes Radar und schwieriges Gelände*. Demzufolge geschehen in Lateinamerika

> achtmal soviel Flugunfälle wie in den USA und Kanada zusammengenommen ... In São Paulo rasierte eine Fokker 100 der brasilianischen Gesellschaft TAM...kurz nach dem Start vom Stadtflughafen Congonhas mehrere Dächer ab, bevor sie auf die Straße stürzte. Autos und Häuser der Anwohner gingen in Flammen auf. 105 Menschen starben („Der Spiegel" Nr. 48, S. 243f.).

Albrecht quittierte solche Schreckensmeldungen jeweils mit einem aufreizenden Lächeln und fügte sarkastisch hinzu, dass in Bogotá die Flugzeuge sogar gegen eine Bergwand starten müssten, was die Fliegerei in dieser Gegend besonders gefährlich mache. Jedes Mal schlug er unsere Warnungen in den Wind. Er liebte diesen Kontinent und seine Menschen und bereiste ihn kreuz und quer. Auf der Suche nach einer festen Beziehung hatte er Ines – eine liebenswerte Chilenin – kennengelernt und geheiratet. Leider dauerte die Ehe nicht lange, und so begab er sich erneut auf Reisen. Nach einem kurzen

Intermezzo auf den Galapagos, wollte er sich mit seiner kolumbianischen Freundin Sorelli treffen. Beim Anflug auf Cali verweigerte der Tower jedoch die Landeerlaubnis der klapprigen Boeing 727. Infolgedessen musste der Pilot eine Warteschleife fliegen, geriet in eine dichte Wolkendecke und prallte gegen einen 4764 Meter hohen Berg. So schnell kann Leben zu Ende sein! Lapidar hieß es am nächsten Tag in der Tagesschau, dass im Grenzgebiet zwischen Ecuador und Kolumbien 92 Passagiere in den Vulkan Cumbal gestürzt seien. Während die Moderatorin bereits zur nächsten Nachricht überging, dachten wir mit schmerzlichen Gefühlen an Albrecht und die vielen Einzelschicksale und ihre trauernden Angehörigen. Zudem mischten sich unvorstellbare Bilder von der Absturzstelle in unsere Vorstellungen. Wir suchten nach tröstender Ablenkung und fanden in Gottfried Kellers (1819-1890) *Der Grüne Heinrich* eine einfühlsame Stelle, wo die kleine Anna von ihrem Vater betrauert wird:

> Die beiden Flügeltüren von Annas Schrank standen geöffnet und ihr unschuldiges Eigentum trat zutage und verlieh der stillen Totenkammer einen wohltuenden Schein von Leben. Auch gesellte sich der Schulmeister zu den beiden Frauen, die vor dem Schrank sich aufhielten, und half ihnen, die zierlichsten und erinnerungsreichsten Sächelchen, deren die Selige von früher Kindheit an gesammelt, hervorzuziehen und zu beschauen. Dies gewährte ihm eine lindernde Zerstreuung, welche ihn doch nicht von dem Gegenstand seines Schmerzes abzog (Keller 1987, S. 407).

So ähnlich empfanden wir auch, als wir uns des „lebendigen Sohnes“ erinnerten, seiner Initiativen, seiner Hilfsbereitschaft, seiner Vorlieben und seiner Eigenarten. Doch immer im Bewusstsein eines tieferen Schmerzes oder um eine Metapher zu gebrauchen: Wir empfanden die lindernde Zerstreuung wie ein leichtes Schneetreiben auf dunkler Eisfläche.

Das Schlimmste stand uns noch bevor. Relativ schnell war sein zerfetzter Körper gefunden, von seiner kolumbianischen Freundin selbstlos identifiziert und nach Berlin überführt worden. Nun mussten seine sterblichen Überreste noch beigesetzt werden. Wir entschieden uns für eine „alternative Beisetzung“ und verzichteten auf einen Pfarrer bzw. bestellten Grabredner. Stattdessen gedachten wir selbst des Verunglückten, flankiert von zwei Beiträgen seiner engsten Freunde. Es war ein herzzerreißender Abschied. Während viele

Freunde und Bekannte anerkennende Worte für diese sehr persönliche Trauerfeier fanden, bedauerten andere das „heidnische" Zeremoniell. Man kann es wahrlich nicht allen recht machen!

17. Alle meine Bücher

Es ist mir bis zum heutigen Tage nicht gelungen, ein Wort zu schreiben,
das mich völlig zufrieden gestellt hätte.

Maxim Gorki

Die Welt der Literatur

Spannende, heitere, biografische, sachliche und fachliche Literatur gehört zu meinem Leben, wie das Amen in der Kirche. Ohne ein paar gelesene Zeilen täglich, wäre das Leben nur halb so schön. Ähnliches gilt fürs Schreiben. Schon in der Schule schrieb ich gern Aufsätze – einen Aufsatz durfte ich sogar bei einem Wolfsburger Stadtwettbewerb einreichen – und begann auch ziemlich früh Tagebuch zu führen. Mehr oder weniger luzid versuchte ich meine Gedanken jedoch erst seit Studentenzeiten zu Papier zu bringen. Ja! Was fasziniert mich eigentlich an diesen beiden Kulturtechniken? Lesen unterhält mich. Lesen befriedigt meine Neugier. Lesen erschließt mir neue Sachgebiete. Lesen bildet ganz allgemein. Lesen ist kommunikativ. Man sollte sich allerdings bewusst sein, dass es sich nicht um Erfahrungswissen, sondern um Wissen aus zweiter Hand handelt. Sonst geht es einem möglicherweise wie dem Sinologen „Kien" in Elias Canettis (1905-1994) Roman *Die Blendung*, der inmitten seiner großen Bibliothek ein realitätsfernes Höhlenleben führt. Als ihn seine Haushälterin ehelicht und ihn mit alltäglichen Aufgaben konfrontiert, flüchtet er in den Wahnsinn. Arthur Schopenhauer (1788-1860) meint sogar, wenn

> wir lesen, denkt ein anderer für uns: wir wiederholen bloß seinen mentalen Proceß. Es ist damit, wie wenn beim Schreibenlernen der Schüler die vom Lehrer mit Bleistift geschriebenen Züge mit der Feder nachzeichnet ... Liest man...immerfort, ohne späterhin weiterhin daran zu denken; so faßt es nicht Wurzel und geht meistens verloren (Schopenhauer 1999, S. 480f.).

Lesen schafft jedoch noch Probleme ganz anderer Art. Ständig mit neuartigen und abstrakten Gedanken konfrontiert zu werden, beunruhigen Leib, Seele und Geist. Davon wusste schon Erasmus von Rotterdam ein Lied zu singen, als er konstatierte: „Wer Weisheit erwirbt, erwirbt Kummer, und wer sich viele Gedanken macht, muß sich viel ärgern" (Erasmus 1979, S. 132). Somit kann Lesen das Leben auch verkomplizieren, vor allem in Anbetracht der ungeheuren „Bücherberge", welche ich noch bewältigen möchte. Andererseits lebt es sich als „Bücherwurm" oder „Leseratte" inmitten der eigenen Bibliothek recht angenehm.

Die Frage nach den lauteren Motiven meiner Schriftstellerei ist etwas schwieriger zu beantworten, weswegen ich noch einmal Erasmus von Rotterdam zu

Wort kommen lassen möchte. Dieser große Humanist meint nämlich: Schriftsteller, die „unsterblichen Ruhm“ erwarten, schulden der Torheit

> viel, vor allem aber die, welche reinen Unsinn aufs Papier schmieren. Wer elegant und gebildet für den Geschmack weniger Gelehrter schreibt und auch das kritische Urteil eines Persius oder Laelius nicht zu fürchten braucht, erscheint doch eher beklagenswert als glücklich. Er quält sich ohne Ende, ergänzt, verändert, streicht, wiederholt, schreibt um, legt den Text weg, liest ihn vor, und nach neun Jahren gibt er ihn endlich in Druck. Auch dann noch nicht, eigentlich niemals ist er zufrieden (Erasmus 1979, S. 90).

Trotz dieser fürchterlichen Quälerei und ständigen Unzufriedenheit schreibe ich! Als gelte es das Leben! Ganz richtig! Keiner möchte umsonst gelebt haben! Jeder möchte eine Spur hinterlassen! Ähnlich wie Mark Twain genieße ich es zudem:

> Der erste zu sein, das ist die Idee. Etwas tun, etwas sagen, etwas sehen, bevor es irgend jemand anders entdeckt hat, das gibt eine Freude, mit der verglichen alle anderen Freuden langweilig und alltäglich sind, andere Entzückungen billig und nichtssagend (l.c. Ayck 1983, S. 82).

Es gibt jedoch auch ganz praktische Gründe. Schreibend vermag ich besser zu denken. Schreiben steigert mein Lebens- und Selbstwertgefühl. Schreiben kitzelt meine Eitelkeit. Schreibend verändere ich mich und erweitere meine Persönlichkeit. Zu diesem Zweck lese ich, denke, exzerpiere, recherchiere und feile lange an meinen Texten herum, bis ich´s denn zufrieden bin. Nicht jedoch schreibe ich des „schnöden Mammons“ wegen! Weswegen ich für einige Mitmenschen auch kein Autor bin. Sie halten meine erbauliche Tätigkeit für reine Zeitverschwendung. Meine Gedanken und Intentionen sind ihnen gleichgültig. Vor allem aber scheinen manche Menschen meine Schriftstellerei nicht in Einklang mit meinem therapeutischen Beruf bringen zu können, welche unter anderem „ein Fertigwerden und Abtunkönnen bezüglich dessen, was die Seele niederzudrücken droht“ (Rattner 2014, S. 33) impliziert. Und Josef Rattner muss es ja wissen. Schließlich war er ja auch Psychotherapeut und schreibt noch immer Bücher und zwar „meterweise“, sodass man mit dem Lesen kaum nachkommt. Außerdem erhalten mich meine „schriftlichen Fingerübungen“ geistig fit. Das mag auch daran liegen, dass ich hinter meinem Schreibtisch selbstherrlich und kreativ schaffen und regieren kann. Wie

Erasmus vergrabe ich mich gern hinter meinem Schreibtisch. Ein Leben „abgesondert von jeder Verantwortung zu wirken, in einer stillen Stube gute Bücher zu lesen und die eigenen zu schreiben, niemandes Gebieter und niemandes Untertan“ (St. Zweig 1989, S. 37) zu sein, ist außerordentlich befriedigend.

Zu meinem Leidwesen gelingt es eher selten, den Stoff „nur“ meinem Kopfe zu entnehmen. Selbstständiges Denken ermüdet mich. Vielmehr versuche ich primäre Erfahrungen und sekundäres Buchwissen, fremdes und eigenes Gedankengut miteinander zu verschmelzen und daraus einige lebensfähige „geistige Kinder“ zu generieren. Etwas herablassend sieht Freud in dieser Transaktion freilich nur eine sublimierte Ersatzbefriedigung und Platon den hehren Wunsch nach Verewigung. So heißt es zum Beispiel bei dem französischen Schriftsteller Romain Rolland über Vitorria Colonna (1492-1547):

> Als sie sich mit dem Marquis von Pescara verheiratet hatte, bemühte sie sich, die Gaben ihres Geistes zu entwickeln. Da sie keine große Schönheit besaß, bildete sie sich in den Wissenschaften, um sich die unsterbliche Schönheit, die nicht wie die andere vergeht, zu sichern (Rolland 1948, S. 119).

Mir würde es schon genügen, meine älteren „Zöglinge“ William Stern (1996), Charlotte Bühler (2007) und *Perspektiven – Unsere Weltsicht in Psychologie, Philosophie und Kunst* (2014) sowie meine Aufsätze nicht schon zu Lebzeiten sterben zu sehen. Auch gäbe ich mich mit einer ehrlich gemeinten Anerkennung zufrieden, selbst wenn sie von mir stammt. Damit tröstete sich letzten Endes auch Erasmus von Rotterdam, wenn er schreibt „Findet sich niemand, dich zu loben, so lobe dich selbst“ (Erasmus 1979, S. 15).

Auch ein moderater Individualismus scheint für meine schriftstellerischen Ambitionen verantwortlich zu sein. Denn zu meiner Schande muss ich gestehen, dass ich weder in irgendeinem Verein noch in meiner Dienststelle eine herausragende Position angestrebt habe. Ganz im Gegensatz zu einigen Kollegen. Schon von je her scheute ich jegliche Vereinsmeierei und formalistischen Krimskrams. Davon betroffen waren sowohl meine Aktivitäten in verschiedenen sportlichen Vereinen als auch psychologische Gremienarbeit. Selbst im „Arbeitskreis für Tiefenpsychologie“ spiele ich nur eine marginale Rolle. Was verbirgt sich hinter meinen diesbezüglichen Vorbehalten? Wahrscheinlich eine untherapierbare „zweckdeterminierte Neurose“ (ZDN), welche sich seit frühester Kindheit durch mein Leben zieht und sich aus inferioren, sozialen und autoritären Ängsten speist! Einerseits machte mir diese ZDN das Leben schwer und verhinderte eine adäquate Anpassung an das gesellschaftliche Leben. Andererseits bewahrte sie mich zeitlebens vor Mitläufertum, Autoritätsgläubigkeit und sogar Militarismus. Ohne meine spezielle Neurose wäre mein Leben wahrscheinlich weniger eigenständig, strebsam, produktiv und manchmal kreativ verlaufen. Indem ich sie aber sorgsam hege und pflege und tapfer gegen therapeutische Angriffe verteidige, bewahre ich mir meine geistige Schaffenskraft. Auch anderen freischaffenden Künstlern scheint sie vertraut gewesen zu sein, zum Beispiel den beiden prominenten Neurotikern: Ferdinand Raimund (1790-1836) und Rainer Maria Rilke (1875-1926). Raimund soll seinem Arzt gesagt haben: „Es kunnt schon sein, daß sie mi´ herstöllerten von meiner Hypochondrie, oba vielleicht putzeten sie mir auch alles mit heraus, wovon ich meine Komödien schreib" (l.c. Anders 1986, S. 54). Desgleichen lehnte Rilke eine Psychoanalyse ab, weil er befürchtete, „dass beim Austreiben seiner Teufel, sich auch seine Engel verabschieden könnten" (Rattner 2014, S. 110). Stattdessen unterzogen sich beide Künstler einer Selbsttherapie durch poetische Kreativität.

Da mich formalistische Arbeit weniger interessierte als inhaltliche, bestanden natürlich keinerlei Aufstiegschancen in meiner bezirksamtlichen Dienststelle. Immer blieb ich ein durchschnittlich bezahlter Angestellter. Dafür konnte ich jedoch mit einem Doktortitel in Philosophie und einigen Publikationen aufwarten, die meinen internen und externen Status deutlich aufwerteten. Welche psychologisch relevanten Gegenstände ich inzwischen thematisiert habe, soll nun im nächsten Kapitel referiert werden.

William Stern oder Streben nach Einheit

An der Universität schrieb ich zunächst aus keinem anderen Grunde als mich schriftlich auszuprobieren und Seminar-Scheine zu bekommen. Dann begann ich einige Leserzuschriften und Rezensionen sowie kürzere und längere Artikel zu schreiben. Mein bescheidenes Erstlingswerk *Was bietet die Verhaltenstherapie zur Änderung aggressiven Verhaltens* (1978) – zusammen mit meiner Lebensgefährtin – schmeichelte meiner Eitelkeit nicht wenig. Obwohl in einer relativ unbekannten Zeitschrift veröffentlicht, sah ich mich zum ersten Mal schwarz auf weiß gedruckt. Auch auf meinen zweiten Artikel *Die Bedeutung der Erfahrung in der Psychotherapie mit Kindern* (1984) in „partner beratung" war ich nicht weniger stolz. Hingegen gelang es mir vorerst nicht, ein Buch zu konzipieren. Unmöglich, ein psychologisches Sachthema einzugrenzen, landeten meine gesammelten Exzerpte und Manuskripte über Wahrnehmung, Angst, Erfahrung, Kongruenz und dergleichen frustriert im Papierkorb. Schon im Begriff meine schriftstellerischen Ambitionen aufzugeben, kam mir der Gedanke, es mit einer Lebensbeschreibung zu versuchen. Man könnte bei der Geburt seines Protagonisten anfangen und bei seinem Tod aufhören. Ein klar umrissenes Projekt! Auf der Suche nach einem solchen „Helden", stieß ich auf William Stern. Er war Psychologe und Philosoph in einer Person. Seine *Psychologie der frühen Kindheit bis zum sechsten Lebensjahr* (1914) kannte ich aus Studienzeiten. Sein praxisrelevanter Ansatz, seine personalistische Zentrierung und ganzheitliche Ausrichtung kamen meinen Vorstellungen von Psychologie entgegen. Auch existierte noch keine umfassende Biografie über ihn. Ausschlaggebend für deren Inangriffnahme war jedoch William Sterns entwicklungspsychologische Grundlagenforschung für meine kinder- und jugendtherapeutische Tätigkeit.

Da sich meine „Stern-Biografie" auf zuverlässiges Datenmaterial stützen sollte, recherchierte ich jahrelang in Archiven und Bibliotheken. Nachdem ich sein umfangreiches Gesamtwerk studiert und genügend Gedanken und Material gesammelt hatte, entstand aus dem Konvolut nicht nur eine Biografie, sondern auf Anregung meiner Lebensgefährtin auch eine Dissertation. Auf dem noch langen Weg zur Doktorwürde suchte ich mir einen bereitwilligen Promotor, den ich in einer Gastvorlesung an der Freien Universität Berlin fand. Interessiert an der Thematik, erklärte sich Professor Gottfried Lischke (1938*) sofort bereit, mein Doktorvater zu werden. Er ließ mich machen! Und auf sein positives Feedback vertrauend, beantragte ich im Frühjahr 1996 die Zulassung zur mündlichen Prüfung. Leider zum falschen Zeitpunkt! Während nämlich die FU, im Gegensatz zur TU, aus ideologischen Gründen bisher immer „Bestnoten" verteilt hatte, fiel sie jetzt ins andere Extrem. Weswegen sich das verehrte Professorenkollegium einander wohl nicht wohlgesonnen war. Jedenfalls spürte ich eine feindselige Stimmung zwischen den akademischen Intelligenzflügeln. Gut vorbereitet und pünktlich erschien ich in der „Rostlaube" zum Rigorosum. Meinen Begleiter und mich kaum eines Blickes würdigend, defilierten die Professoren Gottfried Lischke, Irmingard Staeuble (1941*), Martin Hildebrand-Nilshon, Siegfried Schubenz (1933-2007) und Dr. Helga Renfordt – in dieser Reihenfolge – an uns vorbei und verschwanden seitlich in einem Miniaturraum. Nach einer Weile lugte mein verlegen dreinschauender Mentor aus der Tür und fragte nach dem obligatorischen Thesenpapier, dass ich ihm auch sofort aushändigte. Dann zog „man" sich nochmals zur geheimen Beratung zurück und ließ mich warten und nochmals warten und mir schließlich mitteilen, dass das Rigorosum um eine Woche verschoben werden müsse, weil ihnen mein Thesenpapier nicht rechtzeitig und zwar in 17-facher Ausfertigung (sic!) vorgelegen hätte. Reine Schikane, wie sich bald herausstellte.

Als ich am nächsten Tag meine „17 Kopien" im Prüfungsbüro abgeben wollte, winkte die Sekretärin mit den Worten ab: „Die spinnen wohl!" und verlangte nur ein einziges Exemplar. Auch mein Promotor bedauerte später diese Schikane, welche auf das Konto von Herrn Hildebrand-Nilshon gegangen sei. Beim zweiten Anlauf klappte das Prozedere jedoch fast reibungslos. Unmittelbar vor dem Rigorosum wurde mir und meinem Zuhörerstab von Professor Lischke mitgeteilt, dass die „psychologische" Prüfungskommission noch immer feindselig gegen mich „Externen" eingestellt sei. Worauf ich mir ein kräftiges „Doppelherz" fasste und mich auf allerhand Überraschungen gefasst machte. Wider Erwarten wurde ich von meiner Zweitgutachterin Irmingard Staeuble relativ freundlich empfangen, und auch die Beisitzer, ausgenommen wiederum Hildebrand-Nilshon, wirkten entspannter als beim letzten Mal. Mit kratziger Stimme referierte ich meine fünf ausgearbeiteten Thesen, worauf mir Staeuble, eckig gestikulierend, mehrere kritische Fragen stellte, die ich zunehmend lockerer beantworten konnte. Schließlich befand ich mich in meinem ureigensten Element. Insbesondere bemängelte sie, dass ich William Sterns programmatische Schriften – was immer sie damit meinte -, nicht bearbeitet hätte. Was sollte ich darauf antworten? Eine ehrliche Antwort schuldig bleibend, redete ich um den heißen Brei herum. Zwischendurch brummelte Hildebrand-Nilshon etwas von einem unbekannten Herrn Krepper, der sich zurzeit mit meinem Protagonisten beschäftige und eine Dissertation plane. Scheinbar plant sein „Phantom" noch immer, denn bis heute fehlt jede „Stern-Spur" von ihm. Das gilt übrigens auch für einen gewissen Herrn Lindner aus Passau, welcher kapitulierte, als er von meinen biografischen Fortschritten hörte. Einen dritten und erfolgreichen Versuch, eine Biografie über William Stern zu schreiben, unternahm ein paar Jahre später der Journalist und Psychologe Martin Tschechne (1954*). Sie erschien 2010 bei Ellert & Richter in Hamburg. Ein Jahr zuvor hatte er mich in Berlin besucht und um Bildmaterial gebeten.

Merkwürdigerweise saß mein Doktorvater ziemlich unglücklich dreinschauend im Hintergrund und überließ seiner forscheren Kollegin Staeuble das Zepter. Schubenz hörte mir wenigstens interessiert zu, indes Renfordt schweigend protokollierte. Die einstündige Disputation war fast eine Farce. Gefühlsmäßig schien alles gut gelaufen zu sein. Umso größer war die Enttäuschung, als mir die frustrierte Kommission nur ein „rite" bescherte. So schlecht abgeschnitten zu haben, empfand ich denn doch als einen Schlag ins Kontor. Schließlich war es mir gelungen, William Sterns Biografie, Psychologie und Philosophie auf 220 Seiten erstmals und lesbar darzustellen. Natürlich war meine Dissertation kein Meisterwerk. Manches schien verbesserungswürdig. Das gebe ich gerne zu! Aber immerhin war es kein Plagiat, sondern ein gründlich recherchiertes Erstlingswerk! Ein „rite" hatte meine Arbeit nicht verdient. Ich war mächtig sauer! Zusammen mit meinen Begleitern spülte ich meinen Frust mit einem Glas Sekt hinunter und ließ es vorerst gut sein. Noch im selben Jahr erschien meine Arbeit in „Beiträge zur Geschichte der Psychologie" bei Peter Lang, gewürdigt von zwei Sternexperten, den Professoren Werner Deutsch (1947-2010) und Helmut Lück (1941*). Das war mir eine herrliche Genugtuung! Nachfolgend beschäftigte ich mich noch öfters mit William Stern: Zu seinem 125. Geburtstag stellte ich eine Titelbibliographie zusammen (1996), schrieb eine Kurzbiografie (1997), eine Rezeptionsgeschichte (1998) und einen kurzen Beitrag (2015) für die historische Seite der Göttinger „Psychologische Rundschau".

Charlotte Bühler oder Der Lebenslauf als psychologisches Problem

Vier Jahre nach meiner Promotion wünschte sich meine Lebensgefährtin eine Biografie weiblichen Geschlechts. Ihrem Wunsch entsprechend, beschäftigte ich mich mehrere Jahre mit Charlotte Bühlers Leben und Werk. Auch sie war Psychologin und an entwicklungspsychologischen Fragen interessiert. Als besonderer Glücksfall erwies sich Bühlers verfügbare Korrespondenz an der Universität Essen, die von Professor Achim Eschbach (1948*) verwaltet wird. Aber auch aus anderen Archiven förderte ich bisher nicht publiziertes Material zu Tage, ergänzt durch einige Ortsbegehungen und Interviews mit Zeitzeugen. So begab ich mich zum Beispiel in Wien auf die Suche nach Karl (1879-1963) und Charlotte Bühlers Wohnung im 18. Bezirk. Mit Hilfe des Stadtplans durchquerte ich ein grünes Villenviertel, entdeckte zufälligerweise eine Gedenktafel des Philosophen Robert Reininger (1869-1955) und gelangte bald darauf in die Weimarer Straße 100. Vor einer schmucklosen dreistöckigen Villa in bester Lage machte ich Halt. Neugierig das Gebäude betretend, traf ich eine Hausbewohnerin an, die sich als die Inhaberin der ehemaligen Bühler-Wohnung zu erkennen gab. Leider gewährte sie mir keinen Zutritt. Während ich noch einige Fragen an sie richtete, erschien die Eigentümerin des Hauses, der ich wahrscheinlich vertrauenswürdiger erschien, da sie mich einen Blick in ihre eigene Wohnung werfen ließ, deren Grundriss der Bühlerschen entspräche. Außerdem bekam ich von ihr den heißen Tip, dass im Nachbarhaus Nr. 102 ein älteres Ehepaar lebe, welches Karl und Charlotte Bühler noch gekannt hätte. Es darauf ankommen lassend, klingelte ich bei Dr. Walter Dorowin und hatte Glück. Mann und Frau waren zu Hause. Herein gebeten wurde ich allerdings nicht. Man ließ mich vor der Tür stehen. Nachdem ich mein Anliegen vorgebracht hatte, berichtete Frau Dorowin, dass Bühlers Tochter Ingeborg ihre Tennispartnerin gewesen sei.

Direkt auf Charlotte Bühler rekurrierend, erinnerten sich Dorowins an deren mondäne und intellektuelle Erscheinung, die etwas achtungsgebietend dreingeschaut und keine Kinder angesprochen hätte. Mich noch weiter vorwagend, fragte ich, ob ihnen etwas über den verschwundenen Bühler-Nachlass bekannt sei. Augenblicklich kippte die Stimmung. Beider Gesichtsausdruck versteifte sich und unter dem Vorwand, dass seine Frau an einer schweren Arthrose leiden würde, zogen sie sich in ihre Privatgemächer zurück. Kurz darauf steckte Dr. Dorowin noch einmal seinen Kopf aus der Tür und übergab mir die Adresse einer Schülerin von Charlotte Bühler und bemerkte: „Mrs. Elly de Gray Jones lebe hochbetagt in England“. Dieser Hinweis war mir durchaus nützlich. Andererseits war ich offenbar in ein Fettnäpfchen getreten, indem ich Dorowins an die Gräueltaten der Nazis erinnert hatte. Dorowins waren kein Einzelfall, wie ich mehrmals feststellen konnte.

Nachdem ich Leben und Werk meiner Protagonistin genügend studiert zu haben glaubte, versuchte ich das gesammelte Material überschaubar zu Papier zu bringen. Aus diesem beschriebenen „Papier-Berg“ entstand ein umfangreiches Manuskript und aus dem umfangreichen Manuskript ein schmales Buch, dem ich ein paar Auszüge aus meiner Werkanalyse entnehme.

Charlotte Bühler war die erste Psychologin, welche den menschlichen Lebenslauf als psychologisches Problem systematisch untersuchte und beschrieb. Anhand der „Drei-Aspekten-Lehre“ ihres Mannes sortierte sie 250 Biografien nach Verhaltens-, Erlebnis- und Werkdaten und teilte den menschlichen Lebenslauf in eine generative (0-25), eine stabile (25-45) und eine regressive (45-70) Phase, dem sie noch zwei Übergangsphasen (15-25) und (45-55) hinzufügte. Die statistische Auswertung der biologischen und psychologischen Daten ergab:

> Es gibt erstens eine der biologischen parallele Expansions- und Restriktionskurve auch im sozialen Leben des Individuums. In Beruf, Familienleben, Freundeskreis usw. gibt es zunächst Ausbreitung, Zuwachs, Unternehmenslust, Aufstieg; dann eine gewisse Stabilitätsperiode und nach ihrer Einschränkung, Verlust, Rückzug, Abstieg. Es gibt zweitens irgendwelche Faktoren, die eine exakte Korrelation der beiden Kurven verhindern, womöglich überhaupt eine entgegengesetzte oder ganz andere Tendenz andeuten (Ch. Bühler 1933, S. 22).

Auf der Suche nach solchen determinierenden Faktoren entdeckte sie den Einfluss der Erfahrung und des Geistes, die eine abnehmende Leistungsfähigkeit zu kompensieren vermögen. Allerdings machte noch eine weitere Variable ihren Einfluss geltend, die „Bestimmung“ nämlich, die sich jedes Individuum im Rahmen seiner Wertewelt gibt. Denn menschliches Leben erschöpft sich Ch. Bühler zufolge nicht im bloßen „Dasein“, sondern indiziert immer auch ein „Für-etwas-da-Sein“. Indem sich der Mensch aber für eine Sache aufgabenmäßig betätigt, löst er sich in gewisser Weise von seiner biologischen Abwärtskurve und expandiert bis ans Ende seiner Tage. Eine sinnvolle Bestimmung im Leben zu finden, hängt eng mit dem Gelingen desselben zusammen. Wenn aber das Leben gelingen soll, so müssen Ansprüche und Gegebenheiten miteinander harmonieren, Bedürfnis- und Aufgabentendenzen sich im Gleichgewicht befinden und der Wechsel von der bedürfnis- zur aufgabenmäßigen Betätigung richtig vollzogen werden. Andernfalls besteht die Gefahr der Einseitigkeit und Unzufriedenheit.

Im Jahre 1959 publizierte Charlotte Bühler eine völlig überarbeitete Neuauflage ihres epochalen Werkes, in welchem sie die determinierenden Motivations- und Zieltendenzen des menschlichen Lebens deutlicher als 1933 in den Vordergrund ihrer Betrachtung rückte. Nun betrachtete sie nicht mehr die biologischen Aufbau- und Abbauprozesse als wesentlich für die Phänomenologie des Lebenslaufes, sondern seine werthaltigen Grundtendenzen: Bedürfnisbefriedigung, adaptive Selbstbeschränkung sowie schöpferische Expansion und Aufrechterhaltung der inneren Ordnung. Auch die früher postulierte Parallelität des psycho-physischen Entwicklungsgeschehens wurde infolge der intervenierenden Motivationsprozesse weniger stringent gesehen. Hingegen hielt sie an der Einteilung der fünf Phasen fest. Noch einmal zehn Jahre später gab sie zusammen mit Fred Massarik (1926-2009) einen Sammelband über *Lebenslauf und Lebensziele* (1969) bei Gustav Fischer in Stuttgart heraus, den man sicherlich als Krönung ihres Lebenswerkes betrachten kann; denn mit diesem umfangreichen Werk gelang ihr eine multiperspektivische Betrachtungsweise der sehr komplexen biografischen Thematik.

Betrachte ich meinen eigenen Lebenslauf, so lassen sich sowohl einige Unterschiede als auch Übereinstimmungen mit dem Bühlerschen Phasenmodell konstatieren. Erstens: Mein persönliche Lebensspanne reicht bereits über das 70. Lebensjahr hinaus. Zweitens: Je nachdem wie viele Einzelbeobachtungen ich berücksichtige, desto sprunghafter oder kontinuierlicher verlief mein bisheriges Leben. Drittens: Zustimmen würde ich hingegen bezüglich der Bedeutung der Erfahrung, der vier werthaltigen Grundtendenzen und der allgemeinen Zielsetzung „Für-etwas-da-zu-Sein“, welche durchaus eine Rolle in meinem Leben spielen. Wie sollte man auch ohne Richtung, Sinn und Ziel leben können?

Perspektiven – Unsere Weltsicht in Psychologie, Philosophie und Kunst

Inzwischen etwas mutiger geworden, nahm ich ein Sachthema in Angriff. Aufgrund meiner derzeitigen Interessenlage war es nahe liegend, einen wahrnehmungspsychologischen Gegenstand zu wählen. Insbesondere interessierte mich das weite Feld der perspektivischen Anschauung aus verschiedenen Perspektiven. Eine gewaltige Aufgabe! Mehrere Jahre beschäftigte ich mich intensiv mit der Entwicklung des „Perspektivismus“ von der Antike bis zur Gegenwart und arbeitete mich beharrlich und akribisch durch die verstreute Laien- und Fachliteratur hindurch. Selbstrecherchiertes Material hinzufügend, subsumierte ich alle Teile unter die Kapitel begrifflicher und inhaltlicher Bedeutungswandel, geografische Ausbreitung, phylo- und ontogenetische Entwicklung und betrachtete sie aus der Perspektive der Malerei, Philosophie, Anthropologie, Psychologie und Astronomie.

Auf der Suche nach relevantem perspektivischem Gedankengut, veränderte sich meine Sichtweise der Dinge dergestalt, dass ich immer häufiger in perspektivischen Kategorien dachte. Meine bisherige Weltanschauung begann zu bröckeln und zu wanken. Zwangsläufig musste ich lernen, dass sich Erkenntnisse auf keinen „archimedischen Punkt" beziehen lassen. Feste Überzeugungen lösten sich in skeptischen und relativistischen Schall und Rauch auf. Es wurde ein trauriger Abschied von der objektiven Wirklichkeit. Dahin auch der absolute Sinn des Lebens! Zweifellos eine existenzielle Krise für jeden bodenständigen Menschen. Stattdessen war ich gezwungen, mich in persönlicher Sinnfindung zu üben. Was zunächst als mittlere Katastrophe aufblitzte, entwickelte sich allmählich zu einem „ozeanischen Gefühl" der Gedankenfreiheit. So fand ich es zum Beispiel spannend, scheinbar allgemeingültige Standpunkte zu hinterfragen und gegebenenfalls zu verwerfen. Bis auf den heutigen Tag bemühe ich mich indessen vergebens, in mehreren Perspektiven gleichzeitig zu denken und in keiner ganz aufzugehen. Lediglich folgende perspektivische Aspekte scheinen sich einigermaßen realisieren zu lassen:

1. Es können nur einzelne Aspekte der Wirklichkeit wahrgenommen werden, verschiedene Seiten eines Gegenstandes, Sachverhaltes oder Ereignisses, nie das Ganze und das phänomenale Wesen an sich.

2. Es gibt keine stabilen Wahrnehmungen, keine absoluten Standpunkte oder gesicherten Erkenntnisse. Alles befindet sich in ständiger Bewegung und Fluktuation: unsere biologischen Funktionen, psychischen Befindlichkeiten, Einstellungen und unsere Welt sowieso.

3. Gegenstände und Eigenschaften können nicht per se betrachtet werden, sondern nur in Beziehung zueinander und auf den Beobachter bezogen bzw. systemisch.

4. Es werden lediglich relevante Informationen aufgenommen und verarbeitet, irrelevante werden selektiert, gefiltert, verdrängt, verzerrt, maskiert usw.

5. Im Gegensatz zur Selektion werden bedeutsame Dinge und Situationen nicht einfach registriert. Vielmehr werden sie mehr oder weniger fixiert, bes-

ser behalten, stärker akzentuiert und verfälscht, wie dies beispielsweise beim Lenciency- und Haloeffekt sowie dem logischen Fehler der Fall ist.

6. Alles wird auf menschliche Maßstäbe reduziert. Formen, Farben, Bewegungen, Sprache, Meinungen etc. werden entsprechend unserer kognitiven und emotionalen Kapazitäten und Potenzialitäten erkannt.

7. Nicht die Tatsachen an sich werden erkannt, sondern die interpretierten Tatsachen.

8. Es gibt viele Wirklichkeiten: physikalische, biologische, psychologische und andere.

Vielleicht versteht der Leser das „perspektivische Konzept" noch besser in einer poetischen Ausdrucksweise: Menschen gehen durch die Stadt. Ein Tourist hält Ausschau nach Sehenswürdigkeiten, ein Architekt begutachtet Baustile aus verschiedenen Epochen, eine Hausfrau steuert zielsicher einen Supermarkt an, ein Postbote hastet von Haus zu Haus. Sie suchen und finden das, was ihren Bedürfnissen, Interessen und Pflichten entspricht. Alles andere blenden sie aus ihrem Gesichtskreis aus. Ihre Wahrnehmung ist selektiv, das Gesichtsfeld begrenzt. Jeder geht durch seine Stadt. Menschen empfinden sehr verschieden. Nervöse fühlen sich ziemlich genervt. Verliebten hängt der Himmel voller Geigen. Optimisten sehen rosarot, Pessimisten ziemlich schwarz, indes Depressiven alles zeitlos und grau in grau verschwimmt. Menschen denken individuell. Während die einen in alternierenden „Sowohl-als-auch-Kategorien" reflektieren, sehen andere ihre Welt nur „Schwarz-Weiß" oder sogar nur monochromatisch „So-und-nicht-anders". Wer allerdings den Wald vor lauter Bäumen nicht sieht, urteilt nicht etwa total blind, ihm fehlt lediglich der Blick fürs Ganze. Menschen sind zentriert. Wie die Spinne leben sie im Mittelpunkt ihrer selbst geknüpften Netze. Größe und Struktur bestimmen Aktionsradius und Differenzierung. Ereignisse aller Art werden auf individuelle Kapazitäten reduziert. Der Mensch ist das Maß aller Dinge! Ist der Mensch das Maß aller Dinge?

Jeder Mensch lebt folglich in einer speziellen Welt der Interessen, Stimmungen, Einstellungen, Kognitionen, Gewohnheiten etc. Einerseits ermöglichen sie ihm den Zugang zur Welt, andererseits bestimmen sie seine Sichtweise. Ein Ausstieg aus dem gewohnten Rahmen ist nicht leicht. Noch größere Schwierigkeiten bereitet das gegenseitige Verstehen. Wenn ich nämlich meine Mitmenschen genauer kennen lernen möchte, muss ich einfühlender Selbst- und Fremdbeobachtung fähig sein. Im ersten Fall handelt es sich um einen „äußeren", im zweiten Fall um einen „inneren" Standortwechsel. Letzterer impliziert immer auch einen einschneidenden Einstellungswandel. Selbst wenn man alle individuellen Sichtweisen miteinander vereinigen könnte, änderte dies nichts an der grundlegenden Perspektivität der menschlichen Wahrnehmung. Schließlich und endlich stellt unsere vertraute Alltagswelt *sub species aeternitatis* nur einen begrenzten Ausschnitt aus dem Weltganzen dar. Zwar sind wir zum Beispiel in der Lage mittels Mikroskop und Teleskop visuell zu expandieren, bleiben aber dem leiblichen Standpunkt auf immer und ewig verhaftet. Wir können nicht aus unserer Haut fahren.

Im Jahre 2014 erschienen meine *Perspektiven – Unsere Weltsicht in Psychologie, Philosophie und Kunst* bei der „Wissenschaftlichen Buchgesellschaft Darmstadt" (wbg). Weder meine ehemaligen Arbeitskollegen noch meine Verwandten würdigten mein Buch vieler Worte. Lediglich von einigen Freunden und Bekannten erhielt ich positives Feedback. Ähnliche Erfahrungen hatte ich schon früher gemacht. Gilt der kleine Schriftsteller nichts in seinem Vaterland? Offenbar bin ich kein Einzelfall. Auch Erik Eriksons Tochter weigerte sich, die Bücher ihres Vaters zu lesen, „obwohl ich genau wusste, wie wichtig ihm das gewesen wäre" (Erikson Bloland 2007, S. 151). Umso größer war die Freude, als mein Buch in einem philosophischen Seminar (2015/16) über Perspektivismus: Nietzsche, Leibniz und die Postmoderne an der Technischen Universität Braunschweig gelehrt und 2017 in einer wissenschaftlichen Zeitschrift rezensiert wurde. Letzten Endes geht es jedoch nicht um gesellschaftliche Anerkennung, sondern um Verstehen und Veränderung von Sichtweisen.

18. Der sogenannte Ruhestand

Man hat mehr vom Alter,
wenn man langsamer lebt.
Gerald Bühring

Wohnen am Glienicker Horn

Anfang 1986 mehrten sich die Zeichen einer Entspannung zwischen Ost und West. Michail Gorbatschows (1931*) befreiende Fanale „Perestroika und Glasnost“ waren in aller Munde. Am 6. Februar 1989 erzwangen polnische Arbeiter unter der Führung von Lech Walesa (1943*) die Wiederzulassung der Gewerkschaft Solidarność und „halbfreie Wahlen“. Drei Monate später flüchteten hunderte ostdeutscher Bürger über den ungarischen „Eisernen Vorhang“ nach Österreich. Und am 9. November öffneten auch die DDR-Organe ihren „antifaschistischen Schutzwall“, deren Verunsicherung satirisch in Christian Schwochows (1978*) Film „Bornholmer Straße“ (2014) nachgezeichnet wird. Ich erinnere mich noch genau an den Tag danach. Endlose Menschen- und Trabbischlangen drängten sich auf der „Glienicker Brücke“. Sagenhaft! Öffnung der Mauer durch eine gewaltlose Revolution. Überall fröhliche Gesichter! Lachend und weinend fielen sich „Ossis“ und „Wessis“ in die Arme. Selbst die grünlichen VoPos schauten halbwegs freundlich drein. Es war ein herrliches Freudenfest, wie man es schöner nicht hätte feiern können. Spontan schlossen wir Freundschaft mit einer Michendorfer Familie. Eine Zeit lang besuchten wir uns hüben und drüben und sprachen über Grenzen hin und weg. „Politische Diskussionen führte man in dieser ersten Freude über das Wiedersehen nicht, sondern man hat sich gegenseitig aus seinem Leben erzählt“ (C. Stern 2004, S. 217). Doch was so enthusiastisch begann, endete bald in redseliger Inhaltslosigkeit. Selbst meine vogtländischen Cousins und Cousinen verspürten keinerlei Bedürfnis nach einer Wiederbelebung unserer verwandtschaftlichen Beziehungen. Sie nicht und ich nicht! Waren wir uns so fremd geworden? Trotz dieser vereinzelten „Wehrmutstropfen“ genossen wir die freie Transit-Autobahn und die schrankenlose Reisefreiheit. Endlich durften wir Brandenburgs herrliche Wälder durchstreifen, ohne befürchten zu müssen, abseits der Transitwege verhört und festgenommen zu werden. Nach dem „Berliner Mauerfall“ fielen auch die übrigen Grenzbefestigungen der deutsch-deutschen Freiheit zum Opfer, sodass wir im Frühjahr 1990 erstmals im schönen Ostharz und auf dem betonierten „Todesstreifen“ wandern konnten. Welch ein großes Vergnügen, niedergerissene Grenzzäune passieren, Betonröhren, zum Zweck der Agentenschleusung, besichtigen und freundlich mit den letzten VoPos der DDR kommunizieren zu können.

Überall im Lande herrschte eine euphorische Aufbruchstimmung! Der Muff von 40 Jahren DDR-Geschichte verschwand allmählich „aus grauer Städte Mauern". Ein vereinigtes, ein neues Deutschland entstand, wenngleich keine Deutsche Demokratische Bundesrepublik (DDB). Statt eines stolzen „Auferstanden aus Ruinen und der Zukunft zugewandt", übernahmen die neuen Bundesbürger unsere Nationalhymne „Einigkeit und Recht und Freiheit für das deutsche Vaterland". Das hielt einige westdeutsche Immobilienhaie jedoch nicht davon ab, spekulative Geschäfte zu betreiben. Sie erwarben lukrative DDR-Grundstücke zu Spottpreisen und vernutzten schützenswerte Landschaften. So wurde zum Beispiel das Glienicker Horn in Potsdam trotz erhobenen Zeigefingers der UNESCO flächendeckend mit exklusiven Wohnungen in bester Lage bebaut.

Auch meine Lebensgefährtin verlegte ihren Alterswohnsitz ans Glienicker Horn. Der herrlichen Lage des „Palais am Tiefensee", umgeben von zwei Havelseen, prächtigen Schlössern, der Glienicker Brücke und der Kampffmeyer-Villa, konnte sie nicht widerstehen. Getrübt wurde die Idylle nicht etwa von einem schlechten Gewissen, sondern von der vorbeifahrenden „Weissen Flotte", die nachtsüber mit stampfender Tanzmusik und tagsüber mit plärrenden Megaphonen am Palais vorbeifuhr. An manchen Tagen schallte dann mehrmals folgende Ansage zu uns herüber: „Die Kampffmeyervilla wurde 1924 von den beiden Architekten Carl Mohr und Paul Weidner für den größten Mühlenbesitzer Brandenburgs Kurt Kampffmeyer gebaut! Sie ist mit einer aufwändigen Neobarockfassade verziert und enthält 15 Zimmer mit 1000 m^2 Wohnfläche!" Zu DDR-Zeiten gehörte die Villa der FDJ, der Stasi und dem KGB.

Allerdings verriet die plärrende Stimme nicht, was sich innerhalb des historischen Gebäudes abspielte. Nämlich, dass darin eine Zeit lang das skandalöse Ehepaar Thomas Borer (1957*) und Shawne Borer-Fielding (1969*) wohnte. Er war ein Schweizer Ex-Botschafter und jetzt Unternehmensberater, sie ein texanisches Model mit hoher medialer Aufmerksamkeit. Man hörte von rauschenden Partys und munkelte von häufigen Ehestreitigkeiten! Anwohner wollten sogar einen Pistolenschuss gehört haben! Vielleicht bloß leeres Gerede! Definitiv beobachten konnten wir indessen, dass Thomas Borer eifrig die „Financial Times" studierte und mit seinem Yorkshire Terrier am Glienicker Horn Gassi ging. Irgendwann verschwand das Glamour-Pärchen sang- und klanglos von der Glienicker Bildfläche und überließ dem arabischen Militärattaché Achmed al Shaik mit Kind und Kegel und einem schwarzen Schäferhund das großräumige Anwesen. Tagsüber wurden seine vielen Kinder von einer Gouvernante betreut, während das arme Tier nächtelang im Zwinger einsperrt blieb und heulte. Auch der arabische Tierquäler verabschiedete sich irgendwann aus unserer Nachbarschaft, sodass die Villa nun wieder leer steht und mächtige Instandhaltungskosten verursacht. Nur der Götterbote Hermes blickt wie eh und je gelassen von seinem kupfernen Runddach auf die Unbeständigkeit der Menschen herab.

Auf unsere Partnerschaft hatte der „Inter-City-Umzug" insofern einen Einfluss, als sich unser Zusammenleben grundlegend veränderte. Als der jüngere Partner musste ich jetzt öfters zwischen Lichterfelde und Potsdam pendeln. Zusätzlich zu meinem langen Dienstweg nach Reinickendorf, bedeutete das eine Mehrbelastung, zumal ich die 15 Kilometer lange Strecke meistens mit dem Fahrrad zurücklegte. Andererseits hatte der Umzug meiner Lebensgefährtin nach Potsdam auch Vorzüge. So kamen mir sowohl die exklusive Lage ihrer Wohnung als auch die näher gerückten städtischen Sehenswürdigkeiten sowie sein grünes Umland zugute. Wo Massen von Touristen aus aller Herren Länder angereist kamen, um Potsdam zu besuchen, konnten wir von unserer Tür aus Stadt und Land erkunden: die historischen Parks, die großen Havelseen, die ländliche Bornimer Flur und anderes mehr. Einer unserer Lieblingsplätze war der Foerster-Garten in Bornim, der mich zu einem emotionalen Geburtstagsgedicht für meine Lebensgefährtin inspirierte:

Das Geburtstagskind

Im Foerster-Garten sitz´ ich auf der Banke.
Gegenüber kiekt ganz frech mein Fotograf.
Hinter mir ein paar Blumen und Geranke.
Und ich, ich lächle ins Objektiv, ganz brav.

Wir gehen gemeinsam durch das Leben,
mein allerliebster Fotograf und ich.
Manches geht zwar manches Mal daneben.
Doch zum Glück, zum Glück, hat er mich.

Derweil werde ich nicht alt, nur älter,
nur scheinbar die Lebenszeit verrinnt.
Denn ich bin heute und auch später,
noch immer sein Geburtstagskind.

Trotz dieser optimistisch gesehenen Lebensperspektive, sollten es nicht mehr allzu viele Geburtstage werden, die meine Lebensgefährtin feiern konnte. Doch davon später. Vorerst drängte sich erst einmal mein geplanter vorzeitiger Ruhestand in den Vordergrund.

Ende meiner Dienstzeit

Manche Werktätige fürchten das Ende ihrer Dienstzeit. Eines Tages seinen vertrauten Arbeitsplatz aufgeben zu müssen und nicht mehr gebraucht zu werden, macht einigen Arbeitnehmern heftige Angst. Nicht selten versuchen sie den gesetzlich verordneten Ruhestand hinauszuschieben oder sich an einen anderen Job zu klammern. Bei mir war das völlig anders! Allmählich, dann immer öfters, überkam mich etwa drei Jahre vor meinem offiziellen Dienstschluss eine gewisse Berufsmüdigkeit. Nach über dreißig Berufsjahren als Psychologe sehnte ich mich nach einer termin- und problemfreien Zone. Nicht nur halbtags, sondern ganztags über meine Zeit verfügen zu können, keine schwierigen oder ungelösten Fälle bearbeiten zu müssen, sich nur noch den eigenen Problemen zu widmen, schien mir eine äußerst verlockende Option zu sein. Zudem benötigte ich wieder einmal einen gründlichen Tapetenwechsel. So war ich denn fest entschlossen, mit 62 Jahren in den vorzeitigen Ruhestand zu treten, trotz der finanziellen Einbußen.

Eine formelle Urkunde für fünfundzwanzig Dienstjahre hatte mir am 12. Mai 2005 schon unsere Bezirksbürgermeisterin Marlies Wanjura (1945*) verliehen. Und weil meine Personalakte keine negativen Schlagzeilen aufwies, wurden mir „Im Namen des Landes Berlin ... Dank und Anerkennung für die zum Wohle der Allgemeinheit geleisteten treuen Dienste“ ausgesprochen. Der eigentliche Abschied vom Berufsleben erfolgte dann im November 2006. Ich hatte ihn nicht an die große Glocke hängen wollen. Insofern fand meine Verabschiedung im engsten Mitarbeiterkreis statt. Meinerseits erfreute ich meine Kollegen mit einer Aargauer Wähe und einer Schwarzwälder Kirschtorte. Sie hingegen widmeten mir ein Gedicht und eine kuriose Sprüchesammlung unseres Stellenleiters. Beschönigend beschloss ich unsere intime Feierstunde mit den Worten: „Ich habe es nicht bereut, im Jahre 1980 meine berufliche Laufbahn im KJPD Reinickendorf fortgesetzt und 26 Jahre hier gearbeitet zu haben. Als kleines Dankeschön möchte ich meinerseits ein paar Gedichte überreichen. Der Gedichtband ward stumm herumgereicht und alsbald beiseite gelegt. Wir wollten gerade mit einem Toast auf meine Zukunft die Abschiedsfeier beenden, als unsere stellvertretende Amtsärztin Dr. Veronika Brötzmann-Hardegen mit einem Blumenstrauß vorbeikam und einige verbindliche Abschiedsworte sprach. Das war´s denn! Ich war meiner beruflichen Pflichten entbunden!

Im Falle unseres Stellenleiters Günter Häfele schien die Furcht vor dem Ruhestand durchaus berechtigt. Zurück von einer längeren Südafrikareise mit seinem Lebenspartner, klagte er über unklare Oberbauchbeschwerden. Eine medizinische Untersuchung ergab eine Pankreasgeschwulst, die, obgleich sofort operiert, innerhalb kürzester Zeit zum Tode führte. Wir waren alle sehr betroffen! Das kann man wohl sagen! Damit hatte keiner gerechnet! Mir ging es wie Irvin Yalom, der zugab, dass Erfahrungen mit und Erkenntnisse über den Tod im Angesicht des Todes nichts nützen (vgl. Yalom 2017, S. 370). Die Beisetzung fand auf dem Zehlendorfer Waldfriedhof statt. Hier ruhten bereits viele Prominente wie Helmut Käutner (1908-1980), Wolfdietrich Schnurre (1920-1989), Willy Brandt (1913-1992) und Hildegard Knef (1925-2002). Nun folgte ihnen auch Günter Häfele nach. Weniger prominent vielleicht und ein wenig zu früh. Und auch ich traf mit Regenschirm und Handsträußchen viel zu früh in der Friedhofskapelle ein. So blieb mir genügend Zeit für einen lyrischen Abschied:

Günter!
Tod ...
Ein Leben verloschen,
Unwiederbringlich,
Bis in alle Ewigkeit.
Das Leben geht weiter,
So sagt man ...
Aber wie?
Eine Lücke bleibt.

Während ich noch dichtete, strömten Verwandte des Verstorbenen, Kollegen und Kolleginnen, Psychotherapeutinnen und Psychotherapeuten, unsere Bezirksbürgermeisterin Marlies Wanjura und last not least der trauernde Witwer des Verstorbenen sowie viele Unbekannte an mir vorbei. Nicht alle fanden Platz in der schmucklosen Friedhofskapelle. Manche verharrten stillschweigend im Hintergrund. Einige Trauergäste mögen nicht schlecht gestaunt haben, als der Lebensgefährte ihnen eine buddhistische Predigt hielt:

> Der „Erhabene" spricht: Unser ganzes Dasein ist flüchtig wie Wolken im Herbst; Geburt und Tod des Wesens erscheinen wie Bewegungen im Tanz. Ein Leben gleicht dem Blitz am Himmel, es rauscht vorbei wie ein Sturzbach den Berg hinab ...

Manche Seiten eines Menschen lernt man offenbar erst nach dessen Tod kennen. Es folgte eine schwungvolle Rede der Bezirksbürgermeisterin, und weil sie nicht mit leeren Händen hatte kommen wollen, verlieh sie Dr. med. Günter Häfele posthum die „Silberne Humboldt-Plakette" für hervorragende Leistungen. Dann bewegte sich der lange Trauerzug gemessenen Schrittes zum offenen Grabe hin. Ein jeder warf traditionell eine Hand voll Sand und ein Handsträußchen in die Grube. So auch ich. Und als ich dort hinunterstarrte, weinte ich bitterlich, sodass mich der untröstliche Witwer tröstend in die Arme nahm. Im Angesicht des Todes fühlt man sich ja so was von jämmerlich! Egal ob einem der Mensch nahe stand oder nicht. Vielleicht, weil man an seinen eigenen Tod erinnert wird und traurige Gefühle ansteckend sind? Obwohl während des anschließenden Leichenschmauses de mortuis nil nisi bene (über den Toten nur Gutes) angesagt gewesen wäre, zerfetzten sich bereits einige Trauergäste das Maul über den Verstorbenen und beklagten sein launisches Wesen. Offenbar hat man noch nicht mal „Untertage" vor seinen lieben Mitmenschen Ruhe. Das soll mir eine Lehre sein! Indes freute ich mich darüber, dem grausigen Gesellen mit Hippe und Stundenglas noch einmal entronnen zu sein.

Das Leben gestalten

Ruhestand! Von wegen! Nach ein paar Wochen hatte ich den Eindruck in den Unruhezustand versetzt worden zu sein. Aber schön der Reihe nach erzählt. Soviel Zeit muss sein! Ich freundete mich relativ rasch mit meiner neuen Situation an. Kein langer Dienstweg mehr, keine Termine, keine fremden Probleme und keine Querelen. Was wollte ich mehr! Es schien mir der Himmel auf Erden! Aufgrund vieler Interessen kam kein Augenblick von Langeweile auf. Vielmehr überkam mich das Gefühl, dass mir die Zeit davon läuft. Wie langsam waren doch die Tage meiner Jugend verflossen. Schier endlos hatten sich manchmal die Stunden bis zum Feierabend hingezogen. Nun, da mir alle Zeit der Welt zur Verfügung stand, hatte ich weniger denn je davon. Henri Bergsons (1859-1941) „durée" schien sich signifikant zu verkürzen. Haushalt, Reparaturen, Gartenarbeit, Partnerschaft, Freunde, sportliche Aktivitäten, Lesen und Schreiben und anderes mehr nahmen unglaublich viel Zeit in Anspruch. Wie hatte ich neben all diesen Aktivitäten nur meinen psychologischen Beruf ausüben können? Also stimmte doch die Uzerei vom „Rentner, der keine Zeit hat". Natürlich versuchte ich geruhsamer zu leben, behielt aber meinen gewohnten Tagesrhythmus bei: Nachdem gegen fünf Uhr mein innerer Wecker geklingelt hatte, stand ich auf, bereitete mir ein Glas warmes Wasser und zwei Morgentees zu, aß dann mein Müsli, las ein bis zwei Stunden belletristische, englische und fachliche Lektüre und arbeitete von neun Uhr bis zwölf mit kurzen Unterbrechungen am Schreibtisch. Zugegeben ein bisschen zwanghaft, was mir als Psychologe durchaus bewusst ist, kann es aber trotzdem nicht ändern. Ich sagte es ja schon, dass ich ein bisschen neurotisch wäre, mich ansonsten aber ganz wohl fühle. Außerdem hatte ich mir vorgenommen, mich auch im Rentenalter nicht so schnell „zum alten Eisen werfen zu lassen" und vor mich hin zu rosten. Komme was da wolle!

Zum Glück hatte ich vorgesorgt. So weit ich nämlich zurückzudenken vermag, hatte ich mein Leben immer in seiner vollen Länge und Breite auszuloten versucht. Nur kein Spezialistentum! Das wäre mir zu langweilig geworden. So viele Erfahrungen wie möglich sammeln! Das war mein Motto! Andere scheinen das anders zu sehen, wie etwa der Intellektuelle Walter Jens (1923-2013), über den sein ältester Sohn Tilmann (1954*) schreibt:

> Jetzt rächt sich das über Jahrzehnte verkümmerte Künstler-Credo, dass Schreiben identisch mit Atmen, Nicht-mehr-Schreiben identisch mit Totsein ist. Walter Jens hat nun einmal keinen anderen Zeitvertreib, kein Hobby, außer Spazierengehen vielleicht (T. Jens 2009, S. 30).

Einseitige Interessen machen uns krisenanfällig. Man sollte schon vor dem Alter über das Alter nachdenken und möglichst viele Eisen im Feuer schmieden. Denn falls eines erkaltet, glühen immer noch einige andere in der Glut.

Ich lerne noch!

Zu meinen liebsten „Schmiedeeisen" gehört die geistige Weiterbildung, wie Erich Kästners studierender Professor:

> Vor einigen Jahren unterhielt ich mich mit einem Baseler Universitätsprofessor, einem berühmten Fachgelehrten. Er befand sich seit kurzem im Ruhestand, und ich fragte ihn, was er jetzt tue. Da blitzten seine Augen vor lauter Wonne, und er rief: „Ich studiere! Endlich habe ich dafür Zeit!“ Er saß, siebzigjährig in den Hörsälen und lernte Neues (Kästner 1996, S. 80).

Als „älteres Semester“ zwischen jüngeren Studenten und Studentinnen sitzen zu dürfen, erinnert an alte Zeiten und stimuliert die kleinen grauen Zellen. Schon seit einigen Jahren besuche ich deshalb Gerhard Danzers lebendige Vorlesungen an der Charité und der Potsdamer Universität über Ernst Cassirer (1874-1945), Karen Horney, Hannah Arendt, Simone de Beauvoir (1908-1986), Johann Wolfgang von Goethe und andere Geistesgrößen der Philosophie, Psychologie und Literatur. Außerdem engagiere ich mich ehrenamtlich im „Arbeitskreis für Tiefenpsychologie“. Fortbildung spielt in meinem Leben eine große Rolle. Weder Glauben noch Wissen sind entscheidend, sondern das Lernen per se! Je mehr Wissensgebiete man sich erobert, desto mehr Perspektiven eröffnen sich. Deshalb widmete ich meiner Schriftstellerei viel Zeit. Ich habe also genug zu tun und Langeweile ist ein Fremdwort für mich. Die Bedeutung des Lernens habe ich in folgendem Gedicht festzuhalten versucht:

Ich lerne

Ich lerne noch!
Ja, ich will noch lernen!
So erforsch ich meinen Geist
in allen seinen tief verborg´ nen Winkeln,
von dessen Möglichkeiten ich noch gar nichts weiß.

Am liebsten aber
lasse ich mich treiben,
entlang der unerforschten Küsten,
vorbei an ewigen Mythen und Legenden,
bis an die Grenzen dessen, was man wirklich weiß.

Und weiter noch,
auf´ s weite Meer hinaus,
dem unbekannten Ziel entgegen,
möcht´ ich erfahren, was unsere schöne Welt,
faunisch-faustisch in ihrem Innersten zusammenhält.

Früher hätte man weniger lernen können, weil die durchschnittliche Lebenszeit der Menschen kürzer bemessen war und man früher alterte. Doch heute bleibt man zum Glück länger jung und lebt länger. „Meine Mutter war bereits mit fünfzig eine alte Frau", schreibt Carola Stern, „heute wirkt manche Sechzigjährige wie vierzig. Also ist es wichtig selbst zu entscheiden, wann man sich dazu bekennen will, ein alter Mensch zu sein (C. Stern 2001, S. 292).

Indes fällt mir das Lernen zunehmend schwerer. Genau wie bei Irvin Yalom männlicherseits und Carola Stern weiblicherseits, weist mein Gedächtnis bereits einige Lücken auf. Es stellen sich Wortfindungsstörungen und linguale Hemmungen ein. Das Kurzzeitgedächtnis wird immer kürzer. „Ich sehe auf die Blüten der hochwuchernden Malven und der braunäugigen Rudbeckia vor dem Ferienhaus am Usedomer Achterwasser, und mir fallen die Pflanzennamen erst Stunden später wieder ein" (ebd. S. 295). Genauso geht es mir. Zukünftig könnten sich Gespräche immer mehr in die Länge ziehen. Manchmal befürchte ich eine schleichende Demenz. Wird es mir ähnlich ergehen wie meiner Mutter und meiner Lebensgefährtin? Aber wozu den Mut verlieren. Man blockiert sich nur selbst. Das Alter kommt früh genug.

19. Der glückliche Radfahrer

Das Leben ist wie ein Fahrrad. Man muss sich vorwärts bewegen,
um nicht das Gleichgewicht zu verlieren.

Albert Einstein

Gruppenfahrt mit Dame

Um nicht nur geistig, sondern auch körperlich fit zu bleiben, unternahm ich vermehrt Radtouren, allein oder mit Freunden, durch deutsche Lande entlang der Havel, Spree, Oder, Neiße, Elbe, Ilm, Gölzsch, Unstrut, Leine, Aller, Donau und Weser. Das befriedigte sowohl meine sportlichen Ambitionen, als auch meine naturalistischen und kulturellen Interessen. Von einer einwöchigen Radtour im Mai des Jahres 2010 möchte ich nun berichten. Am 17. Mai 2010 notierte ich in mein Reisetagebuch:

> Gruppenfahrt mit Dame von Berlin nach Ilmenau. Während des Umsteigens in Erfurt großes Malheur: Ein älterer Mann stürzte unglücklich auf einer Rolltreppe und kam nicht mehr auf die Beine. Leise vor sich hin wimmernd, wurde er Stufe um Stufe höher getragen. Eine behände Frau, nicht seine Frau, zog die Notbremse. Da lag der Ärmste nun, über stählerne Stufen hingegossen, von helfenden Menschen umgeben. Nachdem sich zwei herbeieilende Bahnbeamte des Gestürzten angenommen hatten, schoben wir unsere Tourenräder auf den gegenüberliegenden Bahnsteig. Leider verfügte die Erfurter Privatbahn nur über wenige Radstellplätze, sodass es zu kleinen Engpässen kam. Aber was machte das schon! Bald schnurrte der Zug zwischen Raps und Grün unter blauem Himmel entlang „der Saale hellem Strande“ über Naumburg und Bad Kösen bis Ilmenau, Bahnhof, Endstation!

Nachmittags fuhren wir mit dem Linienbus hinauf zum 731 m hoch gelegenen „Rennsteig“ und starteten nach einer kurzen Verschnaufpause hinunter nach Ilmenau. Schussfahrt auf kurvenreicher Straße durch den frühlingshaften Lengwitzgrund. Buschwindröschen, Sauerklee und Löwenzahn rasten an uns vorüber oder wir an ihnen. So geschwind kann man das bei diesem Tempo nicht unterscheiden. An einem Wegweiser in Richtung Stützerbach kamen wir alten Flitzer zum Stehen. Appetit auf etwas Süßes regte sich. Aus diesem Grunde ignorierten wir das historische Goethehaus in Stützerbach und kehrten stattdessen in einem Seniorenheim-Café ein. Genau das passende Ambiente für unsere Crew. Serviert wurde fader Milchkaffee und leckerer Kuchen. Für gute Stimmung sorgten wir selbst. Gemächlicher Aufbruch ins Freibachtal. Hier fließen mehrere Quellflüsse zu Goethes poetisch verklärtem „Ilme Bach“ zusammen. Saftig grüne Wiesen luden zu beschaulicher Rast. Weiter gings! Auf abschüssiger Strecke spitzten ein paar borstige Wildschweine ihre

Ohren. Sogar einen Scheinangriff versuchte die verwegene Rotte. Es war Frischlingszeit. Und rasten wir nicht selbst wie wild gewordene Säue an ihnen vorbei? Nächste Station war Manebach. Manebach ist kein Bach, sondern eine schnell zu durchfahrende Ortschaft an der Ilm. Etwas später rollten acht heiß gelaufene Naben nach Ilmenau hinein. Vor dem Amtshaus wurden wir stumm von Herrn Geheimrat Johann Wolfgang von Goethe empfangen. Woraufhin wir leicht angeheitert im nebenan stehenden Rasthaus zu Abend aßen. Dann hieß es: „Adé nun zur guten Nacht…“

In den Bergen ist es schön

Am nächsten Tag ließen wir die Räder stehen und wanderten auf den Kickelhahn. Das taten wir bei vorfrühlingshaften Temperaturen und bedecktem Himmel. Allmählich wich der ungemütlichen Kälte eine angenehme Körperwärme. Auch der Himmel klarte auf. Kahlschläge ermöglichten Ausblicke auf eine riesige Baustelle der neuen ICE-Trasse. Sie zerschneidet das „grüne Herz Deutschlands“ und das Herz eines jeden Naturschützers. Bedrückt wandten wir unsere Häupter und schauten hinauf zu dem Berg, von welchem bessere Aussichten zu erwarten waren. 861 m über dem Meeresspiegel. Auf dem Kickelhahn herrschte Goethes beschauliche „Gipfelruhe“, wenn man von dem modernen Touristenbetrieb einmal absah. Nachdem auch wir uns im gut besuchten Berggasthof eine „flüssige Steigehilfe“ genehmigt hatten, kletterten wir noch ein bisschen höher, nämlich auf Maria Pawlownas (1786-1859) Kickelhahnturm und schauten nachdenklich über die dunstigen Höhenzüge des Thüringer Waldes. Einer der ungewöhnlichen Momente dieser Wandertour bescherte uns am Goethehäuschen einen freundlichen Wanderführer, der uns über die Holzhütte und Goethes bekanntes Gedicht informierte:

Wandrers Nachtlied

Über allen Gipfeln
Ist Ruh,
In allen Wipfeln
Spürest du
Kaum einen Hauch;
Die Vöglein schweigen im Walde.
Warte nur, balde
Ruhest du auch.

Wir waren zwar ruhebedürftig, aber ausruhen wollten wir nicht. Also auf ging's – abwärts! Vorbei am „Gabelbach-Museum", welches Goethes naturwissenschaftliche Studien enthält, hinunter zum Ritzbühlteich, an dem eine heftige Diskussion über die zeichnerische Darstellung von Spiegelungen und Kräuselungen auf baumumrandeten Wasserflächen entbrannte. Infolge unserer ermüdeten Leiblichkeit verebbte jedoch bald das Gespräch zugunsten der existenziellen Bedürfnisse: schlafen und essen! Zwischen diesen beiden Heideggerschen „Existenzialen" schob sich zwar noch ein Rundgang durch die Altstadt, bei dem wir die Gedenktafeln des Lyrik-Professors Karl Ludwig von Knebel (1744-1834) und der Schauspielerin Corona Schröter (1751-1802) entdeckten, dann aber siegte der Nahrungstrieb endgültig über den Bildungstrieb.

Der Irrtum des Tages

Am nächsten Morgen kam der „liebe Mai" kühl und nass daher. Indes muss man als Radler auch deftiges Regenwetter in Kauf nehmen. So flatterten wir mit unseren Regencapes wie Theodor Storms (1817-1888) „Schimmelreiter" über die Radwege. Wenig Lust auf Besichtigungen bei diesem thüringischen Schietwetter, ließen wir alle Sehenswürdigkeiten am Wege liegen: das Schaubergwerk Volle Rose in Langewiesen, die Singener Museumsbrauerei, die Kunst- und Senfmühle in Kleinhettstedt sowie das Haus Rudolf Baumbachs (1850-1905) in Kranichfeld, der das bekannte Volkslied „Hoch auf dem gelben Wagen" dichtete. Endlich kamen wir am urigen Gasthaus „Zum Singer Berg" zum Stehen, um uns zu stärken und zu trocknen. Als wir aufbrachen, regnete es immer noch, wenn auch nicht mehr in Strömen. Wir erreichten Stadtilm, fuhren am imposanten Viadukt vorbei und übersahen am Ortsausgang ein Logo mit strapaziösen Folgen. Schiebend und schwitzend ging es eine 15%-Steigung hinauf. PKWs und LKWs rückten uns verdammt dicht auf die Pelle. Wollten uns wohl gar von der Fahrbahn drängen? Oben auf der Höhe tiefes Verschnaufen! Alle waren durchnässt, von außen und von innen. Talwärts erreichten wir das Straßendorf Nahwinden. Da wurde unser großer Irrtum offenbar! Wir befanden uns da, wo wir nicht sein wollten, auf der „Deutschen Alleenstraße". Eine herrliche Landstraße für flotte Autofahrer, aber nicht für tretende Radler! Mit Hilfe eines jungen Dörflers gelang es eine Nebenroute über Burg Ehrenstein nach Kranichfeld ausfindig zu machen. Der Besuch der mittelalterlichen Burgruine aus dem 14. Jahrhundert fiel natürlich auch wegen schlechten Wetters ins Wasser. Lange radelten wir sanft bergab. Kein gutes Zeichen! Oh Täler weit und tatsächlich, schon wieder Höhen. In schier endlosen Windungen zog sich die regennasse Straße den Berg hinauf.

Endlich! Endlich! Im „Gasthof zum Goldenen Löwen" zu Dienstedt an der Ilm trockneten unsere nassen Klamotten zum zweiten Mal an diesem Tag, derweil ein empathischer Kellner allerlei warme Getränke zu einer thüringischen Kuchenplatte servierte, versehen mit wichtigen Hinweisen für die nächste Etappe. Es folgte wahrlich eine wunderschöne Strecke – immer noch nieselnd – zwischen der von Erlen begrenzten Ilm und hoch aufragenden karstigen Felsen. Darauf thronten unter anderem Niederburg und Oberschloss von Kranichfeld. Nach einer zwölfstündigen „Rad-Tortur" wurde endlich Bad Berka erreicht. Scheelen Blickes musterte uns die vorgebuchte „Ilmhof-Wirtin". Sie machte sich Sorgen um ihre gefeudelten Räume. Wir sahen aber auch gar zu schmuddelig aus. Beendet wurde dieser denkwürdige Tag schließlich am späten Abend mit einer toleranten Manöverkritik ohne gegenseitige Schuldzuweisungen. Morgen soll es weiter regnen!

Weimar in neunzig Minuten

Frau Wirtin hatten wir zu viele Umstände gemacht. Aus ihrer Sicht sehr verständlich! Sie beklagte sich über ominöse Pensionsgäste. Entsprechend kühl verlief der Abschied. In den regennassen Ilmtal-Radweg einbiegend, verfolgte uns ein radelndes Empfangskomitee des Bad Berkaer Touristenvereins, bestehend aus einem wortgewaltigen Vorsitzenden und dessen stillem Stellvertreter. Sie wollten sich nützlich erweisen und zerrten an unseren Geduldsfäden. So suchten wir erst das Weite und dann den Goethebrunnen im Kurpark von Bad Berka. Schon vorher wussten wir, dass Goethe beratend an der Gestaltung des Kurortes mitgewirkt hatte. Zurück auf der Piste, durchquerten wir das abseits gelegene Hetschburg. Von einer Burg war weit und breit nichts zu sehen. Hatten wir Tomaten auf den Augen? Dafür eine riesige Wassermühle. Inzwischen hatte es aufgehört zu regnen. Rechts, das schlängelnde Band der munter fließenden Ilm. Links, schon wieder Karstwände. Vor uns die Buchfarter Mühle nebst einer überdachten Holzbrücke. Der Radwanderführer besagt: „Nach einem Dornröschenschlaf wurde die Mühle restauriert, und nun treibt ihr riesiges Mühlrad einen Generator und das Mahlwerk an." Auch wir generierten Energie, welche uns bis zur nächsten Ortschaft transportierte. Oettern besitzt eine massive Feldsteinkirche und einige alte Gehöfte sowie ein total verrostetes Fahrrad. Zudem liegt das Dorf am „Feininger-Radweg“, dem wir eine Weile folgten. Zottige Hochlandrinder und schwarze Schafe äugten neugierig auf die vorüberziehende Drahtesel-Karawane. Jenseits dieser ländlichen Idylle, nahe der lärmenden Autobahn, entdeckten wir die Kirche von Mellingen, ein bekanntes Motiv des Malers Lyonel Feininger (1871-1956). Und in Sichtweite, inmitten eines wenig dekorativen Industriegeländes, erhebt sich eine farbige Metallkonstruktion der besonderen Art, der so genannte „Feininger Turm“ des Schweizer Architekten Marcel Kalberer (1947*). Zwischen Mellingen und Taubach atmeten wir wieder Landluft. Süßlich duftete der gelb blühende Raps. Plötzlich standen wir im Matsch, entgegen der Aussagen des Radwanderführers, der meinte: „Es ist ein wunderschöner Weg durch die Ilmauen. Eine abwechslungsreiche Landschaft mit Feldern und Wiesen und immer wieder kleine Biotope, die den Weg so idyllisch machen.“ Von wegen idyllisch! Vielmehr war die Strecke wegen Bauarbeiten unbefahrbar geworden. Nach langem Palaver folgten wir der ausgeschilderten Umleitung über die Felder zum Schloss Belvedere hinauf. Eine gemischte Biker-Truppe vom Niederrhein gesellte sich zu uns. Kleiner Plausch und Austausch unter Kollegen auf großer Fahrt. Anschließend Besichtigung des Schlossparks und Abfahrt nach Weimar. Monikas Googlemap zeigte präzise den Weg zur Pension in der Cranachstraße 34. Die Wirtin trug Schwarz. Ihr Mann sei gestorben. Nochmal: „Über allen Gipfeln ist Ruh,...!“

Zudem rangierte Hunger vor Mitgefühl. Das tat mir leid. Aber für meinen Magen konnte ich nichts. Leider hatte die „Zwiebel“ geschlossen, sodass wir im „Sächsischen Hof“ speisen mussten. Der wuchtige Renaissancebau gehört zu den ältesten Giebelhäusern der Stadt und beherbergte vier Monate lang den jungen Goethe. Den sächsischen Kaffee nahmen wir ganz vornehm in einem anderen historischen Gebäude – in Weimar ist ja fast alles historisch -, im „Café-Haus“, dem ehemaligen Wohnhaus der Familie Jagemann, zu uns. Obwohl der „Blümchenkaffee“ nicht gerade zu den großen Muntermachern zählt, eilten wir von Straße zu Straße und von Haus zu Haus: vom Herderhaus mit Garten, zu Christiane Vulpius´ (1765-1816) verstecktem Geburtshaus, zum Kirms-Krackowschen Haus und zur Jakobskirche, in welcher Christiane und Goethe sich trotz der höfischen Etikette trauten, sich trauen zu lassen und nebenan zum Kassengewölbe, Schillers erste Grabstätte. Es folgten noch das Schillerhaus, das Goethehaus am Frauenplan, das Nationaltheater, das Wittumspalais und am Ende der 90-minütigen Sightseeingtour das historische Weinlokal „Zum Sonnenhof". Hier ließen wir uns endlich nieder und verbrachten verdientermaßen den Feierabend mit dem Weimarer Künstlerehepaar Liane und Norbert Fitzke.

Freud und Leid

Schreck in der Morgenstunde! Im Ilmpark, nahe der Sternbrücke, vermisste Dieter plötzlich seine Digitalkamera. Jeder Winkel seiner Packtaschen wurde durchwühlt. Nichts! Wo könnte sie sein? Nachfragen in der Pension zeitigten ein negatives Ergebnis. Wahrscheinlich lag sie im gestrigen Weinlokal. Das öffnete jedoch erst um 18 Uhr. Glücklicherweise waren Fitzkes telefonisch zu erreichen und wollten sich des Falles annehmen. Halbwegs beruhigt fuhren wir los. Gleich hinter der Sternbrücke bogen wir in den Ilmtal-Radweg ein. Beim Unterqueren des großen Viadukts zeugten frische Blumen, ewige Lichter, Fotografien und Kondolenzen von einer entsetzlichen Tragödie. Ein junger Mann hatte sich vor wenigen Tagen in den Tod gestürzt. Erinnerungen an den 16. Januar 1778 wurden wach, als sich die junge Christel von Laßberg in der Ilm ertränkte, mit Werthers Leiden in der Tasche. Freud und Leid kommen oft zu zusammen! Unser Glück gegen deren Unglück. Betrübt radelten wir am Schloss Tiefurt vorbei, dem luxuriösen Sommersitz der Herzoginmutter Anna Amalia (1739-1807), mit seinen herrlichen Parkanlagen und Schauplatz von Goethes Wald- und Wasserdrama „Die Fischerin" am 22. Juli 1782. Währenddessen klarten Stimmung und Himmel auf. Bunte Blumen tupften grüne Frühlingswiesen entlang der munter fließenden Ilm. Auf dem asphaltierten „Maria Pawlowna-Panoramaweg" gelangten wir nach Schloss Kromsdorf, dem ehemaligen Herrschaftssitz des Großherzogs Carl Friedrich (1783-1853) und seiner russischen Gemahlin Maria Pawlowna. In seiner Umfassungsmauer sind 64 Nischen mit Porträtbüsten von bedeutsamen und exotischen Persönlichkeiten der Weltgeschichte eingelassen. Oberhalb von Dehnstedt ging es nun stetig durch blühende Rapsfelder bis Oßmannstedt, wo wir Christoph Martin Wielands (1733-1813) Gutshaus, Park und Grabstätte besichtigten.

Allmählich wurde es warm und wärmer. Einer nach dem anderen riss sich die verschwitzten Kleidungsstücke vom Leibe. Erinnerungen an Kraft zehrende regnerische Zeiten verdunsteten im hellen Sonnenlicht. Golden leuchtete die heiße Mittagssonne auf das grüngelbe Mosaik der Feldfluren. Strampelnd bewegten wir uns von Oberrossla und Niederrossla bergauf und nach Zottelstedt bergab. Heiße Sehnsüchte nach einer kühlen Apfelschorle wurden wach. Stattdessen – der einzige Gasthof des Dorfes öffnete erst in naher Zukunft – gab es den Seierturm zur Ansicht. Das Wahrzeichen von Zottelstedt diente im Mittelalter als Richtstätte und zur Zeit den Handwerkern als Baustelle. Vor dem Seierturm stand ein Pultaufsteller, der ebenfalls von Lyonel Feininger mehrfach gemalt worden war. Nachdem wir das Original ausgiebig betrachtet hatten, ging die Suche nach einem Gasthaus weiter. Während wir unseren großen Durst löschten, gratulierte uns der Kellner zu unserem nächsten Nachtquartier in Bad Sulza und meinte, dass man dort besser essen könne als hier. Na, wenn das sein Chef gehört hätte! Ich weiß ja nicht ... !

Erfrischt brachen wir auf, bogen hinter der Ilmbrücke auf den Radweg ein, durchquerten ein kühlendes Waldstück, Felder, Wiesen und Wickersdorf mit seiner hübschen Kirche und fuhren gemächlich an der immer größere Schleifen ziehenden Ilm entlang. In Eberstedt empfing uns eine „steinerne Oma“, die uns zu albernen Späßen verlockte, die aber von einer „lebenden Oma“ aus Apolda missbilligt wurden. Also ließen wir den kindischen Schabernack und wechselten zu der begehbaren Sonnenuhr von nebenan, deren Schattenzeiger uns zum baldigen Aufbruch mahnte. Etwas zögerlich passierten wir die gastronomische Ölmühle von Eberstedt, als wir plötzlich bei Gegenverkehr von einer forschen Radfahrerin überholt wurden. Während wir uns noch über sie mokierten, erkundigte sie sich bereits nach unserem heutigen Tagesziel und geleitete uns bis zu unserem „Hotel zum Schwanenteich“ in Bad Sulza. Wir waren alle sehr gerührt.

Am Spätnachmittag speisten wir auf der Terrasse mit Blick auf den Bad Sulzaer Kurpark. Den Verdauungsspaziergang unternahmen wir zum Thüringer Weintor und Gradierwerk Louise. Auf dem Rückweg entdeckten wir eine Kopie von Goethes Gartenhaus in Weimar. So mag es denn angehen, dass wir auch seine dazu gehörige Lyrik hierher verpflanzen:

Goethes Gartenhaus

Übermütig siehts nicht aus,
Hohes Dach und niedres Haus;
Allen, die daselbst verkehrt,
Ward ein guter Mut beschert.

Schlanker Bäume grüner Flor,
Selbstgepflanzter, wuchs empor;
Geistig ging zugleich alldort
Schaffen, Hegen, Wachsen fort.

Flusshochzeit

Ein neuer Tag begann, sonnig und kühl. Fröstelnd spazierte ich allein durch den Kurpark zur Wehranlage an der Ilm. Eine Schautafel informierte über deren Zweck. Sie dient der nachhaltigen Energiegewinnung. 65 Kilowattstunden erzeugt der 1,70 m hohe Wasserfall und versorgt viele Bad Sulzaer Haushalte mit Strom. Erfreut über soviel ökologisches Bewusstsein der Thüringer Landsleute zum Hotel zurückkehrend, kümmerte ich mich um unsere eigene Energieversorgung. Denn die wurde für die letzte Etappe unserer Reise benötigt. Also versorgten wir uns ausgiebig vom reichlich gedeckten Frühstücksbuffet und starteten frohgemut in den jungen Tag hinein. Nochmals den Grüngürtel des Badeortes durchquert, dann schwenkten wir vor der malerischen Kulisse der Sonnenburg auf die letzte Wegstrecke bis zur Ilmmündung ein und stiegen an einem großen Teich erneut von den Rädern. Der Grund war ein Rad fahrender Frosch auf einem schwimmenden Floß, in dem wir uns treffend porträtiert fanden. Denn strampelten nicht auch wir Erdlinge ein Leben lang auf unsicherem Terrain herum? Jedenfalls eine witzige Kuriosität, die einen Knipser wert war. Bis nach Großhering waren es noch ein paar Kilometer. Hier endete der Ilmradweg und hier mündete die Ilm in die Saale. „Flusshochzeit" stand auf einem großen Plakat zu lesen.

Endstation Naumburg

Indessen war unsere Radtour noch nicht zu Ende. Nur mussten wir jetzt ohne Kartenmaterial auskommen. Irgendwie würden wir schon durchkommen. Fragte sich nur wie? Es begann mit matschigen Hangwegen über Stock und Stein oberhalb von Großhering, denen steile und holprige Bergstrecken folgten. Kurve um Kurve schoben wir unsere schwer bepackten Räder, mehr als das wir sie traten, zu den Burgen Saaleck und Rudelsburg hinauf. Autos rasten holpernd an uns vorbei. Keiner beklagte sich – jedenfalls nicht hörbar. Alle schnauften still vor sich hin. Von der Rudelsburger Höhe entschädigten herrliche Ausblicke für die verwünschte „Kletter-Schieberei". Burgen zur Linken, bewaldete Höhen zur Rechten. Tief unten die schlängelnde Saale. Abwärts setzte sich die beschwerliche Geländefahrt fort. Schiebend oder bremsend bewegten wir uns auf felsigem und glitschigem Grund. Der Abrieb der Bremsklötze war enorm. Fußwanderer keuchten uns entgegen. Einer nationaldeutschen Gedenkstätte widmeten wir Kopf schüttelnde Aufmerksamkeit. Auch das ist leider Deutschland! Allmählich wandelte sich der steile Wanderweg zu sanften Kehren. Wir konnten uns wieder mehr dem Waldeserleben widmen, den schlagenden Buchfinken und dem frischen Maiengrün. In einem Ausflugslokal am Bad Kösener Saalewehr schlürften wir einige „Frischmacher", derweil wir behäbig dem bunten Treiben der Kanuten zusahen.

Auf dem letzten Streckenabschnitt, Radfahrer und Fußgänger allenthalben. Tanzmusik und grölende Gesänge kündeten von der so genannten „Weinmeile". Der Sinn dieses traditionellen Festes besteht augenscheinlich darin, von Gasthof zu Gasthof zu pilgern und so viel Saale-Unstrut-Wein in sich hineinzusüffeln, bis er unten wieder heraussträufelt. Wir aber bogen völlig nüchtern nach Friedrich Nietzsches Schulpforta ab. Weniger als eine „Weinmeile" vom feuchtfröhlichen Getriebe und Geschiebe, ließen wir uns von seiner Philosophie berühren. Lange weilten wir zwischen grauen Klostermauern unter Schatten spendenden Linden. Blieben wir noch länger hier – viel länger und noch länger -, würden wir vielleicht auch irgendwann zu kontemplativen Philosophen mutieren. Als aktive Radler mussten wir jedoch weiter. Dem nächsten Ziel entgegen, die Saale noch ein Stück ihres langen Weges zur Elbe begleiten. Naumburgs Kirchturm-Silhouette erschien am Horizont. Bald hatten wir es geschafft! Felder, Vororte, Marktplatz. Am Ende lümmelten vier abgeschlaffte Biker in den Stühlen eines mittelmäßigen Restaurants. Ihre Kräfte reichten gerade noch zum Klönen, Essen und Trinken.

So kehrten wir nach unserer sechstägigen „Tour de Ilm" – von der Quelle bis zur Mündung – ein wenig erschöpft, aber zufrieden, nach Hause zurück. Alles war gut gegangen. Kein Sturz, keine größere Panne und kaum Zwistigkeiten. Meines Erachtens hatten wir dieses verträgliche Miteinander weniger unserer psychologischen Schulung, als unserem charakterlich bedingten Harmoniestreben zu verdanken. Keinem war daran gelegen, die friedliche Gruppenatmosphäre zu stören. Falls der Fahrtenstress doch einmal zu sehr die Nerven strapazierte, sorgte eine konstruktive Manöverkritik am Abend wieder für eine gute Stimmung.

20. Einer trage des anderen Last

Man muss Spaß verstehen, wenn man leben will.

Klaus Mann

Von Kollapsen und Ängsten

Zwar schreibt der schwerkranke Franz Schoenberner, „nichts ist langweiliger als jemand, der über seine Krankheit spricht“ (Schoenberner 1966, S. 14), doch wäre meine Autobiografie ohne reflektierenden Umgang mit dieser existenziellen Thematik unvollständig. Also berichte ich über mich: Mitten im schönsten Ruhestand klappte ich zusammen – obwohl ich mich vegetarisch ernähre, mäßig Alkohol trinke, viel Sport treibe und seit dem 18. Lebensjahr regelmäßig die Sauna besucht hatte. Paradoxerweise wurde mir gerade die Sauna zum Verhängnis. Nachdem ich im Lankwitzer Hallenbad meine üblichen Bahnen geschwommen war, besuchte ich die 95-Grad-Sauna, nicht ohne vorher ausgeruht zu haben. Nichts deutete auf eine Überanstrengung hin. Doch während des Frischluftgangs wurde mir plötzlich blümerant zumute. Eine vorübergehende Kreislaufschwäche dachte ich, nichts weiter, verzichtete aber instinktiv auf das kalte Tauchbad, welches mich möglicherweise das Leben gekostet hätte, wie mich meine Hausärztin später wissen ließ. Mich mit einem Fußbad begnügend, verstärkte sich die Symptomatik. Bewegungen verursachten Schwindel und Übelkeit. Ganz ähnlich schildert Elisabeth Kübler-Ross (1926-2004) ihren Kreislaufkollaps, als sie zu Besuch bei ihrer Schwester weilte.

> Mich ergriff ein seltsames Gefühl des Schwindels und der Schwäche. Alles um mich herum begann sich zu drehen. Ich verlor meine Schwester aus den Augen und konnte mich nicht mehr bewegen. Und doch war mir völlig klar, was mit mir geschah. Ich war mir sicher, dass ich starb (Kübler-Ross 2002, S. 372).

Ich schloss die Augen. Immer elender und elender wurde mir zumute. Es kostete mich große Anstrengung, einem benachbarten Saunagast per Handzeichen und Flüsterstimme auf mich aufmerksam zu machen. Der schien augenscheinlich einen homophilen Annäherungsversuch zu vermuten. Bis er e-n-d-l-i-c-h begriff! Was weiter geschah, erlebte ich wie durch eine Nebelwand. Ich spürte, wie mir jemand Wasser einflößte und eine Manschette anlegte. „Über 200 mm Hg“, hörte ich eine weibliche Stimme von fern her flüstern. Anschließend versuchten mich zwei Sanitäter abzutransportieren. Das war ziemlich schwierig, da ich hinter einer Säule lag und jede Veränderung meiner Position erhebliche Übelkeit und Schmerzen verursachte. Doch es half alles nichts. Sie hievten mich auf eine Krankentrage und schleppten mich zügig zum Rettungswagen. Ratternd und schaukelnd rasten meine „Lebensretter“ mit Blaulicht durch die Stadt. Vor Kälte bibbernd lieferten sie mich in der Notaufnahme des Krankenhauses ab. Sofort wurden mir mehrere EKG-Elektroden angelegt und ein Herzkatheter von der Leiste her durch ein Blutgefäß geschoben. Völlig apathisch ließ ich es geschehen. Ich fühlte mich wie ein Häufchen Elend und dachte ans Sterben. Zwei Hub Nitrospray unter die Zunge und eine erfreuliche Diagnose – nur ein schwerer Kreislaufkollaps – brachten mich zwar noch nicht auf die Beine, aber zumindest auf andere Gedanken. Da hatte ich wohl noch einmal Glück gehabt! Ein Pfleger schob mich auf die kardiologische Station in ein Dreibettzimmer und überließ mich dem Schnarchen und Husten zweier Mitpatienten. Am nächsten Tag wurde ich gründlich auf Herz und Lunge geprüft: EKG, Herz-Echo, Lungenvolumen, Blutdruckmessungen – das ganze Programm. Außer einem Plaque in einer Herzarterie war mit meinem Herzen alles in Ordnung. Großes Aufatmen! Was mich vielleicht noch mehr aufmunterte, waren die Besuche meiner Lebensgefährtin und zweier Freunde. Alle drei nahmen mir nämlich das momentane Gefühl der Isolation in der Krankheit. Sie waren zur Stelle, als ich sie am Nötigsten brauchte. Ihre kurze Anwesenheit machte mich buchstäblich wieder „lebensfroh“.

Was hatte der Kreislaufkollaps bewirkt? Nun, ich war nicht mehr gesund! Die Diagnose lautete: „arterielle Hypertonie“. Blutdruckmessungen ergaben erhöhte bis hohe systolische und diastolische Werte. Ich bekam es mit der Angst zu tun. Als Verhaltenstherapeut kam mir das Problem der klassischen Konditionierung in den Sinn. Ein unbedingter Reiz und eine bedingte Reaktion bilden einen assoziativen Kurzschluss, den zu durchbrechen nicht leicht ist. Therapeutische Interventionen wie Ablenkungsmanöver, Gedankenstopp, Muskelentspannungstraining und systematische Desensibilisierung halfen nicht wirklich. Mir erging es wie einem Chirurgen, der sich selbst nicht zu operieren vermag. Sollte ich einen Kollegen konsultieren? Ich schob den Gedanken erst einmal beiseite, desgleichen die dringend verordnete Blutdruck-Langzeit-Messung meines Hausarztes, und übte mich stattdessen in ängstlichem Vermeidungsverhalten. Schließlich ließ sich der Arzttermin nicht länger hinausschieben. Während mir die Manschette angelegt und das Messgerät umgehängt wurde, steigerten sich Angst und Blutdruck. So viel Aufregung um nichts? Natürlich war mir auch dieser Effekt bestens bekannt. Es handelte sich um das so genannte „Flooding“. Als ich jedoch mit meinem Fahrrad nach

Hause fuhr, beruhigte sich mein Psychosyndrom auf wunderbare Weise. Leider erwischte es mich ein paar Wochen später nochmals. Der Majorität der Internisten und Kardiologen vertrauend, besuchte ich vorsichtig die Neuruppiner „Fontane-Therme" und erlitt einen zweiten Kreislaufkollaps. Rettungswagen, Notaufnahme, Durchgangsstation, Entlassung. Nun war ich vollends verunsichert! Würde ich meinem Body jemals wieder vertrauen können?

Schlagartig hatte sich mein Leben gewandelt, der Aktionsradius drastisch verengt. Permanente Ängste beherrschten den Alltag. Reisen, Radtouren und Wanderungen würden der Vergangenheit angehören. Sobald ich mich von zu Hause entfernte, drängten sich Bilder der Hilflosigkeit in den Sinn. Genährt wurden diese verflixten Fantasien vor allem durch rezidivierende Schwindel- und Übelkeitsanfälle. Sie kamen scheinbar aus heiterem Himmel. Meine Hausärztin war ratlos. Eines Abends schluckte ich eine Gelatinekapsel. Sie blieb mir in der Kehle kleben. Sofort assoziierte ich das Gefühl mit Giselas jüngerer Schwesters Tod, welche erst kürzlich an einem Brotkrumen erstickt war. Entwickelte ich mich zum Hypochonder? Jedenfalls reagierte ich panisch! Der Blutdruck stieg ... mir wurde schwindelig ... wählte 116117 ... Ratlosigkeit am anderen Ende ... rief ein Taxi ... schaffte es mit Müh und Not in die Notaufnahme ... warf mich auf die nächst stehende Pritsche und erbrach was das Zeugs hielt. Ein dritter Kollaps oder gar ein Herzinfarkt? Zufällig war ein kompetenter Neurologe anwesend und deutete meine Beschwerden als exzessiven Lagerungsschwindel. Ein Hirntumor wurde ausgeschlossen. Die folgenden Lagerungsübungen waren die Hölle, aber effektiv. Am nächsten Vormittag nochmals die gleiche Prozedur, dann wurde ich entlassen. Mir war mein Leben wieder geschenkt worden, und ich beschloss, es so bewusst wie möglich zu leben und zu genießen. Konnte ich das? Eigentlich nicht! Denn diese existenziellen Ängste verließen mich nicht wirklich. Manchmal holten sie mich wieder ein. So musste ich lernen, mit meinen Ängsten umzugehen.

Demenz und Apoplexie

Noch eine dritte Veränderung schnitt eine tiefe Kerbe in unser Leben. Jeder war bisher für seinen eigenen Haushalt zuständig gewesen. Lediglich am Wochenende und im Urlaub hatten wir gemeinsame Sache gemacht. Nach meinem Eintritt in den Ruhestand und drei Krankenstationen, erwogen wir nun einen Zusammenzug. Das war eine große Herausforderung für meine Lebensgefährtin und für mich. Plötzlich sollte alles anders werden? Wir waren mehr als gespannt! Und tatsächlich! Obschon zwei gestandene Psychologen, ging dieses gewagte Partnerschaftsprojekt erst einmal gründlich schief. Ständig glaubten wir unsere Unabhängigkeit in Gefahr. Zudem fühlte ich mich von meinem gewohnten Lebensraum abgeschnitten, von den Freunden, Ärzten, Geschäften und Bibliotheken. Vor allem aber vermisste ich meinen festen Arbeitsplatz. So rankten sich zum Beispiel heftige Konflikte um die Nutzungsrechte des Computers. Jeder beanspruchte den PC für sich. Keiner wollte der Klügere sein. Wir machten uns das Leben schwer. So konnte es nicht weitergehen. Ein Gespräch unter Freunden half nicht weiter. Die Situation eskalierte! Schließlich beendeten wir das Experiment und gingen entmutigt aus dem Felde. Erst viel später fiel der Groschen! Das waren nicht nur Partnerschaftskonflikte, Wohnraum- und Besitzstandsstreitigkeiten aufgrund veränderter Lebensbedingungen gewesen, sondern auch ominöse Vorboten einer dementiellen Erkrankung meiner Lebensgefährtin Infolge ihrer progressiven Schwerhörigkeit, Schwächezustände, Vergesslichkeit und Hilflosigkeit, wagten wir einen weiteren Versuch. Wenngleich sich unser Miteinandersein nunmehr etwas entspannter und erträglicher gestaltete, häuften sich im Gegenzug die Ausnahmesituationen. Nun bestimmten Missverständnisse, Ängste, Misstrauen, Wahnideen und Verwirrtheitszustände unser Zusammenleben. Man kann es sich kaum vorstellen, aber plötzlich läuft die vertraute Partnerschaftsbeziehung aus dem Ruder und man fühlt sich völlig machtlos. Drei ausgewählte Beispiele mögen diese „menschliche Tragödie“ verdeutlichen:

Um mein Buch *Perspektiven – Unsere Weltsicht in Psychologie, Philosophie und Kunst* in Ruhe fertigstellen zu können, hatte ich das Wochenende in meiner Wohnung verbracht – nicht ohne meine Lebensgefährtin durch ihren Sohn versorgt zu wissen. Als ich gegen Abend zurückkam, fand ich sie jedoch allein zu Hause und wurde vorwurfsvoll empfangen. Zunächst beklagte sie sich nur, dass sie kein Mittagessen bekommen habe, und dass unser gemeinsamer Spaziergang ausgefallen sei. Dann argwöhnte sie hinter meinem langen Ausbleiben eine heimliche Freundin und steigerte sich noch weiter in diese Vorstellung hinein. Ich solle ihr doch endlich gestehen, dass ich eine heimliche Geliebte habe! Sie müsse es unbedingt wissen! Sonst fände sie keine Ruhe! Doch nicht nur sie, sondern auch ich fand keinen Schlaf.

Eines Tages verdächtigte sie die Reinigungsfrau des Diebstahls eines Glastellerchens für einen Kerzenhalter. Als die Beschuldigte das Corpus Delicti bald darauf wiederfand, fühlte sich meine Lebensgefährtin in ihrer Meinung bestätigt! Erklärungsversuche meinerseits blieben fruchtlos. Stattdessen geriet ich selbst in das Netz der Verdächtigungen: Ich hielte sie für debil! Keiner glaube ihr! Ihr Leben sei sinnlos! Es dauere nur vier Minuten, sich zu ertränken! Sprachs, zog sich an und verließ die Wohnung. Schlimmes befürchtend, begleitete ich sie wortlos entlang der winterlichen Havel und fühlte mich selten so hilflos. Ihre Drohung ins Wasser zu gehen, erinnerte mich an eine ähnlich verzweifelte Äußerung meiner Mutter nach dem Unfalltod meines Vaters und meine medikamentöse Vergiftung während des Studiums. Zum Glück ebbte ihr suizidaler Affekt ab, und wir kehrten beide bedrückt nach Hause zurück.

Inzwischen traute Gisela keinem Menschen mehr über den Weg. Infolgedessen zog sie von allen Schränken die Schlüssel ab und deponierte sie an einem geheim gehaltenen Ort. So geheim, dass sie sie selbst nicht mehr wiederfand. Mich an der Suchaktion beteiligend, sprach sie die Vermutung aus, dass die Reinigungskraft alle Schlüssel gefunden und mitgenommen haben könnte. Was für eine absurde Idee! Ermüdet brachen wir die Suchaktion ab und verschoben sie auf den nächsten Tag. Eher zufällig den einzigen sichtbaren Schlüssel vom Bücherschrank an einer Buffetschublade ausprobierend, sprang die Schublade auf und präsentierte alle versteckten Schlüssel.

Im Unterschied zu den Medizinern, vermied ich es gegenüber meiner Lebensgefährtin von Demenz zu sprechen. Zum einen mochte ich keine pauschalisierenden Diagnosen (siehe unten). Zum anderen hatte mich meine Tätigkeit im KJPD die schädlichen Folgen eines „diagnostischen Stempels" für die Betroffenen gelehrt. So neigen zum Beispiel langsam lernende Kinder nicht selten dazu, die ihnen aufoktroyierte Rolle des „Behinderten" zu übernehmen: „Wenn ihr meint, dann bin ich eben so!" Deshalb sprach ich im Falle von Giselas großen Gedächtnislücken lieber von Vergesslichkeit, wohl wissend, dass es sich um eine demenzielle Symptomatik handelte. Manchmal grenzte mein Verhalten sogar an Unehrlichkeit. Es scheint mir nicht immer angebracht, einem Kranken die ungeschminkte Wahrheit ins Gesicht zu sagen! Es sei denn, er will sie partout hören. Es wurde immer schwieriger meiner Lebensgefährtin in die Welt der Demenz zu folgen. Zunehmend veränderte sich ihr Wesen und ihr geistiger Horizont. Sollte ich sie bemitleiden und trösten oder Hoffnungen machen? Ich wusste es nicht! Ich war rund um die Uhr involviert. Einen Feierabend oder Urlaub gab es nicht. Zum Glück hatte ich genug von der Welt gesehen und kein Fernweh mehr. Alles konzentrierte sich um den geliebten Menschen. Immerhin übernahm der Sohn einmal pro Woche die Pflege. Vom Aufstehen bis zum Schlafengehen mussten unendlich viele Verrichtungen und Handreichungen organisiert und praktiziert werden. Nicht nur pflegerische Maßnahmen waren zu lernen, sondern auch medizinische und psychologische Kenntnisse zu erwerben. Das Waschen und Windeln des Intimbereiches indes überließ ich zu einem späteren Zeitpunkt dezent dem weiblichen Pflegedienst, welchen ich zur Unterstützung engagiert hatte.

Hinsichtlich der neurologischen Betreuung hatten wir uns schon im Anfangsstadium an Professor Walter Christe (1951*) gewandt, der gedächtnisfördernde Übungen und Medikamente (Axural bzw. Memantin und Tebonin) empfahl. Bezüglich des psychologischen Umgangs mit der Demenz glaubte ich auf meine therapeutischen Erfahrungen mit lernschwachen Kindern zurückgreifen zu können. Das war ein Irrtum! So versuchte ich täglich Giselas desolates Kurzzeitgedächtnis zu trainieren. Ohne nennenswerten Erfolg! Zudem trug ich durch häufige Korrekturen nicht wenig zur Verunsicherung ihrer Person bei. Hilfreich erwies sich indes die Mitarbeit im Haushalt unter meiner Anleitung: Staub saugen, Wäsche waschen, Geschirr spülen, Kochen usw. So einfach diese Tätigkeiten auch sein mochten, so vermittelten sie ihr doch ein gewisses Gefühl von Eigenständigkeit, Aufgabenerfüllung und Nützlichkeit. Noch effizienter als das, schienen auf die Dauer generelle Verlässlichkeit, endlose Geduld, emotionale Zuwendung, gute Stimmung, erbauliche Gespräche (soweit möglich), ausreichend Schlaf und gemeinsame Mahlzeiten zu sein. Sie selbst versuchte ihre brüchige Identität durch Routine, Gewohnheit und Starrsinn zu bewahren.

Schwerhörigkeit, Gedächtnisverlust und Kräfteschwund schränkten Giselas kulturellen und sozialen Aktionsradius immer mehr ein. Theater-, Konzert-, Museums- und Ausstellungsbesuche unterblieben völlig. Geistige Aktivitäten reduzierten sich auf einfache Lektüre und Fernsehen. Immerhin! Mögen solche Einschränkungen noch einigermaßen zu verkraften gewesen sein, so waren es die abnehmenden sozialen Beziehungen zu Freunden, Bekannten und Verwandten nimmermehr. Diese regressiven Tendenzen mit großer Aufmerksamkeit verfolgend, beschlich mich das schmerzliche Gefühl, dass Demente in Unkenntnis der Krankheit oder aus Angst vor einem ähnlichen Schicksal gemieden werden. Nur wenige Freunde meldeten sich noch. Doch selbst wenn gelegentlich Einladungen zustande kamen, mangelte es manchmal an genügend Empathie. So erinnere ich mich des 85. Geburtstages meiner Lebenspartnerin. Wir hatten ein paar Gäste eingeladen. Fast alle waren Psychotherapeuten. Thematisiert wurde hauptsächlich Gemeinsames und Trennendes zwischen den verschiedenen psychotherapeutischen Schulen. Dieweil die Gastgeberin kaum Beachtung fand! Sich endlich mit ihrem drückenden Problem der „mangelnden kommunikativen Kompetenz" einbringend, reagierten einige Gäste ziemlich hilflos, fanden weder Worte des Trostes noch der Klärung. Lediglich eine gute Freundin traf den Kern der Sache, als sie das Ausgrenzungsgefühl meiner Lebensgefährtin verbalisierte. Somit demonstrierte die psychologische Runde in frappanter Weise das soziale Handikap des alternden und dementen Menschen.

Weder Medikamente noch Ratschläge noch Übungen erbrachten eine nennenswerte Verbesserung der Merkfähigkeit. Die mentale Degeneration war nicht aufzuhalten. Deprimierend, dies mitansehen zu müssen! Ein weiterer Schub erfolgte nach einem leichten rechtsseitigen Schlaganfall. Ein etwas hängender Mundwinkel, eine verwaschene Sprache, eine leichte Schwäche der Handmotorik und eine merkliche Gangunsicherheit waren die Folge. Meine Lebensgefährtin bemerkte nichts von alledem. Nach einem mehrtägigen Klinikaufenthalt und einer ambulanten Reha-Maßnahme bildeten sich die Symptome zwar zurück, aber eben nicht vollständig. Gewisse feinmotorische Einschränkungen blieben bestehen und behinderten das ohnehin schwierige Leben noch mehr. So musste ich verstärkt darauf achten, dass sie sowohl motorisch als auch sprachlich und mental nicht überfordert wurde. Das war eine heikle Gratwanderung zwischen Fürsorge und Selbstständigkeit.

Dann machte Gisela richtig schlapp. Die herbeigerufenen Rettungssanitäter diagnostizierten eine Dehydrierung und entfernten sich unverrichteter Dinge. Einen Schlaganfall hatten sie kategorisch ausgeschlossen. Stunden später brachte ich sie in die Notaufnahme der Ernst von Bergmann Klinik. Nach einer fünfstündigen Wartezeit wurde die Diagnose von ihren Kollegen im Wesentlichen bestätigt plus einen leichten Harnweginfekt. Auf wackligen Beinen und ineinander verhakt schlurften wir zum Auto. Zu Hause angekommen, schleifte ich sie im Klammergriff durch die Wohnung. Das war doch nicht normal! Gegen Morgen musste sie ins Bad. Da passierte es! Entgegen meiner strikten Anweisung, nach dem Toilettengang ein Signal zu senden, war sie aufgestanden und vor dem Waschbecken zusammengebrochen. Gegen sechs

Uhr alarmierte ich erneut den Rettungsdienst. Ein schwerer Schlaganfall schien mehr als wahrscheinlich. Doch die Notärztin widersprach. Es handele sich lediglich um einen extremen Flüssigkeitsmangel. Immerhin wurde sie in die Notaufnahme mitgenommen. Während der langen Wartezeit verstärkten sich die Schluckbeschwerden, der Speichelfluss und die verwaschene Sprache. Zudem traten schmerzhafte spastische Krämpfe im linken Oberschenkel auf. Schnellere Ersthilfe wäre angesagt gewesen. Diesbezügliche Hinweise wurden von der Aufnahmeschwester ärgerlich abgeschmettert. „Ich sei etwas überfordert", meinte sie und hatte wohl noch schärfere Vokabeln in petto. Zumindest wurde der Patientin ein Schmerzmittel infundiert, wenngleich völlig wirkungslos. Gegen 13.30 Uhr zog ein kluger Arzt einen linksseitigen Apoplex in Erwägung und bemühte sich sogar um ein Stationsbett. Er verschwand auf Nimmerwiedersehen. Die Situation begann zu eskalieren. Seit Stunden nichts gegessen und nichts getrunken, geplagt von spastischen Krämpfen, umgeben von unruhigen Mitpatienten und überbeschäftigtem Personal, ließen meine Lebensgefährtin schier verzweifeln. Endlich! Endlich! Um 16 Uhr fand sich irgendwo ein freies Bett und zwei Stunden später ein Bett auf der neurologischen Wachstation. Da inzwischen das apoplektische Zeitfenster von vier Stunden bei weitem überschritten war, musste man mit irreparablen neurologischen Schäden rechnen. Zwei Rettungsteams und mehrere Ärzte hatten den einschleichenden Schlaganfall nicht erkennen können, ja noch nicht einmal in Erwägung gezogen. Mein Vertrauen in die Medizin hatte einen schweren Dämpfer erhalten.

Nach zehn Tagen auf der neurologischen Wachstation schickte man die Patientin zur Rehabilitation in die „Beelitzer Heilstätten". Viel zu früh, wie mir schien! Aber so sind hierzulande die klinischen Bräuche. Das kassenärztliche Abrechnungssystem nach Pauschalen erlaubt nur kurze Verweildauern im Krankenhaus. Statt der erwarteten Genesung peinigten meine Lebensgefährtin nach wie vor schmerzhafte Spasmen im linken Bein. Aufgrund der Schlucklähmung musste eine PEG-Sonde implantiert werden. Eine schwere Entscheidung! Doch die Ärzte glaubten an Besserung. So stimmte ich widerstrebend zu! Völlig immungeschwächt wurde sie von stationären Clostridien heimgesucht. Infolgedessen kam es zu permanenten Durchfällen, Gesäßentzündungen, Dehydrierung, Natriummangel und deliranten Zuständen. Gemeinsam scheuchten wir schwarze und weiße Schafe aus ihrem Bett. Fast alle therapeutischen Behandlungen mussten abgesetzt werden. Außerdem wurde sie in Quarantäne genommen. Personal und Besucher durften ihr Zimmer nur in Schutzbekleidung betreten. Nachts war sie mutterseelenallein.

Vorher hatten wir noch eine Zeit lang die denkmalgeschützten Beelitzer-Heilstätten mit dem Rollstuhl erkunden können. Beelitz ist ja nicht nur für seinen exzellenten Spargel bekannt, sondern auch für den einstmals größten Krankenhauskomplex im Berliner Umland. Von 1898 bis 1914 zunächst als Lungenheilstätte – für Frauen und Männer getrennt – eingerichtet, diente sie während des 1. Weltkrieges als Lazarett für 17.500 verwundete Soldaten. Einer der Rekonvaleszenten war der Gefreite Adolf Hitler. Nach dem 2. Weltkrieg wurden die schwer beschädigten Heilstätten von der Sowjetarmee requiriert und bis zu ihrem Abzug im Jahre 1994 als Militärhospital genutzt. Von Dezember 1990 bis März 1991 beherbergten sie den an Leberkrebs erkrankten Erich Honecker (1912-1994). Inzwischen verfallen die umwaldeten Gebäude immer mehr und wurden von der Filmindustrie entdeckt. Gedreht wurden sowohl Fernsehproduktionen als auch Kinofilme, unter anderem Roman Polanskis (1933*) Film „Der Pianist". Gegenwärtig überragt ein luftiger Baumkronenpfad die ehemalige Lungenheilanstalt, während die Gebäude und der Park saniert werden.

Gisela und unsere Freunde bekamen es im restaurierten Sanatorium mit der Angst zu tun, wenngleich aus unterschiedlichen Gründen: Während meine Lebensgefährtin starke Aversionen gegenüber den unheimlichen „Maskeraden" des Pflegepersonals entwickelte, fürchteten sich einige Freunde vor den gefährlichen Clostridien. Zu unrecht! Denn welcher Besucher greift einem Patienten schon in die Windel und setzt sich der Gefahr einer Schmierinfektion aus? Das hätte höchstens den Pflegerinnen passieren können. Doch keine war – auf explizite Nachfrage – bis dato an diesen aggressiven Erregern erkrankt. Auch ich erkrankte nicht an Clostridien, obwohl ich täglich auf der Station war. Nun weiß der Psychotherapeut, dass gegen irrationale Ängste kein Kraut gewachsen ist. Selbst Engelszungen und entwarnende Argumente bewirken nichts. Der „Angsthase" wird seine Angst auf keinen Fall hergeben wollen. Allein im Krankenzimmer, von den meisten Freunden gemieden und ans Bett gefesselt, fühlte sich die Patientin nun völlig von der Außenwelt abgeschnitten. Zudem verschlechterte sich ihr Allgemeinzustand. Der schmerzhaften Diarrhoe folgte eine Lungenentzündung, ein Lymphstau in den Extremitäten, eine Borkenbildung in der Mundhöhle und rezidivierende Erstickungsanfälle. Auch die Verständigung wurde immer schwieriger, ihre Stimmung depressiver, der Wunsch, sterben zu wollen, intensiver. Machte die Rehaklinik womöglich krank? Es schien fast so! Jedenfalls war es kein Ort zum Sterben (vgl. de Ridder 2011, S. 227). Es war also höchste Zeit, mein Versprechen einzulösen und meine Lebensgefährtin nach Hause zu holen. Nachdem man sie einigermaßen transportfähig kuriert hatte, wurde sie nach fast drei Monaten aus der Reha entlassen und meiner Obhut übergeben.

Endstation Hauspflege

Würde ich mich nicht übernehmen, wenn ich meine Lebenspartnerin nach Hause holte? An warnenden Stimmen mangelte es wahrlich nicht. Schließlich ist eine „Rundum-Betreuung“ (Pflegestufe 3) keine Kleinigkeit. Doch ich hatte es versprochen und hoffte auf einen „Home-Sweet-Home-Effekt“. Ich engagierte einen Pflegedienst und eine medizinische Betreuung. Eine Reinigungskraft war schon vorhanden. Deren Kooperation und Organisation waren an sich zufriedenstellend. Doch weder das vertraute Ambiente noch ständige Anwesenheit und Fürsorge brachten nennenswerte Fortschritte. Gisela blieb ans Bett gefesselt. Infolge zunehmender Widerstände gegen pflegerische und therapeutische Maßnahmen, rückten die geplanten Ausflüge mit dem neuen Rollstuhl in weite Ferne. Desgleichen erlahmte ihr mediales Interesse für Literatur, Musik und Fernsehen. Motivierende Versuche wurden übellaunig abgewehrt. Selbst dem Vorlesen konnte sie nichts mehr abgewinnen. Ein Teufelskreis! Je geringer das Interesse, um so zügiger die regressiven Tendenzen. Offenbar funktioniert bei dementen Patienten die Reizverarbeitung anders als bei gesunden Menschen. Infolge des ramponierten Kurzzeitspeichers können keinerlei Zusammenhänge mehr zwischen den einzelnen Informationspaketen hergestellt werden. Das muss ziemlich frustrierend sein! Sie werden quasi auf sich selbst zurückgeworfen. Giselas stressige Gedanken kreisten hauptsächlich um ihre körperlichen Beschwerden und geistigen Defizite. Sie litt sehr darunter! Häufig äußerte sie quälende Sinnlosigkeitsgefühle. Sie fühle sich alt, wertlos, einsam, verloren und weit weg von allem. „Es ist schrecklich, dem Todeskampf einer Hoffnung beizuwohnen“, klagt Simone de Beauvoir (1983, S. 88). Ihr einziger Lebenssinn sei ich. Ständig rief sie: „Bitte, bitte! Hilf mir! Hilf mir! Bleib! Bleib doch!“ Falls ich dennoch schlechten Gewissens das Schlafzimmer verließ, greinte sie in den höchsten Tönen hinterher. Wohlmeinende Freunde sprachen von Verwöhnung. Man solle sie ruhig etwas zappeln lassen. Das konnte ich aber nicht übers Herz bringen. Ständig war ich auf dem Quivive. Nur keine Erstickungsanfälle provozieren. Meistens eilte ich ans Bett zurück, ergriff beruhigend ihre Hand und schaute hilflos in ihr verzweifeltes Gesicht.

> Wer glaubt, Schmerz, und sei er noch so übermächtig, sei das am wenigstens erträgliche Übel in schwerer Krankheit, irrt. Nach Luft ringen, das Gefühl zu ersticken, ist ein Zustand, der wie kein zweiter mit Vernichtungsangst und einem Delirium einhergehen kann: ein Notfall im Sterben (de Ridder 2011, S. 107).

Deswegen fürchteten wir uns beide vor diesen dramatischen Attacken. Hervorgerufen wurden sie durch intraorale und oropharyngale Speichelansammlungen, welche durch eine Störung des Schluckvorgangs (Dysphagie) nicht weggeschluckt werden konnten und sich manchmal über mehrere Stunden hinzogen. Als infolge der brodelnden und gurgelnden Aspirationsgeräusche wieder einmal eine Erstickung zu befürchten war, forderte ich über 112 ein Absauggerät an. Leider brachte diese unangenehme Prozedur nur eine kurzfristige Erleichterung, sodass ich für den Notfall ein eigenes Gerät anschaffen wollte. Ein Absauggerät in Reichweite zu haben, bedeutete eine gewisse Sicherheit. Zumal mir ärztlicherseits prophezeit worden war, dass meine Lebensgefährtin wahrscheinlich an einem Erstickungsanfall sterben würde. Was für eine grässliche Vorstellung! Nach all dem Leid, am Ende des Lebens, nochmals endlose fünf Minuten Todeskampf! Aber noch war es nicht soweit. Noch gaben wir nicht auf! Noch hoffte ich auf eine Erleichterung des Krankenlagers. Wir jonglierten zwischen kurativ und palliativ.

Nicht weniger gravierend, wenngleich ungefährlich, erwies sich der ständige Redezwang meiner armen Patientin. Stundenlang redete sie wie ein Wasserfall. Dieselben Worte wiederholend! Es war ätzend! Ich fühlte mich genervt! Ich versuchte es im Guten. Erfolglos! Ich versuchte es im Bösen! Erfolglos! Auch verhaltenstherapeutische Maßnahmen halfen nicht! Weder reagierte sie auf „Gedankenstopp“ noch auf „positive Verstärkung“. Manchmal schien sie sich ihrer Logorrhö. bewusst zu sein. Könne aber nicht damit aufhören, sagte sie. Ihr Mundwerk erinnerte an eine hängen gebliebene Schallplatte oder an einen mechanischen Automatismus. Letzten Endes blieb mir nichts anderes übrig, als aus dem Feld zu gehen. Natürlich wünschte ich diese merkwürdige Symptomatik zu verstehen, fand aber keine plausible Erklärung, hatte nur vage Hypothesen. Vielleicht eine Folge der beiden Schlaganfälle oder der

Demenz? Meinerseits deutete ich ihr Verhalten als einen inhärenten Zwang, sich permanent zu Wort melden zu müssen, um die existenziellen Verlustängste und Depersonalisationsgefühle niederzukämpfen.

Um meiner leidenden Lebensgefährtin näher zu sein, hatte ich inzwischen meinen Arbeitsplatz ins Schlafzimmer verlegt. Gewohnt, kontemplativ am PC zu arbeiten, saß mir die Unruhe jedoch dermaßen im Nacken, dass ich keinen klaren Gedanken mehr fassen konnte. Ständig musste ich meine geistige Arbeit unterbrechen, meistens zu keinem anderen Zweck, als meine körperliche Anwesenheit kundzutun. Zudem lag sie mir ständig in den Ohren. Meine geliebte Schriftstellerei, mein „Kompensationsmechanismus für alle Lebenslagen", kollabierte. In meiner Not verstopfte ich meine Ohren mit Oropax und versuchte das lästige Monologisieren zu ignorieren. Das gelang mehr schlecht als recht. Wie sollte man unter solch schwierigen Bedingungen arbeiten? Es war zum Verzweifeln! Ein anderer Zugang musste zu meiner pflegerischen Beschäftigung gefunden werden, sollte ich nicht einen dritten Kreislaufkollaps erleiden. Also versuchte ich aus der Not eine Tugend zu machen! Statt zu verzweifeln und alles hinzuschmeißen, betrachtete ich meine pflegerischen Aufgaben als eine Art von „interdisziplinärem Studium". Von Stund' an studierte ich nun in vivo Gerontologie und Geriatrie. Zwar würde ich keinen akademischen Titel erwerben, dafür jedoch allerlei Kenntnisse in Hauspflege, Psychologie und Medizin.

So wurde mein Leben auf unbestimmte Zeit von der Hauspflege bestimmt. Der relativ gut organisierte Pflegedienst ermöglichte eine gewisse Entlastung, gelegentliche Besuche von Freunden eine kurze Verschnaufpause und ein paar Tropfen Melperon (Neuroleptikum) ein paar Stunden Nachtruhe. Ansonsten befand ich mich im Dauerstress. Nur selten konnte ich die Wohnung verlassen. Einkäufe, Arztbesuche und Spaziergänge mussten sorgfältig vorausgeplant werden. Meine spärlichen Außenkontakte beschränkten sich auf Krankenbesuche und Trost spendende Anrufe. Weil mir jedoch bloße Anteilnahme auf die Dauer ziemlich lästig wurde, vermied ich es immer häufiger den Hörer abzunehmen. Hingegen war mir praktische Hilfe jederzeit willkommen. Und diese kam manchmal von ganz unerwarteter Seite. Einige gute Freunde und Bekannte, welche „das hohe Lied des Gemeinschaftsgefühls" sangen, ließen sich überhaupt nicht mehr blicken, während ferner stehende Bezugspersonen regelmäßig aushalfen.

Gisela durfte zu Hause sterben – neben mir im Bett. Nicht an einer Lungenentzündung und nicht an einer Harnweginfektion und auch nicht durch Erstickung, sondern ganz friedlich durch eine „Kohlenstoffdioxyd-Narkose". Wenngleich die traurigen Gefühle überwogen, spürte ich doch eine gewisse Erleichterung. Ich weiß nicht, wie lange ich es noch durchgehalten hätte. Außerdem hatte ich nicht – laut Patientenverfügung – über Tod und Leben entscheiden müssen, zum anderen war „uns" der schreckliche Erstickungstod erspart geblieben.

Liebe Freunde trösteten mich über das Schlimmste hinweg. Trotzdem trauerte und grämte ich mich mehrere Tage, bis ich mich schließlich damit abfand, dass meine langjährige Lebensgefährtin nicht mehr da war. Weg! Stille! Leere! Trauer! Nach achtunddreißig guten und schlechten Jahren hatte sie mich für immer verlassen. An herzlichen Beileidsbezeugungen fehlte es nicht. Doch statt der gut gemeinten Kondolenzen hätte ich mir mehr persönliche Hilfe gewünscht, wie zum Beispiel: Was kann ich für dich tun! Ich bin für dich da, wenn du mich brauchst! Und anderes mehr. Aber ich sollte nicht klagen. Als Psychologe ist mir der schwierige Umgang mit trauernden Mitmenschen vertraut. Man findet selten den richtigen Ton. Auch ich nicht. Man muss sich mit dem zufrieden geben, was andere geben können. Und eigentlich habe ich genügend Unterstützung in jener schweren Zeit von Freunden und Bekannten bekommen. Aber es tat so weh und schmerzt noch immer!

Die Fähigkeit zu trauern

Vorausahnende Trauer und häufiges Abschiednehmen hatten den Schmerz des Todes etwas gelindert. Trotzdem dachte ich wie Sigmund Freud:

> Die schwere Trauer, die Reaktion auf den Verlust einer geliebten Person, enthält die ... schmerzliche Stimmung, den Verlust des Interesses für die Außenwelt – soweit sie nicht an den Verstorbenen mahnt -, den Verlust der Fähigkeit irgendein neues Liebesobjekt zu wählen – was den Betrauernden ersetzen hieße -, die Abwendung von jeder Leistung, die nicht mit dem Andenken des Verstorbenen in Beziehung steht (Freud 1975, S. 198).

Nichttrauernde mögen über Freuds Zeilen aus seinem Aufsatz über *Trauer und Melancholie* hinweglesen. Nicht jedoch Betroffene, welche sie wahrscheinlich mit anderen Augen betrachten. So stellte sich mir die Frage nach dem Grund meiner Trauer: Weil meine Lebensgefährtin so lange hat leiden müssen? Weil ein wertvolles Leben verlöschte? Weil sie mir fehlt? Kann es sein, dass ich mich selbst betrauere? Weil ich mich einsam fühle? Weil mir Erinnerungen das Leben schwer machen? Weil ich mich vor eigener Pflegebedürftigkeit fürchte? Trauerarbeit ist, so scheint es, ein hochkomplexer emotionaler Prozess! Ungeachtet dessen, träumte ich von meiner verstorbenen Lebensgefährtin, hielt an ihrem Grab leise weinend Zwiesprache und gedachte noch eine Weile und immer wieder unserer gemeinsamen Lebensjahre. Als ich nach dem schmerzlichen „Trauerjahr" eine andere Frau kennenlernte, ergab sich die moralische Frage, ob ich auch lange genug um Gisela getrauert habe und kam zu dem Schluss, dass ich über Umfang, Tiefe und Zeit meiner Trauer keine Rechenschaft ablegen müsse. Wohl aber schien es mir wichtig und richtig, über die Trauer an sich zu reflektieren! Warum? Darum! Weil es eine psychische Dauerbelastung bedeutet, wenn man sich nicht mit Verlustsituationen aktiv auseinanderzusetzen vermag. Es ist das große Verdienst von Freud, hervorgehoben zu haben, dass Trauerarbeit ein wichtiges innerseelisches Geschehen ist. Die Verluste in die eigene Person zu integrieren, sich zu trösten und zu erholen und neue Lebensperspektiven zu erwägen, das alles ist emotionale Schwerst- und Entscheidungsarbeit. Unterlassene Trauerarbeit hingegen würde bei jeder assoziativen Gelegenheit störende Affekte an die Oberfläche spülen und die Stimmung erheblich beeinträchtigen, meist ohne Kenntnis tiefer liegender Ursachen. Für Pablo Picasso (1881-1973) etwa stellte

> jede Begegnung mit dem Tod ... lebenslang eine schwer erträgliche Belastung dar. Im allgemeinen versuchte er den Gedanken daran vollständig zu verdrängen. Er sprach nicht über Sterbende, weigerte sich, an Begräbnissen teilzunehmen und fürchtete jede Person, jeden Umstand, an den sich Krankheit, Altern oder Tod knüpfen konnten (Gardner 1996, S. 188).

Ähnliches weiß man von Johann Wolfgang von Goethe und anderen zu berichten. Wer aber „Tod und Sterben" vehement verdrängt, imaginiert nicht nur ständig Verlustängste, sondern fürchtet auch den eigenen Tod. Selbst betroffene Menschen leisten dann statt einer zeitlich begrenzten Trauerarbeit eine lebenslang aufwändige Verdrängungsarbeit. Insofern bedeuten schmerzhaft erlebte und verbalisierte Trauergefühle eine emotionale und mentale Entlastung. Kopf und Herz werden wieder frei! Für das Leben! Das weiter geht! In einem seiner Gedichte ermuntert uns Erich Kästner deshalb, bewusst zu trauern:

Mut zur Trauer

Sei traurig, wenn du traurig bist,
und steh nicht stets vor deiner Seele Posten!
Den Kopf, der dir ans Herz gewachsen ist,
wird´s schon nicht kosten.

Vielleicht mit der Einschränkung, dass man seine Trauer nicht zum alleinigen Sinn des Lebens erhebt! Es reicht, wenn man allzeit des Todes gedenkt, ansonsten das Leben genießt.

21. Keine Furcht vor dem Alter

Let old age come with fun and happiness.

Shakespeare

Wenn man älter wird

Als ich älter wurde, dachte ich immer öfters über meine letzte Lebensphase nach und fand viele Gleichgesinnte: So las ich zum Beispiel in Adalbert Stifters (1805-1868) *Nachsommer* : „Die Jugend weist auf die Zukunft hin, das Alter erzählt von einer Vergangenheit" (Stifter 1980, S. 404). Während die Vergangenheit des alternden Menschen immer länger wird, wird seine Zukunft immer kürzer. Er mag dem nach- und voraustrauern oder auch nicht. Ihm bleibt nichts anderes übrig, als sich damit abzufinden, das die Jugend längst entflohen ist. Gescheiter scheint es freilich sich prophylaktisch auf das unvermeidliche Alter einzustellen und die Konsequenzen seines Tuns zu bedenken, wie zum Beispiel die Gebrüder Epimetheus und Prometheus:

> Die Nachfolger des Epimetheus sind kurzsichtig und kümmern sich nicht um die Zukunft, sondern um das Vergnügen des Augenblicks, wodurch sie zahlreiche Übel, Schwierigkeiten und Nöte erleiden, mit denen sie beständig zu kämpfen haben. Gleichzeitig beruhigen sie jedoch ihr Gemüt (genius) und nähren, wie es ihnen ihre Unwissenheit erlaubt, leere Hoffnungen, an denen sie sich wie an süßen Hoffnungen erfreuen, und so die Nöte des Lebens versüßen. Die Nachfolger des Prometheus sind weise und vorausschauend und verhindern und beseitigen durch ihre Vorsicht zahlreiche Übel und Widrigkeiten. Mit diesem Vorzug verbindet sich jedoch der Nachteil, daß sie sich zahlreiche Genüsse und verschiedene Annehmlichkeiten des Lebens versagen, ihr Gemüt von vielen erlaubten Genüssen und Erholungen fernhalten und, was noch schlimmer ist, sich mit Sorgen, Einsamkeit und inneren Ängsten quälen und foltern (Bacon 1990, S. 68).

Im Volksmund heißt das lapidar: „Der kluge Mann baut vor." Wer aber macht das schon? Zeitlebens verlassen sich die Frauen auf die handwerklichen Fähigkeiten ihrer Männer und die Männer auf die Koch- und Nähkünste ihrer Frauen. Wenn einer der beiden das Zeitliche segnet, steht der andere hilflos vor neuen Aufgaben! Deshalb sollte man sich rechtzeitig Gedanken über das Älter werden machen, selbst wenn es dann doch anders kommt als man dachte. Wer sich in der Blüte seiner Jahre nicht um soziale Kontakte, sinnvolle Aufgaben und seine Gesundheit kümmert, darf sich nicht über die Folgen wundern. Vor allem bedürfen wir Freundschaften als Inseln der Zuflucht, schreibt Helene Deutsch. Freundschaften werden im Alter immer wichtiger, weil sie dem Gefühl der Einsamkeit entgegenwirken. Es können durchaus jüngere Freunde sein. Denn der Altersunterschied schrumpft mit zunehmendem Alter zusammen (vgl. Deutsch 1994, S. 190). Sodann folgen sinnvolle Beschäftigungen. Sich mit den Folgen des Alters allein zu beschäftigen, reicht nicht aus. Auch Kreuzworträtsel lösen, ist kein adäquater Ersatz und dient nur dem Zeitvertreib. Hingegen stellt Senecas strenger Imperativ, sein „eigener Arzt" sein zu sollen, schon wesentlich höhere Anforderungen an uns. Zumindest sollte man sich ein medizinisches Grundwissen aneignen, um seinen Körper besser verstehen und als „mündiger Patient" eine gewisse Mitverantwortung für Leib und Seele tragen zu können. Hilfreich können auch kreative Projekte sein, mit einem manchmal verblüffenden Nebeneffekt. Als zum Beispiel der 73-jährige Theodor Fontane nach einer Grippeerkrankung eine ausgewachsene Altersdepression entwickelte, verschrieb ihm sein Hausarzt eine ungewöhnliche Rezeptur. Er solle, so verordnete er, seine Biografie schreiben. Die würde ihm wahrscheinlich über sein Stimmungstief hinweghelfen. Und tatsächlich scheinen ihn *Meine Kinderjahre* (1893) einigermaßen kuriert zu haben. Wie aber ist das möglich? Offenbar dadurch, dass eine nachhaltige Beschäftigung mit der eigenen Vergangenheit in der Gegenwart eine optimistische Zukunftsperspektive eröffnet. Das schafft zeitliche Integrität und hat kathartische Nebenwirkungen. Man erhält neuartige Einsichten in sein Selbstwerterleben, lernt sich mehr oder weniger in allen seinen Facetten kennen und lieben und schließt Frieden mit sich selbst! Hoffentlich! Denn Peter Gay bescherte die Erforschung seiner Jugendjahre offensichtlich nicht den erhofften Seelenfrieden (vgl. Gay 2000, S. 10).

Vorhersehbar ist auch der Verlust der Manneskraft. Allerdings kann man sich das in jungen Jahren kaum vorstellen. Immer hatte „Mann" sich auf „Meister Itzig" verlassen können. Nun ging er schleichend seiner Vitalität verlustig. Meines Wissens war es in meinem Falle nicht nur auf eine Alterserscheinung zurückzuführen, sondern auch auf eine Nebenwirkung der Betablocker. Doch ich darf nicht klagen! Immerhin erfreute ich mich wesentlich länger meiner potenten Sexualität als Sigmund Freud, der wahrscheinlich schon als Mittvierziger dieses Lebenselixier entbehren musste. Danach blieb es vielfach bei dem Wunsch nach dem einen ... und der Erinnerung an bessere Zeiten „als noch alle Glieder gelenkig waren, bis auf eins". Trotz dieser körperlichen Handicaps braucht man auch im Alter nicht auf Sexualität zu verzichten. Man kann gelegentlich „handgreiflich" werden oder sich einem verständnisvollen

Partner in zärtlicher Zweisamkeit hingeben, was auch ohne orgasmische Konvulsionen befriedigend sein kann. Als allerletzter Trost bleibt dann immer noch Herrmann Hesses Reflexion:

Die Jugend ist entflohn

Die Jugend ist entflohn,
man ist nicht mehr gesund,
Es drängt die Reflexion
sich in den Vordergrund.

Jedenfalls hilft es keinesfalls, seiner Jugend nachzutrauern. Es nützt nichts, und es schadet bloß. Ich weiß! Ich weiß! Trotzdem denken wir zuweilen leise seufzend in die Vergangenheit zurück und erinnern uns der Dinge, die gewesen und an liebe Menschen, die beglückt oder wenn von Krankheit man genesen. Doch wenn wir älter werden, gewinnt die nahe Zukunft an Bedeutung. Wir sollten uns dessen freuen, was wir haben. Alles andere dient der Zeitvergeudung. Drum genießen wir das Leben, jeden Tag!

Sehnsucht nach der Kindheit

Nicht nur retrospektiv, sondern auch realiter reiste ich in die Vergangenheit zurück. Im Herbst 2014 belud ich mein Tourenrad mit zwei Packtaschen und fuhr mit der Bundesbahn ins sächsische Vogtland. „Die Landschaft war mir vertraut, aber ich empfand mich als einen Fremden, als einen distanzierten Beobachter eines tiefgreifenden geschichtlichen Wandels“ (F. Stern 2007, S. 493). Tagelang durchstreifte ich kreuz und quer das Falkenstein meiner Kindheit, sorgsam darauf achtend „was und wie“ ich erinnerte. So staunte ich nicht schlecht über das geschrumpfte Stadtbild. Ausgehend von unserem (abgerissenen) Elternhaus als Zentrum meines damaligen Lebensraumes, schienen mir die früheren Entfernungen zum Kindergarten, zur Schule, zur Kirche, zum (aufgelösten) Konsum, zu den (geschlossenen) Kinos und sogar zum (gefluteten) Skigebiet größer, die Gebäude der Stadt höher und die Berge und Felsen der Umgebung gewaltiger gewesen zu sein als jetzt. Aber nicht nur alle Entfernungs- und Größenverhältnisse schienen verändert, sondern auch die lokalen Bedeutsamkeiten. Zwar weckten die einstmals von meinen Großeltern, Tanten und Onkel bewohnten Häuser alte Erinnerungen, bewirkten aber ähnlich wie bei Peter Gay (vgl. 2000, S. 22) keine unmittelbare Betroffenheit. Viele Eindrücke blieben mehr oder weniger fremd und die dazu gehörigen Gefühle eher lauwarm. Doch nicht alle! Manchmal schwappten auch nostalgische Emotionen an die Oberfläche. Zum Beispiel machte ich auf dem Schlossfelsen über Falkenstein einen auf „Heulsuse“. Warum eigentlich? Es gab keinen triftigen Grund, meiner christlich-sozialistischen Kindheit nachzutrauern. Aber eine ähnliche Situation hatte ich schon ein paar Jahre vorher, während einer Aufführung in der „Felsenbühne Rathen“, erlebt. Sollten dieser merkwürdigen Larmoyanz vielleicht Freuds „Deckerinnerungen“ zugrunde liegen, libidinös verschlüsselte Erinnerungen, welche durch weniger bedeutsame Ereignisse überdeckt werden? Trotz intensiver Suche nach verdrängtem Material konnte ich keine negativ besetzten Erlebnisse eruieren. Deshalb assoziierte ich meine Rührseligkeit mit meiner verlorenen Kindheit, Familie und Verwandtschaft sowie dem Verlust von Heimatgefühl, welches mir märchenhaft soufflierte: „Es war einmal und ist nicht mehr!“

Zudem registrierte ich verwundert, dass meine urbane Orientierung nicht kartografisch, sondern subjektiv ausgerichtet war, also Friedrich Bollnows hodologischem Raumkonzept entsprach. Nicht der mathematische Raum ist wegweisend für das Individuum, sondern topologische, soziale und psychologische Faktoren. Bestätigung findet diese psychologische Binsenweisheit durch die allerneuesten neurophysiologischen Forschungen von John O´Keefe (1939*), May-Britt (1963*) und Edvard Moser (1962*). Diese drei glücklichen Nobelpreisträger (2014) fanden nämlich im Hippocampus ein eigenartiges Netzwerk aus so genannten „Gitter- und Ortszellen“, mit dem es folgende Bewandtnis auf sich hat: Während mittels der Gitterzellen wie mit einem GPS-System durch die Stadt navigiert wird, fügen die Ortszellen bei Annäherung an relevante Regionen vergessene Detailinformationen hinzu. Aus diesem Grunde fand ich mich nicht nur in meiner kleinen Stadt zurecht, sondern erinnerte mich sogar vor Ort besser an die Ereignisse meiner Kindheit als vor meiner Reise ins Vogtland. Ähnliches berichtet Hanns-Josef Ortheil (1951*) von seinem Vater anlässlich eines Berlin-Besuchs:

> Als wir die Wohnung von früher betreten hatten, erinnerte sich Papa immer mehr an früher. Ich sah genau, wie das passierte, denn ich sah und hörte, wie ihm immer mehr einfiel, was er vielleicht längst vergessen hatte ... Am Ende sah Papa vielleicht gar nicht mehr die Wohnung von heute, sondern eher die Wohnung von früher, das dauerte aber einige Zeit (Ortheil 2014, S. 78).

Was meine Erkundungsgänge durch die Stadt besonders interessant machte, waren surreale Überblendungen von Vergangenheit und Gegenwart. Ständig verglich ich zwischen dem alten und dem neuen Falkenstein, ohne die Eindrücke strikt voneinander trennen zu können. Dialektisch betrachtet, erschien das Heute wie es gestern war und das Gestern wie es heute ist. Meine Reise in die Vergangenheit wurde immer spannender!

Spannend zum Beispiel die Begegnung nach vielen beziehungslosen Jahren mit meinen Verwandten und Freunden. Noch lebten einige Cousins und Cousinen und meine erste Freundin. Während ich mich seelisch auf diese Begegnungen einstellte, realisierte ich, dass es nicht nur Begegnungen mit der Vergangenheit sein würden, sondern auch eine Begegnung zwischen Ost und West. Schließlich waren wir ein halbes Jahrhundert in unterschiedlichen politischen Systemen aufgewachsen! Wir waren 1956 geflüchtet, sie hatten sich irgendwie arrangiert. Sie glichen „dem Bürger eines despotisch regierten Landes, dem es nicht einfällt, zu rebellieren, weil er sich in seinem persönlichen Leben nicht beeinträchtigt fühlt" (Deutsch 1994, S. 50). Gute Freunde hatten mir empfohlen, diesbezügliche Befürchtungen und Erwartungen zu dämpfen. Insofern kam es zu keinen hitzigen Streitgesprächen. Scheuten wir uns die Meinung zu sagen? Vielleicht! Jedenfalls standen Stasi, Mauerbau, Grenzsoldaten, Schießbefehl, Planwirtschaft und Wiedervereinigung seltener zur Debatte als das Bestreben, unsere Kinder- und Greisengesichter zu kongruieren. Das dauerte immer eine ganze Weile, ehe sich die vertrauten Gesichtszüge aus Kinderzeiten herauszuschälen begannen. Zudem bevorzugten wir Gespräche über gemeinsame Verwandte, vogtländische Spezialitäten und Sehenswürdigkeiten. Meinen Wünschen entgegenkommend, unternahmen wir Sightseeingtouren zur berühmten Göltzschtalbrücke und zur Vogtlandarena in Klingenthal, besuchten die Raumfahrtausstellung in Morgenröthe-Rautenkranz, Geburtsort des ersten DDR-Astronauten von Dr. Sigmund Jähn (1937-2019) sowie das berühmte Kurbad Bad Elster. In den zehn Tagen meines Aufenthaltes im Vogtland bekam ich mehr von meiner alten Heimat zu sehen, als während meiner ganzen Kindheit. Das war nicht weiter verwunderlich. Keinem stand damals der Sinn nach Reisen. Zum einen fehlten die finanziellen Mittel, zum anderen die Möglichkeiten. Nur wenige verfügten über ein Fahrrad und niemand über ein Auto. Reisebusse fuhren noch keine und Bahnfahrten waren kaum erschwinglich. So stellte ich auf meinen Radtouren kreuz und quer durchs Vogtland mit Erstaunen fest, welch große Strecken meine kurzen Kinderbeine damals zurückgelegt hatten.

Beladen mit vielerlei Eindrücken kehrte ich nach Potsdam zurück. Obwohl meine Reise in die Vergangenheit alle meine Erwartungen übertraf, ich von meinen überlebenden Verwandten und Bekannten überaus freundlich aufgenommen wurde, fehlten doch die geistigen und kulturellen Bande. Landschaft, Gastfreundschaft und Tradition allein schaffen offenbar noch keine nostalgischen Gefühle.

Klassentreffen

Klassentreffen scheinen einem weit verbreiteten Bedürfnis zu entsprechen, da sie relativ häufig in Film und Literatur thematisiert werden. Zum Beispiel in *Doktor Erich Kästners Lyrischer Hausapotheke*, wo es heißt:

> *Klassenzusammenkunft*
>
> Sie trafen sich, wie ehemals,
> im ersten Stock des Kneiplokals.
> Und waren zehn Jahre älter.
> Sie tranken Bier (und machten Hupp!)
> Und wirkten wie ein Kegelklub.
> Und nannten die Gehälter.

Was aber bewegt ehemalige Schulkameraden nach Jahren der Trennung wieder Kontakt zueinander aufzunehmen? Ist es Neugier? Ist es Nostalgie? Ist es pure Prahlsucht, wie Kästner uns glauben machen möchte? Oder möchten sie Anteil nehmen am Leben der anderen und alte Erinnerungen austauschen? Mir persönlich dienten die Klassentreffen mit meinen Volksschulkameraden hauptsächlich als psychologische Langzeitstudie.

Zum ersten Mal trafen wir uns zwanzig Jahre nach der Abschlussfeier. Unsere Adressen ausfindig gemacht und eingeladen zu haben, ist das Verdienst von Gudrun Meyer. Das war im Jahre 1977. Alle kamen, die kommen konnten. Denn eine Mitschülerin hatte es nach Kanada, eine andere nach Australien verschlagen und zwei waren bereits verstorben. Beim 50-jährigen Jubiläum 2009 hatten sechs weitere Mitschüler/innen das Zeitliche gesegnet und beim letzten Klassentreffen 2014 versammelte sich lediglich noch ein versprengtes Häufchen über Siebzigjähriger in Fallersleben. Doch dieses Häufchen sollte mir als Lehre dienen. Nicht nur, dass mir die Endlichkeit des Lebens infolge der stetigen Abnahme der Teilnehmer schmerzlich bewusst wurde, sondern auch der Konfrontation mit der Vergangenheit wegen. Die meisten meiner alten Klassenkameraden waren nämlich im Großraum Wolfsburg verblieben. Sie hatten geheiratet und Kinder bekommen. Keiner hatte studiert oder sich sonst wie ausgezeichnet – allerdings auch ich nicht. Immerhin hatte jeder sein Leben auf die eine oder andere Art und Weise bewältigt. Als einziger Vegetarier und promovierter Psychologe nahm ich eine Sonderstellung in der Runde ein. Banale Tischgespräche trugen ein Übriges dazu bei, mich unbehaglich zu fühlen. Wobei unser Charmeur Wolfgang nicht wenig dazu beitrug. Als trivialer Alleinunterhalter erzählte er von seinen dubiosen Gebrauchtwagengeschäften und seinen frechen Spielchen mit der Polizei. Wie wenig er sich doch seit Schulzeiten verändert hatte! Und nicht nur er! Fast alle schienen ihrem Charakter und Milieu treu geblieben zu sein. War ich deshalb von Berlin her angereist? Ich spürte, dass unser früherer Lebensraum getrennten Zimmerfluchten gewichen war. Wir verstanden uns nicht mehr! Am ehesten verbunden fühlte ich mich noch mit Gudrun. Nicht nur, dass wir beide Klassensprecher unserer 7. und 8. Klasse gewesen waren, sondern auch, weil sie sich in diversen Wolfsburger Frauengruppen engagiert und als freiberufliche Journalistin für die „Wolfsburger Allgemeine Zeitung“ arbeitet. So gab es zumindest genügend interessanten Gesprächsstoff. Dem nächsten Klassentreffen 2019 blieb ich demonstrativ fern.

Kostbare Lebenszeit

Menschen denken und handeln Martin Heidegger (1889-1976) zufolge zukunftsorientiert. Wir arbeiten heute, um morgen satt zu werden, treffen Vorsorge für eventuelle Ernstfälle und vererben unseren Kindern unsere Besitztümer, damit sie es leichter haben sollen im Leben als wir.

> Wir möchten wissen, wie morgen das Wetter wird, wie sich langfristig das Klima verändert, welche Vulkane ausbrechen werden, wann das nächste Erdbeben zu erwarten ist und ob irgendwann ein Asteroid die Erde erschüttern, die Sonne erkalten oder unser Planetensystem in ein „schwarzes Loch“ fallen wird. Wir möchten rechtzeitig auf alles vorbereitet sein und wünschen Planungssicherheit (Bühring 2014, S. 199).

Andererseits sind wir wenig darauf erpicht, den Zeitpunkt unseres Todes zu erfahren. Es würde uns nur beunruhigen. Indessen wird die Zukunft des älteren Menschen immer kürzer. Er fühlt es und weiß es. Desto unverständlicher ist es, wenn er seine kostbare Lebenszeit vergeudet. Stundenlang hängt er vor dem Fernseher, vertrödelt seine Tage, treibt sich auf „Nebenkriegsschauplätzen" herum, ist sich und anderen gram und weiß nichts Rechtes mit sich anzufangen. Sein einstmals großes Interesse am Leben scheint zu erlöschen. Nicht selten verbergen sich dahinter Lebensmüdigkeit, Einsamkeit, Nutzlosigkeit, Krankheit, Bequemlichkeit. Man sollte jedoch nicht nur seine kürzer werdende Zukunftsperspektive reflektieren, sondern auch Vergangenheit und Gegenwart einbeziehen. Denn

> nur ein Mensch, der seine zeitlichen Dimensionen zu integrieren vermag, kann ... darauf hoffen, seiner Existenz Sinn und Bedeutung abzugewinnen. Wer hingegen sein Dasein punktuell und nur von Augenblick zu Augenblick durchlebt, ohne die einzelnen Momente auf die verbindende Schnur der Dauer und des Zusammenhangs zu ziehen, braucht sich über den Ansturm von Absurdität und den Mangel an Sinn, die ein derartiges Leben ausmachen, nicht zu wundern (Danzer 2003, S. 133).

Schließlich sind wir „subjektive Sinneinheiten" und erleben uns normalerweise als Zeitreisende durch verschiedene Stadien unseres Lebens hindurch. Was übrigens auch die biologische Integrität betrifft. Denn infolge permanenter Zellteilungen, verändert sich ständig unser Organismus, und wir sind – substanziell betrachtet -, heute nicht mehr die Person, die wir früher waren. Trotzdem identifizieren wir uns täglich als biologische und psychische Lebenseinheit.

Wir passen aufeinander auf

Schon in der Bibel steht geschrieben: „Es ist nicht gut, dass der Mensch alleine sei." So schwankte ich nach dem Tod meiner Lebensgefährtin zwischen der Vorstellung allein zu bleiben, mich auf den Umzug in ein Seniorenheim vorzubereiten oder eine neue Gefährtin zu suchen. Einer ungewissen Zweisamkeit stand eine gewisse Einsamkeit entgegen. Einerseits genoss ich nach Jahren intensiver Pflege meine neu gewonnene Freiheit, andererseits fühlte ich mich ein wenig heimat- und trostlos. Indes war ich nicht gewillt, mich in das nächstbeste Liebesabenteuer zu stürzen. Auch waren meine Trauergefühle noch zu übermächtig. So ließ ich mir Zeit.

Doch allmählich wurden Wünsche wach! Sehnsüchte, die erwidert wurden! Sie hatte einen ähnlichen Schicksalsschlag erlebt. Wir fühlten uns einsam und verlassen – inmitten einem „Meer aus Tränen". Keiner wusste so recht, wie es weitergehen sollte. Jeder suchte Trost bei Freunden und Bekannten, deren Anteilnahme zwar wohltuend, aber nicht hilfreich genug war. Keiner von ihnen hatte erlebt, was wir erlebt hatten. So kamen wir uns näher und näher und verstanden uns und versprachen einander, aufeinander aufzupassen! Das war nicht schwer! Jedenfalls nicht für mich! Schließlich war sie 65 Jahre jung, hübsch und schlank, anmutig in ihren Bewegungen, bezaubernd in ihrem Lächeln. Wahrlich ein seltener Glücksfall, ihr begegnet zu sein! Nach all der Trauer! Die Welt sah wieder freundlicher drein, und das Leben schillerte in bunten Farben. Wie wird es weitergehen?

22. Das Leben geht weiter

Verstehen kann man das Leben nur rückwärts.
Leben muss man es vorwärts.

Søren Kierkegaard

Amor fati

Ich liebe das Leben! Aber habe ich meinen Lebensentwurf auch breit genug angelegt und meine Pyramide hoch genug in den Himmel gespitzt? Wie hätte ich mein Leben anders gestalten können? Nun ja! Hinterher bzw. mit 75 Jahren ist man ja immer klüger! So ist aus mir der geworden, der ich bin. Ein Mensch aus Zufall und Notwendigkeit! Obwohl es in meinem Leben nicht an Schwierigkeiten mangelte, habe ich mein Schicksal nicht bereut. Vor allem deshalb nicht, weil es in politisch und religiös unterschiedlichen Systemen und Bildungsschichten ziemlich abwechslungsreich verlief. Vielleicht favorisiere ich aus diesem Grunde eine systemoffene bzw. systemübergreifende Sichtweise der Dinge. Zumindest bemühe ich mich in der Regel, die verschiedenen Perspektiven des Lebens zu tolerieren und zu integrieren. Enthalten ist darin auch die Abwägung von eigenen und fremden Erfahrungen. Zum Beispiel hat im Gegensatz zu Franz Schoenberner die Erkenntnis, nur um Haaresbreite mit dem Leben davongekommen zu sein, mein Gefühl der Selbstsicherheit und Unzerstörbarkeit keineswegs gestärkt (vgl. Schoenberner 1966, S. 100). Eher wurde mir bewusst, dass man in seinem Leben „mehrere Tode stirbt“, bevor man wirklich unter die Erde kommt! Doch Schoenberner hat dazu eine andere Meinung. Warum nicht!

Anders als Jean-Paul Sartre liebte ich das Leben auch ohne Arbeit. Während er vom Arbeiten geradezu besessen war, erfreuten mich auch Freizeit und Ferien. Sicherlich bin ich auch durch meine Arbeit geprägt: Immer blieb ich Handwerker und Ingenieur und Psychologe und Psychotherapeut und betrachtete die Welt aus deren jeweiliger Perspektive. Daraus resultierte eine gewisse Selbst-, Menschen- und Weltkenntnis. Insofern war mein beruflicher Werdegang ein glücklicher. Weshalb also mein Leben nicht noch einmal nacherleben, dachte ich. Als mir im Ruhestand dafür „alle Zeit der Welt“ zur Verfügung stand, realisierte ich diesen exzellenten Gedanken. Während ich die Facetten meiner Biografie noch einmal anzuschauen begann, machte ich die beglückende Erfahrung, dass diese Rückblenden in höchstem Maße vitalisierend wirkten. Enttäuscht wurde ich lediglich darin, keinen „roten Faden“ und kein durchgehendes Muster gefunden zu haben. So sehr ich auch danach suchte! Ganz im Gegensatz zu Ottiliens Tagebuch in Wolfgang von Goethes *Wahlverwandtschaften*, durch den sich „ein Faden der Neigung und Anhänglichkeit, der alles verbindet und das Ganze bezeichnet“ (Goethe o.Jg., S. 251) zieht. Bestenfalls ließen sich unbewusst waltende Strebungen erahnen, auf die „alle psychischen Dispositionen, Kräfte und Fertigkeiten hinzielen“ (Rattner 2013, S. 7), eine sinn- und zielstrebige „Entelechie“ bzw. Gestaltungskraft im Verbund mit angeborenen und anerzogenen Eigenschaften, welche mein Leben zu einer „unitas multiplex“ formten. Während in Adalbert Stifters utopischem Bildungsroman *Der Nachsommer* „Genosse Zufall“ im Leben seiner Protagonisten kaum einen Platz zu haben scheint, spielt er in meiner Biografie in Übereinstimmung mit den alten Griechen also durchaus eine Rolle. Nicht umsonst haben sie den Zufall in der Schicksalsgöttin „Tyche“ verehrt. Sie erkannten, dass es nur eine schöne Illusion wäre zu glauben, wir hätten unser Leben selbst in der Hand. Vielmehr drehen neben eigenen Anteilen auch viele glückliche und unglückliche Umstände unser Schicksalsrad. Im Kleinen wie im Großen! Denn auch die Weltgeschichte hängt von vielen Zufällen ab (vgl. F. Stern 2007, S. 139).

Allerdings kommt es darauf an, wie man zu den Zufällen des Lebens Stellung bezieht und was man aus ihnen macht, wie eine uralte chinesische Parabel lehrt: Als vor etwa 2500 Jahren die chinesische Mauer gebaut wurde, lebte ein armer Bauer mit seinem Sohn und einem Pferd. Nun geschah es eines Tages, dass ihm sein einziges Pferd weglief. Sofort eilten alle Dorfbewohner herbei, um ihn zu trösten. „Es sei doch ein großes Unglück, dass er nun kein Pferd mehr habe“, sprachen sie. Er aber fragte: „Woher wollt ihr das wissen?“ Bald darauf kehrte der Ausreißer mit sechs Wildpferden zurück. Der Bauer zähmte die Pferde und ließ sie für sich arbeiten. Daraufhin breitete sich Wohlstand auf seinem Hof aus. Wiederum kamen die Nachbarn vorbei und lobten ihn: „Was für ein Glück du nur hast!“ Der Bauer dachte eine Weile nach und fragte abermals: „Woher wollt ihr das wissen?“ Noch am selben Tage ritt der Sohn des Bauern auf einem der Wildpferde aus. An sich ein guter Reiter, wurde er abgeworfen und verletzte sich schwer. Anteil nehmend klagten die Dorfbewohner. „Was für ein Unglück. Nun ist dein einziger Sohn zum Krüppel geworden!“ Aber der Bauer antwortete fragend: “Woher wollt ihr das wissen?“ Am nächsten Tag erschienen mehrere Abgesandte des Kaisers und rekrutierten alle jungen Männer des Dorfes für den Bau der Großen Mauer. Nur der Sohn des alten Bauern blieb von der Zwangsarbeit verschont. Als die Ältesten des Dorfes davon hörten, sprachen sie: „Was für ein Glück du hast!“ Wiederum fragte der Bauer: „Woher wollt ihr das wissen?“ Da berieten sich die Dorfältesten miteinander und erklärten den Bauern zu Chinas weisestem

Mann. „Sie würden sich überaus glücklich schätzen", so ließen sie den Bauern wissen, „wenn der weise Mann das Amt des Gemeindevorstehers annähme." Der aber sagte nur: „Woher wollt ihr das wissen?" und lehnte ab. Schließlich kannte er das Geheimnis des Glücks!

Biologisch gesehen, war schon meine Zeugung rein zufälliger Natur. Von vielen Millionen winziger Spermien traf ein besonders schnelles auf eine empfängnisbereite Eizelle und nistete sich darin ein. Innig verbunden formten beide innerhalb von etwa neun Monaten einen einzigartigen Homunkulus. Mich! Einem erbbiologischen Gesetz gehorchend und ohne gefragt worden zu sein, wurde ich als „Nesthocker" in die Welt geworfen und zwangsläufig meinen Eltern anheim gegeben. Sie machten ihre Sache leidlich gut, sorgten für mich und förderten mich nach bestem Wissen und Gewissen. Dafür bin ich ihnen dankbar. Wären meine Eltern allerdings adligen Geblüts oder gebildet gewesen, so wäre manches vielleicht leichter geworden. So aber blieb mir nichts anderes übrig, als auf meine eigenen Ressourcen zurückzugreifen und das Beste daraus zu machen. Im Nachhinein scheine ich mein Leben auf ein relativ breites Fundament gestellt zu haben, indem ich versuchte, so viele Erfahrungen wie möglich zu sammeln. Zudem hielt ich es mit André Gide (1869-1951), der all seine Schwächen erst bereute, „nachdem er sie alle mit Genuss ausgekostet hatte" (Kesten 1980, S. 18). Ob ich jedoch alle Möglichkeiten meines Lebens ausgeschöpft habe, vermag ich nicht zu sagen. Doch dürften mir eine neugierige und fragende Haltung ein relativ breites Interessenspektrum beschert haben. Manchmal vielleicht etwas zu breit!

Eines Tages eröffneten mir fünfzig Pfennige und ein gut gemeinter Ratschlag eines belesenen „Säufers" die Tür zur Schulbücherei und machten aus mir eine emsige Leseratte. Nachdem ich unzählige Bücher verschlungen, eine frustrierende Lehre als Zentralheizungsbauer absolviert, eine narzisstische Kränkung durch die Mutter meiner damaligen Freundin geschluckt hatte und durch einen längeren Auslandsaufenthalt etwas aus der Bahn geworfen worden war, keimte in mir der Wunsch nach schulischer Weiterbildung. Ich wollte lernen, lernen und nochmals lernen. Fast alle Brücken hinter mir abbrechend, tastete ich mich peu á peu vorwärts und erreichte trotz mancherlei Widrigkeiten den Titel eines graduierten Heizungs-Ingenieurs, ein Diplom in Psychologie und einen philosophischen Doktorgrad. Dieser lange Bildungsweg war genauso so wenig geplant gewesen wie meine „wilde Ehe" mit Gisela. Auf der Suche nach einer befriedigenden Zweisamkeit führten wir achtunddreißig Jahre lang eine „scheinlose Partnerschaft" und blieben uns trotzdem treu. Nach meinem Ruhestand und ihrem Tod ging das Leben aktiv weiter. Ich las und schrieb, pflegte soziale Kontakte und verliebte mich aufs Neue. Obwohl meine „Herbstliebe" und ich getrennt wohnen, verbinden uns viele Gemeinsamkeiten.

Vita Peracta

Obschon mein Leben noch längst nicht vollendet ist, ergeben sich am Ende meiner Autobiografie noch folgende Fragen:

1. Was wäre aus mir geworden, falls meine Familie nicht aus der DDR geflüchtet wäre? Hätte ich mich – wie die meisten Verwandten mütterlicherseits – mit dem sozialistischen System arrangiert? Ich weiß es nicht! Ich weiß es wirklich nicht! Ganz bestimmt wäre ich kein Psychologe geworden. Vielleicht wäre ich der DDR verhaftet geblieben oder verhaftet worden.

2. Habe ich mein ganzes Leben in allen seinen Facetten und Zusammenhängen verstanden? Vermutlich nicht! Denn man betrachtet ja seine Vergangenheit aus der gegenwärtigen Perspektive. Was bedeutet, dass man sich von seinem Leben ein Bild aus erinnerten Bildern macht. Sozusagen eine Collage! Wie man in seiner Kindheit und Jugend wirklich gefühlt, gedacht und gelebt hat, lässt sich retrospektiv kaum erfassen. Immerhin ermöglicht eine Autobiografie einen begrenzten Überblick über das eigene Leben, wobei

> es mir leichter gefallen ist, über die Vergangenheit als über die Gegenwart zu sprechen, denn die Patina der Zeit hat meine eigenen Erfahrungen verklärt und gemildert, sie hat die Vorwürfe abgeschwächt, die ich anderen machen könnte und mich meinen eigenen Fehlern gegenüber nachsichtiger werden lassen (Deutsch 1994, S. 193).

3. Josef Rattner schrieb einmal: „Die Suche nach sich selbst, ist zugleich ein Erschaffen dieses Selbst" (Rattner 2014, S. 70). Bin ich jetzt, nachdem ich meine Autobiografie geschrieben habe, ein anderer, als der, der ich vorher war? Zumindest scheint es so! Vielleicht aber verstehe ich mein Leben nur etwas besser als früher und habe etwas mehr Verständnis für mich und meine Mitmenschen. Erfüllt von allerlei nacherlebten und reflektierten Erlebnissen, sehe ich manche Dinge nun aus einer anderen Perspektive. So ist mir zum Beispiel klar geworden, dass wir dem prägenden Einfluss der Kindheit weni-

ger stringent ausgeliefert sind als Sigmund Freud es noch glaubte. Vielmehr vermögen wir uns durchaus kognitiv und emotional weiter zu entwickeln, sofern wir nur unsere gesammelten Erlebnisse reflektierend zu persönlichen Erfahrungen umgestalten. Aus diesem Grunde habe ich auch mein Liebesleben thematisiert, obwohl es mir nicht leicht gefallen ist und die große Gefahr besteht, missverstanden zu werden. Doch ohne Erotik, Liebe und Sexualität wäre meine Lebensgeschichte unvollständig. Und das kann keiner wollen! Vor allem ich nicht!

4. Wie wird meine Lebensbeschreibung vom Leser aufgenommen werden und welche Lehren wird er daraus ziehen? Natürlich wäre ich enttäuscht, wenn sie ihm nicht gefallen würde. Andererseits wurde ihm keine prominente Persönlichkeit versprochen, sondern ein subjektiver Einblick in die Biografie eines perspektivistisch orientierten Psychologen. Sonst nichts. Aber ist das nicht genug? Schließlich habe ich fast mein ganzes Leben zu Markte getragen! Nur das verschweigend, was ich gegenüber lebenden Bezugspersonen nicht glaubte verantworten zu können. Eingedenk eines alten russischen Sprichwortes, das besagt: „Ein alter Mensch der lügt, ist wie ein reicher Mensch der stiehlt". Trotzdem fürchte ich meine kritischen Mitmenschen nicht wenig, weswegen diese Publikation so lange wie möglich hinausgezögert wurde. Wie berechtigt solche Befürchtungen sein können, zeigen folgende Beispiele: Charles Darwins Enkelin Nora Barlow (1885-1989) getraute sich erst 1958 die Autobiografie ihres Onkels mit der Begründung zu publizieren:

> Jetzt ist es an der Zeit, die Textstücke zu veröffentlichen, die 1887 unterdrückt wurden. Damals mußten manche Passagen wegen ihrer bissigen Schärfe der Familienzensur zum Opfer fallen – aus Achtung für die Gefühle von Freunden; uns erschienen diese Kommentierungen nicht nur harmlos, sondern auch erhellend – sie werfen Schlaglichter auf die Vergangenheit (Barlow 1993, S. 18).

Der Tochter Erik Eriksons wurde unterstellt, dass sie ihre Eltern gehasst und alte Rechnungen beglichen habe.

> Ein alter Freund der Familie fand, ich habe mich durch das Schreiben dieses Artikels „kompromittiert", und ein anderer schrieb: „Mir tut es leid, dass du das Gefühl hattest, das tun zu müssen." Diese Vorwürfe hatten etwas Beschämendes für mich (Erikson Bloland 2007, S. 201).

5. Was wird mir das Leben noch bescheren? Wird mich „noch die Todesstunde ... neuen Räumen jung entgegensenden" (Hesse 1982, S. 183f.). Hoffentlich keine Wohnungswechsel mehr! Bitte nicht! Nachdem wahrscheinlich nur Franz Schubert (1797-1828) und Eduard Mörike (1804-1875) öfters umgezogen sind als ich, würde ich mir nämlich die Strapazen eines weiteren Umzugs gern ersparen. Aber man weiß ja nie! Wir haben das Leben nicht in der Hand! Es ist viel „Zufall und Notwendigkeit" im Spiel! Tröstlich zu wissen: „des Lebens Ruf an uns wird niemals enden. Wohlan denn, Herz, nimm Abschied und gesunde!" (ebd.). So bleibt mir vielleicht doch noch etwas Zeit zur Reife und zur Weisheit des Alters. Falls es sie geben sollte.

Anhang

Ausgewählte Literatur

Adler, Alfred (1930). Praxis und Theorie der Individualpsychologie. München: Bergmann.

Adler, Alfred (1979). Wozu leben wir. Frankfurt/Main: Fischer.

Adler, Alfred (1987). Menschenkenntnis. Frankfurt/Main: Fischer.

Anders, Günther (1986). Lieben gestern. Notizen zur Geschichte des Fühlens. München: Beck.

Anders, Günther (1988). Wir Eichmannsöhne. München: Beck.

Ayck, Thomas (1983). Mark Twain. Reinbek bei Hamburg: Rowohlt.

Bacon, Francis (1990). Die Weisheit der Alten. Frankfurt/Main: Fischer.

Beauvoir, Simone de (1983). Die Zeremonie des Abschieds und Gespräche mit Jean-Paul Sartre. Reinbek bei Hamburg: Rowohlt.

Blom, Philipp (2005). Das vernünftige Ungeheuer. Frankfurt/Main: Eichborn.

Bollnow, Friedrich (1981). Phänomenologie der Erkenntnis. Stuttgart: Kohlhammer.

Bottome, Phyllis (2013). Alfred Adler aus der Nähe porträtiert. Bad Rappenau: Verlag für Tiefenpsychologie und Anthropologie.

Bruyn, Günter de (1995). Das erzählte Ich. Über Wahrheit und Dichtung in der Autobiografie. Frankfurt/Main: S. Fischer.

Bühler, Charlotte (1933). Der menschliche Lebenslauf als psychologisches Problem. Leipzig: S. Hirzel.

Bühring, Gerald (1996). William Stern oder Streben nach Einheit. Frankfurt/Main: Lang.

Bühring, Gerald (2002). Charlotte Bühler: Der menschliche Lebenslauf als psychologisches Problem. In Sibylle Volkmann-Raue, Helmut E. Lück (Hrsg.). Bedeutende Psychologinnen (S. 182-198). Weinheim: Beltz.

Bühring, Gerald (2007). Charlotte Bühler oder Der Lebenslauf als psychologisches Problem. Frankfurt/Main: Lang.

Bühring, Gerald (2014). Perspektive. Unsere Weltsicht in Psychologie, Philosophie und Kunst. Darmstadt: Wissenschaftliche Buchgesellschaft.

Camus, Albert (1991). Der Mensch in der Revolte. Reinbek bei Hamburg: Rowohlt.

Canetti, Elias (1985). Die Blendung. Frankfurt/Main: Fischer.

Craig, Kenneth D. (1982). Ontogenetische und kulturelle Einflüsse beim Schmerz. In Wolfgang Keeser, Ernst Pöppel, Petra Mitterhusen (Hrsg.). Schmerz (S. 377-391). München: Urban & Schwarzenberg.

Danzer, Gerhard (2003). Merleau-Ponty. Ein Philosoph auf der Suche nach dem Sinn. Berlin: Kadmos.

Darwin, Charles (1993). Mein Leben. Frankfurt/Main: Insel.

Deutsch, Helene (1994). Selbstkonfrontation. Frankfurt/Main: Fischer.

Diderot, Denis (1987). Jacques der Fatalist und sein Herr. In Hans Hinterhäuser (Hrsg.). Das erzählerische Gesamtwerk (Band III). Berlin: Ullstein.

Didion, Joan (2014). Das Jahr magischen Denkens. Berlin: Ullstein.

Dilthey, Wilhelm (1942). Der Aufbau der geschichtlichen Welt in den Geisteswissenschaften (2. Aufl.). In Berhard Groethuysen (Hrsg.). Gesammelte Schriften (Band VII). Leipzig: Teubner.

Ellenberger, Henry (1970). Die Entdeckung des Unbewussten. Zürich: Diogenes.

Erasmus von Rotterdam (1979). Lob der Torheit. Frankfurt/Main: Insel.

Erikson Bloland, Sue (2007). Im Schatten des Ruhms. Erinnerungen an meinen Vater Erik H. Erikson. Gießen: Psychosozial-Verlag.

Feldman, Deborah (2017). Unorthodox. München: Random House GmbH.

Fontane, Theodor (1979). Meine Kinderjahre. Berlin: Ullstein.

Freud, Sigmund (1975). Trauer und Melancholie (4. Aufl.). Stud. III. (S. 193-212). Frankfurt/Main: S. Fischer.

Freud, Sigmund (1976). Selbstdarstellung. Schriften zur Geschichte der Psychoanalyse. Frankfurt/Main: Fischer.

Freud, Sigmund (1994). Einige Charaktertypen aus der psychoanalytischen Arbeit (10. Aufl.). Stud. X. (S. 229-253). Frankfurt/Main: S. Fischer.

Frisch, Max (1983). Die Tagebücher (1946-1949). Frankfurt/Main: Suhrkamp.

Gardner, Howard (1996). So genial wie Einstein. Schlüssel zum kreativen Denken. Stuttgart: Klett.

Gay, Peter (2000). Meine deutsche Frage. Jugend in Berlin 1933-1939. München: Beck.

Gemeindeverwaltung Werda (1996). 575 Jahre Werda. Lengefeld: Max Rau.

Goethe, Johann Wolfgang von (o.J.). Dichtung und Wahrheit. Leipzig: Finkentscher.

Goethe, Johann Wolfgang von (o.J.). Faust. Leipzig: Finkentscher.

Goethe, Johann Wolfgang von (o.J.). Die Wahlverwandtschaften. Leipzig: Finkentscher.

Golz, Manuela (2006). Ferien bei den Hottentotten. Berlin: Ullstein.

Hebbel, Christian Friedrich (2017). Tagebücher. Monika Ritzer (Hrsg.). In Neue historisch-kritische Ausgabe (Band 1). Berlin: Gruyter.

Heinke, Lothar (2014). Das falsche Leben. In Potsdamer Neueste Nachrichten vom 7.11.2014.

Hesse, Hermann (1982). Das Glasperlenspiel. Zürich: Suhrkamp.

Hetzer, Hildegard (1926). Der Einfluß der negativen Phase auf soziales Verhalten und literarische Produktion pubertierender Mädchen. In Charlotte Bühler (Hrsg.). Quellen und Studien zur Jugendkunde (S. 1-43). Jena: G. Fischer.

Heuer, Wolfgang (1987). Hannah Arendt. Reinbek bei Hamburg: Rowohlt.

Hoffmann, Klaus (2012). Als wenn es gar nichts wär. Berlin: Ullstein.

Horney, Karen (1974). Selbstanalyse. München: Kindler.

Jaspers, Karl (1963). Der philosophische Glaube angesichts der Offenbarung. München: Piper.

Jens, Tilman (2009). Demenz – Abschied von meinem Vater. Gütersloh: Gütersloher Verlagshaus.

Jung, Carl Gustav (1988). Erinnerungen, Träume, Gedanken. Freiburg: Walter Olten.

Jung, Kathrin (2000). Die Geschichte des Psychologischen Instituts der Universität Heidelberg in den Jahren 1933 bis 1980. Diplomarbeit am Psychologischen Institut der Universität Heidelberg.

Kästner, Erich (1988). Doktor Erich Kästners Lyrische Hausapotheke. München: dtv.

Kästner, Erich (1996). Als ich ein kleiner Junge war. Zürich: Atrium.

Kesten, Hermann (1980). Meine Freunde die Poeten. Berlin: Ullstein.

Keller, Gottfried (1987). Der Grüne Heinrich. München: Winkler.

Koestler. Arthur (2016). Diebe in der Nacht. Berlin: Europaverlag.

Köhler, Günter (1991). Notaufnahme. Berlin: Stapp.

Köpke, Reinhold (2017). Gedanken über meinen Lebenslauf. Berlin: Nord-Buch.

Kropotkin, Peter (2002). Memoiren eines Revolutionärs (Bd. 2). Münster: Unrast-Verlag.

Kübler-Ross, Elisabeth (2002). Das Rad des Lebens. Autobiografie. München: Knaur.

London, Jack (1978). Martin Eden. München: dtv.

Lück. Helmut/ Löwisch, Dieter-Jürgen (1994). (Hrsg.). Der Briefwechsel zwischen William Stern und Jonas Cohn. Frankfurt/Main: Lang.

Luther, Martin (ca. 1880). Illustrierte Familienbibel: Leipzig: A.H. Payne.

Marrow, Alfred (1977). Kurt Lewin. Leben und Werk. Stuttgart: Klett.

Moritz, Karl Philipp (1979). Anton Reiser. Ein psychologischer Roman. Frankfurt/Main: Insel.

Moser, Tilmann (1981). Lehrjahre auf der Couch. Frankfurt/Main: Suhrkamp.

Muchow, Martha (1980). Der Lebensraum des Großstadtkindes. B. Schonig & J. Zinnecker (Hrsg.). In reprint, mit einer Einleitung von J. Zinnecker. Bensheim: päd. Extrabuchverlag.

Narayan, R. K. (2004). Reifeprüfung. Frankfurt/Main: Insel.

Nietzsche, Friedrich (1975). Also sprach Zarathustra. Stuttgart: Kröner.

Nietzsche, Friedrich (1976). Jenseits von Gut und Böse. Stuttgart: Kröner.

Nietzsche, Friedrich (1978). Menschliches Allzumenschliches. Stuttgart: Kröner.

Nietzsche, Friedrich (1987). Ecce Homo. Stuttgart: Kröner.

Ortheil, Hanns-Josef (2014). Die Berlinreise. München: Luchterhand.

Pfau, Günter (2010). „falkenstaa – wu mir derhamm sei". Klingenthal: Grimm.

Pieplow, Jürgen (1992). Für ein Sühnezeichen auf dem Balkan. Zeichen, 3, 30-31.

Rath, Norbert (1998). „Die biographische Wahrheit ist nicht zu haben". Nietzsches und Freuds Kritik der Biographik. Psychologie und Geschichte, 8 (3-4), 281-298.

Rattner, Josef (2011). Tiefenpsychologie und Kulturanalyse. Berlin: Verlag für Tiefenpsychologie.

Rattner, Josef (2011). Lehr- und Meisterjahre eines Psychotherapeuten. Autobiografie. Berlin: Verlag für Tiefenpsychologie.

Rattner, Josef (2013). Alfred Adler: Der Mensch und seine Lehre. Berlin: Verlag für Tiefenpsychologie.

Rattner, Josef (2014). Streifzüge durch Leben und Literatur. Berlin: Verlag für Tiefenpsychologie.

Ridder, Michael de (2011). Wie wollen wir sterben? München: Deutsche Verlags-Anstalt.

Riemann, Fritz & Kleespies, Wolfgang (2005). Die Kunst des Alterns. München: Reinhardt.

Rolland, Romain (1962). Die Reise nach Innen. Berlin: Rütten & Loening.

Rousseau, Jean-Jacques (1978). Die Bekenntnisse. München: Winkler.

Rutkowsky, Dorothea & Windolf, Herbert (2015). Brücken über Zeiten und Kontinente. Bad Rappenau: Verlag für Tiefenpsychologie und Anthropologie.

Safranski, Rüdiger (2013). Goethe. Kunstwerk des Lebens. München: Hanser.

Safranski, Rüdiger (2015). Zeit. München: Hanser.

Schlink, Bernhard (1995). Der Vorleser. Zürich: Diogenes.

Schneider, Manfred (1986). Die erkaltete Herzensschrift. Der autobiografische Text im 20. Jahrhundert. München: Hanser.

Schoenberner, Franz (1966). Ausflüge aus der Unbeweglichkeit. München: Kreisselmeier.

Schopenhauer, Arthur (1999). Parerga und Paralipomena. Zürich: Haffmann.

Siebenhüner, Hartmut (2015). Die Entdeckung der Zwischenmenschlichkeit. Harry Stack Sullivan und seine interpersonale Theorie. Bad Rappenau: Verlag für Tiefenpsychologie und Anthropologie.

Sombart, Werner (1956). Vom Menschen. Versuch einer geisteswissenschaftlichen Anthropologie. Berlin: Duncker & Humblot.

Spiegel, Der (1963). Agent Gottes. 10, 61-62.

Spiegel, Der (1996). Dächer abrasiert. 48, 243-245.

Stern, Carola (1989). In den Netzen der Erinnerung. Lebensgeschichten zweier Menschen. Reinbek bei Hamburg: Rowohlt.

Stern, Carola (1996). Der Text meines Herzens. Das Leben der Rahel Varnhagen. Reinbek bei Hamburg: Rowohlt.

Stern, Carola (2001). Doppelleben. Eine Autobiografie. Köln: Kiepenheuer & Witsch.

Stern, Carola (2004). Uns wirft nichts mehr um. Reinbek bei Hamburg: Rowohlt.

Stern, Fritz (2007). Fünf Deutschland und ein Leben. München Beck.

Stern, William (1918). Die menschliche Persönlichkeit. Leipzig: Barth.

Stern, William (1923). Über die Entwicklung der Idealbildung in der reifenden Jugend. Zeitschrift für pädagogische Psychologie und experimentelle Pädagogik, 24, 34-45.

Stern, William (1925). Anfänge der Reifezeit. Ein Tagebuch in psychologischer Bearbeitung. Leipzig: Quelle & Meyer.

Stifter, Adalbert (1980). Der Nachsommer. München: Winkler.

Strauß, Botho (2014). Herkunft. München: Hanser.

Turgenjew, Iwan (1985). Aufzeichnungen eines Jägers. Zürich: Manesse.

Wiechel, Hugo (1901). Die ältesten Wege in Sachsen. In Redactions-Comité (Hrsg.). Sitzungsberichte und Abhandlungen der Naturwissenschaftlichen Gesellschaft (ISIS) in Dresden. (S. 18-53). Dresden: K. Sächsische Hofbuchhandlung H. Burdach.

Yalom, Irvin D. (2017). Wie man wird, was man ist. München: Random House GmbH.

Zweig, Stefan (1999). Triumph und Tragik des Erasmus von Rotterdam. Frankfurt/Main: S. Fischer.

Psychologische Autobiografien

Deutsch, Helene (1994). Selbstkonfrontation. Frankfurt/Main: Fischer.

Frankl, Viktor (2013). Was nicht in meinen Büchern steht. Lebenserinnerungen. Weinheim: Beltz.

Freud, Sigmund (1976). Selbstdarstellung. Schriften zur Geschichte der Psychoanalyse. Frankfurt/Main: Fischer.

Gay, Peter (2000). Meine deutsche Frage. Jugend in Berlin 1933-1939. München: Beck.

Golz, Manuela (2006). Ferien bei den Hottentotten. Berlin: Ullstein.

Heider, Fritz (2004). Das Leben eines Psychologen. Eine Autobiografie. Weinheim: Beltz.

Jaeggi, Eva (1983). Wir Menschenbummler. Autobiografie einer Psychotherapeutin. Weinheim: Beltz.

Jung, Carl Gustav (1988). Erinnerungen, Träume, Gedanken. Freiburg: Walter Olten.

Kölbach-Arabu, Gertrude (2009). Mein Schritt nach vorn in die Vergangenheit. Berlin: Selbstverlag.

Köpke, Reinhold (2017). Gedanken über meinen Lebenslauf. Berlin: NordBuch (Privatdruck).

Kübler-Ross, Elisabeth (2002). Das Rad des Lebens. Autobiografie. München: Knaur.

Moritz, Karl Philipp (1979). Anton Reiser. Ein psychologischer Roman. Frankfurt/Main: Insel.

Moser, Tilmann (1981). Lehrjahre auf der Couch. Frankfurt/Main: Suhrkamp.

Nietzsche, Friedrich (1987). Ecce Homo. Stuttgart: Kröner.

Pongratz, Ludwig J.; Traxel, Werner; Wehner, Ernst G. (Hrsg.). (1972). Psychologie in Selbstdarstellungen (Band 1). Bern: Huber.

Pongratz, Ludwig J.; Traxel, Werner; Wehner, Ernst G. (Hrsg.). (1979). Psychologie in Selbstdarstellungen (Band 2). Bern: Huber.

Rattner, Josef (2011). Lehr- und Meisterjahre eines Psychotherapeuten. Autobiografie. Berlin: Verlag für Tiefenpsychologie.

Rousseau, Jean-Jacques (1978). Die Bekenntnisse. München: Winkler.

Rutkowsky, Dorothea & Windolf, Herbert (2015). Brücken über Zeiten und Kontinente. Bad Rappenau: Verlag für Tiefenpsychologie und Anthropologie.

Stern, William (1925). Anfänge der Reifezeit. Ein Tagebuch in psychologischer Bearbeitung. Leipzig: Quelle & Meyer.

Yalom, Irvin D. (2017). Wie man wird, was man ist. München: Random House GmbH.

Zu den Abbildungen

20. Am stillen Grabe

21. 50-jähriges Klassentreffen in Wolfsburg vor der Wohltbergschule

22. Mit Freundin bei Freunden im Garten

Über den Autor

Bühring, Gerald, Dr. phil., Dipl. Psych., geb. 1944 in Tulbing bei Wien. Erststudium an der Berliner Ingenieurakademie für Bauwesen (Ing. grd.). Zweitstudium in Psychologie am Psychologischen Institut der Technischen Universität Berlin. Weiterbildung zum Personenzentrierten Psychotherapeuten und Verhaltenstherapeuten. Nach dem Studium Heimpsychologe in Rischborn/Gifhorn, dann eigene Psychotherapeutische Praxen in Hamburg und Berlin. Von 1980 bis 2006 beschäftigt in der Beratungsstelle für Kinder- und Jugendpsychiatrie Reinickendorf in Berlin. Freier Mitarbeiter am Institut für Tiefenpsychologie Gruppentherapie und Gruppendynamik Berlin.

Korrespondenzadresse: Dr. Gerald Bühring, Holbeinstr. 59, D-12203 Berlin; E-Mail: dr.gerald.buehring@googlemail.com. Telefon: 030/8334713

Doris Schildknecht

Theodor Reik und sein Hören mit dem dritten Ohr: Ein Beitrag zur Theorie des Zuhörens und Verstehens
192 Seiten, gebunden, Juni 2016
ISBN 978-3981667 0-9-7
32,00 €

Über den Inhalt

Theodor Reik (1888-1969) war Schüler und Vertrauter Freuds. Er war der erste, der eine psychoanalytische Interpretation für ein literaturkritisches Werk in seiner Dissertation angewendet hat. Auf Anraten Freuds ließ er sich als Laienanalytiker nieder, was ihm zeitlebens Schwierigkeiten bereitete. 1938 emigrierte er nach New York und gründete dort eine eigene Organisation. Die National Psychoanalytical Association for Psychoanalysis (NPAP) war eine der ersten psychoanalytischen Ausbildungsstätten und Interessenvertretungen für Nichtärzte.

In mehr als 50 Büchern und in zahlreichen Abhandlungen hat Reik seinen theoretischen Ansatz in Form von psychoanalytischen Monografien, Kunstinterpretationen sowie Ausarbeitungen über Zwang und Religion, Schuld und Strafe (Kriminalpsychologie), Masochismus, Verstehen, Liebe und Sexualität dargelegt..

Über die Autorin

Doris Schildknecht, Dr. phil. Dipl.-Psych., niedergelassene Psychotherapeutin in Berlin, ist Ausbilderin am Institut für Tiefenpsychologie, Gruppendynamik und Gruppentherapie (ITGG) Berlin. Ihr besonderes Interesse gilt den neueren Strömungen der Tiefenpsychologie, in denen das wechselseitige Geschehen der Beteiligten im psychotherapeutischen Prozess in den Vordergrund gestellt wird.

Bestellungen in allen Buchhandlungen und auf allen Online-Plattformen.

Gisela Greulich-Janssen

Fühlen und Denken – Wege zur Person
Philosophische und anthropologische Aspekte in der Psychotherapie
160 Seiten, gebunden, Oktober 2017
ISBN 978-3-946130-08-6
19,90 €

Matthias Voigt

Erziehung, Pädagogik und die Kultur der Menschheit
Der Beitrag der Tiefenpsychologie zur kulturellen Evolution
270 Seiten, gebunden, April 2017
ISBN 978-3-946130-11-6
27,00 €

Reinhold Köpke

Keine Angst vor Goethe
Eine Annäherung in 23 Kapiteln
234 S., Hardcover, Juli 2017
ISBN: 978-3-946130-12-3
24,00 €

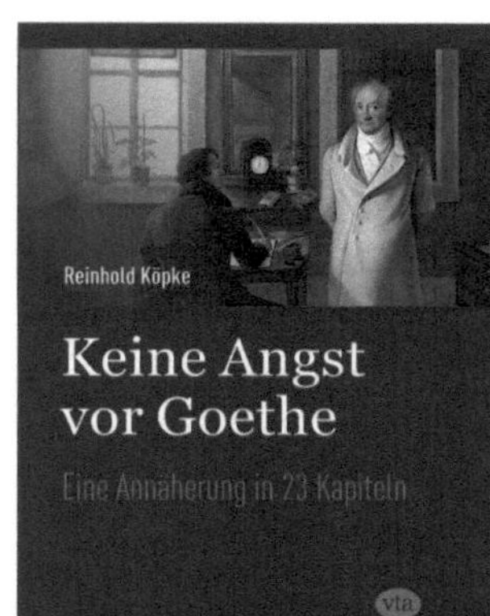